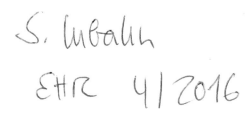

S. Imbahn

EHR 4/2016

D1724702

Bibliografische Information der Deutschen Nationalbibliothek

Die Deutsche Nationalbibliothek verzeichnet diese Publikation in der Deutschen Nationalbibliografie; detaillierte bibliografische Daten sind im Internet über dnb.d-nb.de abrufbar.

© 2011   proyect wogama ltd
                Abt. wogama-Verlag, Beimerstetten

                Internet:
                www.wogama-verlag.de und
                www.proyect-wogama-ltd.de

Lektorat: Familie Kaplan und Freunde
Herstellung: Books on Demand GmbH, Norderstedt

ISBN   978-3-940584-12-0

Inhalt

Vorwort

Vor 50 Jahren, im Jahr 1961, schloss die Bundesrepublik Deutschland ein Anwerbeabkommen mit der Türkei. Die boomende deutsche Wirtschaft benötigte dringend günstige Arbeitskräfte, die Türkei erhoffte sich durch die Rücküberweisungen der Arbeiter einen Ausgleich ihrer Handelsbilanz. In den folgenden Jahren kamen einige hunderttausend türkische Gastarbeiter nach (West-) Deutschland. Die meisten von ihnen für niedrig-qualifizierte Jobs, für die sich keine deutschen Arbeiter mehr finden ließen. Einer von denen, die kamen, war Halil Ibrahim Kaplan.

Geboren in einem kleinen Dorf in der Nähe von Amasya ging er Ende der 1960er Jahre als „Gast"arbeiter nach Deutschland. Es sollte nur für einige Zeit sein. Und dann läuft das Leben eben anders. Seine Kinder werden geboren, es finden sich neue Freunde und Zugehörigkeiten. Die Eindeutigkeiten des Lebensmittelpunktes verwischen. Wenn Halil Ibrahim Kaplan von diesem - seinem - ereignisreichen Leben erzählt, so tut er es stets in einer Sprache der Bescheidenheit, die einen beinahe vergessen lässt, was für eine außerordentliche Lebensgeschichte hier erzählt wird. Gerade darin liegt für mich die Kraft dieses Buches.

Und diese Geschichten sind wichtig. Sie geben Statistiken und Zahlen ein Gesicht. Sie erzählen von Zeiten und Orten als Lebenszeit, Heimat und Fremde; als Zeiten des Wandels und als Orte, in denen große Politik zu alltäglichen Lebensumständen wird.

Und diese Geschichten zeigen nicht zuletzt den riesigen Unterschied, vielleicht den größten, den es bisher gab, zwischen den Lebenssituationen von nur drei Generationen. Die Lebensumstände der Großelterngeneration erscheinen weit weg von unserem heutigen Leben, die Veränderungen in nur einem Menschenleben sind enorm.

Die Geschichte von Halil Ibrahim Kaplan, der als Junge die Ziegen auf der Weide hütete und als Rentner mitfieberte, wenn sich seine Tochter in einem globalen Unternehmen bewirbt, zeigt diese enorme Veränderung an. Es muss nicht als amerikanisches Märchen vom Tellerwäscher zum Millionär gelesen werden. Es ist einfach ein Leben in seiner ganzen Fülle. Mit seinen Höhen und Tiefen und großartigen und gewöhnlichen Momenten.

Die ganze Familie Kaplan zeichnet sich durch ein hervorragendes ehrenamtliches Engagement für ein friedliches Zusammenleben in unserer Gesellschaft aus und ich danke Herrn Kaplan und seiner Familie, dass sie die Mühe und Zeit auf sich genommen haben, uns ihre Geschichte zu erzählen.

Mit ihrer Biographie sind sie ein Bespiel für viele, die Ähnliches erlebt haben, mit ihrem Engagement sind sie ein Vorbild für uns alle.

Prof. Dr. Regina Ammicht Quinn

Staatsrätin für interreligiösen und interkulturellen Dialog
sowie gesellschaftliche Werteentwicklung
der Landesregierung Baden-Württemberg

Grußwort für
"Das Dorf in der Ferne - von Kleinasien nach Ulm"

Ibrahim Kaplan ist ein ungewöhnlicher Mann. Ein Mann, dem es gelungen ist, sich hier zu integrieren und einen Platz in der deutschen Gesellschaft zu finden, der aber nie seine Herkunft vergessen, seine Wurzeln in einer anatolischen Bauernfamilie verleugnet hat.

Wir haben uns kennen gelernt, als er bereits Betriebsrat bei IVECO war. Hinter ihm lagen Jahre, die typisch sind für viele derjenigen, die als Gastarbeiter vor mehr als 40 Jahren nach Deutschland kamen.

Der Anfang war hart: Getrennt von der Familie, in einer Welt, die so ganz anders war als alles, was man bis dahin kannte, eine fremde Sprache, eine fremde Kultur und vor allem eine Umwelt, die die Fremden keinesfalls mit Sympathie aufnahm. Genügend Gründe also, um hier nicht heimisch zu werden.

Ibrahim Kaplan ging einen anderen Weg. Wissend wie wichtig Bildung, Ausbildung und vor allem das Erlernen der deutschen Sprache sind, voller Ehrgeiz und mit großer Selbstdisziplin lernte er die neue Sprache, wechselte die Firma, fing als Schlosser bei Iveco im Donautal an und arbeitete sich hoch.

"Hinter jedem großen Mann steht eine Frau" lautet ein deutsches Sprichwort, das auch auf Ibrahim Kaplan passt. Oder besser: beinahe passt, denn "hinter" ihrem Mann hat Rukiye Kaplan nie gestanden, sondern immer an seiner Seite. Selbstbewußt, energiegeladen und sozial genauso engagiert wie ihr Mann war und ist sie ihm eine gute Partnerin.

Ich freue mich, dass Ibrahim Kaplan nun im Ruhestand die Geschichte seines Lebens aufgeschrieben hat. Es ist eine Geschichte, in der sich viele wieder erkennen werden. Und es ist eine Geschichte, die Mut macht.

Ivo Gönner
Oberbürgermeister

Vorwort des Autors

Dies ist eine verkürzte Version meines Buches „uzaktaki köy", welches 2008 schon in der Türkei erschienen ist.

Danken dafür, dass es dieses Buch in dieser Form gibt, will ich Herrn Eberhard Neubronner, welcher mich im Laufe der Jahre immer wieder ermutigte meine Lebensgeschichte niederzuschreiben. Dieses Buchprojekt war für mich nur durch die intensive Mithilfe meiner Frau und meiner Kinder umzusetzen. Hiermit möchte ich insbesondere meiner Frau danken, die mich mein ganzes Leben lang begleitet hat und ohne die ich nie soweit gekommen wäre all dies zu erleben und auch zu erreichen. Auch für die Tatkräftige Unterstützung meiner Kinder die für alles zu Rate gezogen wurden und sich immer mit neuen Wünschen und Ideen konfrontiert sahen danke ich.

Vielen Dank an Rebecca Vogel, eine Freundin meiner Tochter, die sich die Mühe gemacht hat, sich nochmals durch das übersetzte Manuskript zu kämpfen und diesem den nötigen Feinschliff zu geben. Vielen Dank auch an Aline Grieshaber, die sich der Umschlaggestaltung gewidmet hat und aus nicht optimalen Fotos das Beste herausgeholt hat. Danken möchte ich zudem noch Herrn Wolfgang Knapp, der sich sofort angeboten hat, uns mit dem Druck und dem Organisatorischen um das Herausgeben eines Buches zu unterstützen.

Unter anderem durch die finanzielle Unterstützung des Landes Baden-Württemberg konnten wir auf Nachfrage von Freunden und Bekannten meine Geschichte ins Deutsche übersetzen lassen.

Wir wissen nicht mehr, wie viele Stunden wir mit dem Buch verbracht haben und wie viele Seiten wir als „die letzte" Version ausgedruckt haben. In diesem Buch steckt mehr als nur die Geschichte eines Gastarbeiters. Es steckt der Wille einer ganzen Familie, dieses Werk der Öffentlichkeit zugänglich zu machen. Dafür danke ich insbesondere meiner Frau, die einige meiner Gedächtnislücken konsequent und mit großer Zuverlässigkeit ergänzt hat, sowie meiner Tochter, die all diese Änderungen ohne Verdruss eingearbeitet hat.

Halil Ibrahim Kaplan

DAS DORF
IN DER FERNE

WIE ALLES ANFING

bidevi ilkokulu 1958

In einer einfachen Gegend Anatoliens, die die Müdigkeit der vergangenen Generationen in sich trägt, liegt dieses Dorf. Das Dorf ist schön und nur von mittlerer Größe, aber es trägt die Zeugnisse vergangener Zeiten in sich, und ich nenne es „das Dorf in der Ferne". Eingebettet in Wälder und einer Pflanzenwelt, die – so besagt zumindest die Geschichtsschreibung – etliche Epochen bestand hielt und nun leider von seinen heutigen Bewohnern gedankenlos vernichtet wird.

In osmanischer Zeit diente das Dorf den Turkstämmen als Durchgangspunkt zum Westen. Zur seldschukischen und osmanischen Zeit nahm die Bevölkerung – bedingt durch die geographische Lage und abhängig von der jeweiligen politischen Situation – mal ab und mal wieder zu. Durch die Vernichtung der Wälder, die das Dorf jahrhundertelang umgaben, blieb oberhalb des Dorfes nur ein kleines Wäldchen als Unterholz übrig. Mit der Gründung der Republik unter Atatürk rückte das Dorf zum Kommunalbezirk auf, wurde später wieder zur einfachen Ortschaft und besteht bis zum heutigen Tage.

Mit der Zeit ergab das Ackerland des Dorfes nicht genug Erträge, um die eigene Bevölkerung zu ernähren. So verließen etliche das Dorf, um weiterführende Schulen zu besuchen, oder in Großstädten zu arbeiten. Seit dem Ende der 60er Jahre versuchten die ersten ihr Glück auch im Ausland.

Hüseyin war Landwirt in diesem Dorf und hatte vier Söhne und eine Tochter. Durch sein ausgeprägtes Gerechtigkeitsempfinden und in Opposition zu dem selbstgerechten parteiischen Auftreten des Großgrundbesitzers sah sich Hüseyin geradezu dazu gezwungen, gemeinsam mit seinen Freunden in die gegnerische Partei überzutreten. Das war unerhört, gab es bis dato doch nur Anhänger für eine Partei.

Ich bin als Sohn von Hüseyin im Jahre 1946 als drittes von fünf Geschwistern auf die Welt gekommen. Meine Eltern hatten das typische anatolische Aussehen, einen sehr dunklen Teint und dunkle Haare, und waren dürr. Unser Haus war ein für diese Zeit und Gegend übliches zweistöckiges Holzhaus. Die Wände waren aus Lehmziegel, die mit Heu gemischten Matsch bestrichen waren. Erst nach Jahren wurden die Wände ein zweites Mal mit Kalk bestrichen.

Als ich meine Mutter Sündüz einmal fragte, wann ich geboren wurde, antwortete sie mir mit „irgendwann im Februar oder März". Ich hatte viele Erinnerungen an meine Kindheit. Ich war gerade vier Jahre alt, als mir aufgetragen wurde, unsere Ziege und ihr Junges auf die Weide zu bringen. Das Muttertier war für den Opferfeiertag bestimmt. Das kleine Zicklein war mir so ans Herz gewachsen, dass ich nichts anderes wollte als immer bei ihm zu sein, es zu streicheln und zu füttern. Das war meine ganze Freude. Zu dieser Zeit trug man statt Schuhen sogenannte Opanke, ein einfacher Bundschuh, den damals die ländliche Bevölkerung trug. Doch ging ich als Kind oft barfuß, und schnitt mir eines Tages den Fuß an einem scharfen Stein auf und lief weinend nach Hause. Mein Vater tröstete mich und versprach mir, aus dem Fell unseres Büffels, der krank war und geschlachtet werden musste, als Geschenk zum Opferfest ein Paar Opanke zu nähen.

Am Morgen des Opferfestes wurde ich durch das Geblöke unseres Zickleins geweckt. Das Junge, dessen Mutter gerade als Opfer dargebracht wurde, blökte ununterbrochen. Ich näherte mich wie immer ganz langsam dem Zicklein und umarmte es mit meiner ganzen Fürsorglichkeit. Ich liebkoste und streichelte es, aber umsonst, es wollte nicht aufhören zu blöken. Zuletzt konnte ich mich nicht mehr halten und fing selbst an zu weinen. Mit meinen kleinen Händen streichelnd versuchte ich es auf die Straße zu locken. Es ist aber nicht herumgesprungen wie sonst. Es blökte, als ob es um die Mutter weinen würde. Diesen Tag und die darauffolgende Nacht hörte es nicht auf. Das Zicklein in diesem Zustand sehend wollte ich nicht von seiner Seite weichen.

In dem Winter, als ich sechs Jahre alt wurde, bestimmte mich mein Vater – denn er sah, dass ich Tiere sehr lieb hatte – für das kommende Frühjahr zum Hüter unserer Tiere. Damit übernahm ich die Aufgabe meines um ein Jahr älteren Bruders, der von nun an auf dem Acker und im Garten mithelfen würde. Zurückblickend muss ich mit meiner Begeisterung wohl sehr zurückhaltend gewesen sein, aber die Vorstellung, den ganzen Tag mit meinen Tieren verbringen zu dürfen, faszinierte mich doch sehr.

Da dieser Winter sehr hart war, wurden wir alle krank. Wir hatten zwar von einem Arzt in der Kreisstadt gehört, doch hatte ihn noch keiner aus unserem Dorf konsultiert, denn niemand wollte so recht glauben, dass ein Arzt in der Lage gewesen wäre, unsere Krankheiten zu heilen. Abgesehen davon, wer hätte den weiten Weg in diesem Winter, wenn auch mit Pferd oder Esel, zurücklegen sollen? So vertrauten wir auf die alten Hausmittel, die die älteren Frauen nach altüberlieferten Rezepturen selbst herstellten. Damit wurden auch alle in unserem Haus gesund – bis auf mich. Mit meinem Keuchhusten, der jeweils bis in die Morgenstunden ging, hatte ich das Gefühl, förmlich um mein Leben zu ringen. Ich überwand die Krankheit bis zum Frühjahr nicht, das Atmen fiel mir schwer und der Keuchhusten hielt an.

Zu Beginn des Frühlings weckte mich eines Morgens meine Mutter, übergab mir eine vorbereitete Pausenmahlzeit und lockte mich: „Ich habe dir Milch warmgemacht, die du so gerne trinkst, komm – steh auf!" Ganz sanft hielt sie meine Hand und sagte mir: „Wasch dir schnell das Gesicht und komm zu Tisch, bevor deine Geschwister aufwachen."

Mit dem eiskalten Wasser aus dem Bach, der vor unserer Tür floss, wusch ich mir das Gesicht und begab mich zu Tisch. „Du bist jetzt groß genug, um unsere Büffel zu hüten, ab nun wird dein Bruder mit uns auf dem Feld arbeiten und du passt auf unsere Tiere auf", erklärte mir meine Mutter. So habe ich also das erste Mal und mit unserem Hund Alasch zusammen die Büffel gehütet und am Abend wieder heil und wohlbehalten zurückgebracht.

Am nächsten Tag bekam ich von meinem Vater etwas Zucker in meine Tüte, was dazu führte das ich meine Tiere mit besonderer Freude und Hingabe hütete. Aber wie wurde meine kleine heile Welt erschüttert, als mich die anderen Kinder, die wie ich die Tiere ihrer Familien hüteten, vom gemeinsamen Weideland vertrieben. mir war bewusst, dass ich alleine nicht gegen alle gemeinsam ankommen konnte, und keine Prügel einzustecken, suchte ich freiwillig weiter entfernteres Weideland.

Meine Eltern und meine Geschwister waren damit beschäftigt, auf unseren Feldern Tabak anzupflanzen, deshalb versuchte ich, die mir aufgetragene Arbeit bestens zu erledigen. Dabei gelang es mir Freundschaft mit den anderen Hütekindern zu schließen. Nun war ich nicht mehr allein und hütete gemeinsam mit ihnen meine Tiere auf den besten Weideplätzen.

Bald schon kam die Zeit für das Einbringen der Ernte, die von dem nahenden Herbstregen bedroht war. Aus diesem Grund arbeitete die ganze Bevölkerung des Dorfes, Männer, Frauen und Kinder am Tag und in der Nacht, unter höchstmöglicher Anstrengung. Das war natürlich gut für uns Hirten, denn durch die Getreideernte stand uns viel mehr Weideland zur Verfügung.

Diesen Sommer und Herbst verbrachte ich also mit dem Hüten der Tiere. Mit Beginn des Winters hatte es so stark geschneit, dass die Menschen im Dorf sich mit der Heugabel einen Weg freischaufeln mussten, um ihre Nachbarn zu besuchen.

Einige Geschehnisse dieser Tage werde ich nie vergessen. Eines Tages kam ein Mann aus dem Dorf mit einem leeren Sack zu uns. Er fragte nach Weizen, um damit Brot backen zu können. Er wäre auch über Gerste froh, Hauptsache, man könne Brot damit backen! „Ich habe allen beteuert, dass ich im Frühjahr wieder zu Arbeit käme und alles zurückgeben würde, doch niemand hat mir etwas geliehen. Ich war schon bei allen wohlhabenden Familien im Dorf. Von keiner habe ich etwas bekommen. Wenn auch du mich abweist, werde ich mit meinen fünf Kindern und meiner Frau hungern müssen!"

Mein Vater ist mit dem Mann in unseren Kornspeicher gegangen. Er zeigte auf den wenigen Weizen, der in der Ecke übriggeblieben war und sagte dem Mann: „Du siehst, auch ich bin nicht in der Lage, etwas abgeben zu können." Trotzdem starrte der Mann meinen Vater mit verzweifelten Blicken an. Diesen Blick werde ich mein Lebtagnicht vergessen. Mein Vater konnte nicht gegen sein Mitleid ankämpfen und gab dem Mann etwas von dem wenigen Weizen, den wir noch hatten.

Eines Abends im Herbst erfuhr ich von den Kindern aus unserer Straße, dass die Schule bald wieder anfing. Aufgeregt lief ich sofort nach Hause, um meinen Eltern davon zu erzählen. Doch diese Neuigkeit stieß zuhause nicht auf große Begeisterung. Für einen Moment erschrak ich, doch ich war mir sicher, dass ich wie die anderen in die Schule gehen durfte. Denn jetzt brannte ich darauf, die Schule besuchen zu dürfen, mit den anderen Schülern im Schulhof zu spielen und nicht mehr nur von draußen zuzusehen – ab jetzt wollte ich einer von ihnen werden!

Die Schule hatte schon seit einer Woche begonnen, so dass alle Kinder in unserem Alter ihre schwarzen Schuluniformen anzogen und jeden Morgen in die Schule gingen. Doch selbst zu dieser Zeit schickte uns unser Vater immer noch in den Wald um Holz zu holen. Als am Ende der ersten Schulwoche bei der Überprüfung der Schülerzahl auffiel, dass wir noch nicht eingeschrieben waren, ließ der Schulleiter meinen Vater zu sich kommen. Er machte ihm deutlich, dass er uns schnellstmöglich zur Schule schicken sollte, da ihm sonst rechtliche Konsequenzen drohten. Mein Vater entschuldigte sich wortreich beim Direktor und sorgte dafür, dass wir von nun an jeden Tag in der Schule sein würden.

Die Schule war ein einfaches einstöckiges Gebäude mit Unterkellerung. Damit die Schüler davor spielen konnten, hatte Sie einen mit Mauern umgebenen Garten. Im Innern bestand es aus einem Lehrerzimmer, fünf Klassenzimmern, einem Geräteschuppen und einer großen Aula.

Nachdem wir nun endlich in der Schule eingeschrieben waren, brachte uns unser Klassenlehrer gemeinsam mit 40 bis 50 anderen Schülern in mein zukünftiges Klassenzimmer. Dort wurde ich in einer der hinteren Reihen gesetzt, wo mich alle anstarrten, denn ich hatte noch keine Schuluniform. Es war mir sehr unangenehm und peinlich an diesem, meinem allerersten Schultag! Als die Pausenglocke läutete, ging ich mit meinen Klassenkameraden auf den Pausenhof, um meinen Bruder zu suchen. Ich fand ihn zusammen mit den Kindern aus unserem Viertel und schloss mich ihren Spielen an. Doch ich bemerkte ihre unangenehmen Blicke aufgrund meiner fehlenden Schuluniform. Hätte nicht endlich die Schulglocke geläutet, wäre ich aus der Schule geflüchtet, so peinlich war mir das.

Eine Woche lang ging ich mit meiner Alltagskleidung in die Schule und fiel dadurch natürlich auf wie ein bunter Hund. Selbst die Kinder aus den sehr armen Familien, die barfüßig herumliefen, fielen weniger auf als ich, denn trotz ihrer Armut hatten sie zumindest ihre Schuluniform.

Die Tage vergingen, ich gewöhnte mich schnell an die Schule und schloss neue Freundschaften in meiner Klasse. Den großen Nationalfeiertag zur Ausrufung der Republik erlebte ich nun zum ersten Mal als Schüler. Wir leisteten unseren Beitrag, indem wir mit Transparentpapier die Fenster unserer Schule schmückten. Ich fühlte mich gut und folgte dem Unterricht sehr aufmerksam, so dass ich in kürzester Zeit das Lesen und Schreiben lernte und begann, mich mit den Musterschülern unserer Klasse zu messen. Auch meine leichte Erregbarkeit legte sich während dieser Zeit. Zur Jahresmitte konnte ich bereits alles lesen, was mir zwischen die Finger gelangte, und ich peinigte meinen Bruder, indem ich ihm Löcher in den Bauch fragte. So verging die Zeit bis zum Einbruch des Winters, Wochentags ging ich in die Schule, am Wochenende war ich gemeinsam mit meinem Bruder im Wald, um Holz zu holen.

Der Herbstregen hatte die Dorfwege zu einem Meer aus Matsch werden lassen. Wir Schüler mussten uns erst mühselig die Schuhe säubern, während die Schüler ohne Schuhe ihre Füsse waschen mussten, ehe wir alle ins Schulhaus gelassen wurden. Die blaugefrorenen Füße der armen Kinder werde ich nie vergessen.

Eines Abends hörte ich, wie mein Vater lautstark mit meiner Mutter diskutierte und immer wieder das Wort „Motor" wiederholte. Im türkischen wird das Wort Motor gemeinhin für die Bezeichnung Traktor verwendet. Er war zu Besuch in einem weiter entfernten Dorf gewesen und hatte begeistert zugesehen, wie effektiv man damit pflügen kann. „Wenn wir in unserem Dorf einen solchen Traktor hätten, bräuchten wir weder Ochsen, noch Pferde und Esel", sagte er zu meiner Mutter. Er beschrieb ihr genau, wie ein Traktor quasi von ganz alleine pflügte, und fügte aufgeregt hinzu: „Wir sollten uns alle zusammentun und einen Traktor für das Dorf kaufen". Da er alleine nicht imstande gewesen wäre, einen Traktor zu kaufen, redete er in diesen Wintertagen mit allen unseren Verwandten und den Freunden, denen er vertrauen konnte, über seinen Plan. Er erzählte es am nächsten Tag meiner Mutter, konnte Sie jedoch nicht überzeugen. Darüber stritten sie oft. Der Traktor war von da an der Traum meines Vaters. Aus seiner Sicht war er die Lösung aller Probleme in unserem Dorf.

Während den Zeugnisferien im Winter ging ich wie alle Kinder zum Schlittenfahrer. Diese Freude konnte ich jedoch nicht ganz ausleben, da es eine Tracht Prügel gab, als ich wieder zu Hause war. Ich erinnere mich, auch heute noch nicht gerne daran. Trotzdem verbrachte ich einen kalten Wintertag mit meinen Vettern stundenlang im Schnee beim Schlittenfahren. Ich hatte mich erkältet, jedoch versuchte ich mir zu Hause nichts anmerken zu lassen. Das hohe Fieber und der Husten verrieten mich jedoch, so das meine Mutter das Schimpfen anfing: "Ihr hört nie auf die Erwachsenen und macht immer nur das, was ihr wollt. Hab ich es euch nicht gesagt, das ihr nicht rausgehen sollt, sonst erkältet ihr euch!" Sie fühlte an meiner Stirn und sagte besorgt: "Du brennst ja, mein Kind, was soll ich nur mit dir machen!" In diesem Moment sank ich zu Boden und fing an zu weinen. Ich hatte keine Kraft mehr, durch das Fieber pochte mein Kopf und mein ganzer Körper. Es wurde sofort ein Bett für mich aufgerollt und ich bekam eine Aspirintablette, was als Allzweckheilmittel gesehen wurde. Ich glaube, ich blieb die ganzen zwei Wochen der Zeugnisferien krank im Bett. Trotzdem schaffte ich am Schuljahresende die Versetzung.

Die Bemühungen meines Vaters während des Winters trugen nun bis zu einem gewissen Grad Früchte. Er hatte endlich vier andere Bauern aus dem Dorf überzeugt, den Kauf eines Traktors in Angriff zu nehmen. Mein Vater hatte für die erste Rate die er zahlen musste unsere ganze Verwandtschaft um Hilfe gebeten. Zusätzlich mussten noch die Grundbuchauszüge der Felder für die restlichen Raten als Sicherheit hinterlegt werden, somit lag fast die Hälfte des dörflichen Ackerlandes als Hypothek bei der Bank.

Obwohl der Traktor zum größten Teil meinem Vater gehörte, hatte er mich damit noch nie in unsere Kreisstadt mitgenommen. Wenn ich den Erzählungen der anderen Kinder lauschte, wuchs meine Neugier immer mehr. Ich träumte davon und wollte die Kreisstadt nun unbedingt sehen. Ich sagte meinem Vater, dass ich mit auf den Traktor steigen wolle, um mit ihm in die Kreisstadt zu fahren. Doch es sah so aus, als ob mein Vater diesen Wunsch nicht sehr ernst nahm. Er versprach mir, dass wir nach der Ernte und bevor die Schule wieder losging, gemeinsam in die Stadt fahren würden.

Eines Tages regnete es so stark, dass wir für zwei Tage aufgrund des vielen Schlamms nicht aufs Feld gehen konnten. Diese Gelegenheit nutzend, hatte ich meinem Vater so lange bettelnd in den Ohren gelegen, bis er einwilligte. Wir fuhren also mit dem Traktor in die Kreisstadt. Welch ein Vergnügen – die Menschenmassen auf dem Marktplatz, die Pferde und Esel bei den Gästehäusern, die Jeeps, die Lastwägen, die Pferdewägen, die unterschiedlichen Kleider und Nahrungsmittel in den Läden auf den Straßen! Und noch interessanter als alles andere, der wie ein Wasserfall fließende Yesilırmak.

Während wir durch die Stadt spazierten, fiel mir noch etwas auf: Außer unserem Traktor war kein anderer zu sehen. Dies bedeutete also, dass es sogar in der Kreisstadt noch keine Traktoren gab. Als mein Vater sich mit einem Bekannten unterhielt, erzählte er ihm, dass wir bald den ganzen Kredit für den Traktor zurückzahlen könnten, sofern nichts dazwischenkäme. Soweit ich das damals verstanden hatte, bedeutete das für mich, meine Mutter und meine Geschwister, dass wir mindestens für die nächsten zwei Jahre in diesem Tempo weiterschuften mussten.

Um in der Menschenmenge nicht verloren zu gehen, hielt ich ganz fest die Hand meines Vaters. Plötzlich zeigte er auf ein großes Haus und sagte: „Schau, siehst du dieses Gebäude? Das ist die Mittelschule. Diejenigen, die Lehrer, Beamte oder etwas Hohes werden wollen, beenden die Grundschule mit guten Noten und gehen dann auf diese Schule. Wenn du erfolgreich die Grundschule abschließt und diese Schule besuchst, kannst du dich von der Arbeit im Dorf befreien." Die Worte meines Vaters hatten in meinem jungen Verstand so eine Wirkung hinterlassen, dass ich von diesem Tag an immer daran denken musste, wenn ich zur Schule ging. Mein eintägiges Abenteuer in der Kreisstadt ging somit wie ein Traum vorüber. Jetzt freute ich mich mit dem Traktor zurück ins Dorf zu fahren und meine Erlebnisse den Geschwistern und Freunden zu erzählen.

Ich war ja noch ein Kind! Da ich nicht immer nur den gleichaltrigen Kindern beim Spielen zusehen wollte, schwänzte ich manchmal die Arbeit. Vielleicht habe ich deshalb mein späteres Leben, wo immer ich mich auch aufhielt, mit Arbeit gefüllt. Selbst wenn ich nichts zu tun habe, finde ich immer etwas, womit ich mich beschäftigen kann. Es ist wie ein Erbe aus dieser Zeit, auch wenn wir Tag und Nacht arbeiteten, so ging uns die Arbeit nie aus. Manchmal regte sich bei mir der Widerstand gegen diese ständige Rastlosigkeit und immerwährende Müdigkeit. Je länger ich in diesem Arbeitsrhythmus verweilte, umso ungehorsamer wurde ich. Dann entzog ich mich der Arbeit mit kleineren Ausreden und schlich mich zu den anderen Kindern, um mit ihnen zu spielen. Natürlich nicht ohne mich der Gefahr auszusetzen, von meiner Mutter erwischt und verprügelt zu werden. Aber ich war der anstrengenden Arbeit einfach nicht gewachsen. Nachdem ich die Kreisstadt und die Mittelschule gesehen hatte, war ich überzeugt, dass der schulische Weg die einzige Möglichkeit sei, dem harten Alltag im Dorf zu entkommen. Deshalb musste ich die Grundschule unbedingt mit guten Noten abschließen. Ich fing sogar an, von meiner zukünftigen Schulzeit zu träumen: In diesen Träumen sah ich mich als Erwachsenen, trug einen Anzug mit Krawatte und befand mich mit einer Aktentasche in der Hand in einem sehr großen Schulhof.

Ja, selbst das Träumen davon war für mich sehr schön! Ich war mittlerweile in der vierten Klasse. Da der neue Lehrer, der in unser Dorf versetzt werden sollte, noch nicht eingetroffen war, fand für zwei bis drei Monate kein Unterricht statt. Dieser Umstand kam meinem Vater sehr gelegen und er scheuchte uns zu allen möglichen. Als der Winter hereinbrach, wurde ich von der Grippeepidemie erfasst und musste tagelang im Bett bleiben und verpasste dadurch weiteren Unterricht. Als ich endlich wieder gesund war, wurde der Lehrer krank, so dass wieder kein Unterricht stattfand. Es kam mir so vor, als ob in diesem Zeitraum alle widrigen Umstände zusammenkamen, um meinen schulischen Erfolg zu verhindern, so dass ich letztendlich die Klasse wiederholen musste.

Eigentlich hatte mein Vater seine eigene Wahrheit. Bei jeder Gelegenheit, die sich ihm bot, schwor er uns darauf ein, dass wir deshalb so viel arbeiteten, um in Zukunft unter besseren Umständen leben zu können. Abgesehen von unserer ältesten Schwester und dem nächstälteren Bruder wollte er uns restliche Kinder im schulischen unterstützen, damit wir Beamte würden, das war der Wunsch meines Vaters.

Diesen Sommer verbrachten wir Tag und Nacht mit Arbeit. Die Ernte in diesem Jahr war sehr erfolgreich. Einerseits kamen wir mit dem Pflücken von Tabakblättern kaum nach, auf der anderen Seite reichte unsere Kornkammer nicht aus, um das ganze Getreide unterzubringen, so dass wir einen Teil in einer Ecke unseres Haus lagern mussten. Selbst die Weintrauben konnten nicht alle verzehrt werden, aus dem Rest wurde deshalb Sirup gemacht. Im Haus wurde niemandem eine Ruhepause gegönnt. Trotz meiner neun

Jahre hatte ich neben den Arbeiten im Haus immer noch zusätzlich mit dem Esel Holz aus dem Wald geholt.

Dann geschah es Anfang September des Jahres 1955. Ein Ereignis, dass das Leben meiner ganzen Familie verändern sollte. Wie üblich fuhr mein Vater für die wöchentlichen Besorgungen mit dem Traktor in die Stadt. Wir blieben derweil daheim auf den Feldern und im Garten, um unsere Arbeit zu erledigen. Gegen Abend aber füllte sich unser Haus zunächst mit Verwandten und dann mit Nachbarn. Wir erfuhren, dass mein Vater einen Unfall mit dem Traktor hatte. Der Großgrundbesitzer im Dorf, der selbst in der Kreisstadt wohnte, hatte einen Jeep gemietet und meinen schwerverletzten Vater gerade noch rechtzeitig in das Krankenhaus der Bezirkshauptstadt gebracht. Durch eine sofortige Operation konnte sein Leben gerettet werden, jedoch mussten die Ärzte sein rechtes Bein amputieren.

Wenn auch nur für kurze Zeit, so ruhte nun von diesem Moment an die ganze Arbeit im Haus, denn wir waren damit beschäftigt, alle Gäste zu bewirten, die zu Besuch kamen, um sich nach dem Zustand unseres Vaters zu erkundigen. Mein Vater wurde nach einigen Wochen aus dem Krankenhaus entlassen und ins Dorf gebracht. Obwohl er in den ersten Tagen viel Besuch bekam und mit den Leuten sprach, war er doch ratlos, sobald er wieder alleine war und feststellen musste, dass er nicht mehr laufen konnte wie früher. Nach einiger Zeit erst sollte er lernen, seine Situation zu akzeptieren. Von da an begann er, die Arbeit von zu Haus aus zu organisieren.

Anders als in den Jahren zuvor ließ unser Vater uns drei jüngsten für den Schulbeginn neue Uniformen schneidern. Am ersten Schultag stand mein Vater mit seinen Krücken vor unserer Tür, um uns mit Stolz in die Schule zu verabschieden. Dieses Bild meines Vaters habe ich heute immer noch vor Augen. Zur Untätigkeit verdammt begann mein Vater sich mehr um uns zu kümmern, dies wiederum gab mir Selbstvertrauen und steigerte meine Lust aufs Lernen. Er sprach ständig mit den Lehrern und manchmal lud er sie auch zum Essen zu uns ein. Einmal hörte ich ihn zu einem meiner Lehrer sagen: „Obwohl ich nur noch ein halber Mensch bin, werde ich versuchen, alle drei Kinder weiter auf die Schule zu schicken". Dies machte mich sehr glücklich.

Nachdem mein Vater zuhause bleiben musste und sich daher mehr um uns kümmerte, wuchs die Liebe zu meinem Vater und dadurch auch mein Ehrgeiz, ein erfolgreicher Schüler zu sein. Die Unterstützung, die ich damals durch ihn erfuhr, wirkte sich auf mein ganzes Leben aus. In meiner kindlichen Einfalt stellte ich mir so die ideale Vater-Sohn-Beziehung vor. Als mein Vater begann, in eine Depression zu verfallen, da er durch seine Krücken nicht mehr so konnte wie früher, bekam er von einem Freund aus Istanbul Besuch. Mit seiner Hilfe ließ er in Istanbul eine Beinprothese anfertigen. Aber er merkte bald, dass er auch mit der Prothese nicht auf die Krücken verzichtet konnte, und er begann zu verstehen, dass es keinen Weg zurück in sein früheres Leben mehr gab. Als er einmal Besuch hatte und versuchte, seine Lage und sein Gefühlsleben zu schildern, brach er in Tränen aus, aber als Kind konnte ich das damals noch nicht verstehen.

Nach einer gewissen Zeit sah sich mein Vater gezwungen, den Traktor letztendlich ganz seinem Partner zu überlassen. In der ersten Zeit konnte ich beobachten, wie ihm Tränen in die Augen schossen und er sehr darunter litt, wenn er den Traktor durch das Dorf rattern hörte. Unter der strengen Hand meiner Mutter veränderte sich für uns nicht viel, mein Vater blieb zu Hause und wir arbeiteten wie früher im Garten und auf den Feldern. Arbeiten, arbeiten, arbeiten, ...

Mittlerweile war ich in der fünften und somit letzten Klasse der Grundschule. Mir war bewusst, dass dieses Jahr sehr wichtig für mich war. Jeden Tag wiederholte ich den Unterrichtsstoff, der durchgenommen wurde, um meinen Vater vor dem Lehrer nicht zu blamieren. Schon zu Schuljahresanfang war ich unter den guten Schülern. Unser Lehrer war liebenswürdig und gleichzeitig sehr streng und sehr ehrgeizig. Als der Unterrichtsstoff schwerer wurde, setzte er die guten Schüler neben die schwächeren, damit sie davon profitieren konnten. Er bestrafte die Schüler nicht, wenn sie etwas nicht verstanden, aber diejenigen, die die aufgegebene Aufgabe nicht ernst nahmen.

In diesem Jahr vergingen die Tage durch die anstrengende Arbeit für die Schule wie im Flug und der Frühling stand bevor. Obwohl ich während des Schuljahres zu den guten Schülern zählte, wurde ich immer aufgeregter, je näher die Abschlussprüfungen rückten. Vor den Abschlussprüfungen kam sogar ein Fotograf aus der Kreisstadt, um Passfotos für das Grundschulabschlusszeugnis zu machen. Als Erinnerung an unsere Grundschulzeit machte der Fotograf noch ein weiteres Foto von unserer Klasse samt Lehrer vor der Schule, und jeder Schüler bekam einen Abzug davon.

Innerhalb von zwei Wochen mussten wir in jedem Schulfach und vor der ganzen Lehrerschaft Prüfungen ablegen, dann begann für uns das bange Warten. An dem Tag, an dem wir die Ergebnisse mitgeteilt bekamen, hielt uns unser Klassenlehrer mit einem Lächeln im Gesicht folgende Rede: Kinder, einige von euch haben mit „sehr gut" und einige mit „mittelmäßig" bestanden, aber letztendlich habt ihr alle die Grundschule abgeschlossen. Ab jetzt ist es für euch wichtig, euer Schulwissen in eurem Leben umzusetzen, wie es sich gebührt. Dann versagte ihm beinahe die Stimme – „Dies ist unsere letzte Zusammenkunft!" – und er öffnete uns die Tür. Wir Schüler sprangen alle auf und reihten uns auf, um unserem Lehrer die Hand zu küssen. Auf diese Weise verabschiedeten wir uns von unserem Lehrer, der den Tränen nahe war.

DIE MITTELSCHULE

Ich hatte die Grundschule zwar mit Erfolg abgeschlossen, aber obwohl das neue Schuljahr näher rückte, arbeitete ich immer noch auf
den Tabakfeldern. Mein Vater wusste, dass er mich in die Mittelschule schicken musste, aber er machte keine Anstalten, mich dort
anzumelden. Eines Abends fragte mein Onkel meinen Vater, wie
es denn nun aussähe. Ich schaute gespannt auf meinen Vater. Er
sprach in einem bestimmenden Ton zu mir: "Du wirst Morgen mit
deinem Onkel in die Kreisstadt fahren und dich in der Mittelschule
anmelden!" In dieser Nacht konnte ich vor Freude nicht einschlafen.

Ich erinnere mich daran, wie wir in der Kreisstadt hin- und hereilten,
um meine Anmeldung zu erledigen. Die finanzielle Lage erlaubte
mir nicht, in einer Pension zu übernachten. Wo und bei wem sollte
ich während der Schulzeit in der Kreisstadt bleiben? Eines Abends
kam ein Verwandter, der in der Kreisstadt wohnte, zu Besuch.

Schließlich kamen wir auf die Frage, wo ich während der Mittelschule wohnen könne. Er schlug vor, dass ich, sofern ich mich mit seinem Sohn Cengiz gut verstehen sollte, bei ihnen wohnen könnte. Dieser Vorschlag wurde von uns mit großer Erleichterung angenommen.

An dem Tag, an dem die Schule begann, fuhren mein Onkel und ich mit dem Traktor in die Kreisstadt. Zuerst zeigte mir mein Onkel von weitem das Haus, in dem ich bleiben sollte, danach fuhren wir zur Schule, um meine Klasse ausfindig zu machen. Mein Onkel gab mir Geld für Bücher und Hefte und verließ mich. Plötzlich war ich alleine unter so vielen Schülern. Ich fühlte mich sehr fremd, gegenüber allem. In den Pausen suchte ich, um meiner Einsamkeit zu entfliehen, nach Cengiz und den anderen aus unserem Dorf, die auch neu in der Schule waren, jedoch ohne Erfolg.

Nachdem der Unterricht am ersten Tag zu Ende war, machte ich mich auf den Weg zu meinem neuen Zuhause. Je mehr ich mich dem Haus näherte, desto langsamer wurden meine Schritte. Ich überlegte mir, was ich sagen sollte, wenn die Tür geöffnet wurde. Zuerst lief ich, mich wie ein Aussätziger fühlend, ein paar Mal langsam am Haus vorbei. Es war, als ob mich die ganze Kreisstadt beobachtete. Ich traute mich nicht, an der großen eisernen Eingangstür dieses großen Hauses zu klopfen. Ich fühlte mich auf dieser Straße wie ein Nichts. Da machte ich kehrt und lief einfach weg. Ich war schon ein ganzes Stück gelaufen, da hörte ich, wie die eiserne Tür geöffnet wurde. Cengiz und sein Großvater verließen sich unterhaltend mit dem Einkaufsnetz in der Hand das Haus. Ich versteckte mich sofort und wartete, das Cengiz wieder zurückkam. Er kam nach einiger Zeit, das Einkaufsnetz mit Broten gefüllt, alleine zurück. Als er mich sah, streckte er seine Hand aus und sagte "Willkommen!". In diesem Moment spürte ich, wie mir eine Last von dem gefühlten Gewicht einer Tonne abfiel.

Noch in der gleichen Woche kam mein Vater mit einem schönen Stoff zu mir. Nach drei Tagen besaß ich einen eigens für mich geschneiderten Anzug, den ich voller Stolz trug. Mein Vater wollte, dass ich bei den Verwandten einen tadellosen Eindruck hinterlassen würde. Seitdem ich den Anzug trug begleitete mich Cengiz sogar auf dem Schulweg. Da er aus einer wohlhabenden Familie kam, wollte er sich zuvor keine Blöße geben, indem er sich mit mir in meinem ursprünglichen Zustand sehen ließ.

An einem Wochenende lief ich, meine schmutzige Wäsche zu einem Bündel geknotet, gemeinsam mit meinen Kameraden aus dem Dorf die drei Stunden nach Hause zu den Eltern. Als ich an unserem Haus ankam, wartete mein Vater auf mich. Er ließ mich neben sich sitzen und fragte mich neugierig darüber aus, was ich in der Schule gelernt hatte. Alle anderen Fächer ausser acht lassend, fing ich an, ihm von meinen ersten französischen Vokabeln zu erzählen. Dann erzählte ich von den Klassenkameraden, die wie ich aus den Dörfern kamen. Mein Heimweh nach dem Dorfleben linderten meine Geschwister durch ihre Anwesenheit, auch wenn von kurzer Dauer an diesem Wochenende, denn ich musste am nächsten Abend wieder aufbrechen. Während meine Mutter am Abend meine Wäsche wusch, vernachlässigte ich es nicht, mit unserem Kohlebügeleisen meinen Anzug zu bügeln. Am nächsten Tag gab mir mein Vater wie immer mein Taschengeld und verabschiedete mich glücklicher als zuvor.

Cengiz Großvater hatte politische Beziehungen. Das Haus wurde von Zeit zu Zeit Zeuge politischer Zusammenkünfte. Cengiz` Großvater kam manchmal vor lauter Arbeit und den Verpflichtugen bei Zusammenkünften nur zum schlafen nach Hause. Oft wurde auch vom Restaurant Essen gebracht, um die Politiker und Gäste, die von weither anreisten, zu bewirten. Ich sah zum ersten Mal solche Gerichte. Nachdem die Gäste weg waren, machten Cengiz und ich uns über die Reste her. Dies waren Festtage für uns.

Mit der Zeit wurden Cengiz und ich wie Brüder. Wir spielten Ball und gingen ins Kino. Der erste Film, den ich sah, war "Die Todessehnsüchtigen". Da der Kinobesitzer Cengiz Großvater kannte, konnten wir alle Filme umsonst sehen. Ich hatte mich mittlerweile gut eingelebt und auch an die Schule gewöhnt. Seit Schulbeginn hatte ich noch keine einzige schlechte Note bekommen. Ich zählte damit zwar nicht zu den Allerbesten, aber doch zu denen über dem Durchschnitt.

Seitdem ich auf der Mittelschule war, spürte ich, dass ich zu Hause ein bisschen besser behandelt wurde. Nicht nur zu Hause, auch bei den Verwandten im Dorf, den Nachbarn und unter den Kameraden in meinem Alter genoss ich ein besseres Ansehen. Sogar meine ältere Schwester hatte nur mir einen Pullover gestrickt und nicht meinen anderen Geschwistern. Mein einziges Problem war, dass das Taschengeld, das mein Vater sich vom Mund absparte, nicht ausreichte, obwohl ich sehr sparsam damit umging. Ich wohnte schon bei einem reichen Verwandten, ich konnte nicht auch noch nach Geld fragen. Und so habe ich es nicht gemacht. Ich konnte es einfach nicht. Einmal hinterließ ich wegen eines Lochs in meinem Schuh eine Schlammwasserspur auf dem Teppich, der meiner Tante gleich aufgefallen war. Dies war mir sehr peinlich, ich hätte im Boden versinken können.

Glücklich darüber, die Versetzung in die nächste Klasse geschafft zu haben, ging ich am Ende des Schuljahres in das Dorf zurück. Die Ferien bedeuteten für mich, Tag und Nacht auf dem Acker zu arbeiten. Somit merkte ich gar nicht, wie schnell die Zeit verging. Im neuen Schuljahr besuchte nun auch mein kleiner Bruder die Mittelschule. Wir hatten noch keine Bleibe, aber die Mutter von Cengiz, die gleichzeitig meine Tante war, hatte auch dafür eine Lösung gefunden. Da wir uns keine Miete leisten konnten, schlug sie vor, den als Holzablage dienenden, jedoch momentan leer stehenden Keller unter dem Haus sauber zu machen, damit mein Bruder und ich dort wohnen konnten.

Für einige Wochen blieben mein Bruder und ich in diesem Keller, dessen Boden aus Beton war. Ich fing an, darüber nachzugrübeln, wie wir unter diesen Bedingungen über den Winter kommen sollten. Diese Angst verflog jedoch sehr schnell, als mein Bruder in das Militärinternat aufgenommen wurde, dessen Aufnahmeprüfung er bestanden hatte. Letztendlich wohnte ich wie im letzten Jahr mit Cengiz zusammen im Haus. Mein Vater freute sich sehr darüber, dass mein Bruder auf die Militärschule ging. Auf der einen Seite fiel somit dessen finanzielle Versorgung weg, auf der anderen Seite würde sein Sohn Berufsoffizier werden, was er sehr bewunderte. Nicht nur mein Vater, das ganze Dorf war stolz darauf.

Langsam ins Jugendalter eintretend, veränderte sich meine Sichtweise auf die politischen Geschehnisse und den gesellschaftlichen Diskurs. Alles begann mich zu interessieren, ich fing an, über die politischen und wirtschaftlichen Geschehnisse in unserem Dorf, in der Kreisstadt, in unserer Region, in der Türkei und sogar in der Welt nachzudenken. Über diese Themen diskutierte ich auch sehr viel mit meinen Freunden.

In jenem Jahr tat ich mich in allen Fächern aus unerfindlichen Gründen schwer. Vor allem Mathematik wurde immer schwerer und für mich hoffnungslos. Ich hatte in diesem Fach im Halbjahreszeugnis eine schlechte Note. Nach den Zeugnisferien arbeitete ich daran, mich in Mathematik und den anderen Fächer, in denen ich auch nicht so gut war, zu bessern. Eines Morgens öffnete meine Tante mit einer ungewohnten Aufgeregtheit unsere Zimmertür und sagte: „Kinder, steht auf, es ist Revolution!" Mitten in der Nacht hatte das Militär geputscht und die Regierung der Demokratischen Partei gestürzt. An diesem Morgen erlebte ich hautnah, wie es auf den Straßen von herumlaufenden Soldaten wimmelte und die Bevölkerung wie gelähmt den Dingen, die da kommen sollten, entgegensah. Mit dem Umsturz wurde das Staatswesen neu organisiert, wovon auch das Bildungswesen betroffen war. Trotz dieser ganzen Veränderungen und obwohl ich nicht zu den besten Schülern zählte gelang mir die Klassenversetzung.

Zu Beginn der Sommerferien präsentierte ich mit kindlichem Stolz meinem Vater mein Zeugnis, das belegte das ich das Klassenziel erreicht hatte. Ohne mein Zeugnis richtig anzusehen, ließ sich mein Vater über die Leistungen meines Bruders auf der Offiziersschule aus, ohne ein Lobeswort über meine Leistungen zu verlieren. „Er war auf dem Internat, alles wurde vom Staat bezahlt und er verursachte nicht wie du Unkosten für die Familie." Nachdem er noch etwas erwähnte wie „Ach hättest du es auch geschafft, auf ein Internat zu kommen", erinnere ich mich daran, sofort zum Gartenwässern geschickt worden zu sein, indem er einfach nur auf die Hacke deutete.

Behindert durch seinen Traktorunfall, wusste mein Vater nicht so recht, was er mit seinen unerfüllten Lebensträumen machen sollte. Einerseits hatte er den Wunsch, seinen Kindern eine ordentliche Schulbildung zu ermöglichen, andererseits war da die Liebe zu seinem Traktor. Dazu kam noch, dass seine Tochter und sein ältester Sohn verheiratet werden mussten. Diese Situation lud ihm noch größere Probleme auf die Schultern. Dass mein Vater sich mit solchen Problemen herumschlagen musste, beeinflusste mich am meisten.

Zuerst heiratete meine Schwester im Herbst und verließ unser Haus. Ein paar Wochen später wurde die Hochzeit meines Bruders gefeiert, der schon länger verlobt gewesen war. Diese zwei Hochzeiten belasteten meine Familie finanziell natürlich sehr. Mein Vater war dadurch sehr angespannt, haderte zusätzlich noch sehr ob seiner Behinderung, und war dadurch so gereizt, dass er schon beim kleinsten Anlass aus der Haut fuhr.

Die letzte Klasse der Mittelschule fing ich unter schlechten finanziellen Bedingungen an. Durch die Hilfe meiner Verwandten und meinem sehnlichsten Wunsch, erfolgreich den schulischen Weg zu bestreiten, gelang mir der Abschluss der Mittelschule. Leider hatte der Schulabschluss für einen zukünftigen Beruf keine Bedeutung, denn erst müsste ich die weiterführende Schule besuchen. Jedoch erlaubte die finanzielle Situation meiner Familie nicht den Besuch des Gymnasiums, geschweige denn ein Studium. Um nicht im Dorf bleiben zu müssen, musste ich alles daran setzen, erst einen Beruf zu erlernen. Zuerst nahm ich an der Aufnahmeprüfung des Internats der Lehrerschule und anschließend an der Prüfung des Gesundheitscollege teil. Einen ganzen Sommer lang wartete ich voller Spannung auf die Ergebnisse dieser Prüfungen. Letztendlich bekam ich von beiden Schulen keine positive Nachricht, ich hatte beide Aufnahmeprüfungen nicht bestanden. Damit gingen meine Träume eines Studiums den Bach herunter.

Auf dem Weg, einen Beruf zu erlernen

Dass mein Vater überhaupt keine Vorbereitungen traf, mich auf irgendeine Schule zu schicken, machte mich sehr traurig. Ich hatte drei Jahre lang mit großer Leidenschaft gearbeitet und die Mittelschule abgeschlossen. Aber vor allem die spöttischen Nachfragen der Gleichaltrigen im Dorf, was ich jetzt zu tun gedächte, brachte mich vollends zur Verzweiflung.

Meinen Vater bedrückte es trotzdem sehr, mich aufgrund unserer finanziellen Lage nicht auf eine weiterführende Schule schicken zu können, so empfand ich es jedenfalls. Eines Tages hörte mein Vater von Ömer aus unserem Dorf, der in der benachbarten Stadt zur Schule ging, von der dortigen Berufsschule. Er erzählte meinem Vater, dass man mit diesem Schulabschluss gleichzeitig eine Berufsausbildung hätte, so dass ich als Facharbeiter in einer Fabrik arbeiten könne. Er erfuhr ausserdem noch von Ömer, dass man als Absolvent die Möglichkeit hätte, auf eine Hochschule zu gehen. Diese Schule gefiel meinem Vater. Als mir klarwurde, dass mein Vater die Absicht hatte, mich auf diese Schule zu schicken, zu einem Zeitpunkt, an dem ich es schon nicht mehr erwartete, versetzte mich das in ungeheure Aufregung! Obwohl ich mir gar nicht den Luxus erlauben konnte, ja oder nein zu sagen, wollte ich diese Schule besuchen, anstatt weiter untätig im Dorf zu bleiben.

Mein Vater war nun entschlossen. Allerdings sagte er mir: „Sobald wir die Ausgaben nicht mehr aufbringen können, nehmen wir dich als wieder von der Schule!" Diese Aussage meines Vaters schockierte mich, aber ich ließ mir nichts anmerken. Ich sollte nun in die von uns 70 km entfernte Berufsschule nach Amasya gehen. Ich war so aufgeregt, zum ersten Mal in einer Stadt die Schule zu besuchen. Ich bin sofort nach Amasya gefahren, um mich anzumelden.

Die Schule sollte in einer Woche beginnen und ich hatte noch nichts richtiges zum Anziehen. Was noch schlimmer war, keine Bleibe und niemanden bei dem ich in dieser Stadt bleiben sollte. Während der Rückfahrt in unsere Kreisstadt, bei der mich solche Gedanken sehr beschäftigten, hörte ich, dass ein Bekannter von mir die gleiche Schule besuchte. Mustafa hieß dieser Bekannte, der in einem benachbarten Dorf lebte und dessen Familie ich dadurch auch kennenlernte. Daraufhin mieteten wir gemeinsam eine Wohnung in Amasya.

Ich sollte jetzt in eine Berufsschule gehen und einen Beruf erlernen. In der Schule hatten wir vier Stunden Theorieunterricht und vier Stunden praktischen Unterricht in der Werkstatt. Außer Türkisch und Mathematik waren es vor allem die technischen Fächer, in denen ich mir schwertat. Erschwerend kam hinzu, dass ich die Schulbücher nicht rechtzeitig besorgen konnte. Noch schlimmer stand es mit dem Essen. Um sparsam leben zu können, musste ich mir mein Essen selber kochen. Dafür hatte ich mir von zuhause einen Gasherd mitgenommen. Desweiteren hatte ich eine Teekanne und einen kleinen Topf. Am Anfang fiel das ungewohnte Kochen nicht leicht, aber mit der Zeit erlernte ich es.

In der Stadt auf uns alleine gestellt, unterstützten Mustafa und ich uns gegenseitig, wo es nur ging. Der Kampf ums tägliche Leben versetzte uns in Angst, schweißte uns aber auch zusammen. Auch wenn wir nicht immer der gleichen Meinung waren, wir ließen uns nie alleine. In der Stadt hing alles vom Geld ab. Obwohl wir sehr sparsam mit unserem Geld umgingen, ging unser beider Geld schnell zu neige. Es war nicht einmal der erste Monat vorüber. Da wir niemanden hatten, von dem wir uns etwas leihen konnten, waren wir gezwungen, in unser Dorf zurückzukehren. Einerseits war da natürlich die Opferbereitschaft meiner Familie, andererseits hatte ich Angst, von der Schule genommen zu werden. Ich fürchtete mich, nach weiterer Unterstützung zu fragen.

Mit ein bisschen Geld kehrte ich nach Amasya zurück. Aber ich konnte schon voraussehen, dass mich sehr schwere Tage erwarteten. Jetzt war das Wetter gut, wenigstens brauchte ich nicht zu heizen. Ich kaufte günstiges Gemüse und Obst vom Markt und konnte mich auch sättigen, ohne etwas zu kochen. Was sollte ich bloß machen, wenn der Winter kam … !

Tatsächlich war mein Zustand nach drei Monaten katastrophal. Ich ging hungrig ins Bett, lief hungrig herum, nachts fror ich im Bett und tagsüber auf der Straße. Der schlechte Zustand meiner Kleidung war mir mittlerweile egal, ich war nur darauf aus, mich satt zu kriegen. Mein Vater konnte mir kein Geld schicken. Das es mir schlecht ging, konnte ich außer Mustafa niemanden erzählen. An einem weiteren Wochenende lieh ich mir Geld von ihm und ging zuerst in die Kreisstadt. Da niemand meine schlechte Kleidung sehen sollte, ging ich erst in der Abenddämmerung ins Dorf. Obwohl es schon spät war, traf ich auf einen Mann, der sogleich begann mich auszufragen. Um meine Familie nicht in Verlegenheit zu bringen, zeigte ich bloß auf mein Bündel schmutziger Wäsche und lief nach Hause, ohne noch weitere Fragen abzuwarten.

Mit der Müdigkeit von achtzehn Kilometern in meinen Knochen kam ich erschöpft zu Hause an. Jetzt war ich glücklich, wieder im Elternhaus zu sein. Meine Mutter bewirtete mich sofort mit Joghurt und Sirup. Dies war zu jener Zeit eine sehr seltene und angesehene Speise. Ich war zu Hause, jedoch beachtete meine Familie mich nicht, alles drehte sich um die Probleme zu Hause. Als ob ich nicht existieren würde. Dann unterbrach ich sie und erzählte ihnen von allen Strapazen. Auf der einen Seite versuchte ich Ihnen klarzumachen, dass ich aus Armut schon längst ins Dorf zurückgekehrt wäre, aber andererseits versuchte ich ihre Fragen wohlüberlegt zu beantworten. Ich stand schließlich auf und zeigte ihnen meine Schuhe, die in der Schule an arme Schüler verteilt wurden. Dass sie nicht fragten wie ich zu diesen kam, trug ich ihnen sehr nach. Dann erzählte ich ihnen, wie ich bei dem kalten Wetter fror. Schon längst hatte ich den Wunsch nach einem Anzug aufgegeben, aber sie könnten mir doch wenigstens eine Hose schneidern lassen. Mein Vater erzählte mir, das er niemanden im Dorf um Geld bitten könne, und das bisschen, dass er hatte, hatte er meinem Bruder zur Militärschule geschickt. Ich redete umsonst und ging deshalb früh schlafen.

Meine Not war jetzt offiziell. Mit dem Geld, das ich hatte, konnte ich nur Brot essen und damit ging ich wieder zur Schule. Erst nachdem ich mich in der Schule für das Mittagessen für arme Schüler angemeldet hatte, kam ich in den Genuss von warmem Essen. Hätte es dieses Mittagessen nicht geben, hätte ich die Schule schon längst aufgegeben und wäre ins Dorf zurückgekehrt. An Wochenenden und an den sonstigen Feiertagen wurde auch dieses Essen nicht ausgegeben. An diesen Tagen schlug ich mich mit den Brotresten durch, die ich unter der Woche gesammelt hatte.

Dann kam ein Nationalfeiertag, die Schule hatte insgesamt drei Tage geschlossen. Während dieser drei Tage sollte es keine Essensausgabe in der Schule geben. Noch schlimmer, auch Mustafa hatte kein Geld mehr. Aber er erwartete jeden Moment seinen Vater zu Besuch. Am ersten Tag verbrachten wir den ganzen Tag bis zum Abend, ohne etwas zu essen. Am zweiten Tag warteten wir auch hoffnungsfroh, hungrig und durstig auf das Kommen des Vaters. Am dritten Tag ging uns die Geduld aus und uns war alles egal. Wir hatten vor, bei den Bäckern in der Innenstadt Brot zu erbetteln oder zu stehlen. Wir hatten keine andere Wahl, wollten wir nicht verhungern. Aber Betteln kam nicht in Frage, dazu waren wir zu stolz. Nur das Stehlen blieb uns übrig. Aber wie? Wir wussten nicht, wie wir das anstellen sollten! Wir konnten es nicht machen. Den ganzen Tag hielten wir uns mit Wasser aus den Wasserhähnen vor den Moscheen auf den Beinen. Am Abend auf dem Weg nach Hause nutzten wir die Dunkelheit aus und klauten von einem Bäcker gleich zwei Brote. Nach drei Tagen war dieses Brot für uns wie ein Festmahl.

Das eine Zimmer unserer Wohnung war sowieso in einem bedauerlichen Zustand. Vom Waschen ganz abgesehen, hatten wir in der Wohnung nicht einmal Wasser zum Trinken. Das Wasser, das wir brauchten, holten wir von der Wasserzisterne der naheliegensten Moschee mit einem Kupferkessel. Wir hatten weder Geld für einen Ofen noch für Holz. Mustafa war auch aus einer armen Familie. Ihm ging es also nicht anders als mir.

Dieses Jahr verbrachte ich unter fürchterlichen Lebensbedingungen und besuchte trotzdem weiterhin die Schule. Durch meine Probleme in den technischen Fächern musste ich in fünf wichtigen Fächern in die Nachprüfung. In den Sommerferien jedoch konnte ich wegen der vielen Arbeit, die im Dorf zu erledigen war, nicht für diese Prüfungen lernen. Da ich mich nicht vorbereiten konnte, wurde ich nicht einmal zu den Nachprüfungen geschickt und blieb sitzen. Mustafa hatte die Klasse geschafft, obwohl er in sechs Fächern Nachprüfungen schreiben musste.

Die Klasse zu wiederholen, hatte mich vor meinen Lehrern und Freunden, die in die nächste Klasse versetzt wurden, blamiert. Mich störten die Blicke und das Verhalten des Lehrers, der in der Schule als streng bekannt war und den ich in den zwei schwersten Fächern hatte. Er war eindeutig voreingenommen. Ich wartete eine gute Situation ab und redete offen mit ihm. Ich erzählte ihm von meinen letztjährigen Lebensumständen und machte ihm deutlich, dass ich mich in diesem Jahr noch mehr anstrengen würde, um ein beispielhafter Schüler zu werden. „So Gott will, so Gott will", sagte er mit einer nicht ernst gemeinten Miene und ging. Ich versprach mir, alles zu tun, um in diesem Jahr ein beispielhafter Schüler zu werden.

Bevor die Schule anfing, hatte mein Vater einen Anzug für mich schneidern lassen und hatte zudem versprochen, dass er mich mit mehr Unterhalt unterstützen würde. Aber ich wollte für alle Gegebenheiten gerüstet sein, und setzte alles daran, mich auf die Mittagessensliste für arme Schüler eintragen zu dürfen. Wenn ich auf der Liste stehen würde, hätten sich all meine Probleme erledigt. Auch wenn ich morgens und abends nichts bekäme, würde die Mittagsmahlzeit in der Schule ausreichen, um zu überleben. Die anderen Schwierigkeiten sah ich nicht als Probleme, ich hatte den Glauben, sie so oder so lösen zu können. Die Noten, die ich bekam, übertrafen die Erwartungen der Lehrer. Jetzt sollte alles besser werden. Vor allem hatte ich Bekleidung, die eines Schülers würdig war. In der Schule zu sein bedeutet auch, mit jedem in der Schule in Kontakt treten zu können. Ich hatte mit einem aus Tokat stammenden und bei seinem Onkel lebenden Schüler eine sehr gute Freundschaft aufgebaut. Er hatte mich zu Sylvester in seine Heimatstadt eingeladen und bei der Hinreise bestieg ich zum ersten Mal in meinem Leben einen Zug. Ich hatte ihm versprochen, dass ich ihn in den Sommerferien zu uns ins Dorf einladen würde.

Da wir in diesem Jahr keine passende Wohnung gefunden hatten, teilten wir uns zu sechst eine Wohnung mit Schulkameraden, die in verschiedene Klassen gingen. Die Wohnung war für eine Familie konzipiert, so dass sie aus zwei Zimmern und einer Küche bestand. Je Zimmer wohnten wir zu dritt und in der Anfangszeit benahm sich jeder respektvoll gegenüber dem anderen. Mit der Zeit aber verging die respektvolle und freundliche Stimmung. An den Abenden wurden anstatt zu lernen verschiedene Spiele gespielt. Nach einer Zeit genügten diese Spiele den Mitbewohnern aus dem anderen Zimmer nicht und sie fingen an, um Geld zu spielen. Da ich kein Geld hatte, wurde ich von ihnen sowieso ausgeschlossen.

Es kam noch ein Problem auf mich zu, mit dem ich nicht gerechnet hatte. Der im letzten Jahr bei der Schulanmeldung eingetragene Erziehungsberechtigte war aus der Stadt gezogen und ich hatte keinen Ersatz gefunden. Aus diesem Grund ließ mich der Konrektor zu sich kommen und sagte mir, er müsste mich der Schule verweisen. Diese Aussage versetzte mich in einen Schockzustand und ich fing sogar zu weinen an. Ich rang nach den richtigen Worten und schilderte ihm im Einzelnen meine Lebensumstände. Meine auswegslose Lage erkennend, erklärte sich der Konrektor bereit, für mich als Erziehungsberechtigter zu bürgen. Damit löste sich wieder ein weiteres großes Problem in Wohlwollen auf. Nach ein paar Tagen konnte ich meinen Namen auf der Liste für das Mittagessen für arme Kinder wiederfinden und das machte mich wirklich sehr glücklich. In einer Stadt, in der ich niemanden kannte, war jetzt der Konrektor meiner Schule mein Erziehungsberechtigter.

Der einbrechende Winter und die Kälte erschwerten meine Lebensumstände weiterhin. Wenn es Abend wurde, wollte ich die warme Schule nicht verlassen und nach Hause gehen. Zu Hause hatten wir weder einen Ofen zum Wärmen noch einen angemessen Wohnraum, der uns zum Lernen einlud. Ich blieb solange in der Schule und lernte, bis die Pförtner die Schule schlossen. Dies ging eine Zeit gut und im ersten Halbjahr wurde ich der erfolgreichste Schüler in der Klasse.

In den Halbjahresferien hatte ich mit den Oberschülern aus dem Dorf begonnen, an einer Aufführung eines kleinen Theaterstücks zu arbeiten. Dieses Stück wurde in meiner Schule schon vorher aufgeführt und hatte mir immer sehr gefallen. Deswegen hatte ich meine Freunde dazu motiviert und war federführend bei den Vorbereitungen. Mit Beginn der Ferien hatten wir eifrig unsere Rollen gelernt. Die Aufführung sollte im großen Saal der Grundschule stattfinden. In diesen Ferien war es uns gelungen, die Dorfbevölkerung zum ersten Mal für kulturelle Aktivitäten zu begeistern.

Der Erfolg in der Schule brachte einige Vorteile mit sich. Zum Beispiel durfte ich in der Werkstatt für unbegrenzte Zeit an den Maschinen arbeiten. Dadurch hatte ich die Möglichkeit, mich besser auf mein zukünftiges Berufsleben vorzubereiten. Am Ende des Schuljahres stand das einmonatige Praktikum an. Da ich ein guter Schüler war, konnte ich dieses Praktikum in der naheliegenden Zuckerfabrik durchführen. Dort hatte ich die Möglichkeit, einen Monat lang die Berufswelt kennenzulernen. Ich wurde sogar für diesen Monat bezahlt. Mit diesem Geld hatte ich mir meine lang ersehnte erste Uhr gekauft. Dieses Schuljahr schloss ich als Klassenbester ab.

Dann waren wieder Sommerferien. Ich ging zusammen mit meinem Freund aus Tokat in unser Dorf. Dass ich meinen Freund mitgebracht hatte, gefiel meiner Familie nicht so sehr. Neue finanzielle Schwierigkeiten waren entstanden, denn angetrieben durch die Leidenschaft meines Vaters für Traktoren, hatte er gemeinsam mit einem Verwandten einen neuen Traktor gekauft. Aus diesem Grund hatte sich meine Familie in großem Maße verschuldet, so dass sie noch mehr Tabak anpflanzen mussten. Mit dem ganzen Getreide, Mais und Tabak hatten sie sich sehr viel Arbeit aufgebürdet. Sie hatten sehnsüchtig darauf gewartet, dass ich ins Dorf zurückkehrte, um sofort mit der Arbeit anzufangen. Ich hatte aber unerwarteterweise einen Freund mitgebracht, um mit ihm meine Ferien zu verbringen. Da er nicht auf dem Land aufgewachsen war, fand mein Freund alles im Dorf interessant. Doch leider konnte ich mich nur zwei Tage lang um meinen Freund kümmern. Nachdem ich ihn schweren Herzens in die Kreisstadt verabschiedet hatte, stürzte ich mich in Arbeit, die Tag und Nacht andauerte. Bis zum Herbst, bis zum Schulanfang ging es so weiter.

Mit dem Schulanfang fing das schwere Leben für mich wieder an. Zuerst eine Wohnung zu finden, dann noch die anderen Probleme. Diesmal hatte ich mit einem Freund zusammen ein Zimmer im Kellergeschoss angemietet. Es war kein Ort, an dem ein Mensch bleiben konnte, ohne Einschränkungen für seine Gesundheit in Kauf zu nehmen. Aber das Zimmer hatte wenigstens Elektrizität und Wasser im Garten vor dem Haus. Wenn wir die sonstigen Umstände aushielten, sollten wir dieses Jahr hier verbringen. Was die Verpflegung anging, wollte ich wieder mit der Essensausgabe für arme Kinder auskommen. Unter einer solchen Bürde leidend, wäre es dumm gewesen, von meinem Vater zu erwarten, das er mir genügend Geld schicken würde, um komplett davon zu leben. Ich war wieder auf mich alleine gestellt.

Das war mein letztes Jahr in der Schule, und ich wollte unbedingt den Abschluss erreichen. Ich nahm mir vor, wie letztes Jahr systematisch zu arbeiten. Dass ich mich im letzten Jahr so gut behaupten konnte, motivierte mich sehr. Jetzt musste ich nur noch das Jahr überstehen ohne krank zu werden und das Problem mit dem Mittagsessen lösen. Zusammenfassend kann ich sagen, dass das schwere Leben meiner Jugend ein guter Lehrmeister war, um auch später mit Problemen im Leben fertig zu werden.

Nach einigen Wochen traf alles wie beabsichtigt ein und ich hatte mein tägliches Leben danach eingerichtet. Ich konnte mit dem Geld, das mein Vater mir schickte, die Miete bezahlen und einige Besorgungen erledigen. Meine guten Beziehungen zu den Lehrern und die guten Leistungen in der Werkstatt und im Unterricht hielten dieses Jahr weiter an. Auch wenn mich manchmal alltägliche Probleme plagten, nahm ich es nicht allzu ernst und konzentrierte mich auf die Schule. Manchmal fand ich es sehr traurig, dass der Hausbesitzer so früh am Abend den Strom abschaltete, aber mehr als jammern konnten wir sowieso nicht tun.

Eines Tages kam mein älterer Bruder zu Besuch. Er war auf dem Weg zum Militärdienst. Als er das Zimmer betrat, fragte er mich, wie ich nur in so einem Loch hausen könne. Es kam kaum Sonne herein und roch daher modrig. Ich entgegnete ihn, dass ich wohl keine andere Wahl hätte. Mehr war dazu von meiner Seite nicht zu sagen. Vielleicht wäre mein Bruder lieber in ein Hotel gegangen, doch er wusste, dass er damit das ungeschriebene Gesetz der Gastfreundschaft verletzt hätte.

Es standen drei Tage Silvesterferien bevor. Alle Schulkameraden hatten schon rechtzeitig ein Busticket besorgt, um in die Heimat zu reisen, wir hatten uns jedoch zu spät darum gekümmert. Es fuhren ohnehin nur zwei Busse in unsere Kreisstadt. Aber wir wollten schließlich auch den Jahreswechsel mit unseren Familien verbringen! Somit blieb uns nur noch, auf der Ladefläche eines Lastwagens mitzufahren, auch wenn es sehr kalt war. So taten wir es dann auch, wir hielten einen leeren Lastwagen an und stiegen auf die Ladefläche auf. Je schneller der Laster fuhr, desto unerträglicher wurde der kalte Wind. Keiner von uns hatte richtige Winterkleidung an. Zuerst setzten wir uns in eine Ecke der Ladefläche. Der kalte Wind war unerträglich! Wie Schafe schmiegten wir uns aneinander, um uns vor der Kälte zu schützen. Eine Zeit hielt ich mein Kinn mit meinen Händen fest, um das Klappern der Zähne zu vermeiden. Dadurch wurden meine Hände zu Eis. Ich gab es auf und kauerte mich weiter zusammen. Ich musste an die Regime-gegner in Russland denken, die auf Ladeflächen von Waggons nach Sibirien transportiert wurden. Ich empfand unsere Situation ähnlich. Letztendlich kamen wir in der Kreisstadt an. Ich hatte mir geschworen, bei den nächsten Ferien nicht denselben Fehler zu machen und rechtzeitig wie alle anderen ein Busticket zu kaufen.

Wir wären auf der Ladefläche des Lastwagens fast erfroren. Steif-gefroren stiegen wir bei unserer Ankunft einzeln von der Ladefläch. Plötzlich hielt der Traktor aus unserem Dorf vor uns. Er fuhr ins Dorf zurück. Wenn wir sofort fahren wollten, könnte der Fahrer uns mitnehmen. Als ich mir vergegenwärtigte, wie weit und beschwer-lich der noch lange Weg zu Fuß wäre, kam mir der Traktor wie ein Sultanatskahn vor. So stiegen wir in den Anhänger. Ein älterer On-kel, der schon drinnen saß, sah unsere Kleidung und unseren Zu-stand und stellte lakonisch fest: „Mein Sohn, wer bei diesem Wetter und mit dieser Kleidung auf einem Traktor reist, kann doch nicht ganz bei Verstand sein". Keiner von uns antwortete. Zu sehen das unser Zustand den Onkel betrübte, hielt uns davon ab, von unserem Abenteuer auf dem Lastwagen zu erzählen. Der Traktor fuhr lang-samer als der Lastwagen, was den Fahrtwind erträglicher machte. Als wir im Dorf angelangten, kamen wir langsam wieder zu uns.

Im Dorf hatte ich bereits Kopfschmerzen und Fieber. Mein Vater ließ sofort Tee kochen und gab mir eine Gripin-Tablette und legte mich in ein Bett, das direkt neben den Ofen geschoben wurde. Meine Mutter, die neben mir wachte, wechselte meine durchge-schwitzte Kleidung und gab mir immer wieder warmen Tee, bis ich einschlief. Dies ging bis zum nächsten Morgen so. Mit dem anhal-tenden Fieber fiel ich ins Delirium. Meine Eltern wussten nicht mehr, was sie noch machen konnten und holten schließlich meine ältere Tante. Diese wusste Rat und ließ meinen Kopf mit kaltem Joghurt umwickeln. Ich kämpfte in dem Bett und rang geradezu um mein Leben.

Am nächsten Morgen holte mein Vater einen Bekannten, der im Mi-litär als Sanitäter gedient hatte. Als ich meine Augen öffnete, hatte ich schon eine Spritze bekommen und mir ging es bedeutend bes-ser. Einen Tag darauf ging mein Vater in die Kreisstadt und kaufte mir in einem Bekleidungsladen einen warmen Wintermantel. Dieser Wintermantel blieb mir von dieser schlimmen Erkrankung als Erin-nerungsstück zurück.

In diesen Winterferien konnte ich aus Angst vor einer erneuten Erkrankung nicht einmal mit meinen Freunden Schlittenfahren. In unserer Kindheit war uns das ohnehin verboten, um Erkältungen im Winter zu vermeiden. Im Sommer war immer sehr viel Arbeit zu erledigen. Dadurch war es mir eigentlich das ganze Jahr über verboten, wie andere Kinder zu spielen. Soweit ich mich zurückerinnern kann, lebte ich mit den Verboten meiner Eltern. Es gibt einen Ausspruch, den ich einmal gelesen habe, dieser besagt, dass die schönste Reise, die ein Mensch machen kann, die Reise in die eigene Kindheit ist. Jedoch werde ich immer traurig, wenn ich an meine Kindheit denke. Die Kindheit war für mich wie eine Gefangenschaft.

Die Wintertage waren die schmerzvollsten Tage. In den Nächten wollte ich, dass es schnell Tag wurde, da ich vor Kälte kaum schlafen konnte. Den Tag sehnte ich herbei, um so schnell wie möglich in die Schule zu gehen, und mich dort aufzuwärmen. Die Wochenenden kamen mir unendlich lang vor, denn das bedeutete, zwei Tage in einem kalten Haus im Bett zu verbringen. Ich wollte nie, dass es Wochenende wurde. Um die Wärme des Frühlings erleben zu können, sah ich zum Schnee auf den Bergen hinauf und wünschte mir ungeduldig, dass er so schnell wie möglich schmelzen würde.

Bei mir war das kein normales Schulleben, sondern ein täglicher Kampf, den ich ausfocht, um am Leben zu bleiben und ihm standzuhalten. An Wintertagen konnte ich vor Kälte nicht richtig für die Schule lernen. Trotz dieser Umstände war ich erfolgreich bis ans Ende meiner Berufsschulzeit gekommen. Jetzt bereitete ich mich voller Spannung auf die Abschlussprüfungen vor. Letztendlich nahm ich an den Prüfungen teil und absolvierte auch diese Schule mit Erfolg.

Offiziell hatte ich jetzt einen Beruf in der Hand. In den Fabriken und Anlagen, in denen ich Arbeit finden würde, konnte ich als Fachkraft arbeiten. Was noch wichtiger war – ich konnte studieren, wenn ich die Aufnahmeprüfungen für die Hochschule schaffen würde. Zu studieren hatte für mich eine besondere Bedeutung und zwar, nicht mehr körperlich arbeiten zu müssen. Von Kindesbeinen an hatte ich körperliche Arbeit verrichtet und wusste, wie schwer mir das fiel.

DER LEIDVOLLE HERBST

Von den Zulassungsprüfungen für die verschiedenen Hochschulen habe ich nur die für die Abendhochschule für Techniker in der naheliegenden Stadt Samsun bestanden. Obwohl mir nicht sehr viel daran gelegen war, gerade diese Hochschule zu besuchen, war die bestandene Prüfung wie ein Rettungsanker für mich. Da ich die Schule abends besuchen konnte, hatte ich die Möglichkeit, tagsüber zu arbeiten und mich so von der Abhängigkeit von meiner Familie zu lösen. Jedoch trat ein weiteres Problem auf: Die Schülerzahl in Samsun überschritt die Kapazität der Schule, so dass ich die gleiche Schule in Trabzon die weiter entfernt war hätte besuchen sollen.

Die Fremde und die Ferne behagte mir nicht, aber um das Studium beginnen zu können, war ich zu allem bereit. Daher fuhr ich nach Trabzon, um mich an der Schule einzuschreiben. Oh mein Gott, die Fremdheit der Menschen und ihre Sprache schreckten mich ab, es war wie eine andere Welt! Ich würde mich nie an diese Stadt gewöhnen können. Ich war trotzdem entschlossen, dort die weiterführende Schule zu besuchen. Ich musste hier unbedingt Arbeit finden. Noch bevor ich auch nur eine Stunde die Schulbank gedrückt hatte, suchte ich bei den verschiedensten staatlichen Betrieben nach Arbeit, aber vergebens. Mein Geld hätte für einen längeren Aufenthalt nicht ausgereicht, deshalb musste ich wieder zurück in mein Dorf.

Mir wurde bewusst, dass die Suche nach Arbeit trotz der damit verbundenen Mühen nicht das war, was ich eigentlich wollte. Ich arbeitete bereits seit dem Kindesalter und fühlte mich immer mehr davon erdrückt, dabei wollte ich doch so gerne studieren – studieren, um ein „großer Mann" zu werden. Das Dorf, aus dem ich kam, genügte mir nicht, ich wollte hinaus in die Welt, sie endlich kennenlernen! Dazu musste ich finanziell auf eigenen Beinen stehen. Die jahrelange Armut tat mir sehr weh. Nach der Mittelschule ging man auf die Oberschule, um dann anschließend wieder nur als Facharbeiter zu enden. Welche Bedeutung hatte es denn da, eine Schule zu besuchen? Nein, darin sah ich keine Perspektive! Ich wollte höher hinaus! Und ich hatte vollstes Vertrauen in meine Fähigkeiten. Wie schon gesagt, ich wollte – nein, ich musste einfach studieren!

Im Herbst begann die Schule wieder, und die Mittel- und Oberschüler verließen unser Dorf, um auf ihre Schulen zu gehen. Die Leute, die mich weiterhin im Dorf antrafen, wurden neugierig und fragten, warum ich noch im Dorf blieb und was ich denn zu tun gedenke. Ich antwortete ihnen, dass ich die Schule beendet hatte und nun meine nächsten Schritte planen wolle. Doch es wurde hinter meinem Rücken erzählt, dass ich die Schule nicht geschafft hätte, von der Schule geflogen wäre und für immer im Dorf bleiben würde. Wer mich direkt fragte, dem habe ich schon die passenden Antworten gegeben, aber die Fragen hatten schließlich einen Grad erreicht, der es sowohl mir und als auch meinem Vater unmöglich machten, im Dorf unter die Leute zu gehen.

An einem Abend, als ich wieder über meinen Büchern saß, kam meine Mutter zu mir und sagte: „Mein Sohn, jeder im Dorf fragt nach dir, sie fragen, was ist mit eurem Sohn, was wird mit eurem Sohn. Dein Vater kann kaum noch in das Dorfcafé". In dem Moment kam auch mein Vater in das Zimmer. Er wandte sich direkt an mich: „Schau, mein Sohn, jeder im Dorf macht sich über mich lustig und erzählt unmögliche Sachen über dich, um mich zu verletzen. Ich weiss nicht, wie du darüber denkst, aber nimm dies Geld und verlasse möglichst schon morgen das Dorf".

Ich war den Tränen nahe. Indirekt hatte er mich gerade des Hauses verwiesen. Ich musste das Dorf verlassen, in dem ich geboren wurde. Ich warf mich auf mein Bett und fing an zu weinen. An Schlaf war aber nicht zu denken und Mitternacht war schon längst vorüber. Draußen hörte man den Wind und den Regen. Ich musste an die verlassenen Kinder aus meinen Büchern denken, die unter Brücken schlafen mussten. Mit solchen Gedanken schlief ich dann doch irgendwann ein.

Aus einem Schlaf voller Alpträume fuhr ich hoch! Im Dunkeln stand ich langsam auf, nahm den Regenschirm meines Vaters, der immer am selben Platz stand, und machte langsam die Haustüre auf. Ich hörte die fragende Stimme meiner Mutter: „Bist du es, mein Sohn?" Ohne ein Wort verließ ich das Haus. Oh mein Gott, was für ein Sturm, was für ein Regen! Ich verließ das Dorf meiner Kindheit, ohne mich umzudrehen. Ich wollte von diesem Dorf nichts mehr hören und nichts mehr sehen. Der Zorn trieb mich fort! Auch wenn ich Hunger und Durst erleiden sollte, ich wollte in weite Ferne, an Orte, wo mich niemand kannte und niemand sah. Der Wind blies aus allen Richtungen und ließ mich in rabenschwarzer Finsternis von links nach rechts schwanken, ohne dass ich wusste, wohin ich trat. Dass meine Schuhe und Strümpfe durchnässt waren, merkte ich erst nach einiger Zeit. Doch darauf achtete ich nicht, ich war entschlossen, die Kreisstadt bis zum Morgen zu erreichen. Als ich mich dem Hügel näherte, wurden die Regentropfen zu Schneeflocken. Am höchsten Punkt des Weges angelangt, wollte ich trotz der Dunkelheit einen letzten Blick auf mein Dorf werfen und drehte mich um. Dabei machte ich einen unaufmerksamen Schritt und eine heftige Windböe schleuderte mich an den Wegesrand. Ich war gestürzt.

Nach einer Weile kam ich wieder zu mir und fand mich in einer Wasserlache wieder. Ich war von oben bis unten durchnässt. Ich kümmerte mich jedoch nicht darum, stand auf und lief weiter. Ich hatte mittlerweile die Ebene erreicht, aber der aufgeweichte Weg machte mir das Gehen immer schwerer, die Schuhe an meinen Füßen wurden allmählich zu schweren Steinen. Ich wurde immer langsamer, jedoch versuchte ich mich gegen den Matsch voranzukämpfen. Plötzlich überfiel mich die Angst. Sollte ich etwa den Wölfen zum Fraß fallen? Ich musste an die wilden Wolfsrudel denken, von denen mir in meiner Kindheit erzählt wurde. Ich atmete schwer. Nach ein paar Schritten merkte ich, dass ich einen Schuh verloren hatte. Mitten in dieser Finsternis fühlte ich mich wie ein kleines verlorenes Kind. Auf allen Vieren fing ich an, in dieser Dunkelheit und im Schlamm nach meinem Schuh zu suchen. Nach einiger Mühe konnte ich meinen Schuh jedoch einige Schritte hinter mir wieder finden. Ich zog ihn an und setzte meinem Weg fort.

Die Verzweiflung trieb mir Tränen in die Augen, ich weinte laut schluchzend. Bis zur Morgendämmerung ging es so weiter. Ich war mittlerweile von oben bis unten in einem verwahrlosten Zustand. Aber egal was passieren sollte, ich würde nicht zurückkehren. Ich hielt einen Moment an, sah in den Himmel und betete zu Gott: „Oh Allah, gib mir Geduld und Kraft!"

Es wurde hell, der Regen und der Wind ließen nach. Meine Kleidung war nass, meine Hände und mein Gesicht voller Schmutz und Schlamm. Ich lief eine Steigung hinunter, was mir das Gehen erleichterte. Vor drei Jahren, als ich die Mittelschule der Kreisstadt besuchte, liefen wir diese Strecke immer gemeinsam, da es keine Fahrmöglichkeiten gab. Es gab eine Wasserquelle auf freiem Feld, bei der wir uns immer hinsetzten und ausruhten. Ich war so froh, als ich diese Quelle endlich erreichte. Zuerst reinigte ich meine Hände und dann mein Gesicht. Danach zog ich meine Schuhe und Strümpfe aus, um sie sorgfältig zu säubern. Obwohl sie noch nass waren, zog ich meine Sachen wieder an, was blieb mir auch anderes übrig.

Ich wollte keine Zeit verlieren. Die verschmutzte Kleidung wollte ich irgendwo in der Nähe der Kreisstadt säubern. Ich war ein bisschen erleichtert. Obwohl meine Füße und meine Bekleidung nass waren, kümmerte es mich nicht. Die Angst, die ich empfand, war verflogen und mit dem Tageslicht kehrte mein Mut zurück. In meinem grotesken Zustand durchschritt ich das erste Dorf, das auf meinem Weg lag, ohne von jemanden gesehen zu werden. Um auf die Landstraße zu kommen, musste ich noch ein weiteres Dorf durchqueren. Ich wollte nicht in diesem Zustand gesehen werden, deshalb lief ich schnellen Fußes durch das Dorf. Mitten im Dorf fand ich mich plötzlich von einer Hundemeute umzingelt und es wurden immer mehr. Mit dem Regenschirm hielt ich sie in Schach, gleichzeitig schrie ich um Hilfe. Wenn in diesem Moment nicht einige Männer, noch in Unterhemd und Unterhose, aus den Häusern gestürmt wären, hätten mich die Hunde an Ort und Stelle in Stücke gerissen. Verlegen und beschämt, wie ein Ringer, der auf der Matte geschlagen wurde, schlich ich mich unter den verblüfften Blicken der Bewohner aus dem Dorf. Vor lauter Angst schlotterten mir die Beine, jedoch war die nächste Ortschaft bereits die Kreisstadt, die ich erreichen wollte.

Ich erreichte die Landstraße, die parallel zu einem Flusslauf verlief. Meine Strümpfe wurden allmählich trocken und auf dem mit Kieselsteinen und Sand bedeckten Weg wurde das Laufen leichter. Trotz meiner Müdigkeit beschwingte die Nähe der Stadt meine Schritte. Als ich der Stadt sehr nahe war, fand ich eine passende Stelle, um zum Flussufer zu gelangen. Zuerst rieb ich die getrockneten Schlammstellen aus meinem Mantel und reinigte ihn mit dem eiskalten trüben Flusswasser. Danach versuchte ich die Schlammflecken mit meinen Fingernägeln aus meinen Hosenbeinen zu entfernen. Der Schlamm ließ sich aber nicht entfernen, auch mein Stofftaschentuch half dabei nicht. Meine Hände waren eiskalt geworden, ich wärmte sie eine Zeit lang in meinen Achselhöhlen auf, um mit der Reinigung fortfahren zu können. Da ich die noch verbliebenen Schlammspuren nicht entfernen konnte, zog ich letztendlich meine Hose aus und wusch sie bis zu den Knien. Die Hosenbeine waren jetzt klatschnass. Als ich mich endlich in die Stadt hineintraute, waren aufgrund der frühen Stunde zum Glück noch sehr nicht so viele Leute auf den Straßen. Ich wollte in meinem Zustand nicht gern gesehen werden, daher lief ich schnell zu dem nächsten Kaffeehaus.

Ich traf dort nur auf den Kaffeehausbetreiber. Als er mich sah, fragte er mit erstauntem Blick: „Oh mein Sohn, was ist denn mit dir passiert? Komm, setz dich hin! Ich mache dir einen starken Tee, den kannst du trinken, während du deine Kleider trocknest!" Er stellte mir einen Stuhl vor den Heizofen. Ich setzte mich. Der Kaffeehausbetreiber sah mir an, dass ich bedrückt war. Ich beschwichtigte ihn, dass ich in einen Sturm geraten sei. Er stand auf und fragte nicht weiter.

Ich trocknete mich am Ofen. Als ich langsam auftaute, fielen mir die hundert Lira wieder ein, die mir mein Vater am Abend zuvor in die Hand gedrückt hatte. Ich sprang ruckartig vom Stuhl und durchsuchte sofort aufgeregt meine Taschen danach. Ich war sehr erleichtert, als ich das Geld fand. Dieses Geld war mein ganzes Vermögen. Jedes Mal, wenn ich meine damalige Situation vor Augen habe, muss ich lächeln und bin gleichzeitig betrübt.

Das Geld war durch die Nässe gewellt. Mit einem verlegenen Gesichtsausdruck streckte ich dem Kaffehausbetreiber das Geld entgegen. Er sah mich vielsagend an und winkte mit einem warmen Lächeln ab. So wollte er mir alles Gute wünschen. Seine letzten Worte trug ich jahrelang wie einen Dolch in meinem Herzen: „Lebewohl mein Sohn, alles Gute auf deinem Weg" Ich musste so schnell wie möglich die Kreisstadt verlassen, aber wohin sollte ich gehen und wie sollte ich dahin kommen? Die Großstädte? Ich kannte dort niemanden und wenn ich auf Anhieb keine Arbeit finden sollte, würde ich auf der Straße landen. Wenn mir das Geld ausginge, konnte ich nicht einmal hierher zurück. Die am nächsten gelegene Großstadt, die ich kannte, war Samsun. Ich kannte Samsun bereits von früher. Ich dachte, bis ich Arbeit finden werde, kann ich einige Tage mit meinem Geld auskommen. Ja, ich werde zunächst nach Samsun fahren und dort weitersehen. Ich machte mich auf den Weg.

Dann war ich in Samsun. Noch ganz benommen vom Zigarettenqualm aus meinem Reisebus fand ich mich plötzlich in der Menschenmenge der Großstadt wieder. Ich suchte mir ein billiges Hotelzimmer und quartierte mich dort ein. Trotz meiner Müdigkeit konnte ich nicht schlafen, also ruhte ich mich in meinem Zimmer aus und überlegte, was ich am nächsten Tag unternehmen könnte. Ich rechnete mir aus, wieviel Tage ich hier mit meinem Geld noch durchhielt.

Früh am Morgen begann die Stadt lebhaft zu werden. Von diesem Tag an begann ich mein neues Leben. Ich brachte in Erfahrung, wo das Gewerbegebiet der Stadt lag und brach dorthin auf. Um künftig weiterhin hier leben zu können, musste ich arbeiten und Geld verdienen. Ich wollte mich nach einer Arbeit umsehen, die meiner Ausbildung entsprach. Versunken in solche Gedanken traf ich auf Mehmet. Mehmet war aus der gleichen Gegend wie ich und wir hatten beide an der Zulassungsprüfung der technischen Abendhochschule teilgenommen. Er hatte die Zulassungsprüfung bestanden und mit drei Freunden eine Wohnung angemietet. Da die Wohnung nicht gerade billig war, suchten sie noch einen weiteren Mitbewohner. Er fragte mich, ob ich mir vorstellen könnte, bei ihnen einzuziehen. Letztendlich beschloss ich, ihnen meine Situation zu schildern und mit ihnen zusammenzuziehen.

Bis auf einen weiteren Mitbewohner waren wir drei in der gleichen Situation. Sie waren genauso wie ich Berufsschulabsolventen; und wenn sie auch nicht so schlecht dastanden wie ich, so waren sie doch dazu gezwungen selbst für ihren Lebensunterhalt zu sorgen. Anfangs hatten wir noch Arbeit gesucht, die unserer Ausbildung entsprach, doch das stellte sich als unmöglich heraus. Es kamen für uns sowieso nur die staatlichen Betriebe in Frage, da es sonst keine Firmen gab, die geeignete Arbeitsplätze anboten. Letztendlich waren wir dann doch gezwungen, auf den Baustellen nach Arbeit zu fragen. Wir waren sogar schon soweit, die Bauingenieure um Arbeit anzuflehen. Einmal wollte uns ein Ingenieur mit den Worten hinauswerfen, dass das hier doch kein Arbeitsamt sei. Doch ein Ingenieurskollege von ihm, dessen Büro gegenüber lag, hatte unsere inständige Bitte um Arbeit mitverfolgt und rief uns zu sich. Da er in seiner Vergangenheit die selben Nöte am eigenen Leib erfahren hatte, erkannte er sofort unsere ausweglose Situation. Er sagte, er hätte zwar keine qualifizierte Arbeit für uns, doch er könne uns einen guten Kontakt vermitteln! Es handelte sich um ein Bauunternehmen für Heizungsanlagen. Wir sollten dort als Tagelöhner für zehn Lira auf dem Bau arbeiten. Wir hatten zwar weder eine rechtliche noch eine soziale Absicherung, doch uns blieb keine Wahl und so sagten wir zu.

Morgens fuhren wir auf der Ladefläche eines offenen Lastwagens zur Arbeit. Wir wussten nicht, wieviele Stunden wir pro Tag arbeiten würden. Arbeitsbekleidung, Wohnungsmiete und Verpflegung hatten mein ganzes Geld verschlungen. Wir hielten jedoch zusammen wie eine Familie und meine Freunde hatten mir von dem wenigen, was sie selbst hatten, Geld zum überleben geliehen, denn ich musste noch bis Anfang des nächsten Monats auf meinen Lohn warten.

Eines Abends berichtete uns Mehmet, dass wir uns bereits wie alle anderen an der Hochschule anmelden könnten. Den Unterrichtstoff könnten wir aus seinen Mitschriften und aus seinen Büchern lernen. Also trugen wir die nötigen Unterlagen zusammen und meldeten uns sofort an der Hochschule an. Wir fingen sogar an, heimlich die Unterrichtsstunden zu besuchen. Da die Klassen recht groß waren und es ausreichend Sitzplätze gab, fiel den Lehrern unsere Anwesenheit nicht auf. Ein absoluter Glücksfall: Ich hatte es auf dem Boden gesucht und im Himmel gefunden! Ich war so froh, in die Schule gehen zu können. Wenn ich nicht krank werden oder mich ein anderer Schicksalsschlag ereilen würde, würde das verdiente Geld gerade noch für die Miete und das Essen reichen. Wir hielten unsere Augen nach weiteren Arbeitsgelegenheiten offen, da unsere Kommilitonen ebenfalls arbeiten mussten

Tagsüber bestritten wir unseren Lebensunterhalt und abends gingen wir in die Schule. Obwohl wir mittlerweile über einen Monat arbeiteten, hatten wir immer noch keinen Lohn erhalten. Ohne Geld waren wir alle in einer schwierigen Situation. Wir hatten weder eine rechtliche Handhabe, um beim Arbeitgeber unseren Lohn einzufordern, noch konnten wir es uns leisten, unsere Arbeit zu verlieren. Wir gingen also wieder zu dem Ingenieur, der uns die Arbeit vermittelt hatte und erklärten ihm unsere Not. Der Ingenieur bemühte sich daraufhin, den Arbeitgeber zu erreichen. Als dieser nicht auffindbar war, zahlte er uns unseren Lohn aus der eigenen Tasche. Somit waren wir alle an diesem Tag vom Hunger befreit. Nachdem einer der Freunde sich erkältete und krank wurde, kauften wir einen Heizofen. Als Heizmaterial verwendeten wir Holzstücke, die wir jeden Abend von der Baustelle mitnahmen.

In der Schule schnappten wir in Gesprächen auf, dass Arbeiter am Hafen gesucht würden. Am nächsten Tag bewarben Mehmet und ich uns dort sofort. Die Arbeit war zwar zeitlich befristet, aber gesetzlich angemeldet, so dass wir sowohl kranken- als auch rentenversichert waren und uns zudem der Beitritt in eine Gewerkschaft offen stand. Ohne lange zu überlegen fingen wir dort zu arbeiten an, allerdings nicht ohne den Ingenieur, der uns die vorige Arbeitsstelle vermittelt hatte, um Einverständnis zu bitten. Ich arbeitete bei Schnee und Regen, machte Überstunden und verdiente gutes Geld. Ich lebte sparsam und kaufte nur das Allernötigste zum Überleben. Zum ersten Mal in meinem Leben konnte ich bei einer Bank ein Sparkonto einrichten. Ich war sehr glücklich, alles schien in Ordnung zu kommen, mein Studium, meine Arbeit.

Der Stoff wurde schwerer, die Arbeit auch, doch ich biss die Zähne zusammen und hielt durch – bis eines abends der Schulrektor bei seinem Unterricht eine Schülerzählung durchführte. Außer mir wurden noch vier weitere Schüler erwischt, die den Unterricht unerlaubt besuchten. Es war nichts zu machen, wir wurden des Unterrichts verwiesen. Meine Freude und mein Glück währten also nicht lange. Trotz allem wollte ich meinen Traum nicht aufgeben. Ich könnte ja weiterhin von Mehmets Aufzeichnungen profitieren und bis Schuljahresende zu Hause weiterlernen, und mich zumindest auf die Versetzungsprüfungen vorbereiten.

Ich arbeitete mittlerweile seit drei Monaten auf meiner neuen Arbeitsstelle und sparte weiterhin einen Teil meines Einkommens. Doch die Arbeit begann weniger zu werden. Zuerst wurde Mehmet gekündigt und auch mich konnte es jeden Augenblick treffen. Bis zu den Versetzungsprüfungen waren es nur noch zwei Monate. Sollte mir gekündigt werden, würde ich keine weitere Arbeit mehr suchen, um mich nur noch auf die Prüfungen vorbereiten zu können. Das Geld, dass ich gespart hatte, reichte für mehr als drei Monate. Für die Zeit danach vertraute ich auf mein Schicksal. Ich hatte mich mittlerweile an die Fremde gewöhnt und mir wurde langsam klar, dass ich alleine leben konnte. Nach allem was geschehen war wollte ich nicht wie jeden Sommer in mein Dorf zurückkehren. Ich wollte mir eine Arbeit für den Sommer suchen und in Samsun bleiben bis die Schule wieder anfing.

So wie das Arbeiten für mein Überleben wichtig war, so wichtig war das Studieren für meine Zukunft. Ich begann die Arbeit nicht mehr so ernst zu nehmen und habe kaufte mir verschiedenen Bücher, um auf die Prüfungen zu lernen. Wie erwartet wurde mir meine Arbeit bald darauf gekündigt und mir blieb nur noch, mich auf die Prüfungen vorzubereiten.

Bis zu den Prüfungen arbeitete ich systematisch den Unterrichtsstoff durch. Themen, die ich nicht verstand lernte ich wieder zusammen mit Mehmet. Die einzelnen Prüfungen zogen sich über einen ganzen Monat. Leider musste ich in zwei Fächern zur Nachprüfung, aber hatte drei Monate Zeit, um mich darauf vorzubereiten. Ich war zuversichtlich und rechnete mir aus, dass ich die Nachprüfungen schaffen würde, wenn ich mich in den Sommerferien sorgfältig darauf vorbereitete.

Am Ende des Schuljahres begaben wir drei Freunde uns wieder auf die Arbeitssuche. Es war jedoch aussichtslos, etwas außerhalb der Baubranche zu finden. Meine Mitbewohner kehrten in ihre Heimatprovinzen zurück, nachdem sie nichts Passendes gefunden hatten,. Ich blieb alleine in der Wohnung zurück. Da ich keine Arbeit hatte, konnte ich die gesamte Miete nicht alleine aufbringen. Nachdem meine Freunde weg waren, suchte ich einige Tage lang ohne Erfolg weiter. Ich hatte zwar noch ein wenig Geld auf der Bank, konnte mein Erspartes jedoch nicht für die Miete ausgeben. Dieses Geld war ja, auch wenn es noch so wenig war, meine einzige Sicherheit. Aus diesem Grund kehrte ich, auch wenn ich keine große Lust dazu hatte, bis zum Schuljahresbeginn ins Dorf zurück.

Wie immer gab es im Dorf viel zu tun, und das Tag und Nacht. Für die Familie war es nicht mehr wichtig, ob ich studierte oder nicht. Es hatte fast niemand nachgefragt, wo ich das ganze Schuljahr über war und wie ich gelebt hatte. Diese Einstellung entfernte mich gänzlich von meiner Familie. Aus diesem Grund verlor ich komplett die Lust weiterzuarbeiten, schob die Nachprüfungen vorg und kehrte vorzeitig nach Samsun zurück. Die Nachprüfungen absolvierte ich erfolgreich und rückte damit in die nächste Klasse vor.

Noch bevor die Schule ihre Tore öffnete machte ich mich auf Arbeitssuche. Diesmal wandte ich mich an das Arbeitsamt, um mich in der ganzen Türkei vermitteln zu lassen. Für mich war lediglich wichtig, dass es vor Ort eine geeignete Schule geben würde. Vor Schuljahresbeginn mieteten ein Freund und ich ein Zimmer in einem Kellergeschoss an. Mit der Klassenversetzung war ich von nun an offiziell berechtigt an den Unterrichtsstunden teilzunehmen. Mit dem Studium hatte ich begonnen, es war mir jedoch noch nicht gelungen eine Arbeit zu finden. Einige Tage später bekam ich einen Brief vom Arbeitsamt in dem stand, ich müsse in kürzester Zeit in Kirikkale am Einstellungstest teilnehmen, wenn ich dort arbeiten wollen würde. Da ich nicht mehr viel Geld hatte, borgte ich mir ein wenig von den Freunden und fuhr nach Kırıkkale.

In Kırıkkale war die Rüstungsindustrie des Staates angesiedelt, alle Fabriken waren daher ausschließlich in staatlicher Hand. Da die Bewerberzahl sehr hoch war, musst ich die Einstellungsprüfung erfolgreich abschließen, um angestellt zu werden. Ich würde, sollte ich bestehen zum ersten Mal in meinem Ausbildungsberuf als Dreher arbeiten. Die 70 Kilometer von Ankara entfernte Kreisstadt war in der ganzen Türkei als Arbeiterstadt bekannt. Mit der Gründung der Republik wurden deutsche Firmen beauftragt dort sechs große Fabriken zu bauen. Die strategische Wichtigkeit dieser Gegend bekam man schon in der Schulen vermittelt. Da die Fabriken für die ganze Türkei wichtig waren würde ich mit einem gewissen Stolz dort arbeiten, falls ich die Prüfung bestehen sollte.

Obwohl ich Prüfungen gewohnt war, war ich diesmal sehr aufgeregt, habe die Prüfung jedoch erfolgreich bestanden. Bis ich mit dem Arbeiten beginnen konnte, durchlebte ich sehr große finanzielle Nöte. Um nicht Hunger zu leiden, musste sogar das letzte was ich hatte – meinen Mantel – verkaufen. Aber auch diese schwierige Zeit ging vorüber. Als ich endlich mit der Arbeit beginnen konnte, gewöhnte ich mich schnell an diesen Ort, lernte neue Menschen kennen und schloss neue Freundschaften; was aber viel wichtiger für mich war, war die Anmeldung an der Hochschule. Die für die Schule notwendigen Bücher und Unterlagen kaufte ich vorab und fing bereits vor Schulbeginn zu lernen an. Langsam gewöhnte ich mich an das Leben als Arbeiter. Bis ein Zimmer im firmeneigenen Wohnheim frei wurde, übernachtete ich in Hotelzimmern. Letztendlich schaffte ich es, im Wohnheim unterzukommen. Für die damaligen Verhältnisse verdiente ich gutes Geld, musste jedoch an mein zukünftiges Leben denken und sparte aus diesem Grund die Hälfte meines Lohnes.

Nach einigen Monaten Arbeit erlangte ich meine finanzielle Unabhängigkeit. Ich dachte mir, dass ich wie jeder junge Mensch das Recht hatte, mich schön zu kleiden. Als erstes ließ ich mir von meinem Geld einen Anzug schneidern und genoss es, ein paar schöne Schuhe dazu zu kaufen. Die Fabrik hatte aufgrund eines religiösen Festes fünf Tage Betriebsferien. Viele meiner Freunde bereiteten sich darauf vor, diese Feiertage in ihren Heimatprovinzen zu verbringen, was mich auf einen bestimmten Gedanken brachte. Ich hatte jetzt Geld und hatte die Freiheit damit das zu tun was ich wollte. Ich entschloss mich diese Gelegenheit zu nutzen, um denen gegenüberzutreten die im Dorf Gerüchte über mich in Umlauf gebracht hatten.

Am Wochenende hatte ich nach langer Busfahrt unsere Kreisstadt erreicht, ich fuhr mit einem privaten Jeep bis vor unsere Haustür. Ich hatte meine neuen Kleider an und fühlte mich wie ein neuer Mensch. Die Familienmitglieder, die den Jeep gehört hatten, kamen aus Neugier vor die Tür. Sie empfingen mich nicht als einen Schüler, der in den Sommerferien nach Hause gekommen war, sondern wie einen Fremden, der aus sehr weiter Ferne gekommen war, so empfand ich es. Es hatte sich schnell im Dorf herumgesprochen, dass ich da war. Am Festabend besuchten uns meine neugierigen Verwandten und fragten mich, was ich arbeitete, wo ich lebte und wieviel Geld ich verdiente. Sie schauten mich an, als ob ich ein unereichbarer Edelstein wäre. Ich war der erste aus unserem Dorf, der die Berufsschule besuchte und hatte daher gegenüber den Schülern, die eine andere Schule besuchten, eine gesonderte Stellung. Ich schilderte meine Situation wahrheitsgemäß. Ich arbeitete, ging gleichzeitig in die Schule, und das Geld, das ich verdiente, war gar nicht so wenig. Durch meine Erzählung, hatte ich jenen eine Botschaft gesendet, die schlecht über mich dachten.

Zurück in Kırıkkale vergingen die Tage und Wochen in einem arbeitsreichen Tempo. An einem Wochenende besuchte mich mein

Bruder, der in Istanbul auf die Militärschule ging. Er war auf dem Weg in die Militärakademie nach Ankara. Als Arbeiter war ich stolz darauf, meinen Bruder, der in seiner offiziellen Uniform gekleidet war, meinen Freunden vorzustellen. Wir verbrachten Zeit mit meinen Freunden, und ich zeigte ihm, wie ich lebte. Wir verbrachten ein sehr schönes Wochenende. An einem anderen Wochenende besuchte mich Cengiz, der in Ankara an der Fakultät Sprache, Geschichte und Geographie studierte. Cengiz war auch neugierig auf meine Lebens- und Arbeitsumstände.

Ich wollte in meiner jugendlichen Begeisterung alles lernen und an gesellschaftlichen Ereignissen teilnehmen. Zu dieser Zeit veranstaltete Radio Ankara in der ganzen Türkei einen Gesangswettbewerb für junge Leute. Im jugendlichen Ehrgeiz und von Freunden angetrieben nahm ich daran teil. Da Ankara sehr nahe war, hatte ich nichts zu verlieren. Dieser Wettbewerb sollte für mich eine weitere Lebenserfahrung werden. Obwohl ich mir gute Chancen ausgerechnet hatte, kam ich nicht weiter. Ich denke immer noch gerne an diese Erfahrung zurück.

Mittlerweile hatte ich mir in Kırıkkale einen Freundeskreis aufgebaut und war nicht mehr so einsam. Mit meinen Freunden die ich in der Fabrik kennenlernte und die mit mir zur Schule gingen verbrachte ich viel Zeit. Die meisten Wochenenden bereiteten wir uns auf die Prüfungen die am Schuljahresende anstanden vor. Existentielle Sorgen plagten mich nicht mehr. Im Wohnheim lebte ich in einem Komfort, den ich bisher nicht kennengelernt hatte. Früher konnte ich mir mit Ach und Krach einen Holzkohleofen leisten, jetzt mittlerweile wohnte ich in einem Zimmer mit Zentralheizung. Gerade als die Versetzungsprüfungen begannen, wurde an allen Technikerschulen ein Boykott ausgerufen. Mit diesem Boykott wollten die Schüler einige Rechte der Techniker, die vom Staat beschränkt wurden, zurückerlangen. Es war nicht abzusehen, wie lange der Boykott andauern würde. Ungeduldig wartete ich auf sein Ende um an den Prüfungen teilnehmen zu können.

AUF DEM WEG ZUM WEHRDIENST

Der Boykott, der in den Technikerschulen seit Monaten andauerte geriet in der Gesellschaft in Vergessenheit. Die Presse stellte die Berichterstattung ein und er wurde in der Politik nicht weiter thematisiert. Alle die mit mir zur Schule gingen verloren langsam die Hoffnung. Weder meine Freunde aus der Schule noch ich auch glaubten an ein Ende des Boykotts, daher schoben wir den Militärdienst nicht mehr auf und gingen einer nach dem anderen zum Militär.

Gegen Ende meines zwei-jährigen Militärdienstes, den ich 1967 antrat, machte ich mir Gedanken über meinen weiteren Weg nach der Entlassung. Wie die Anderen, die vor der Entlassung aus dem Militärdienst standen, meldete ich mich beim Arbeitsamt und gab an, dass ich unter Umständen auch im Ausland arbeiten würde. In einer Woche sollte mein zweijähriger Militärdienst, der mit guten und schlechten Erinnerungen verbunden war, enden. Ich wurde jetzt freigelassen, wie ein aus dem Käfig entlassener Vogel. Nach dem Morgenappell verabschiedete ich mich zusammen mit einigen anderen Soldaten und verließ die Garnison. Ich war von meinen Vater sehr enttäuscht, da ich zur Entlassung um Geld gebeten hatte, das er mir nicht zugeschickt hatte. Gott sei Dank hatte ich ein bisschen Geld gespart, denn während des Militärdienstes konnte ich mir als Fotograf in meiner Einheit einiges dazuverdienen.

Zunächst fuhr ich mit dem Bus nach Istanbul und von dort aus mit dem Zug nach Karabük, um dort Freunde zu besuchen und in dortigem Stahlwerk nach Arbeit zu fragen Mit ihrer Empfehlung bewarb ich mich bei einem privaten Stahlwerk in Karadeniz Eregli. Dort musste ich eine Aufnahmeprüfung als Dreher absolvieren, die ich erfolgreich bestand. Nach zwei Jahren wieder Zivilist zu sein und, was noch wichtiger war, in einer guten Fabrik zu arbeiten, brachte wieder Spannung in mein Leben. Ich arbeitete im Schichtdienst, aber es machte mir nichts aus. Ich wohnte im Hotel und gab dadurch den Vorschuss aus, den ich von der Fabrik bekommen hatte. Nach einiger Zeit lernte ich die Gewerkschafter und viele andere Menschen kennen und gewöhnte mich langsam an die Fabrik. Während einer Essenspause fing ein Kollege mit den Worten „Als ich in Deutschland war" an voll des Lobes über die dortigen Arbeitsbedingungen zu erzählen.

Mit der Zeit lief mir immer öfter die Nase und ich musste ständig niesen, als ob ich mir eine Grippe eingefangen hätte. Ich war ziemlich krank, aber ich wollte nicht zum Arzt gehen, da ich erst angefangen zu arbeiten hatte. Der Vorarbeiter hatte es jedoch gemerkt und schickte mich zur Krankenstation der Fabrik. Der Arzt meinte, ich sollte zu meiner Genesung einige Tage auf der Krankenstation bleiben. Am dritten Tag besuchte mich der Gewerkschafter mit einem Brief in der Hand, der vom Arbeitsamt war. Er enthielt eine Einladung zu den Tests, die nötig waren, um nach Deutschland gehen zu können. Da ich mich noch nicht dazu bereit fühlte ins Ausland zu gehen, war ich sehr überrascht über dieses Angebot. Auch war mir mulmig dabei eine komplett neue Arbeit zu beginnen und ich wusste in diesem Moment nicht was ich von der Sache halten sollte. Ich bat den Gewerkschafter darum, mir den Arbeitskollegen zu schicken, der Deutschland bereits kannte. Als er schließlich zu mir kam, sagte er mir, dass es eine Chance für mich wäre, die ich mir nicht entgehen lassen sollte. Er wusste auch von meinem Wunsch zu studieren und sagte mir, ich könnte dort arbeiten und auf die Schule gehen. Nachdem er weg war dachte ich sehr lange nach. Vieles was er gesagt hatte beeindruckte mich sehr. Gleichzeitig arbeiten und studieren zu können. Nachdem ich die Vor- und Nachteile abgewogen hatte entschied ich mich. Ich wollte die Einladung zum Test wahrnehmen und mein Glück versuchen. Aber wie sollte das gehen?

Am nächsten Tag, als der Arzt zur Visite kam, entließ er mich aus der Krankenstation, schrieb mich aber, was mir sehr gelegen kam, noch für eine Woche krank. Am selben Tag wurde ich zum Arbeitsamt nach Amasya und von dort zum Test nach Istanbul geschickt. Ich sollte als Maschinenarbeiter nach Deutschland gehen. Als ich in Istanbul ankam ging ich sofort zum Arbeitsamt, wo die Tests durchgeführt wurden. Das, was ich dort sah, erinnerte mich an die Arbeitssuche auf dem Arbeitsamt in Kırıkkale. Wieder hunderte von Menschen, hauptsächlich jung, zwischen zwanzig und dreißig, aus den verschiedensten Gegenden Anatoliens. Diese Menschenmenge, in der sich auch Frauen befanden, waren alle gekommen, um wie ich nach Deutschland zu gehen. Mit den Unterlagen in den Händen, um die notwendigen Formalitäten erledigen zu können, rannten sie von rechts nach links. Ab und zu wurde von den Lautsprechern durchgerufen, wer sich wo melden sollte und wer wann nach Deutschland gehen durfte, dadurch wurden die Menschen geführt. Eine Gruppe von uns wurde ins Nebengebäude geschickt, um den Test zu machen. Diejenigen, die den theoretischen Test bestanden hatten, warteten in einer Reihe, um das Gesundheitsattest zu erhalten.

Zum Test wurden wir einzeln in ein Zimmer gerufen. Nachdem ich an der Reihe war folgte ich dem Dolmetscher, der mich zu einem deutschen Ingenieur führte. Der Ingenieur begutachtete zuerst meine Hände und fragte mich, wo und als was ich arbeitete. Ich antwortete, dass ich Arbeiter sei, daraufhin antwortete er: „Ihre Hände sehen aber nicht wie die eines Arbeiters aus" und er lachte zusammen mit dem Dolmetscher nachdem sie mich angesehen hatten, dies verwirrte mich ein bisschen. Auf dem Tisch war ein großes technisches Bild ausgebreitet. Sie fingen an, mir detaillierte Fragen über dieses Bild zu stellen. Gleich danach stellten sie an der Wand stehende Teile und ein Messgerät auf den Tisch und verlangten von mir, dass ich diese Teile ausmaß und ihnen die Ergebnisse sagte. Nach der Messaufgabe kamen Fragen mit technischem Schwerpunkt an die Reihe. Wenn man das so sagen will, wurde ich fünfzehn Minuten lang einem ernsthaften Test unterzogen. Sie haben dann auf die Tür gezeigt und gesagt, ich solle draußen warten. Einen Moment lang fühlte ich mich wie ein Schüler, der aus der Prüfung kam. Ich war sehr aufgeregt. Nach fünf Minuten öffnete sich die Tür und mir wurde gesagt, dass ich die Prüfung bestanden hatte.

Am zweiten Tag sollte ich das Gesundheitsattest erhalten und wie jeder wartete ich darauf, dass ich an die Reihe kam. Nach einiger Zeit wurde ich zusammen mit einer kleinen Gruppe eingelassen, wir gaben eine Urinprobe ab und mussten wieder draußen warten. Zur Untersuchung wurden wir in Sechsergruppen hereingebeten. Ich war in der dritten Gruppe. Neben jedem deutschen Beauftragten war ein Dolmetscher, der Türkisch und Deutsch sprach. Im Zimmer bat man uns, uns bis auf die Unterhose auszuziehen. Und wir begannen uns auszuziehen. Wir waren uns alle fremd. Einen Moment lang fühlte ich mich wie ein Mensch, der nackt auf dem Markt zum Verkauf stand. Es war ein komisches Gefühl. Wir stellten uns in einer Reihe auf, der Arzt ließ uns nacheinander unsere Münder öffnen und kontrollierte gründlichst unsere Zähne. Wer fehlende Zähne hatte, sollte sie in kürzester Zeit machen lassen und die kranken Zähne sollten behandelt werden, bevor sie sich erneut Untersuchung ließen.

Nun war die Körperuntersuchung an der Reihe. Der Arzt hatte uns zuerst aus einem halben Meter Abstand von oben bis unten und von links und rechts begutachtet. Ich glaube, er machte dies, um sicherzugehen, dass wir keine Behinderung oder keine Operationsnarben am Körper hatten. Diejenigen, die eine Operationsnarbe am Körper hatten, mussten diese erklären. Zuletzt wurde von uns verlangt, dass wir die Unterhosen nach unten zogen. Wir waren wieder in einer Reihe aufgestellt. Es war so, als ob der Arzt sicher gehen wollte, welchen Geschlechts wir sind. Danach begab er sich hinter uns und bat uns einzeln, uns vor zu beugen. Den Grund dafür habe ich bis heute nicht begriffen. Ich hatte Schwierigkeiten zu verstehen, was vor sich ging. Ich wusste nicht, ob ich über meine Situation lachen oder weinen sollte! Für meinen erlernten Beruf hatte ich gerade erst eine sehr gute Stellung angenommen. Ich war gerade im Begriff, diese Stelle aufzugeben und unterzog mich dieser unverständlichen Untersuchung, nur um nach Deutschland gehen zu können. Ich war ein gesunder Dreiundzwanzigjähriger, der für türkische Verhältnisse eine gute Bildung genossen hatte.

Bis zu diesem Zeitpunkt in meinem Leben hatte ich Einiges erlebt, hatte in der Schulzeit Hunger leiden müssen, aber nichts war so beschämend wie diese Untersuchung. Zusammen mit wildfremden Menschen so einer Untersuchung unterzogen worden zu sein verletzte mich in meiner Würde. Wie die anderen Bewerber zog ich es vor zu schweigen und den Anweisungen zu folgen. Nach fünf Tagen und einem Zickzacklauf durch verschiedenste Zimmer war ich mit den inneren und äußeren Untersuchungen, dem Test von Augen, Hals, Nase und Ohren endlich fertig. Im Ergebnis befand man mich nach Untersuchung aller meiner Organe für gesund genug, um nach Deutschland reisen zu dürfen. Man sagte mir, ich sollte mich innerhalb einer Woche mit meinem Reisepass wieder beim Arbeitsamt in Istanbul vorstellen. Jetzt war ich auf dem Weg nach Deutschland, jedoch wusste noch niemand aus meinem Bekannten- und Verwandtenkreis davon.

Als erstes musste ich, nachdem ich meine Stelle in der Fabrik gekündigt hatte, beim Gouverneursamt einen Reisepass beantragen. Jetzt musste ich noch ins Dorf, um meine Koffer zu packen. Als ich im Dorf erzählte, dass ich nach Deutschland gehen würde, war zuerst meine Mutter dagegen, dann mein Vater. Aber ich war entschlossen und niemand sollte mich von dieser Entscheidung abbringen.

In der Fremde

Ich verließ diesmal meinen Geburtsort nicht nur, um fort zu gehen, sondern um in die wirkliche Fremde, in ein fremdes Land zu ziehen. Ich verabschiedete mich von meiner Familie und küsste ihnen wie immer die Hände und ging. Ich sollte von nun an mit Deutschen, die von unseren Lehrern ab der ersten Klasse als vorbildlich beschrieben wurden, zusammenleben und mit ihnen zusammen arbeiten. Ich ging nach Europa, also in das Zentrum der kultivierten Welt. Dass mein dortiges Arbeitsleben viele Schwierigkeiten mit sich bringen würde, konnte ich schon vorhersehen. Es war ein fremdes Land und ich würde dort als Fremder arbeiten und leben.

In der Nacht kam ich mit dem Bus in Istanbul an und übernachtete bei meinem Onkel, der dort studierte. Am nächsten Tag hielt der Chef des Arbeitsamtes eine lange Rede. Danach bekamen wir für die Reise ein Essenspaket. Um meine letzte Nacht in der Türkei noch einmal ganz bewusst zu verbringen, mietete ich mich in einem der Hotels ein, die sich in der Nähe des Bahnhofs befanden. Ich kaufte mir zwei Bücher, die versprachen, dass man leicht und praktisch Deutsch lernen konnte. Die Aufregung, morgen in ein fremdes Land zu reisen, raubte mir den Schlaf, der Morgen schien nicht kommen zu wollen. Jetzt kam für mich die Zeit zu gehen, ich ging vom Hotel zum Bahnhof in Sirkeci, wo unser Zug abfahren sollte. Auf den Bahnsteigen befand sich eine sehr große Menschenmenge. Etliche verabschiedeten sich, auf dem Arm ein Kind haltend, von ihrer Familie, etliche von Vater und Mutter, etliche von Verwandten und Freunden. Ich stieg in den Zug und nahm auf dem Sitz Platz, der mir zugewiesen wurde. Von dem offen stehenden Abteilfenster hörte ich den Gesprächen zu und schaute nach draußen auf die sich freuenden oder weinenden Menschen. Keiner war da, um mich zu verabschieden, keiner war da, der um mich weinte. Die Dampfpfeife war zu hören und der Zug bewegte sich langsam zwischen Menschen, die sich in Weinanfälle steigerten und zwischen vielen zum Abschied winkenden Händen heraus Richtung Deutschland.

Nachdem der Zug losgefahren war, wurde die Stille in unserem Abteil unterbrochen, als man sich gegenseitig Zigaretten anbot. Während alle den Zigarettenrauch gierig in sich hineinzogen, schauten sie aus dem schneller werdenden Zug auf den verschwimmenden Anblick Istanbuls. In kurzer Zeit verließ der Zug Istanbul und fuhr nach Silivri, Çorlu, Lüleburgaz und dann an Babaski vorbei. Ich erinnerte mich an meine Militärzeit, die ich in dieser Gegend verbracht hatte. Auch in der Grenzstadt Edirne hielt der Zug nicht an, die Minarette der Selimiye Moschee zeigten sich nur kurz am Fenster und damit hatten wir schon die Heimat verlassen. Ich musste an folgendes Sprichwort denken: „Die Vögel setzten sich über Stacheldrähte hinweg und fliegen davon!" Nach einiger Zeit verlangsamte sich der Zug und hielt. In Griechenland wurde die Lokomotive ausgewechselt. Wir setzten uns wieder in Bewegung. Ich sah noch keine große Veränderung, sei es die Natur oder an den Gebäuden, sowie der Anblick der Menschen, alles kam mir noch sehr vertraut vor.

Die Lokomotive wurde auch in Bulgarien ausgewechselt. An der Grenze stiegen Leute zu, an deren Kleidung zu erkennen war, dass es sich um Zollbeamte und Polizisten handelte. Mittels Dolmetscher wurde uns mitgeteilt, dass sich niemand auf den Korridoren aufhalten sollte. Nachdem jeder in seinem Abteil war, wurden unsere Reisepässe von den Polizisten gründlich kontrolliert. Danach kamen die Zollbeamten, die wie die Polizisten von Abteil zu Abteil gingen und die Koffer, die ihnen verdächtig vorkamen öffnen ließen. Nachdem die Polizisten und Zollbeamten ihre Aufgabe in Ostblockstaatenmanier und ernsten Mienen erledigt hatten, stiegen sie an der nächsten Haltestelle aus. Danach fuhr der Zug ohne weiteren Stopp durch lange gerade Täler bis nach Sofia. Während der Zug sich langsam vorwärtsbewegte, standen die Menschen wieder auf und verließen ihr Abteil. Diejenigen, die wie ich keine Bekannten hatten, standen in den Korridoren und rauchten. Andere, die sich dort kennenlernten, sprachen über ihre zurückgelassenen Kinder und Familien. Wieder andere holten aus ihrem Gepäck Spielkarten und hielten nach Spielpartnern Ausschau; andere wiederum hängten türkische Fahnen aus den Abteilfenstern und wollten den Bulgaren zeigen, wie stolz sie auf ihre Herkunft waren. Hier war die Natur auch nicht viel anders, weil der Frühling noch nicht gekommen war, war alles noch nackt. Man sah es der Landschaft an, dass alles unter staatlicher Ordnung stand. Bevor es Abend wurde, fuhr der Zug in Sofia ein. Während wir im Bahnhof warteten, gestatteten die Polizisten niemandem, den Zug zu verlassen.

Der Zug setzte sich wieder in Bewegung. Nach kurzer Zeit, sagte man uns, dass wir an der Grenze zu Jugoslawien angekommen waren. Nachdem wir wieder einer strengen Passkontrolle unterzogen wurden fuhren wir weiter. Es fing an dunkel zu werden. Nacheinander fuhren wir durch einige Tunnel. Wir näherten uns der Stadt Nis. An dem Lichtermeer war zu erkennen, dass es eine größere Stadt war. Die lange Reise war für alle ermüdend, so dass jeder sich in sein Abteil zurückzog. In der Stille, die nun aufkam, setzten wir unsere Reise unter den monotonen Geräuschen, die die Räder auf den Schienen auslösten, fort. Jeden von uns beschäftigten die gleichen Gedanken: Was würde passieren? Wie würde es uns ergehen? Es wurde spät und die meisten schliefen ein. Ich konnte nicht schlafen. Ich stöberte wieder in den Lehrbüchern herum. Dabei lernte ich zwei wichtige Verben: sein und haben.

Ich war halbwach als ich plötzlich das Bahnhofsschild von Belgrad sah. Der Zug stand still. Nach einer Weile ging es weiter bis wir schließlich in Zagreb ankamen. Wieder hielt der Zug an. Neugierig stand ich auf und ging aus dem Abteil, um mich umzuschauen. Jetzt waren nur noch wenige auf den Beinen, vor Müdigkeit schliefen die meisten zusammengekrümmt auf ihren Plätzen. Nach einiger Zeit kam auch ich zur Ruhe und schlief vor ein. Der Zug wurde wieder langsamer und hielt an. Wir waren in Österreich. Wieder Passkontrollen, wieder Stempel. Wir fuhren weiter. Auch die anderen Gastarbeiter wurden langsam wach. Die ungewohnte Landschaft mit ihren Bergen und Hügeln weckte das Interesse. Das Schauspiel aus Mischwald, den auf den Bergen errichteten Almhütten und Almhäusern zog uns in den Bann. Mit neugierigen Blicken blickten wir auf das Neue, das sich vor den Zugfenstern ausbreitete. Während sich der Zug durch die Alpen schlängelte, hielt mich dieser schöne und romantische Eindruck nicht davon ab, Jahrhunderte zurück zu denken. Ich musste daran denken, dass unsere Vorfahren bis hierher gekommen waren. Gedankenvoll versank ich beim Anblick der mit Schnee bedeckten Gebirgsgipfel. Obwohl der Winter noch nicht ganz vorüber war, sah man unterhalb der Schneegrenze bereits die ersten grünen Bäume, die den Frühling ankündigten. Wir passierten Österreich mit seinen schönen Gebäuden. Aus den Korridoren meldeten sich Stimmen, die verkündeten, dass wir die Grenze zu Deutschland erreichten. Deutschland, das unbekannte Land, unser neues unbekanntes Leben.

An der Grenze hielt der Zug und wir erhielten die Einreisestempel in unsere Pässe. Uns wurde gesagt, dass wir nun durch Bayern fuhren. Die Berge und Hügel wurden flacher, die Natur ging in Täler über, die grün und bewaldet waren. Nun warteten wir voller Spannung darauf, in München anzukommen, von wo aus die Verteilung stattfinden sollte. Das im Voralpenland angesiedelte München erreichten wir schließlich nach einer zweistündigen Fahrt. Da noch Schnee auf den Dächern lag, wurde uns bewusst, dass es hier kälter war als in der Türkei. Wir liefen in den großen Bahnhof von München ein, bis unser Zug schließlich langsamer wurde und stand. Gleich würden wir deutschen Boden betreten. Vor den Waggontüren erwarteten uns bereits die Dolmetscher. Sie sagten uns, wir sollten vorerst hierbleiben und zusammen warten.

In Begleitung eines Dolmetschers, der Anweisungen mittels eines Lautsprechers gab, ging die achtzig bis hundert Menschen zählende Karawane einen Stock tiefer. Ich war in einer vollkommen anderen Welt! Müde von der langen Reise, kam mir alles wie in einem Traum vor. Mit dem Koffer in der Hand und in einer langen Reihe wartend, erinnerte ich mich wieder an meine Militärzeit. Still warteten wir darauf, was jetzt passieren würde. Die Dolmetscher, die auf ihren Zetteln eifrig Notizen machten, diskutieren zuerst miteinander, danach sprach ein Dolmetscher durch den Lautsprecher zu uns. Anhand der Stadt- und Gebietsnummern, die in unseren Verträgen standen, wurden wir zu größeren und kleineren Gruppen zusammengefasst. Diejenigen, die nicht in München bleiben würden, erhielten Essenspakete mit Brot, Käse und – wie uns gesagt wurde – Salami aus Rindfleisch. Die Dolmetscher beeilten sich zwar, jedoch vergingen trotzdem zwei Stunden am Münchener Bahnhof. Zuerst wurden die Gruppen, die in entferntere Städte wie Berlin und Hamburg gehen sollten, aufgerufen. Danach waren wir, die sich in die näheren Städte verteilen sollten, an der Reihe.

Mit einer Gruppe von 30 Leuten, die sich überhaupt nicht kannten, wurden wir wieder in den Zug gesetzt. Die Gespräche der Menschen, die außer uns im Abteil saßen, verstand ich nicht, aber ich verfolgte sie mit Aufmerksamkeit. Dies hier war tatsächlich eine andere Welt. Die andere Luft, die langen und kräftigen blonden Menschentypen, die Gebäude, die Kleidung der Menschen, die gesprochene Sprache, nichts aber auch nichts war dem in der Türkei ähnlich. Der Zug fuhr an und wir verließen langsam München. Alles geriet wieder in Bewegung, als einer aus unserer Gruppe vorschlug, uns einander vorzustellen. Die Deutschen, die sich auch in unserem Abteil befanden, folgten unseren Gesprächen mit Blicken. Jeder wusste aus den Nummern und Städtenamen in seinem Arbeitsvertrag, wohin die Reise gehen würde. So erfuhren wir, dass zehn aus unserer Gruppe bei der Stadt Donauwörth aussteigen würden. Nach einer weiteren Station stiegen wieder zehn Leute aus, so dass von unserer Gruppe nur noch unser kleines Häuflein übrig blieb. Wir kamen nach einer zweistündigen Weiterreise in Lauingen an, wo wir aussteigen sollten. Nachdem der Zug angehalten hatte, kam sofort der Firmenbeauftragte mit einem Dolmetscher in unser Abteil und hieß uns willkommen, unsere Gruppe mit zwanzig Personen solle hier aussteigen. Somit betraten wir Lauingen. Unsere Koffer wurden in einen Bus geladen und wir liefen zusammen mit unserem Dolmetscher zu unserer Unterkunft.

Diese Unterkunft befand sich im Zentrum von Lauingen, ein dreistöckiges altes Gebäude, das vorher als Schule genutzt wurde. Wir wurden in Sechsergruppen auf die Zimmer verteilt, wo vorher schon Landsleute von uns gelebt hatten. Die Zimmer enthielten zweistöckige Etagenbetten, einen Tisch mit Stühlen und je einen

Kleiderschrank, den sich zwei teilen mussten. Vor den Fenstern waren elektrische Heizkörper montiert. Ein großes Zimmer, das elektrische Herde zum Kochen, Tische und Stühle besaß, konnte als Küche bezeichnet werden … . Auf der anderen Seite waren Toiletten und eine einfache Dusche, der man anmerken konnte, dass sie im Nachhinein montiert wurde. Das oberste Geschoss dieses alten dreistöckigen Gebäudes sollte ab von nun an der Ort sein, an dem wir unseren Alltag verbringen sollten. Der Boden war aus Holz. Mein Gott, gab er Geräusche von sich! Nachdem der Dolmetscher uns das Haus gezeigt hatte, verteilten wir uns still und leise auf unsere Zimmer. Nachdem ich in meinem Zimmer war, wartete ich darauf, dass meine anderen Zimmergenossen, die ich überhaupt nicht kannte, ihre Betten auswählten. Ich ging zu dem übriggebliebenen Bett und sagte mir: Dies ist also für mich übriggeblieben! „Ab jetzt werden wir zusammen wohnen, lasst uns uns kennenlernen", schlug ich vor und stellte mich den anderen vor. Als Ekrem hörte, dass ich aus Amasya stammte, sprang er von seinem Platz auf und sagte: „Und ich komm aus Çorum!" Çorum war eine benachbarte Stadt ganz in der Nähe von Amasya. Danach stellten sich Adnan aus Kayseri, Remzi aus Gümüshane, Mete aus Ordu und Rahim aus Sinop vor.

Die meisten waren verheiratet und hatten Kinder. Wir alle waren mit ganz verschiedenen Erwartungen nach Deutschland gekommen. Ekrem hatte unter schwierigen Verhältnissen geheiratet, aber als dann die Kinder auf die Welt kamen, wurde das Zimmer, das er bei seinem Vater bewohnte, zu klein. Er wollte so schnell wie möglich Geld sparen und in die Heimat zurückkehren, um sich seinen Wunsch nach einem eigenen Haus zu erfüllen. Er sagte: „Wenn ich zuerst ein Haus habe, ist der Rest einfach." Das war sein sehnlichster Wunsch im Leben. Obwohl Remzi in Istanbul bei einem Bauunternehmer als Geselle arbeitete, eiferte er wohl doch sehr seinem Onkel nach, der in Berlin arbeitete und dem es dort wohl sehr gut ging. Weil er aus Istanbul kam, wähnte er sich den Anderen im Zimmer überlegen, was wiederum seine Unwissenheit, aber auch seine Schlitzohrigkeit zeigte. Er war verheiratet und hatte ein Kind, jedoch war er nicht aus finanzieller Not hierhergekommen, sondern aus der Sehnsucht, ein anderes Leben führen zu können. Mete hingegen kam aus den schlimmsten Verhältnissen. Er hatte weder Felder, die er bestellen konnte, noch ein Haus, in dem er mit seiner Familie wohnen konnte. Sein Wunsch war es, für seine Frau und seine fünf Kinder eine Wohnung zu kaufen oder ein Haus zu bauen. Das Geld, das er in Istanbul für die Übersiedlung nach Deutschland aufbringen musste, hatte er sich sogar leihen müssen. Seine Not war groß, ständig musste er daran denken, ob seine sechsköpfige Familie auch satt wurde. Der Lebensmittelladen, den Rahim aus Sinop eröffnet hatte, lief nicht schlecht, jedoch hatte er sich von den Geschichten, die über Deutschland erzählt wurden, beeinflussen lassen. Sein Traum war es, in kurzer Zeit genug Geld zu sparen, um im Zentrum seiner Heimat Sinop einen großen Laden zu eröffnen. Er war seit fünf oder sechs Jahren verheiratet, hatte jedoch noch keine Kinder, was ihn sehr traurig machte. Adnan aus Kayseri hatte auch eine sehr gute Stellung zurückgelassen. Er arbeitete als Dreher in einer großen Fabrik. Auch er war verheiratet und hatte zwei Kinder. Sein Wunsch war es, sich selbständig zu machen und eine eigene Werkstatt zu eröffnen. Sobald er genug gespart hätte, wollte er so schnell wie möglich in die Türkei zurückkehren. So lernten wir uns am ersten Abend kennen. Wir waren alle sehr müde und gingen früh schlafen.

Am nächsten Morgen wurden wir, zwanzig junge Männer zwischen zwanzig und dreißig Jahren, vom Dolmetscher aus unserer Unterkunft abgeholt und in die Fabrik gebracht, wo wir arbeiten sollten. Im Büro erkannte ich sofort den Mann wieder, der im Chefsessel saß. Es war der Mann, der mich in Istanbul den Tests unterzog und der, nachdem er meine Hände angeschaut hatte und damals den Scherz gemacht hatte. Es war offensichtlich, dass er auch mich wiedererkannt hatte, er lächelte und sagte auf Deutsch ein paar Worte zu mir. Der Dolmetscher übersetzte dies mit „Herzlich willkommen, wie geht es dir". Dass der Mann sich persönlich an mich gewandt hatte, fiel meinen Freunden auch auf. Auch der Dolmetscher wollte wissen, woher wir uns kannten. Schließlich wurden wir nach unseren Berufen und Fertigkeiten für die Werkshallen aufgeteilt, in denen wir arbeiten sollten. Ein Meister kam, nahm uns mit und brachte uns zu unseren Arbeitsplätzen. Zusammen mit Adnan, der auch Berufsschulabsolvent war, wurden wir vom Dolmetscher zum Chef der Drehwerkstatt gebracht. Begleitet vom Abteilungsleiter und dem Dolmetscher, und unter den neugierigen Blicken der Arbeiter an den Maschinen, erreichten wir die Maschinen, an denen wir arbeiten sollten. Als ich die Drehmaschine sah, an der ich arbeiten sollte, erlebte ich dort meine erste Enttäuschung. Die Drehmaschine war sehr alt. Diese Drehmaschinen, die nicht einmal mehr in den Fabriken in der Türkei genutzt wurden, in dem hochentwickelten Industriestaat Deutschland vorzufinden, erstaunte mich sehr.

Welche Phantastereien hatten mich nur meine gute Arbeit in der Stahlfabrik in Eregli aufgeben lassen, um nach Deutschland zu kommen? In diesem Moment fühlte ich mich getäuscht.

War es doch ein Fehler gewesen, nach Deutschland zu kommen? Schon als ich gehört hatte, dass wir zu sechst in einem Zimmer hausen sollten, war ich verstimmt. Ich ließ mir trotzdem vorerst nichts anmerken. Meine bisherigen Erlebnisse entsprachen nicht im geringsten meinen Vorstellungen, die ich mir von Deutschland gemacht hatte, aber ich tröstete mich damit, dass es erst der zweite Tag war. Man konnte schließlich nicht vorhersehen, was die nächsten Tage mit sich bringen würden. So fügte ich mich meinem Schicksal und fing an, meine Arbeit zu verrichten, wie es mir gezeigt wurde. Wir arbeiteten an primitiven Maschinen, die nicht einmal halbautomatisch waren und die vom Alter her noch aus der Zeit vor dem ersten Weltkrieg stammten. Da das Essen aus der Fabrikkantine Schweinefleisch beinhaltete, aß kein Türke dort. In der Mittagspause teilten die Türken, die bereits länger hier arbeiteten, ihr von zuhause mitgebrachtes Essen mit uns. Am selben Tag bekamen wir Neuankömmlinge 250 DM Vorschuss, um unsere Besorgungen erledigen zu können. Somit ging mein erster Arbeitstag mit der großen Enttäuschung, nicht das Erwartete vorgefunden zu haben, zu Ende. Ködel & Böhm war ein Hersteller für Mähmaschinen und verschiedenen landwirtschaftlichen Geräte. Das Unternehmen war mit seinen 500 bis 600 Arbeitern einer der größten Arbeitgeber in Lauingen.

Während ich nach der Arbeit langsam zum Heim lief, schaute ich mit Neugier und Spannung alles genau an, um mich mit der Umgebung vertraut zu machen. Tatsächlich war hier für mich alles eine andere Welt. Auf den Straßen die fremde Anmutung der verschiedenen Gebäude, wir waren jetzt mit Menschen zusammen, die eine andere Sprache sprachen und sich in ihrem Aussehen sichtbar von uns unterschieden. Es war sehr interessant, am zweiten Tag fiel mir zum Beispiel auf, dass sogar die Gebäude, die über zwei oder drei Stockwerke gingen, keine Balkons besaßen. Ich fragte mich warum. Als ich die Heimtür aufmachte und die Treppen zum zweiten Stock hinauf stieg, kam mir eine fremde blonde Deutsche mit einem freundlichen Lächeln auf dem Gesicht entgegen, nickte mir zu und sagte etwas zu mir. Ich verstand damals noch nicht, was sie sagte. Ich hielt einen Moment an, drehte mich um und sah ihr nach. Sie hatte sich auch umgedreht und schaute mich wieder mit einem Lächeln an. Ich fragte mich, ob sie mir vielleicht einen guten Abend gewünscht hatte, so wünschte auch ich ihr mit einem Lächeln einen guten Abend – auf Türkisch. Dann lief ich schnell zu meinem Zimmer. Es war mir fremd, mit Frauen zu reden. Ich war sehr aufgeregt. Ich sah sofort in mein Deutschlehrbuch. Tatsächlich: sie hatte mir einen guten Abend gewünscht. Neben diesen zwei Wörtern lernte ich sofort noch „Guten Morgen" und „Guten Tag". Dann wurde ich müde, legte mich auf mein Bett und wartete, dass die anderen Freunde kamen.

Als zum Abend hin alle eingetroffen waren, gab es eine große Hektik zwischen den Zimmern und der Küche, denn das Essen musste vorbereitet werden. Die Geräusche des Holzbodens wurden von unseren Gesprächen übertönt. Wir wuselten durch die Küche wie ein Bienenschwarm. Zum Kochen fehlten uns noch einige Sachen. Mit einem Türken, der bereits seit einigen Wochen hier lebte, waren wir, in der Hoffnung alles Benötigte zu finden, zum größten Supermarkt in Lauingen gegangen. Dieser türkische Freund konnte zwar kein Deutsch, er hatte jedoch ein bisschen Erfahrung, was das Einkaufen anging. Es war sehr ungewohnt, mit dem Einkaufswagen durch die Regale zu fahren und alles, was wir brauchten, gleich in diesen Wagen zu legen. Es kam mir so vor, als ob wir etwas klauen würden. Zuerst kauften wir einen Topf, Besteck und dann noch Nahrungsmittel. Nur war es uns nicht gegönnt, eine Teekanne zu finden. Wir suchten den ganzen Laden ab, jedoch konnten wir nichts finden, was einer Teekanne nahe kam. Wir wollten jemanden fragen, aber wie? Zuerst versuchte ich, mit meinen wenigen Brocken Deutsch und vermischt mit türkischen Wörtern einem Mädchen, das gerade die Regale auffüllte, zu erklären, was wir suchten. Es klappte nicht, ich konnte mich nicht verständlich machen! Schließlich kam ich auf die Idee, mit Stift und Papier eine Teekanne, in der Wasser kochte, aufzumalen und dem Mädchen zu erklären, was wir wollten. Das Mädchen verstand dann auch gleich, was wir meinten, aber die Teekanne, die sie uns zeigte, war keine der Teekannen, wie wir sie aus der Türkei kannten. Da uns nichts anderes übrig blieb, haben wir eine der angebotenen Teekannen gekauft. Jetzt benötigten wir noch unbedingt Tee! Wir konnten jedoch nichts finden, das nach Tee aussah. Letztendlich gaben wir es auf und zahlten an der Kasse und kehrten zum Heim zurück.

Darauf kehrten wir gemeinsam mit einem Freund, der wusste, wo Tee zu finden war, in den Supermarkt zurück. Aber dieser Freund konnte in dem Regal, wo er zwei Tage zuvor den Tee geholt hatte, nichts finden. Wieder gingen wir zu dem selben Mädchen und ver-

suchten ihr anhand einer Zeichnung von einem Teeglas zu erklären, dass wir Tee kaufen wollten. Ich war erstaunt darüber, dass sie
trotz der Zeichnung eines Teeglases nicht verstehen konnte, was
wir haben wollten. Das Mädchen fragte diesmal bei einer Kollegin
nach. Währenddessen wurde ich mit den Handzeichen, die ich zu
machen versuchte, so komisch, dass die Mädchen und mein Zimmergenosse anfingen zu lachen. Wenn ich gewusst hätte, wie der
Teestrauch aussieht, hätte ich sogar den gezeichnet. Schließlich
musste eine ältere Dame, die auch dort einkaufte, verstanden haben, was ich gemeint hatte, so dass sie mich an der Hand packte
und mir etwas zeigte. Sie zeigte mir verschiedene Papiertüten, worauf in Großbuchstaben das Wort TEE stand. Sie schlug den Ver-
käuferinnen vor, dass sie das Päckchen aufmachen sollten, damit
wir den Inhalt sehen konnten. Nachdem eines der Mädchen das
Päckchen öffnete und ein Beutelchen mit kleinen Teestückchen
zum Vorschein kam, antwortete ich sofort mit dem Englischen
„o.k.". Obwohl die Zimmergenossen allesamt meinten, dies sieht
nicht wie unser Tee aus, nahmen wir einige Päckchen mit und
kehrten zum Heim zurück.

Jetzt mussten wir uns nur noch ans Zubereiten machen. Jedoch
sagten alle meiner Zimmerfreunde, dass sie nicht kochen konnten.
Ich fragte Adnan aus Kayseri, der genauso wie ich ein Schülerleben hinter sich hatte, ob er auch nicht kochen konnte. Als er antwortete, dass er sein Schülerleben ausschließlich in Waisenhäu-
sern verbracht hatte, bereute ich sofort meine Frage. Keiner rührte
sich. So wie es aussah, blieb das Kochen an mir hängen. Ich sollte
kochen, aber sie wollten mir dabei helfen. Schließlich kochten,
aßen und spülten wir alle zusammen ab. Danach erzählte jeder von
seiner Arbeit in der Fabrik, wobei sich herausstellte, dass, abgesehen von Adnan und mir, alle in der Gießerei arbeiteten. Ekrem hatte eine sehr dreckige Arbeit. Doch Mete war darauf angewiesen zu
arbeiten, sei die Arbeit auch noch so schwer und schmutzig. Remzi
aus Istanbul hatte nicht vor, lange hier zu bleiben. Er wollte versuchen, zu seinem Onkel nach Berlin zu gehen. Rahim aus Sinop
hatte ein ganz falsches Bild von Deutschland in der Türkei erzählt
bekommen. Er raufte sich fast die Haare, weil er die Schwere und
den Schmutz der Arbeit nicht fassen konnte. „Ich bin fertig! Ich bin
am Ende!", sagte er. Alle vier machten die gleiche Arbeit auf dem
Schleifbock. Sie schleiften die Schlacke der neu aus der Gießerei
kommenden größeren und kleineren Teile. Ihre Arbeit war so dre-
ckig, dass sie nach der Arbeit ohne zu Duschen nicht ihre normale

Kleidung anziehen konnten. Rahim erzählte, dass er so viel Gießereistaub schlucken muss, dass seine Lungen das wohl nicht lange mitmachen würden.

Ich legte mich auf mein Bett und wertete das bisher Geschehene aus meiner Sicht aus. Ich bereute es, hierhergekommen zu sein. Durch den Stress der ersten Tage war meine Laune auf einen neuen Tiefpunkt gesunken. Mein Unbehagen stieg ins Unermessliche. Ich fragte Ekrem nach einer Zigarette und ging in die Küche. Die Geräusche, die die Holzdielen machten, kamen mir unerträglich vor. Ich war nur noch genervt. Langsam ging ich die Treppen hinunter. Draußen stellte ich mich vor das Haus und schaute den vorbeifahrenden Autos zu. Auf den Straßen waren keine Menschen zu sehen. Ich schaute in den Himmel und schnaufte schwer. Mein Gott, was habe ich gemacht, wieso bin ich alleine hierhergekommen? Plötzlich verspürte ich den Drang zu weinen. Ich wollte spazieren gehen, aber es war schon dunkel. Da ich kein Deutsch konnte und die Straßen so leer waren, fühlte ich mich nicht sicher. Das Haus, in dem wir untergebracht waren, lag direkt an einer Hauptstraße, aber es war niemand außer den schnell vorbei fahrenden Autos zu sehen. Ich lief einige Schritte, aber ich bekam Angst und kehrte zurück. Was war das für ein Ort hier? Ich war im Begriff die Treppen hoch zu steigen, als diesmal ein kleines Mädchen lächelnd den gleichen Satz, den ich schon einmal gehört hatte (guten Abend), zu mir sagte und hineinlief. Gleich als ich wieder in meinem Zimmer war, nahm ich meine Bücher in die Hand und lernte, wie dieser Satz geschrieben wurde. Lange Zeit hatte ich versucht, noch einige Wörter zu lernen, die mir wichtig erschienen. Aber meine Mühe war umsonst, ich war zu aufgewühlt, um etwas zu behalten. Da es mein erster Arbeitstag war, war ich auch sehr müde. Ich schlief mit dem Buch in der Hand ein.

Die Geräusche des Holzfußbodens waren für uns Heimbewohner mit dem Wecksignal beim Militär zu vergleichen. Heute würde mein zweiter Arbeitstag sein. Nachdem wir uns für die Mittagspause je ein Käsebrot gemacht hatten, verließ ich zusammen mit meinen Zimmergenossen das Heim, um in die Fabrik zu gehen. Ich fing wieder im gleichen Tempo zu arbeiten an. Die Arbeit, die ich verrichtete, hatte mit dem Beruf eines Drehers nichts zu tun. Ein Deutscher, der in meiner Nähe arbeitete, kam zu mir, um mir etwas zu erklären, aber ich verstand ihn nicht. Da ich keinen Spaß an meiner Arbeit hatte, wollte ich sagen, dass ich an einer anderen Drehmaschine arbeiten wollte, die andere Arbeitsschritte beinhaltete, jedoch wie? In der Mittagspause fand ich unseren Dolmetscher. Ich sagte ihm, dass die von mir verrichtete Arbeit nichts meinem Beruf zu tun hatte. Ich sagte ihm weiterhin, dass ich ein richtiger Dreher bin und dass ich eine für mich geeignete Arbeit wollte. Ich bat ihn um seine Hilfe. Nach der Mittagspause kam der Abteilungsleiter und der Meister zu mir, schauten auf mich und beredeten etwas. Als der Dolmetscher hinzukam, sagten sie, dass ich laut meinem Arbeitsvertrag dazu verpflichtet war, ein Jahr lang die Arbeiten zu machen, die mir aufgetragen wurde. Danach gingen sie einfach weg. Nachdem ich von dem Dolmetscher hörte, was sie sagten, war ich wie vom Blitz getroffen. Ich befürchtete, den Verstand zu verlieren. Ohne es zu wissen hatte ich mich für ein Jahr verkauft. Die Älteren sagten immer: „Der Mensch fügt sich das größte Übel selbst zu". Ich musste immer über diesen Ausspruch lachen, da ich nicht verstand, wie sich ein Mensch selbst ein Übel zufügen sollte. An diesem Tag war ich so sehr verärgert, dass ich nicht einmal mitbekam, wie ich die Arbeit verrichtete. Dieser Zustand dauerte so lange an, bis Adnan aus Kayseri zu mir kam und sagte, dass die Arbeitszeit zu Ende war und dass ich aufhören sollte. Dies konnte so nicht weitergehen, sollte nicht! Ich sollte etwas machen, aber wie? Schlecht war auch, dass ich noch kein Deutsch konnte, um mein Anliegen vorzutragen. Wie konnte ich das ändern?

Nach der Arbeit ging ich in unser Heim zurück. Da die Freunde, die in der Gießerei arbeiteten, früher gekommen waren, waren sie damit beschäftigt, das Abendessen vorzubereiten. Nach dem Essen legte sich wieder jeder vor Müdigkeit auf sein Bett und wir sprachen über die Arbeit. Auf der einen Seite hörte ich den Erzählungen zu, und auf der anderen Seite suchte ich nach einem Ausweg für mich. Am zweiten Tag hatte sich jeder, bis auf Remzi, an seine Arbeitsstelle gewöhnt und jeder fing an zu erzählen, dass die Arbeit, auch wenn sie schwer und staubig war, auszuhalten war. Rahim aus Sinop nutzte die Stille, die im Zimmer aufkam, um zu sagen, dass er ab morgen lieber alleine essen und trinken wollte. Adnan aus Kayseri sagte sofort das gleiche, als ob er auf diese Möglichkeit nur gewartet hatte. Ekrem aus Çorum entschied sich, ab morgen zusammen mit Remzi zu essen, da sie auch den gleichen Glauben teilten. Zurückgeblieben war Mete aus Ordu. Nach einiger Zeit erhob ich mich langsam aus meinem Bett und sagte zu Mete, wenn er sich zutraue, das Geschirr zu waschen, würde ich mit ihm zusammen essen und trinken. Seine Situation war die schwerste von allen. Andauernd rauchte er und sprach mit niemandem. Schon ab dem zweiten Tag trennten wir uns auf diese Weise, was das Essen anging.

Ich sah mich schon jetzt mit Problemen konfrontiert, an die ich vorher nie gedacht hatte. Ich musste in einem Zimmer mit fremden Menschen, verschiedener Herkunft und verschiedenster Charaktere zusammenleben. Vor allem die Arbeitserlebnisse und die resultierenden Minderwertigkeitskomplexe, weil ich mich nicht ausdrücken konnte, ließen mich immer gereizter werden. Mein größtes Problem sah ich darin, nicht Deutsch zu können. Die Lösung der jeden Tag anwachsenden Probleme ging nur über das Erlernen dieser Sprache. Das war nun einmal eine Tatsache. Ich fühlte mich wie ein neugeborenes Kind, das seine Muttersprache erst erlernen musste. Ich war davon ausgegangen, dass ich an alles gedacht hätte, bevor ich nach Deutschland gekommen bin. Aber dem war nicht so. Wie konnte ich nur das wichtigste, nämlich die Sprache außer Acht lassen? Ich konnte es nicht verstehen. Ich gab mir dafür die Schuld, ja ich war für meine Misere der einzig Schuldige.

Mete war verheiratet und hatte seine fünf Kinder zurückgelassen, um nach Deutschland zu kommen. Eines Abends, während des Essens, erzählte er mir, dass er seiner Familie so schnell wie möglich Geld schicken musste. Das Geld, das er sich ausgeliehen hatte, hatte er bereits in Istanbul ausgegeben. Er fragte sich die ganze Zeit, ob in diesem Moment seine Kinder vielleicht nicht einmal Brot zum Essen hatten. Ich kannte ihn nicht so gut, aber als ich die ausweglose Lage sah, in der er sich befand, musste ich ihm einfach helfen. So war mein Charakter. Ich gab ihm meine letzten Ersparnisse über 300 TL, die ich von der Türkei übrig hatte. Am nächsten Tag schrieb er seiner Familie einen Brief, wir legten die dreihundert Lira mit in den Brief, gingen zusammen zum Postamt und schickten ihn weg.

Nach einigen Tagen ging unsere zwanzig Mann starke Karawane zusammen mit dem Dolmetscher in die Kreisstadt Dillingen zum Ausländeramt. In unseren Pässen musste unsere Aufenthaltserlaubnis bestätigt werden. Die meisten von uns plagte dasselbe Problem, mich eingeschlossen: In unseren Pässen stand kein Geburtstag und kein Monat. Der Dolmetscher war zum Glück mit der Problematik vertraut. Er hatte sofort eine Lösung parat. Jeder durfte sich einen Geburtstag erfinden. Wir alle wollten ja nicht lange in Deutschland bleiben. Eines Tages wollten wir ja in die Heimat zurückkehren, wo solche Sachen keine Probleme mehr darstellen würden. Keiner war ernsthaft bei der Sache, so dass die meisten aus Gründen der Einfachheit den ersten Tag des ersten Monats als

Geburtstag angaben. Ich wollte nicht das gleiche sagen wie die anderen. Ich erfand mir ein anderes Datum: 15.06.1946. Dieses Datum sollte mein ganzes Leben lang mein Geburtsdatum bleiben. Sogar wenn ich ins Rentenalter kommen sollte, würde mein Renteneintritt auch nach diesem Datum berechnet. Später, als ich merkte, dass ich mir mit diesem Datum keinen Gefallen getan hatte, war es schon zu spät.

So hatte ich mehr schlecht als recht die erste Woche in Deutschland hinter mich gebracht. Ich hatte zudem die Zeit genutzt, um mir aus meinen Deutschlehrbüchern Sätze und Wörter anzueignen, die ich als wichtig ansah. Aber das war nicht ausreichend! Ich konnte auf der Arbeit mein Anliegen nicht darlegen. Das trieb mich fast in den Wahnsinn! Ach – dieser Arbeitsvertrag, den ich in der Türkei abgeschlossen hatte! Weil ich kein Deutsch konnte, hatte ich mir diese Schwierigkeiten eingebrockt! Wenn mein Arbeitsleben so fortschreiten sollte, hatte ich um meine geistige Gesundheit Angst. Mein Gehirn beschäftigte sich andauernd mit den Problemen, die aus meiner Entscheidung resultierten. Nachts konnte ich, obwohl ich sehr müde war, nicht mehr richtig schlafen. Trotzdem musste es doch etwas geben, was zu unternehmen war. Eines hatte ich seit dem ersten Tag in Deutschland sehr gut verstanden: Ich musste in kürzester Zeit Deutsch lernen. Alles fing mit der Sprache an, und um im Berufsleben erfolgreich zu sein, war dies auch unumgänglich. Aber wo und wie sollte ich diese Sprache lernen? Das Wochenende war gekommen. Samstag früh gegen acht Uhr war zwischen den Schritten, die in die Küche ein- und ausgingen, ein schönes türkisches Lied zu hören. Dies verzauberte meine Seele, die seit einer Woche keine türkische Musik zu hören bekam. Ich stand von meinem Bett auf und ging in die Richtung der Musik, um es besser hören zu können. Die Musik kam von einem Radio aus der Küche. Einige Leute, die woanders arbeiteten, besuchten ihre Landsleute, wobei sie auch ihr Radio mitgenommen hatten.

Die Küche füllte sich mit den Männern, die einzeln der Musik folgend hinzukamen. Auf dem Tisch stand ein Transistorradio der Marke Grundig. Der Besitzer gab an, dass er es für 400 DM gekauft hatte, wobei er mit seiner Zigarette im Mund eine ziemlich angeberische Figur abgab. Während einige am Radio herumhantierten, war der Sender Kurzwelle Ankara plötzlich verloren. Diesmal ging der Besitzer mit einem „Lasst mich mal ran" dazwischen. Er stellte es wieder ein und stellte es auf den Tisch. An diesem Tag hörten wir mit mehreren Unterbrechungen die Lieder unserer Heimat und versuchten, so die Sehnsucht nach ihr zu mildern. Wir hörten Musik, aber auch genau den Erlebnissen der anderen zu, die seit einigen Jahren in Deutschland waren.

Obwohl es Abend wurde, hielten die Gespräche unter den Landsleuten noch in gleicher Weise an. Der eine berichtete über die Leichtigkeit seiner Arbeit, ein anderer über das viele Geld, dass er in kurzer Zeit verdient hatte und wieder ein anderer über das neue Auto, das er sich gekauft hatte. Vor allem derjenige, der mit seinem Auto prahlte und Vater von fünf Kindern war, erzählte Sachen, an die man nur schwer glauben konnte. Er erzählte davon, dass er neben seinem Lohn noch in derselben Höhe Kindergeld bezog und fügte hinzu: „In diesem Land musst du Kinder haben, mein Freund, Kinder. Wenigstens musst du hier verheiratet sein. Wenn du ledig bist, geht es dir schlecht, verlasse sofort dieses Land. Du brauchst nicht hier zu bleiben und zu arbeiten, weil die Hälfte deines Verdienstes vom Finanzamt als Steuer eingezogen wird." Diesmal fing ein anderer an: „Wieder bekommen diejenigen, die Kinder haben, am Jahresende Geld, das Steuerrückvergütung genannt wird. Hingegen müssen die Ledigen ohne Kinder, noch etwas dazu zahlen, als ob sie mehr verdient hätten". Den Gesprächen zuzuhören machte mich aggressiv, langsam verließ ich die Küche, ging in mein Zimmer und warf mich auf mein Bett. Ich erinnerte mich an die Dreh- und Fräsmaschinen, an denen ich in Kırıkkale und Eregli arbeitete, wieder fühlte ich eine Trauer in mir hochsteigen. Mit den Maschinen, die sich in meiner Vorstellung drehten, drehte sich auch mein Kopf. „Mein Gott, gib mir Geduld, hilf mir oh Gott!" fing ich an zu beten. Mein Herz fing an schneller zu schlagen, ich hatte Angst ohnmächtig zu werden. Wieder schnellte ich vom Bett hoch, was passierte mit mir? Ich fing an mit mir selbst sprechen: „Das kann doch gar nicht wahr sein, ich bin ein Facharbeiter!" Mit Zorn zündete ich mir eine Zigarette an, öffnete das Fenster meines Zimmers und schaute vom dritten Stock auf die Passanten herunter. Ich war wie in einem schlechten Traum gefangen. Ich war in Gedanken versunken. Mein Blick blieb an den Maschinen hängen, die im beleuchteten Schaufenster gegenüber zu sehen waren. Welche Überraschungen hatte das Leben noch auf Lager, wer wusste das schon? Ich versprach mir, in kürzester Zeit Deutsch zu lernen und mich dem Kampf des Lebens vom Nullpunkt an zu stellen. Ja, es sollte vom Nullpunkt mit einer gewissen Geschwindigkeit anfangen, manchmal schnell und manchmal langsam voranschreiten. Mein Kampf sollte überhaupt nicht einfach werden, aber die

Umstände erforderten ihn.

Am ersten Sonntag wachten wir auf. Ich erzählte ja bereits, sobald der erste aufwachte und Geräusche machte, wachte einer nach dem anderen auch auf. Dann begannen in einer Hektik und Lautstärke die Vorbereitungen fürs Frühstück. Vom Lärm gestört stand ich schließlich auch auf. Ich vermisste so sehr einen richtigen Freund, dem ich mein Innerstes öffnen und mit dem ich sprechen konnte. Ich hatte auch nicht die Möglichkeit, mit anderen Menschen außer den Heimbewohnern in Kontakt zu treten. Unter den Heimbewohnern kannten wir uns noch nicht so gut. Da wir auch aus verschiedenen Gegenden kamen, blieb eine gewisse Distanz untereinander. Als einzigen wähnte ich nur Adnan aus Kayseri den mir am nächsten. Vielleicht war das auch nur so, weil wir den gleichen Beruf hatten. Ich wusste es nicht. Er war drei Jahre älter als ich. Aber ich hatte keine andere Wahl, ich musste eine Freundschaft zu ihm aufbauen. Aus diesem Grund wartete ich eine passende Situation ab und redete mit ihm sehr lange über manche Sachen.

Lauingen war eine kleine Stadt, direkt an der Donau gelegen. Die Donau heißt auf Türkisch Tuna und ist ein Schicksalsfluss in der türkischen Geschichte, deshalb habe ich mich sofort aufgemacht, um den Fluss aus nächster Nähe zu sehen. Versunken in Gedanken stand ich am Ufer, mit meinen Blicken in die sanften Fluten des Flusses eintauchend, der reichlich Wasser führte, und ich musste an das berühmte türkische Lied denken, das oft im türkischen Radio zu hören war. „Die Donau weint, sie möchte nicht fließen, möchte nicht ihre Ufer niederreißen". Danach musste ich an den „Yesilırmak" denken, der mitten durch Amasya floss. Und an die schweren drei Jahre meiner Schulzeit dort. Lauingen war eine alte Stadt, die auf ertragreichem Boden in einem flachen Tal errichtet wurde. Abgesehen von den Menschen, die in den Fabriken arbeiteten, war zu sehen, dass auch viele Menschen in der Landwirtschaft beschäftigt waren.

Eines Abends in der Mitte der zweiten Woche bekam ich Besuch von zwei Brüdern, die in der Nähe von Lauingen in einem Dorf arbeiteten und gehört hatten, dass ich aus Amasya war. Wir kamen aus demselben Kreis, nur unsere Dörfer waren verschieden. Wir sprachen ein bisschen über unsere Heimat und verabschiedeten uns mit dem Wunsch, uns wiederzusehen. Meine Laune besserte sich ein wenig. In der Nähe einen Landsmann zu haben gab mir wieder Vertrauen. Am nächsten Tag ging ich viel motivierter an die Arbeit und begann, mit vollem Einsatz zu arbeiten. Ich wollte all die aufgetragene Arbeit erledigen und auf diese Weise einen Ausweg aus meiner Misere suchen. Da meine Arbeit technisch nicht zu anspruchsvoll war, gelang mir dies sehr leicht. Einspannen, ausspannen, einspannen, ausspannen. Es war eine sehr grobe Arbeit. Ich arbeitete ohne Unterlass, als ob ich mir sagen würde: „Es war ein Fehler hierher zu kommen, jetzt halte deine Strafe aus". Ich war ausgebildeter Fabrikarbeiter, aber meine momentan verrichtete Arbeit hatte keinen technischen Anspruch. Ich arbeitete auf Akkord. Da ich die Stück- und Zeitrechnung aufgrund meiner nicht vorhandenen Sprachkenntnisse nicht selbst ausfüllen konnte, erledigte dies ein Vorarbeiter, der für die Arbeit in der Werkstatt verantwortlich war, für mich und händigte sie mir aus. Ohne Halt arbeitete ich ständig, eine Aufgabe nach der anderen wurde von mir erledigt. Ich arbeitete so sehr, dass ich vor Müdigkeit nur noch den Feierabend herbeisehnte.

Am Samstag der zweiten Woche besuchte ich diesmal meine Landsleute. Beide arbeiteten in einer Textilfabrik in einem kleinen Dorf und wohnten in der firmeneigenen Wohnung. Nachdem ich mit dem Jüngeren der Brüder einige Zeit im Gasthaus gesessen war, lud er mich zum Essen nach Hause ein. Da er seinem älteren Bruder nicht Bescheid gegeben hatte, vermutete ich, dass sie Streit miteinander hatten. Diesen Tag verbrachte ich damit, weitere Landsleute, die in demselben Dorf arbeiteten, kennenzulernen und ihnen im Gasthaus beim Pokern zuzusehen. Obwohl ich es nicht gewohnt war, im Gasthaus zu sitzen und mich deshalb langweilte, wollte ich meine Landsleute nicht kränken und blieb bis zum Abend bei ihnen. Ich lebte in einer anderen Welt als sie. Ich wusste sehr gut, dass die vergangene Zeit nicht mehr nachzuholen war, deswegen gab ich mir Mühe, die freie Zeit dafür zu nutzen, um etwas für mich zu machen. Ich war ja im Begriff, den Grundstein für mein neues Leben zu legen. Für mich war Zeit sehr wertvoll. Trotzdem war ich bereit, einen Tag zu opfern, um mit ihnen zusammen zu sein. Denn sie hatten sich um mich gekümmert und kamen mich besuchen. Hier waren sie mir die nächsten Menschen.

Eines Tages lernte ich in unserem Heim jemanden kennen, der ein anderes deutsches Buch in den Händen hielt. Er hatte schon vorher ein Jahr lang in Deutschland gearbeitet, kehrte jedoch während der Wirtschaftskrise in die Türkei zurück. Jetzt, wo die Wirtschaft wieder anlief, war er wieder nach Deutschland gekommen. Ich konnte jedoch sehen, dass er sehr interessiert daran war, Deutsch zu lernen. Er war auch Berufsschulabsolvent. Wir verabredeten uns also, um gemeinsam Deutsch zu lernen. Als ob ich ihn auf der Straße gesucht und im Himmel gefunden hätte. Wir wollten so schnell wie möglich einen Lehrer finden. Am nächsten Tag gaben wir mit seiner Hilfe in einer regionalen deutschen Zeitung folgende Anzeige auf: „Zwei junge Türken suchen einen Lehrer zum Deutschlernen". Unter der Woche meldete sich daraufhin ein Realschullehrer. Wir lernten uns kennen und wurden uns einig. Wir trennten uns mit der Vereinbarung, uns bei ihm im zwei Kilometer entfernten Famingen, zu treffen. Pro Stunde zahlten wir je zehn Mark. In dieser Woche hatten wir unsere ersten zwei Stunden Unterricht. Mit Handzeichen fingen wir an zu lernen. Danach fuhr der Lehrer mit Zeichnungen fort, wenn er nicht mehr weiter wusste. In der ersten Zeit fiel es mir sehr schwer, aber ich war sehr glücklich, da wir Deutsch mit der Grammatik zusammen lernten. Meine Laune besserte sich allmählich. Ich fing schon an, mir eine bessere Zukunft auszumalen. Bis mein einjähriger Arbeitsvertrag ablief, wollte ich sehr gut Deutsch lernen und Geld sparen. Ich stellte mir weiterhin vor, nach Auslaufen dieses Vertrages in eine nahe gelegene Stadt zu ziehen, um dort zu arbeiten und auf eine Technikerschule zu gehen.

Am Anfang des Monats bekam ich meine dreiwöchige Lohnabrechnung. Ich traute meinen Augen nicht. Netto zweihundertachtzig Mark! Die hundert Mark Vorschuss, die ich vorher erhalten hatte, wurden abgezogen. Sofort legte ich die Arbeit nieder, nahm wütend die Lohnabrechnung und ging in atemlosen Zustand zum Meister. Mein Hals schnürte sich zu, ich wollte weinen. Obwohl ich laut rufend und mit Händen und Füßen gestikulierend versuchte, meine Wut zum Ausdruck zu bringen, gelang es mir nicht und ich fühlte mich ganz hilflos. Ich ging direkt zu der Werkstatt, in der der Dolmetscher beschäftigt war und ließ durch ihn kontrollieren, ob meine Bezahlung korrekt war. Es lag kein Fehler vor. Ich war mit meiner Arbeit nicht rechtzeitig fertig geworden und hatte Steuerabzüge, da ich nicht verheiratet war. Wenn ich die gegebene Arbeit rechtzeitig erledigen würde, könnte ich ein bisschen mehr verdienen.

Das konnte nicht wahr sein. Ich redete vor Aufregung ohne Punkt und Komma. Wie konnte es sein, dass ich, obwohl ich schnell arbeitete, die Arbeit nicht rechtzeitig fertigbrachte? Schließlich erklärte mir der Dolmetscher den Grund. Die Deutschen lassen euch absichtlich die Arbeiten mit der niedrigsten Zeitvorgabe machen. Du konntest so schnell arbeiten wie du wolltest, da die Arbeit auf Sekundenbasis errechnet wurde, hattest du nicht die Möglichkeit, rechtzeitig fertig zu werden! Meine Welt brach zusammen, ich brachte folgende Worte schwer über die Lippen: „Das bedeutet, dass die Türken, weil sie kein Deutsch konnten, von den Deutschen offensichtlich ausgenutzt wurden!" Die Antwort des Dolmetschers war eindeutig und erklärte alles: „Ja!" Ich ging direkt ins Personalbüro und ließ mit Hilfe des Dolmetschers ausrichten, dass ich für dieses Geld nicht arbeiten würde und dass ich sofort in Türkei zurückkehren wollte. Aber meine Mühe war umsonst. Der Personalchef sagte mir, ich sei dazu verpflichtet, ein Jahr lang zu arbeiten. Er sagte mir, wenn ich nicht mit meiner Arbeit zufrieden wäre, könnte er mich in eine andere Abteilung versetzen.

Am nächsten Tag sollte ich mein Abschlusszeugnis, meine Arbeitszeugnisse und den in Istanbul abgeschlossenen Arbeitsvertrag nehmen und zu ihm gehen. Nachdem ich mit dem Dolmetscher zurück an meinem Arbeitsplatz war, schauten wir zusammen nach der Vorgabezeit für die heutige Arbeit. Achtzig Sekunden. Oh mein Gott! Die Arbeit, die ich machte, konnte schnellstens in zwei Minuten erledigt werden. An diesem Tag habe ich vom Dolmetscher gelernt, die am Arbeitsplatz ausliegenden Zettel bezüglich der Zeitvorgabe zu lesen und die Akkordeinheiten zu berechnen. Dies war ein wichtiger Schritt für mich. Bevor ich mit der begonnenen Arbeit fertig war, kam schon ein deutscher Arbeiter und brachte mir neue Arbeit. Es sah so aus, als ob er mir einen Gefallen täte. Bis zu diesem Tag hatte ich es auch so aufgefasst und hatte mich dafür bedankt. Bevor der Mann weggehen konnte, schaute ich auf die vorgegebene Zeit und machte ihm, sogar auf Türkisch schreiend und Handzeichen gebend, deutlich, dass er es sofort wieder mitnehmen sollte. Der Mann wusste nicht wie ihm geschah. Mit schnellen Bewegungen zog er den Wagen mit den Teilen wieder weg. Wenn sie sich die Arbeit aussuchen konnten, die ihnen gefiel, müsste ich, auch als Arbeiter dieser Werkstatt, das Recht haben zu wählen. Sobald ich mit der Arbeit fertig war, schaute ich auf die Zettel der noch zu erledigenden Arbeiten. Ich suchte mir eine mit guter Zeitvorgabe aus und brachte sie zu meinem Arbeitsplatz, um morgen damit weitermachen zu können. Ich war gespannt darauf, welche Reaktionen das hervorrufen würde.

Abends im Heim nahm ich den Vertrag, den ich in abgeschlossen hatte, unter die Lupe genommen. Ich wurde in die Fabrik als Schlosser eingestellt. Ich hatte einen Anhaltspunkt gefunden. Obwohl ich als Schlosser eingestellt wurde, arbeitete ich als Dreher. Darin witterte ich meine große Chance. Morgen wollte ich das Ansprechen und einen Arbeitsplatz als Schlosser verlangen. Wenn mir nicht eine passende Arbeit zugeteilt werden würde, würde ich in meiner Werkstatt so lange für Unruhe sorgen, bis mir ein guter Arbeitsplatz gegeben würde. Ich wusste, dass ich nichts mehr zu verlieren hatte. Die schlechteste Möglichkeit wäre, dass mir der Arbeitgeber den abgeschlossenen Vertrag kündigte. Unter diesen Bedingungen konnten sie mich allerhöchstens in die Türkei zurückschicken. Dieses Risiko konnte ich eingehen, ich war nicht verheiratet und hatte somit keine Verpflichtungen. Dies bedeutete für mich auch, dass das schlimmste, was eintreffen könnte, besser war, als mein jetziger Zustand.

Am nächsten Morgen stellte ich sofort nach Arbeitsbeginn meine Werkbank auf die Teile ein, die ich am Abend zuvor bereits zurechtgelegt hatte. Ich wollte gerade anfangen, als sich der Meister direkt vor mich hin stellte. Er schüttelte seinen Kopf nach rechts und nach links. Mit den zwei deutschen Arbeitern, die bei ihm standen, nahm er die Werkstücke, die ich gerade bearbeiten wollte und holte andere. Ich schaute sofort auf den Zettel, der darüber lag und legte ihn sofort wieder zurück. Die Vorgabezeit war nicht schlecht, ich widersprach nicht. Der Meister schaute mich an und lächelte, als ob er mir sagen wollte, dass diese Arbeit auch nicht schlecht ist, hielt er mich an der Schulter fest und ging dann weiter. Ich arbeitete bis zur Neun-Uhr-Pause. Als der Dolmetscher kam, gingen wir gemeinsam ins Büro. Ich gab dem Personalchef mein Abschlusszeugnis und meinen Arbeitsvertrag. Nachdem er Kopien davon gemacht hatte, sagte er mir, er wolle sich darum kümmern und ich solle mich ein paar Tage gedulden. Die Arbeit machte ich bis zur Mittagszeit fertig und rechnete die Arbeitszeit aus. Ich hatte das Arbeitspensum für einen Tag verrichtet. Ich konnte es nicht glauben und rechnete es noch einmal nach. Die Rechnung war richtig. Obwohl ich an den anderen Tagen ohne Unterlass gearbeitet hatte, konnte ich dort meinen Akkord nicht einhalten. Was war jetzt passiert, dass es doch so leicht klappte? Des Rätsels Lösung war also, sich nicht dem Gegebenen unterzuordnen, sondern klugerweise sein Recht einzufordern. War es nicht in der ganzen Welt so? Unwissend zu arbeiten und alles hinzunehmen, was mit einem geschieht hat noch niemanden glücklich gemacht. Das einzige, was ich mein Leben lang nicht akzeptieren konnte, war, von anderen ausgenutzt zu werden. Auch innerhalb der Familie wurde ich meistens aus diesem Grund schief angesehen, und trotzdem versuchte ich, das zu machen, was ich wollte. Wegen diesem Charakterzug sahen mich meine Eltern und meine Geschwistern als aufsässig an.

Weil wir kein Deutsch konnten, wurde nicht nur ich, sondern auch Adnan ausgenutzt. Weil er aber verheiratet war und zwei Kinder hatte, hatte er Glück und musste weniger Steuern zahlen. Der Meister kam immer zu mir und kontrollierte mich. Es war offensichtlich, dass jemand davon erzählt hatte, dass ich Unruhe stiften würde. Bevor ich mit meiner Arbeit fertig war, brachte mir der Meister schon neue Arbeit. Ich schaute auf die Zeitvorgabe, die sehr gut war. Beim Weggehen lächelte er mich an, als ob er mir damit sagen wollte, dass ich unter seinem Schutz stand. Dieser Zustand muss auch den deutschen Arbeitern aufgefallen sein, so dass sie zu mir kamen und den Arbeitszettel kontrollierten, mich anschauten und sich dabei über mich unterhielten. Mein anspruchsvolles Auftreten und meine kämpferische Haltung fiel sowohl den Deutschen als auch den Türken auf. Nachdem sich dies immer mehr herauskristallisierte, sammelten sich die meisten Türken, die in den anderen Werkstätten arbeiteten, in den Pausen bei mir. Dies bekam natürlich auch der Meister mit. Eines Tages fragten sie nach dem Grund, wieso die Türken sich bei mir sammelten und nicht woanders? Ich entgegnete, dass ich das auch nicht wisse. Diese Frage hätten sie den anderen stellen sollen. Ob deutscher oder türkischer Arbeiter, alle Augen in der Werkstatt waren auf mich gerichtet. Jeder, der zu mir kam, wurde beobachtet.

Die meisten im Heim, die ihren ersten Lohn erhielten, erzählten, dass sie den gesparten und nicht benötigten Teil ihres Einkommens in die Türkei zu ihren Verwandten geschickt hatten. Die, die ledig waren wie ich, bekamen ohnehin so wenig Geld, dass damit nur die Bedürfnisse vor Ort abgedeckt werden konnten. Einige dieser Unverheirateten kauften sich Fahrräder, Fotoapparate, Radios oder Kassettenrekorder.

Auch ich wünschte mir sehnsüchtig ein Fahrrad. Ein Fahrrad, das wir früher für 10 Pfennige die Minute ausgeliehen hatten. Ja, ein Fahrrad. Das magische Rad unserer Kindheit … . Zuerst lernten wir Fahrradfahren, dann testeten wir uns gegenseitig auf der halben Meter breiten Dammstützmauer, die Amasya vor dem Yesilırmak schützen sollte. Ich beneidete immer Menschen, die ein Fahrrad hatten; und obwohl die Jahre vergingen hatte ich nie die Möglichkeit, mir eines zu kaufen. Und jetzt, obwohl ich nicht allzuviel Geld besaß, wollte ich mir endlich eines leisten. Mein Ziel war es, mir einen Herzenswunsch erfüllen zu können und damit die umliegenden Dörfer und Städte mit dem Fahrrad zu bereisen und kennenzulernen.

Schließlich kaufte ich mir ein gut erhaltenes gebrauchtes Fahrrad vom Fahrradhändler in Lauingen, das meinem Budget entsprach.

Zuerst drehte ich mit meinem neuen Fahrrad eine Runde in der Stadt, dann trug ich es hoch auf den Flur vor mein Zimmer und schloss es ab. Während jeder im Heim zu Fuß zur Arbeit ging, fuhr ich jetzt mit meinem Fahrrad. Nach der Arbeit fuhr ich in die grünen Wälder und Felder außerhalb der Stadt und genoss die Natur und meine Ruhe. Um Lauingens Umkreis kennenzulernen, fuhr ich am Wochenende zu meinen Landsleuten in das sechs Kilometer entfernte Dorf. Es war so, als ob ich ein Stück Glückseligkeit suchte. Aber ich hatte keine andere Wahl, dadurch schaffte ich mir Erleichterung.

Manchmal genügte es schon, durch die Gegend zu fahren und sich an allem Neuen zu erfreuen. Gleichzeitig überlegte ich aber, dass ich mehr tun sollte. Ich hatte ja schon mit Abdullah aus Zonguldak angefangen Deutsch zu lernen. An vier Unterrichtsstunden hatten wir bereits teilgenommen und unser Lehrer gab sich wirklich sehr viel Mühe mit uns, was langsam aber sicher Früchte trug. Aber meine Zimmergenossen im Heim ließen mich nicht in Ruhe lernen. Sie machten sich sogar über mich lustig, indem sie sagten, ich würde noch zum Dolmetscher aufsteigen. Für eine eigene Wohnung war mit die Miete zu teuer. Dann erkrankte auch noch unser Lehrer. Wir hatten dadurch seit einem Monat keine Unterrichtsstunde mehr gehabt. Obwohl Abdullah am Anfang sehr großes Interesse zeigte, Deutsch zu lernen, gab er es mit der Zeit auf. Damit musste ich es auch sein lassen, da die Kosten für den Unterricht für mich allein zu hoch waren. Trotzdem versuchte ich an den Wochenenden auf eigene Faust Deutsch zu lernen.

Durch die Hilfe des Dolmetschers fand ich als Dreher bei einer kleinen Werkstatt in einem nahe gelegenen Dorf eine zweite Arbeitsstelle. Ich hoffte, von diesem Zweiterwerb genug Geld sparen zu können, um den Deutschunterricht weiterführen zu können. Jeden Abend, nachdem ich aus der Fabrik kam, fuhr ich mit meinem Fahrrad zu der zweiten Arbeitsstelle und arbeitete dort für zwei bis drei Stunden. An Samstagen waren es bis zu zwölf Stunden, die ich zusätzlich arbeitete. Einen Monat lang ging das so weiter. Obwohl ich nur die Hälfte der Zeit bei der Nebenbeschäftigung war, verdiente ich am Monatsende fast so viel wie bei meiner Hauptbeschäftigung. Mich störten die Angebereien der Verheirateten, die Kinder hatten sehr. Die Zeit nach der zweiten Lohnauszahlung war fast unerträglich. Sie kamen zu uns Ledigen und erzählten ausführlich, wie sie das viele Geld aufzuteilen gedachten.

Die unbedarften Menschen aus Anatolien, die unsere Dörfer und Städte aus Armut verließen, fingen an, sich an dem Geld zu berauschen. Manche zogen mit deutschen Frauen zusammen, die nichts anderes im Sinn hatten als sie auszunutzen. Angeberisch, als ob es etwas Gutes wäre, waren sie in den Straßen zusammen mit älteren und jüngeren Frauen in einem unschicklichen Zustand zu sehen. Das, was sie machten, war nicht nur der türkischen Lebenskultur fremd, sondern auch für deutsche Sitten ungewöhnlich. In Cafés und Bars verfielen sie einem hässlich ausschweifendem Lebensstil und fingen an, das Geld, das sie für ihre Familien in der Heimat verdienen wollten, zum Fenster hinaus zu werfen. Vor allem, wenn ich an die Kinder der älteren Männer dachte, die ich höflich grüßte, brach mir das Herz. Wenn ich daran dachte, in welchem Zustand die zurückgelassenen Familienmitglieder waren, ob sie überhaupt genug zu Essen und zu Trinken hatten, machte mich das sehr traurig.

Da auch ich ein Kind aus ländlicher Gegend war, wusste ich genau, aus welchen Gründen und Überlegungen die Menschen hierhergekommen waren. Mete, mit dem ich in letzter Zeit häufig zusammen gegessen hatte, war auf einmal verschwunden. Gedrängt von meiner Sorge, mobilisierten wir alle im Heim und gingen auf die Suche nach ihm. Keiner hatte ihn gesehen, in der Annahme dass er eventuell getrunken hatte, durchkämmten wir alle Kneipen und alle Orte, wo er sich aufhalten konnte. Wir fanden ihn nicht, aber wir beruhigten uns mit dem Gedanken, dass er am nächsten Morgen zur Arbeit erscheinen würde. Was dann auch eintraf. Lächelnd erschien er am nächsten Tag in der Abteilung, wo er zusammen mit seinen Zimmergenossen arbeitete. Er hatte sich mit einer aus Frankreich stammenden Frau angefreundet, die bedeutend älter war als er. Alle, die die Straße nach ihm abgesucht hatten, beschimpften ihn, Ekrem am allerlautesten. Ab diesem Tag setzte Mete keinen Fuß mehr in das Heim. Er lebte jetzt mit dieser Frau in ihrer Wohnung zusammen. Ja, das war Mete, Vater von fünf Kindern, der nach Deutschland gekommen war, um seiner Familie ein besseres Leben zu ermöglichen. Mete, der auch am ersten Tag unserer Zusammenkunft erzählt hatte, dass er seine Familie aus Armut zurückgelassen hatte ohne jedes Geld. Mein Essenskollege, dem ich mein ganzes Geld gab, damit er es mit einem Brief an seine Familie schicken konnte. Ein junger Familienvater, der für seine Angehörigen sein Leben gegeben hätte, lebte jetzt mit einer Frau, von der er nicht wusste woher sie kam und wer sie war, die viel älter war als er und zu der er überhaupt nicht passte.

Es wurde auch erzählt, dass einer aus Nigde, der zuvor im Heim gelebt hatte, auf die gleiche Art seit einigen Monaten mit einer deutschen Frau zusammen lebte. Dazu kam noch, dass diese Frau schwanger geworden ist und das Kind nicht abtreiben wollte, so dass er nun nach Mitteln und Wegen suchte, um diese Frau loszuwerden. Ansonsten wäre er gezwungen gewesen, solange Unterhalt für das Kind zu zahlen, bis es erwachsen gewesen wäre. Unter diesen Umständen sah er sich dazu gezwungen, mit der Frau zusammenzuleben. Wenn ich mir überlege, dass in dem kleinen Lauingen diese Sachen passierten, will ich mir gar nicht erst ausdenken, was in den großen Städten los war.

Ich war unglücklich. Ich versuchte, mich von der Gesellschaft fernzuhalten. Meine Tage vergingen mit Arbeit, sowohl in der Fabrik, als auch in der Werkstatt. Im Heim vermied ich den Kontakt zu gleichaltrigen Menschen. Ich fand immer eine Beschäftigung, um nicht in sinnloses Grübeln zu verfallen. Ich wollte schöne Sachen in meiner Umgebung sehen, aber fand immer gegenteiliges, was mich traurig machte. Mein Benehmen fiel auch meinen Zimmergenossen auf und sie fragten mich, ob ich ein Problem hätte. Ich gab flüchtige Antworten und hielt die Gespräche mit ihnen kurz, da ich in einer komplett anderen Welt lebte als sie. In meiner freien Zeit lernte ich aus meinen Büchern Deutsch oder fuhr mit dem Fahrrad durch in der Gegend.

Drei, die seit Wochen bei diesen schmarotzenden Frauen lebten, kamen einmal zu uns ins Heim, angeblich, um die Zimmergenossen zu besuchen. Alle drei hatten die Frauen, die gar nicht zu ihnen passten bei sich. Mit den Zimmergenossen und zwei, drei Kästen Bier saßen sie in der Küche und tranken Bier. Nach einer Zeit und mit der Wirkung des Alkohols lachten sie ohne zu wissen worüber sie redeten. Aus den Zimmern stießen immer mehr dazu und so vergrößerte sich diese Gesellschaft. Einer brachte seinen Kassettenrekorder und legte Tanzmusik ein. Der nächste brachte zwei weitere Kästen Bier. Jeder, der die Musik hörte kam in die Küche gestürmt. Jeder schaute auf die blamablen Bewegungen der betrunkenen Frauen. Familienväter gaben mit den Frauen an, die sie in den Armen hielten. Ihre Beschränktheit betrübte mich, in meinen Augen waren sie bedauernswert. Diese bedauernswerten Menschen, die mit steigendem Bierkonsum die Kontrolle verloren fingen an sich unangenehm zu benehmen und forderten die Frauen zum Tanzen auf. Der Lärm stieg ins Unerträgliche und jeder amüsierte sich in seiner Welt. Die ersten unter den Besuchern begannen wegzudämmern als die Heimbewohner langsam aktiv wurden. Als die Kassette im Rekorder zu Ende war, wurde sie noch mal umgedreht und der Volkstanz begann von neuem. Durch den Lärm kamen auch die zwei deutschen Damen aus den unteren Stockwerken dazu, um zu sehen, was los war. Sie schauten eine Weile zu und schlossen sich dann dem Volkstanz an. Eine davon war die Frau, die mich am ersten Arbeitstag im Treppenhaus gegrüßt hatte. Nachdem der Tanz vorbei war und jeder sich auf seinen Stuhl gesetzt hatte zog sie sich in eine Ecke zurück und beobachtete was vor sich ging. Diejenigen, die mit ihren Freundinnen gekommen waren, waren schon weggedöst und bekamen nichts mit.

Einen Moment trafen sich unsere Blicke. Mit einem Lächeln auf dem Gesicht kam sie zu mir. Sofort stand ich auf und bot ihr meinen Platz an. Sie sagte: „Dankeschön!" Dann fragte sie nach meinem Namen und sagte, ich sähe schick aus, so viel hatte ich verstanden. Wir fingen an uns radebrechend zu unterhalten. Ich erfuhr, dass sie Maria hieß, dass ihr Mann bei einem Autounfall gestorben sei und dass sie zusammen mit ihren zwei Kindern unter uns wohne. Plötzlich waren alle Augen auf uns gerichtet. Sie sagte mir, dass ich trotz der kurzen Zeit sehr gut Deutsch sprechen könne. Meine Zimmergenossen kamen zu uns und hörten uns verwundert zu. Da ertönte plötzlich deutsche Musik. Die Frauen zogen ihre Freunde, die sich kaum noch auf den Beinen halten konnten zum Tanzen hoch. Oh mein Gott! Alle waren so betrunken, dass sie nicht wussten was sie taten. Sie umarmten sich und drehten sich im Kreis. Jeder im Raum beobachtete ihre peinliche Situation. Dass diese Situation Maria störte war eindeutig zu sehen. Langsam stand sie auf und streckte ihre Hand aus, um mir einen guten Abend zu wünschen. Danach ließ sie meine Hand nicht los und zog mich nach draußen, um mit mir zu reden. Unter den verdatterten Blicken der anderen gingen wir Hand in Hand aus dem Zimmer. Draußen sprachen wir eine Zeit lang miteinander. Schließlich ging Maria nach Hause und ich kehrte zur fröhlichen Gesellschaft zurück, da ich wegen dem Lärm sowieso nicht schlafen konnte.

Seitdem ich in Deutschland war hatte ich Probleme mit den Atemwegen. Ich musste oft niesen, als ob ich Grippe hätte. Die Nase lief, meine Augen röteten sich und die meiste Zeit hatte ich ein Taschentuch in der Hand. Meine Gesundheit war ziemlich angeschlagen. Ich hatte gehört, dass die Luft in Deutschland einigen nicht gut bekommen war. Aus diesem Grund nahm ich die Anzeichen ernst und ging zum Arzt. Nachdem der Hausarzt mich untersucht hatte, sagte er, ich sei erkältet, schrieb mir eine Menge Medikamente auf und schrieb mich für ein paar Tage krank. Da die Heizung ständig aufgedreht war, war die Luft im Zimmer sehr trocken. Wenn ich mich von meinen Mitbewohnern sehr gestört fühlte dachte ich oft daran wie es wäre eine eigene Wohnung zu haben. Da aber die Mieten sehr teuer waren und ich keinen Freund hatte mit dem ich mich so richtig verstand blieb mir nichts anderes übrig, als im Heim wohnen zu bleiben.

Es waren nun seit meiner Ankunft in Deutschland vier Monate vergangen. Viele von uns Gastarbeitern begannen mit ihrem Geld ein Leben in Saus und Braus zu führen. Einige waren aus dem Heim weggezogen und lebten mit ihren deutschen Freundinnen zusammen, einige verfielen in den Cafés dem Glücksspiel und kamen nicht einmal mehr zum Schlafen ins Heim. Und diejenigen, die so waren wie ich, lebten in ihrer eigenen Welt. Ich grüßte schon die Nachbarn in unserer Umgebung. Die deutschen Nachbarn beobachteten das Benehmen von uns Heimbewohnern sehr genau. Sie beobachteten sehr genau wer im Heim ein- und ausging. Als ich eines Sonntags gegen Mittag von einer kleinen Fahrradtour zurückkehrte, hielt mich eine Familie an und lud mich zum Kaffeetrinken ein. Es war so, als ob sie auf mich gewartet hatten. Ich war unsicher, aber nahm die Einladung an und ging mit ihnen hinein. Es stand bereits eine weitere Tasse auf dem Tisch, als würden sie noch jemanden erwarten. Während wir Kaffee tranken und Kuchen aßen kamen wir ins Gespräch. Diese Familie hatte zwei Kinder, ein Mädchen und einen Jungen. Mit meinem Deutsch, das ich bis jetzt gelernt hatte, versuchte ich ihnen etwas über uns Türken und die Türkei zu erzählen. Dabei fragten sie wo ich arbeitete und welchen Beruf ich erlernt hatte. Mir fiel auf, dass sie mich anders als die anderen Heimbewohner einschätzten. Ich konnte zwar nicht gut Deutsch, aber ich spürte, dass sie von mir mehr über die Türkei und Türken erfahren wollten. Nach dieser Begegnung luden sie mich jede Woche zu Kaffee und Kuchen ein. Die Heimbewohner fingen an, auf diese Beziehung neidisch zu werden. Es wäre naiv gewesen von Menschen aus Anatolien, die kaum mehr als Lesen und Schreiben gelernt hatten, etwas anderes zu erwarten. Ich war stets bemüht mich so zu benehmen wie man es von einem zivilisierten Menschen erwarten würde.

Eines Abends erzählte Musa aus Kırsehir beim Kochen, dass er mit 60 DM im Monat zurechtkäme. Er rühmte sich damit den Rest seines Einkommens zu sparen und seit Monaten in die Türkei zu schicken. Diese Aussage von Musa weckte das Interesse aller und viele meinten, dass das unmöglich sei und begannen ihre eigenen Ausgaben zu berechnen. Dass Musa aus einer armen anatolischen Familie stammte war schon an seiner sehr dünnen Gestalt zu erahnen. Er hatte wirkliche Armut erlebt. Deswegen wusste er, was sparsames Haushalten bedeutete. An diesem Tag wurde Musas Behauptung diskutiert. Diejenigen, die bis jetzt noch kein Geld in die Türkei geschickt hatten und verschwenderisch mit ihrem Geld umgingen wollten wissen was er aß und trank. Die verschiedenen Gegenden der Türkei unterschieden sich in ihrer Kultur teilweise deutlich. Jeder schaute daher aus seinem eigenen Blickwinkel auf sein Leben und richtete danach sein Leben aus. Aber jeder übersah dabei etwas. Und zwar den Frauenfaktor.

Musa erklärte uns was er aß und trank: Brot, Kartoffeln, Zwiebeln und Eier – das war alles. Da er Leitungswasser abkochte und abkühlen ließ gab er für Trinkwasser auch kein Geld aus. Trotzdem beharrte Adnan aus Kayseri darauf, dass das unmöglich sei. Er nahm Papier und Stift zur Hand und rechnete alles noch einmal nach. Es stimmte, Musa hatte in diesem Monat tatsächlich nur 60 DM für Nahrungsmittel ausgegeben. Adnan war sehr verwundert. Obwohl er sehr sparsam lebte, hatte er 80 DM ausgegeben. Damit rutschte ihm ungewollterweise heraus, wieviel er ausgab. Seit dieser Begebenheit herrschte ein Wettbewerb, wer im Monat am meisten sparen würde. Aber keiner hatte die Disziplin von Musa und die meisten gaben nach einer kurzen Zeit auf. Mit wem ich auch sprach, alles drehte sich um Geld. Die Familienväter waren zufriedener, weil sie gutes Geld verdienten. Da es mich störte, meine Ziele noch nicht erreicht zu haben, arbeitete ich noch ehrgeiziger. Mittlerweile kam ich auch in der Fabrik besser zurecht.

Eines Tages entdeckte ich beim Duschen nach der Arbeit eine Eiterbeule über meinem Bauchnabel. Zuerst nahm ich sie nicht ernst, aber diese Beule wuchs und wuchs und ich entdeckte weitere Stellen auf meinem Körper. Darüber hinaus begann sie zu schmerzen. Schlussendlich war ich gezwungen zum Arzt zu gehen. Er verschrieb mir eine Salbe und schrieb mich für drei Tage krank. Nach drei Tagen beschloss der Arzt, dass eine Operation unausweichlich war und gab mir einen Termin im Krankenhaus. Von diesem Zeitpunkt an ging es mir bedeutend schlechter. Das Schicksal wollte es so, ich sollte operiert werden. Ängstlich ging ich ins Lauingener Krankenhaus, um mich der Operation zu unterziehen. Mittlerweile war alles rot und quoll überall auf meinem Körper, es war sehr schmerzhaft. Es war nicht mehr auszuhalten.

Da der Chirurg den Eingriff nicht selbst vornehmen wollte, ließ er ihn vom Assistenzarzt durchführen. Nach der Operation wurde ich auf mein Zimmer gebracht und hatte fast keine Schmerzen mehr. Am Abend besuchten mich zuerst meine Zimmergenossen und dann auch die übrigen Heimbewohner. Ich fühlte mich schon viel besser. Doch als ich meine Hand unter der Decke hervorzog, quoll Blut hervor. Die Freunde hoben sofort die Decke hoch, das Bett war ein einziges Meer aus Blut. Sofort rief man nach den Schwestern. Als die Nonnen kamen und sahen was geschehen war riefen sie sofort laut nach den Ärzten. Ich kam sofort ein zweites Mal unters Messer.

Es stellte sich heraus, dass die Operationswunde nicht gut genäht gewesen war und daher wieder geblutet hatte. Zuerst stillten die Ärzte die Blutung, säuberten die Wunde und nähten mich wieder sorgfältig zusammen. Da es ohne Betäubung geschah, war es so schmerzhaft, dass ich dabei schreien musste. Wenn meine Freunde mich nicht besucht hätten und ich vielleicht so eingeschlafen wäre, hätte ich glatt verbluten und sterben können. Nach dieser Operation durfte ich zum Glück noch zehn Tage lang im Krankenhaus bleiben. Nachdem ich wieder zuhause war, fragte ich meinen Hausarzt bei der Nachuntersuchung nach dem Grund für den Eiterherd. Während er mich neu verband, fragte er, ob mich denn Probleme quälten. Da erzählte ich ihm, dass ich sehr unter Anspannung gelitten hatte und dass ich gleichzeitig sehr viel gearbeitet habe. Der Arzt sagte, wenn ich gesund bleiben wolle, sollte ich besser auf mich selbst achten und gab mir noch viele weitere gute Ratschläge mit auf dem Weg.

Der Arzt hatte mich für drei Wochen krankgeschrieben. Diese freie Zeit wollte ich nutzen, indem ich früh mit den anderen aufstand, um diszipliniert Deutsch zu lernen. Da ich noch nicht Fahrrad fahren durfte, konnte ich Lauingen nicht verlassen. Eines Tages lernte ich den Alkoholiker Walter kennen, der mir mit seiner vergammelten Kleidung früher schon aufgefallen war. Ich brachte ihn mit ins Heim, am ersten Tag redeten wir über dieses und jenes und aßen gemeinsam. Mit Walter konnte ich Deutsch üben. Nach zwei bis drei Tagen traute ich mich alles neu Gelernte zu sprechen. Die Vorteile, die ich durch Walter hatte lagen auf der Hand und ich lud ihn ein jeden Tag zu kommen. Er hatte ja ohnehin keinen Ort, wohin er gehen konnte und niemanden mit dem er reden und seine Zeit verbringen konnte. Ich nutzte die Abwesenheit meiner Zimmergenossen. Aber die Freunde, die Schicht arbeiteten wollten dann wegen

Walter nicht mehr ins Heim kommen. Trotzdem hielt meine Freundschaft zu Walter einige Woche lang, einige Male traf ich ihn im Café und wir sprachen lange miteinander. Plötzlich und unerwartet verschwand Walter jedoch irgendwann.

Nachdem ich wieder gesund war begann ich wieder zu arbeiten. Bevor ich beginnen konnte, brachte mich der Meister direkt zum Personalchef. Da ich ja Schlosser wäre, würde man mich in die Karosserieabteilung versetzen. Der Meister hatte wohl geahnt, dass ich ihm keine Ruhe lassen würde. Ich war jetzt zwar weitergekommen, hatte jedoch trotzdem Zweifel. Ich wollte erst einmal abwarten wie sich alles entwickeln würde. Zuerst wurde ich meinem neuen Meister und dem Gewerkschafter vorgestellt. Man zeigte mir meine zukünftige Arbeit. Der Gewerkschafter erklärte mir, dass in dieser Abteilung in der Gruppe gearbeitet wird, nahm mich aber an dem ersten Tag mit zu sich, so dass ich noch nicht arbeiten musste. Er wusste wo ich zuvor gearbeitet hatte und warum ich in diese Abteilung versetzt wurde. Er führte aus, dass die Arbeit in dieser Werkstatt sehr angenehm wäre und die Arbeit sehr leicht sei, wohl um meine Ängste zu mildern. Nichtsdestotrotz näherte ich mich argwöhnisch der ganzen Sache. Am nächsten Tag begann ich an meinem neuen Arbeitsplatz mit Punktschweißen, direkt neben dem Gewerkschafter. Vielleicht würde ich, auch wenn es zu spät kam, endlich zur Ruhe kommen. Eigentlich hatte auch diese Arbeit mit meinem Beruf nichts zu tun, war jedoch einfach und hatte nichts Ermüdendes an sich. Auch wenn ich wenig Geld verdienen sollte, würde mir das keinen Kummer bereiten. Ich wollte ja nur so lange hier arbeiten bis mein Vertrag auslief. Danach würde ich die Freiheit erlangen, um in der Fabrik meiner Wahl zu arbeiten. Wenn ich keine passende Arbeit für mich finden würde, so dachte ich mir, könne ich ja sofort in die Türkei zurückkehren.

Nach der Operation gab ich meine zweite Arbeit auf, um mich etwas zu schonen. Ich war zu der Einsicht gekommen, dass Geld nicht alles war, die Gesundheit war wichtiger. Dies hatte ich aus leidvoller Erfahrung gelernt. Nachdem ich die Werkstatt gewechselt hatte, baute sich zu den Kollegen eine bessere Beziehung auf. Die Atmosphäre in dieser Abteilung war ganz anders. Auch wenn mein Deutsch noch nicht so gut war, versuchte ich viel zu reden und mich verständlich zu machen. In den Pausen war ich viel mit meinen neuen Kollegen zusammen und konnte auf diese Weise meinen Wortschatz erweitern. Mein Deutsch verbesserte sich erheblich und ich konnte besser mit meiner Umgebung in Kontakt treten.

Auch wenn ich nicht viel verdiente konnte ich, da ich mich einschränkte etwas sparen. Ich vergaß auch nicht, meinem kleinen Bruder, der noch zur Schule ging, ab und zu Geld zu schicken. Ich wollte nicht zulassen, dass er während der Schulzeit Hunger und Durst leiden musste wie ich.

Mit dem eintretenden Sommer flogen diejenigen, die Frau und Kinder hatten, während der Urlaubszeit in die Türkei, obwohl die Tickets sehr teuer waren. Ich wollte diesen Urlaub nutzen, um Ostdeutschland und die Mauer in Berlin zu sehen, worauf ich sehr neugierig war. Zusammen mit Ekrem aus Çorum starteten wir unsere Berlinreise am Abend mit dem Zug. Gleichzeitig wollten wir die Arbeitsmöglichkeiten dort erkundschaften. Mitten in der Nacht hielt der Zug an der ostdeutschen Grenze und die Grenzer kontrollierten uns sehr streng, es war wie in Bulgarien, wir wurden sehr genau unter die Lupe genommen. Danach hielten wir an keinem Bahnhof mehr an und fuhren bis nach Berlin durch. Bevor wir in Westberlin ankamen und der Zug sich langsam dem Bahnhof näherte, stiegen die ostdeutschen Polizisten, einer nach dem anderen, wieder aus dem Zug. Als wir das Ziel unserer Reise erreicht hatten, leerte sich der Zug schlagartig. Ich müsste lügen, wenn ich sagen würde, dass mich das nicht eingeschüchtert hätte. Wir lebten zwar seit vier Monaten in Deutschland, hatten Lauingen aber bis jetzt noch nicht verlassen. Am Bahnhof blickten wir uns verwundert um, fast wie damals, als wir zum ersten Mal aus Anatolien nach Istanbul kamen. Berlin war aber nicht Istanbul oder sonst eine Stadt in der Türkei. Wir fühlten uns in eine andere Welt versetzt. Wir setzten uns in ein Café am Bahnhof und tranken einen Kaffee, während wir diesen tranken schauten wir den vorbeiströmenden Menschen zu und planten unser weiteres Vorgehen.

Da wir in der Nacht gereist waren, hatten wir außer den verschiedenen Polizisten noch nicht viel Neues gesehen. Ich hatte gehofft den Sozialismus kennenzulernen, den ich bis jetzt nur aus Büchern kannte und für den ich große Sympathie hegte. Aufgrund der Dunkelheit bekamen wir aber nichts zu sehen. Ekrem fragte, was wir machen sollten, er war ein bisschen besorgt. Wir beschlossen uns ein Taxi zu nehmen und die großen Fabriken abzuklappern, um nach Arbeit zu fragen. Dadurch wollten wir unser Anliegen erledigen und auch noch etwas von der Stadt sehen. Wir stiegen in das Taxi und fuhren auf Empfehlung des Fahrers zuerst zur Firma Siemens. Ekrem hatte einen Bekannten aus seinem Dorf, der dort beschäftigt war. Wir fuhren durch Straßen und an Häusern vorbei, die uns anders vorkamen. Vor allem beeindruckten uns die imposanten Gebäude, die immer noch Einschusslöcher aus dem 2. Weltkrieg vorwiesen. Als wir ankamen und dem Pförtner sagten, dass wir auf Arbeitssuche waren, holte er sofort einen türkischen Dolmetscher. Durch eine Abteilung hindurch, in der vorwiegend Frauen arbeiteten, wurden wir in das Personalbüro geführt. Dort sagten sie uns, dass sie Arbeitskräfte suchten und dass wir bei guter Bezahlung sofort anfangen könnten. Wir sagten uns, wenn wir schon einmal hier sind, sollten wir auch bei Mercedes vorbeisehen. Wieder stiegen wir in ein Taxi und fuhren zu Mercedes. Auch hier holte der Pförtner des Unternehmens zuerst einen Dolmetscher, der nach einiger Zeit des Wartens kam. Nachdem er nach unseren Berufen gefragt hatte, wurde ich einem Test unterzogen. Als sich herausstellte, dass ich den Test bestanden hatte fragten sie was ich derzeit verdiente. Wenn ich innerhalb kürzester Zeit anfangen könnte boten sie mir den doppelten Verdienst an. Ich war noch für ein Jahr an den Vertrag gebunden und kannte auch die Arbeitsbedingungen bei Mercedes nicht. Sie sagten ganz offen, sollte ich zusagen, würden sie sich auch um meinen bestehenden Vertrag kümmern. Den Vertrag mit Mercedes solle ich unterschreiben, wenn ich wieder nach Berlin käme, dann könne ich auch gleich mit der Arbeit beginnen.

Ich hatte zwar Hoffnung gehabt, aber ich konnte einfach nicht glauben, dass sie meinen bestehenden Vertrag außer Kraft setzen konnten. Da Ekrem keinen Beruf erlernte hatte, wurde er nicht einmal dem Test unterzogen. Dieser Umstand machte mich ein wenig stolz. Vor dem Fabriktor trafen wir auf einen Landsmann und erkundigten uns bei ihm über Berlin, er erzählte uns, dass hier jeder neben seinem Lohn auch die Berlinzulage bekam. Weiterhin sagte er, dass jeder aus Westdeutschland hier Arbeit bekäme, aber niemand zum arbeiten hierherziehen wollte, da die Stadt von einer hohen Mauer umgeben war und einem riesigen Gefängnis glich. Egal wohin wir in dieser Stadt gehen würden, würden wir auf die Mauer stoßen. Und genau um diese Mauer zu sehen waren wir ja nach Berlin gekommen. Die Mauer befand sich in unserer unmittelbaren Nähe und wir gingen hin. Es war als würde ich Geschichte erleben, überall waren die Spuren des 2. Weltkriegs zu sehen. Vielleicht empfand Ekrem nicht das gleiche, aber für mich war die Berlinreise sehr interessant. Wir suchten um nach Arbeit zu fragen keine weitere Fabrik mehr auf. Bis zum Abend verbrachten wir die Zeit damit uns die Sehenswürdigkeiten der Stadt anzusehen. Wie im Film erlebte ich die geschichtlichen Ereignisse, die ich zuvor in Geschichtsbüchern gelesen hatte. Von draußen blickte ich auf das imposante Gebäude des Reichstages, in dem die Entscheidungen getroffen wurden, die zum 2. Weltkrieg geführt haben, die die ganze Welt mit Blut überströmten. Ich musste auch an die deutschtürkischen Beziehungen während der osmanischen Zeit denken. Ich dachte daran, wie das niedergehende Osmanische Reich an der Seite der Deutschen in den 1. Weltkrieg zog. Mit großem Interesse lief ich zwischen den Gebäuden hin und her wie in den Seiten der Geschichtsbücher.

Wir hatten an einem Tag all unsere Ziele dieser Berlinreise verwirklicht. Daher entschieden wir schon nachts zurückzufahren, anstatt dort zu bleiben und Geld für ein Hotel auszugeben. Wieder durch Ost- und Westdeutschland fahrend kamen wir gegen Morgen in Lauingen an. Ohne fremde Hilfe waren wir nach Berlin gefahren und haben dort die Arbeitsmöglichkeiten erkundschaftet, was mich sehr ermutigte und stolz machte. Mein Selbstvertrauen stieg und meine Laune besserte sich. Nachdem ich ja auch in eine bessere Abteilung versetzt wurde und sich dadurch meine Arbeitsbedingungen besserten, fand ich langsam aus dem Loch, in das ich bei meiner Ankunft in Deutschland gestürzt war. Ich begann mir über die Vorteile des Lebens hier klar zu werden und begann langsam, die Lebensqualität in Deutschland mit der in der Türkei zu vergleichen. Ich fing an, positiv zu denken. Auf den ersten Blick hatte ich die Unterschiede nicht wahrgenommen, aber als ich die Situation aus verschiedenen Perspektiven betrachtete, war doch ein großer Unterschied zu erkennen. In kurzer Zeit begriff ich, dass es eine große Chance war in diesem Land zu leben. Nachdem ich aus Berlin zurück war, wartete ich einige Monate auf eine Nachricht von Mercedes, aber wie ich vermutet hatte, konnten sie wohl meinen Vertrag nicht aufheben, so dass weder positive noch negative Nachricht von ihnen kam.

Die Autoleidenschaft der Deutschen infizierte langsam auch die bereits länger hier lebenden Türken. Jeder, der einen Führerschein besaß hatte jetzt ein Auto, egal ob neu oder gebraucht. Sogar die Neuankömmlinge, die noch keine Deutschkenntnisse besaßen schrieben sich während der Urlaubszeit bei einer Fahrschule ein. Danach gaben sie sehr viel Geld aus, um einen Führerschein zu erwerben und sich ein Auto zu kaufen. Trotz der kurzen Zeit von sieben, acht Monaten stieg der Anteil der Heimbewohner, die ein Auto hatten rapide an. Sie gaben ihre Spaziergänge am Wochenende auf und fingen an nahegelegene Ziele zu erkunden. Nicht wenige bauten Verkehrsunfälle und wurden durch die entstehenden Kosten sehr belastet. Es war schlimm, das alles erst zu erkennen, wenn es zu spät war, aber so trug es sich ja wirklich zu. Ich versuchte zu verstehen was vor sich ging, aber es war gar nicht so leicht. Ich hinterfragte alles, tat mich jedoch oft schwer die Menschen zu verstehen. Ich sah ein, dass jeder das Recht hatte, sein Leben so zu gestalten wie er wollte und die Möglichkeiten frei zu nutzen, die sich ihm boten. Aber das wichtigste war doch sein Leben leben zu können, ohne der Gesellschaft, in der man lebte, Schaden zuzufügen. Manchmal fragte ich mich warum ich über Sachen nachdachte, die mich nichts angingen. In der Umgebung in der ich lebte kam ich einfach nicht zur Ruhe. Die überflüssigen Sachen, die in meiner Umgebung gemacht wurden, störten mich. Das Benehmen der Türken innerhalb der Gesellschaft bereitete mir größtes Unbehagen.

Es war Sommer und die Bauern begannen mit der Getreideernte. Da mir die landwirtschaftliche Arbeit von Kindesbeinen an vertraut war, interessierte ich mich sehr für die hiesigen Bauern, so schaute ich ihnen oft von weitem bei ihrer Arbeit zu. Auf meinem Fahrrad fuhr ich zwischen den Feldern und versuchte, auch wenn ich mich wegen meiner Sprache noch sehr unsicher fühlte, ihnen näher zu kommen. Besonders interessierte ich mich für die Landmaschinen und versuchte weitere Informationen über deren Funktion zu bekommen. Ich untersuchte die landwirtschaftlichen Gerätschaften genau und dachte darüber nach, ob man sie kopieren könne. Andererseits durchlebte ich die unvergesslichen Augenblicke aus dem heimatlichen Dorf. Aus Neugier fragte ich eines Tages einen Bauern, der auf einem Traktor arbeitete, für was sie den Mais mit den kleingehackten Kolben nutzten. Er erzählte mir, dass sie es in Silos aufbewahrten und im Winter an die Schweine verfütterten. Der Mais, der in der Türkei als Nahrungsmittel für Menschen genutzt wurde, wurde in Deutschland an die Tiere verfüttert.

Die Maschine, die mich am meisten interessierte diente dem Zweck Zuckerrüben aus dem Boden zu ziehen. Diese Maschine erledigte alle Arbeitsschritte auf einmal. Zuerst schnitt die Maschine mit dem vorderen Messer die Blätter der Zuckerrübe, gleichzeitig wurde der Boden gepflügt und ein Gerät dahinter hob die Erde samt Zuckerrübe auf ein Band, das in Bewegung war. Mittels eines vibrierenden Siebs wurde die Erde abgeschüttelt und fiel zu Boden, während die Zuckerrüben über das Band in den Anhänger fielen. Ohne dass ein Mensch Hand anlegen musste wurden die Zuckerrüben aus dem

Boden gezogen und in einen fabrikfertigen Zustand gebracht.

Ich versuchte weiterhin mein Deutsch zu verbessern und, wenn ich Zeit fand, schaute ich mir die Landmaschinen auf den Feldern genauer an. Die anderen im Heim hatten entweder schon einen Führerschein oder waren gerade dabei ihn zu machen, wenngleich sich manche auch schwer taten. Eines Tages würde ich ja vielleicht auch ein Auto fahren. Möglicherweise war es zu früh, aber weil ich dem Druck aus meiner Umgebung nicht standhielt, meldete ich mich letztendlich auch bei einer Fahrschule an. Der Herbst nahte und es wurde kühler, was die Freizeitaktivitäten beträchtlich einschränkte. Nachdem ich nach kurzer Zeit mit meinen Fahrstunden und einem geduldigen Fahrlehrer genug Fahrpraxis erworben hatte, meldete ich mich zur Prüfung an. Die Prüfung, die aus Deutsch, Verkehrskunde und Fahrpraxis bestand, absolvierte ich im ersten Anlauf und bekam meinen Führerschein. Die Freunde im Heim glaubten mir solange nicht, bis der Führerschein da war. Da ich die drei Prüfungen beim ersten Mal bestanden hatte waren auch die Kosten sehr gering geblieben.

Mit dem Einsetzen des kalten Wetters zum nahenden Jahreswechsel sah ich zum ersten Mal beleuchtete Tannenbäume. Es war das Weihnachtsfest der Christen. Wir begingen das neue Jahr gemeinsam im Heim. Abgesehen von seltenen Momenten in meiner Kindheit erlebte ich zum ersten Mal eine angenehme Winterjahreszeit. Zu dieser Zeit plagten mich keine grundsätzlichen Probleme. Wenn ich an die Winter zurückdachte, die ich in der Türkei verbracht hatte, war ich über die jetzigen Bedingungen dankbar. Nach den Weihnachts- und Neujahrsferien fing ich wieder an, mit neuem Eifer in der Fabrik zu arbeiten. Es hatte bis Ende April geschneit. Anfang Mai wurde das Wetter langsam ein wenig wärmer. In meiner Vorstellung träumte ich immer von dem Frühlingsanfang in der Türkei.

In Deutschland wollte der Frühling einfach nicht kommen. Dieses Jahr hatte ich weder die Kälte der Winterjahreszeit in meinen Knochen gespürt noch den Frühling erlebt, den ich mir vorgestellt hatte. Obwohl, seitdem ich in Deutschland lebte, ein Jahr vergangen war, konnte ich mich nicht an die wechselhaften Wetterbedingungen und das Klima gewöhnen. Das sehr schnell wechselnde Wetter hatte meine Gesundheit ziemlich beeinträchtigt und ich wurde immer wieder krank. Bei jedem Wetterumbruch wurden meine Atemwege von dem vielen Niesen gereizt, aber ich hatte mich daran gewöhnt in diesem Zustand zu leben und zu arbeiten.

Viele von denen, die einen Führerschein hatten, kauften sich ein gebrauchtes günstiges Auto, um Fahrpraxis zu erlangen oder mit dem Auto in die Türkei zu fahren. Auch ich kaufte mir zum Üben einen günstigen BMW für 600 DM, in dem sich der zweizylindrige Motor im hinteren Teil befand. Jetzt hatte ich auch ein Auto. Man überlege sich das Glück eines Mannes, der sich in der Türkei nicht einmal ein Fahrrad leisten konnte und hier plötzlich ein Auto besaß! An einem Wochenende machte ich zusammen mit meinen Landsleuten in die nahe gelegene Stadt Augsburg einen Ausflug. Zum ersten Mal fuhr ich mit dem Auto in einer Stadt und geriet in manch schwierige Situation.

Ein Mitbewohner aus dem Heim bat mich ihn auf der Autobahn zum Flughafen zu fahren, da er in die Türkei fliegen wollte. Bis nach München stellte die Fahrerei kein Problem dar. Zum ersten Mal sollte ich in einer Großstadt Auto fahren und da ich die Strecke nicht kannte verfuhr ich mich prompt. Schließlich mussten wir, um den Flughafen zu finden ein Taxi nehmen. Obwohl die Rückfahrt durch den ganzen Stadtverkehr Probleme mit sich brachte, schaffte ich es heil nach Hause zurückzukehren. Dies bedeutete für mich: Wenn man gut Auto fahren wolle, müsse man viel üben und in größere Städte hinein und wieder herausfinden. So begann ich an Wochenenden mit meinen Landsleuten in die umliegenden Dörfer und Städte zu reisen. Sie tankten und ich fuhr sie spazieren.

In der Fabrik hatte sich meine Situation wirklich verbessert, ich war mittlerweile sehr zufrieden mit meiner Arbeit, aber zum Ende der Vertragslaufzeit schaute ich mich nach freien Arbeitsstellen um. Der Weg in eine Technikerschule führte nur über die Sprache und die Beherrschung der Grammatik. Mit diesem Ziel vor Augen fuhr ich mit zwei Freunden aus dem Heim in die nahe gelegene Stadt Ulm, sowohl um einen Ausflug zu machen als auch die Arbeitsmöglichkeiten zu erkunden. Bei einem Landsmann, den wir dort trafen, informierten wir uns über die Stadt und die dortigen Arbeitsmöglichkeiten. Magirus-Deutz war eines der großen Nutzfahrzeugunternehmen der Stadt. Zudem waren dort noch AEG, Telefunken, Textilfabriken, Gießereien und verschiedenen kleinere Firmen ansässig. „Wenn du einen Beruf erlernt hast schnappen sie dich sofort weg", sagte der Türke mit dem wir sprachen. Ich nahm es mir fest vor: Eines Tages würde ich hierher zurückkehren, um Arbeit zu suchen!

Ein Landsmann namens Osman hatte die Fahrprüfung nicht bestanden, obwohl er seit Monaten die Fahrschule besuchte. Weil er davon ausging die zweite Prüfung erfolgreich zu bestehen, hatte er sich bereits einen günstigen BMW gekauft. Zuvor hatte er seinen Verwandten in der Türkei erzählt, dass er in den Ferien zu Besuch käme und alles von ihm in die Wege geleitet sei. Nach nicht bestandener Prüfung stand er nun ratlos da – und bat mich sein Auto zu fahren. Er hatte sich auf die Heimreise samt Kind und Kegel sehr gefreut! Ich wusste, dass er auf mich zählte, so konnte ich natürlich nicht nein sagen. Ich kann gar nicht erzählen wie sie sich gefreut haben, als ich mein Einverständnis gab. Meinen Jahresurlaub hatte ich noch nicht genommen. Es war jetzt länger als ein Jahr her, dass ich in Deutschland war. Wir nahmen also gemeinsam unseren Urlaub und begaben uns mit zwei Kindern im Auto auf die Reise. Das Auto war stark überladen. Als wir in Österreich ankamen schlug der Unterboden aufgrund des schlechten Straßenbelags immer wieder auf die Straße. Ich gab mir sehr viel Mühe vorsichtig zu fahren doch es war vergebens, wir schlugen immer wieder auf. Unter den widrigsten Umständen fuhren wir gegen Morgen aus Österreich heraus. In Jugoslawien verfuhren wir uns sofort, weil die Straßenschilder nicht eindeutig waren. Zwischen Zagreb und Belgrad sackte die eine Seite des Autos komplett nieder. Wir fuhren sofort zu einer Werkstatt am Wegesrand. Die Spiralfeder auf der einen Seite war gebrochen. Alle Sachen wurden entladen. Die Feder wurde ausgebaut, und da kein Originalteil zu finden war, wurde eine improvisierte Feder eingebaut. Wir waren also wieder unterwegs. Jetzt fuhr ich noch vorsichtiger. Was würde mit uns passieren, wenn auch die andere Feder brach?

Bei Morgendämmerung kamen wir an der Grenze zu Bulgarien an. Dass die Zollbeamten alles gründlichst kontrollierten, regte uns sehr auf. Wir wussten nicht was sie bei uns suchten und da der Polizist sich querstellte konnten wir lange die Grenze nicht passieren. Am Morgen kamen wir schließlich in Sofia an. Ein freundlicher Polizist, dem auffiel, dass wir fremd waren, lotste uns bis zur Stadtmitte und verabschiedete sich dann von uns. Aber wir wussten leider immer noch nicht in welche Richtung wir fahren mussten. Es waren nirgends gut verständliche Straßenschilder zu sehen. Ein junger Kerl, der gesehen hatte, dass wir ausstiegen, um uns umzusehen, kam zu uns und sprach uns mit ängstlichem Blicken zur Seite auf türkisch an: „Wo wollt Ihr hin, Bruder?" Er sagte uns, dass das Regime es verbiete, mit Fremden zu sprechen und bat uns mit ins Auto steigen zu dürfen. Er stieg zu und wir fuhren sofort los. Mit der Wegbeschreibung des jungen Mannes konnten wir Sofia sofort verlassen. Anstatt der Schokolade, die wir ihm geben wollten bat er uns nur um eine türkische Musikkassette.

Nach dieser beschwerlichen Reise erreichten wir endlich türkischen Boden. Sobald ich die türkische Fahne an der Grenze erblickte, wurde ich auf einmal sehr sentimental. Wir waren wieder in der Heimat und ich wollte vor Freude am liebsten wie ein Kind herumspringen. Bei dem kleinen Grenzübergang mit nur zwei Zollbeamten waren nicht viele Menschen unterwegs, trotzdem wurden wir nachdem wir unser ganzes Gepäck auf einen Tisch gelegt hatten sehr genau kontrolliert. Als wir in Edirne ankamen, war es bereits Abend geworden. Seit zwei Tagen auf den Straßen zu sein, hatte uns hungrig auf eine warme Mahlzeit gemacht. Zuerst aßen wir in einem Restaurant etwas Warmes und quartierten uns dann in ein Hotel ein, um uns auszuruhen. Mit der Müdigkeit der zweitägigen Reise fielen wir sofort in die Betten und schliefen bis zum nächsten Morgen durch.

Morgens standen wir auf und begaben uns auf den Weg nach Istanbul. Wir kamen in die Metropole Istanbul, die mit einem Fuß in Europa und mit einem Fuß in Asien die Geschichte von Jahrhunderten in sich birgt. Schiffe und Fischkutter, die sich auf dem wunderbaren Bosporus bewegen und im Hintergrund die imposanten Minarette der Moscheen und die Türme der Kirchen. Nachdem Osman seinen Freunden in der Textilfabrik, in der er früher gearbeitet hatte, einen Besuch abgestattet hatte, stellten wir uns für die Autofähre in der Schlange an, um in den asiatischen Teil der Stadt zu gelangen. Busse mit Fahrgästen wurden bevorzugt abgefertigt, in der Schlange warteten wir deshalb ein paar Stunden. Nun war unsere nächste Station Ankara. Dort verbrachten wir alle zusammen die Nacht in der Wohnung meines Bruders, der Offizier in Ankara war. Von dort aus kamen wir heil in unsere Heimat, der Amasya zugehörigen Kreisstadt Tasova an. Von da an trennte ich mich von Osman und seiner Familie und ging in mein Dorf. Obwohl Osman keinen Führerschein hatte nutzte er die Situation aus, dass kein Polizist in der Kreisstadt zu sehen war und fuhr am Steuer seines Autos in sein Dorf.

Im Dorf verbrachte ich zwei Tage mit meiner Familie, Verwandten und Freunden. Am dritten Tag hat meine Mutter viel über die Ehe im Allgemeinen gesprochen ohne direkt auf mich einzugehen. Allerdings war ich wohl aus ihrer Sicht längst in einem heiratsfähigen Alter. Bis dahin hatte ich noch gar nicht an das Heiraten gedacht. Da ich noch keine sichere Arbeitsstelle hatte, wollte ich, sofern es die Bedingungen zuließen noch auf eine weiterführende Schule gehen. Mein Vater übte durch meine Freunde, und meine Mutter durch unsere Verwandten, Druck auf mich aus. Sie zählten sogar einige Mädchen auf und fragten mich mit welcher ich mich vermählen wolle. Die Vorauswahl hatten meine Eltern schon getroffen und ich hatte lediglich die Freiheit aus dieser Vorauswahl eine Kandidatin auszuwählen. Um diesem Druck zu entkommen und um in Ruhe darüber nachdenken zu können fuhr ich nach Samsun. Dort besuchte ich alte Freunde. Samsun war nicht mehr das alte Samsun. Ein Jahr Kırıkkale, zwei Jahre Militärdienst und mit dem Jahr in Deutschland war es jetzt vier Jahre her, dass ich von dort weggegangen war. Es hatte sich sehr viel verändert. Mein Besuch hatte zwar meine Freunde sehr erfreut, aber nach einem Tag hatte mich die große Menschenmenge in der Stadt und meine mittlerweile so empfundene Fremdheit eingeengt. Da ich auch sonst nichts zu erledigen hatte kehrte ich ins Dorf zurück.

Zu Hause hatte sich alles um meine Heirat gedreht. Ich wusste, meine Eltern wollten mich so schnell wie möglich verheiratet sehen, damit sie dieser Pflicht entledigt wären. Aus ihrer Sicht fühlten sie sich im Recht. Gleichzeitig war in unserer Kultur das Alleinsein nur Allah vorherbestimmt. Die Älteren waren weiser und würden für mich die beste Partnerin auswählen. Wenn sich kein schwerwiegender Grund ergäbe, wurde von mir erwartet, dass ich eines der Mädchen wählte. Meine Familie, und alle Freunde und Verwandten sahen darin kein Problem, denn ich besaß eine gewisse Bildung, hatte einen Beruf und Arbeit und lebte zudem noch in Deutschland. Schließlich beauftragten sie meinen Onkel, den ich sehr liebte und respektierte und dessen Redekunst sehr überzeugend war, mit mir zu sprechen. Wie ein Philosoph fing er an zu mir zu reden. Aus seiner Sicht war es erforderlich zu heiraten und eine Familie zu gründen, um ein kompletter Mensch zu werden und wie ein Mensch leben zu können. Selbst Leute, die keine Bildung, keinen Beruf und keine Arbeit hatten, heirateten und gründeten Familien, was hatte ich also zu befürchten? Mein Onkel wandte mit aller Kraft seine Redekünste an, um mich zu überzeugen. Ich schwieg und dieses Schweigen stachelte ihn noch weiter an, so dass er mir ein Beispiel nach dem anderen aufzählte. Letztendlich überzeugte er mich davon eine Verlobung einzugehen. Für dieses Jahr sollte ich mich verloben und ein Jahr später die Braut heiraten.

Nach dem Frühstück wollte meine Mutter ihre Neugier befriedigen. Wen wollte ich heiraten? Sie zählte die Namen der Mädchen im

Dorf auf, eine von ihnen war die acht Jahre jüngere Tochter meines Stiefonkels. Die Älteren sagten, dass es gut sei, wenn die zukünftige Ehefrau jünger sei als der Mann. Wenn ich einverstanden wäre, würde sie einen Brautschauer zu meinem Stiefonkel schicken. Dessen Tochter war eine Verwandte, die ich zudem gut kannte. Ich sagte zu. Den Mittlern hatte mein Onkel zwar nicht abgesagt, aber er bat um Bedenkzeit. Nach zwei Tagen lud er mich zu sich nach Hause ein. Ich ging also, wie es sich gebührte, zu dem Haus meines Verwandten. Als ich in das Haus eintrat empfingen mich mein Onkel und seine Frau unter schiefen Blicken wie einen Fremden. Vielleicht kam es mir auch nur so vor. Ich müsste lügen, wenn ich sagen würde, ich wäre nicht aufgeregt gewesen. Nach dem gegenseitigen Austausch von Höflichkeiten eröffnete meine Tante das Thema: „Willst du wirklich meine Tochter heiraten"? Das „Ja" von mir war eindeutig: „Wenn ich nicht gewollt hätte, hätten meine Eltern es gewiss nicht arrangiert!" Danach verliefen die Gespräche in einer ganz anderen Atmosphäre. Am nächsten Tag, nachdem die beiden Hochzeitsparteien zusammen kamen und sich einigen konnten, begannen eilig die Vorbereitungen für die Verlobung, so eilig, dass man meinen könnte wir würden Gegenstände von einem brennenden Haus retten wollen. Innerhalb einer Woche wurden die Ringe gekauft und wir verlobten uns.

Ich hatte mich für etwas entschieden bei dem es kein Zurück gab. Ich arbeitete in Deutschland und die dortigen Regeln hatten für mich Gültigkeit. Der Staat behielt einen beträchtlichen Teil meines Verdienstes ein, ich wollte wenigstens dieses Übel loswerden indem ich mich schon in diesem Jahr standesamtlich trauen ließ. Ich wollte, wenn von Allah nichts dazwischen käme, nächstes Jahr die Hochzeit feiern. Zuerst fuhr ich mit meiner Verlobten in die Kreisstadt. Dort veranlassten wir alle Formalitäten für die Trauung. Am 10. September 1971 wurden wir vor dem Standesbeamten, der für unseren Kreis zuständig war, getraut. Ich war jetzt verheiratet. Ich durfte von nun an nicht mehr nur mein alleiniges Schicksal lenken, sondern musste bei jeder Entscheidung die ich traf meine Frau miteinbeziehen. Für mich fing nun ein neues Leben an. Bevor ich die Rückreise nach Deutschland antrat verabschiedete ich mich wie immer von meinen Verwandten. Danach ging ich zu meinem Onkel, um mich zu verabschieden. Da hatte ich zum ersten Mal die Gelegenheit, mit meiner Braut alleine zu sprechen. Obwohl wir uns von früher vom Sehen gut kannten, hatte ich – auch durch unseren Altersunterschied – noch nicht mit ihr gesprochen, geschweige denn mich alleine mit ihr unterhalten. So war ich als Lediger in die Türkei gereist und kam nur einen Monat später als verheirateter Mann zurück nach Deutschland.

Mit Osman, der seinen Urlaub beendet hatte, trafen wir uns in der Kreisstadt und begaben uns auf die Rückreise nach Deutschland. Als wir in Edirne ankamen hatten die Bulgaren die Grenze wegen einer Epidemie geschlossen. Es war, als ob es ihnen Spaß bereitete, uns Transitreisende zu quälen. Ihr Ziel war es, den Bürgern, die aus Staaten kamen, die nicht zum Ostblock gehörten, Schwierigkeiten zu bereiten. Diese Epidemie war nicht in der Türkei sondern im fernen Osten aufgetreten, aber das war nun mal ihre Ausrede. Deswegen ließen sie niemanden durch die Grenze, der keinen Impfpass hatte. Da dieser Impfpass nur in Istanbul zu bekommen war mussten wir wieder zurück nach Istanbul fahren. Dort verbrachten wir dann, um uns impfen zu lassen und die Bestätigung zu bekommen eine Nacht. Als wir zurück in Edirne waren hatten sie diesmal ohne jeglichen Grund die Grenze komplett geschlossen. Es erschien ausweglos. Da es sehr viele Reisende gab, die die Grenze nicht passieren durften, war es für uns unmöglich in dem kleinen Edirne noch ein Hotelzimmer zu bekommen. Wir mussten eine Nacht samt Kind und Kegel im Auto verbringen. Schließlich verständigten sich die Regierenden beider Länder und haben das nie da gewesene Problem gelöst, so dass der Grenzübergang wieder geöffnet wurde.

Die Rückreise hatte schlecht begonnen. Aus Angst vor den schlechten Straßen hatten wir diesmal das Auto nicht so stark beladen. Obwohl wir aus nicht nachvollziehbaren Gründen in Bulgarien eine Strafe an die Verkehrspolizei zahlen mussten, kamen wir im großen und ganzen unbeschadet in Jugoslawien an. Wir konnten nicht besonders schnell fahren, aber trotzdem erreichten wir Belgrad noch am selben Tag. Wir waren gerade im Begriff aus dieser Stadt wieder herauszufahren, als plötzlich die andere Spiralfeder des Autos kaputt ging. Wieder fanden wir eine Werkstatt am Wegesrand, die uns nach bekanntem Muster eine zweite improvisierte Feder einbauen konnte, so dass wir in kurzer Zeit wieder auf der Straße waren. Nach unserem Start in der Kreisstadt war es jetzt die dritte Nacht. Da wir bis jetzt nirgendwo richtig schlafen konnten war ich sehr müde. Ich hielt an, um ein wenig auszuruhen und zu schlafen. Obwohl Osman keinen Führerschein besaß setzte er sich sofort ans Steuer und wollte weiterfahren. Anfangs wehrte ich mich dagegen, aber es war sein Auto und er hatte die ganze

Verantwortung auf sich genommen. Er sagte wir sollten besser langsam vorwärts kommen anstatt noch mehr Zeit zu verlieren. So gelangten wir, immer abwechselnd und unfallfrei, bis an die Grenze von Österreich. So nahe der deutschen Grenze steigerte sich unsere Laune beträchtlich und ich erreichte mit neuer Kraft und ohne zu schlafen am frühen Morgen die deutsche Grenze. Ab da fuhren wir bequem auf der zweispurigen Autobahn. Mit kurzen Pausen auf den Raststätten kamen wir ohne weitere Probleme in Lauingen an.

Manche Türken, deren Arbeitsvertrag abgelaufen war, hatten jetzt bei anderen Firmen eine Anstellung gefunden. Keiner aus unserem Heim war in die alte Heimat zurückgekehrt. Die meisten hatten es vorgezogen mit Hilfe ihrer Landsleute in anderen Firmen unter zukommen. Und manche erkundigten sich über ihre Bekannten in den umliegenden Fabriken nach besseren Arbeitsstellen. Das machte deutlich, dass die Menschen sich an die Arbeitswelt in Deutschland gewöhnt hatten und sich neue Ziele steckten. Obwohl sie nicht wussten, ob sie hier sesshaft werden würden, bereiteten sich manche darauf vor langfristige Pläne zu fassen. Als ich diese Entwicklung um mich sah machte ich mir auch über eine neue Arbeitsstelle Gedanken. Wenn ich nicht durch einen Arbeitsplatzwechsel die Bedingungen für den Besuch einer weiterführenden Schule schaffen konnte, wollte ich in kurzer Zeit in die Türkei zurückkehren. So schnell wie möglich wollte ich einen Tag Urlaub nehmen, um nach Ulm zu fahren, wo ich mich ja schon umgeschaut hatte.

Ich war zwar verheiratet habe jedoch den Traum eines Schulbesuchs nicht aufgegeben. Aus diesem Grund und um die dortigen Arbeitsmöglichkeiten auszuloten, nahm ich mir einen Tag Urlaub und fuhr nach Ulm. In der Stadt suchte und fand ich Magirus-Deutz.

Der Angestellte im Personalbüro wollte mich zuerst abwimmeln, da der Dolmetscher in Urlaub war. Aber als er hörte, dass ich ein bisschen Deutsch sprechen konnte und von weitem angereist war, holte er mich wieder ins Büro. Nachdem er sich kurz mein Diplom und meine Arbeitszeugnisse angeschaut hatte, fing er an herumzutelefonieren. Nach ein paar Minuten kamen zwei Männer von denen gesagt wurde, dass der eine ein Meister und der andere ein Ingenieur sein sollte. Der eine hielt ein Messgerät und der andere Konstruktionspläne, die zusammengerollt waren. Wie in Istanbul wurde ich wieder einer technischen Prüfung unterzogen. Der Meister und der Ingenieur schauten sich meine Unterlagen an, die ungläubig vom Büroangestellten weitergereicht wurden und fingen sofort an, mich zu testen. Zuerst maß ich mit dem Messgerät in den verschiedensten Formen und dann wurden die Pläne auf dem Tisch ausgebreitet und es folgten Fragen über Fragen. Nach der Prüfung glaubte man an die Echtheit des Diploms und der Arbeitszeugnisse. Sie fragten, wo ich vorher gearbeitet hatte, was für Arbeiten ich dort verrichtet hatte und welche Art von Arbeit ich von ihnen wünsche. Bis auf die Maschinenarbeit war ich mit allen Arbeiten einverstanden. Ich erzählte ihnen von meiner Enttäuschung von der ersten Maschinenarbeit in Deutschland. Die Blicke des Büroangestellten und Meisters trafen sich und er gab ihm den Auftrag mir alle Abteilungen der zwei Fabriken zu zeigen und wenn mir eine Abteilung gefallen würde, solle er mich dem Abteilungsleiter vorstellen und mich wieder zurück zu ihm bringen!

Unser Rundgang fing mit der ersten Fabrik an. Wir besuchten eine sehr große Werkshalle in der Motorteile hergestellt wurden. Da sah ich mich den neugierigen Blicken der türkischen Arbeiter, die zwischen den Dreh- und Fräsmaschinen hektisch hin und her liefen, konfrontiert. Sie hatten geglaubt ich sei ein beauftragter Besucher aus der Türkei. Tatsächlich liefen wir auch wie Besucher durch die Gegend und schauten uns die Maschinen an. In der Abteilung, in der die fertigen Teile montiert wurden sprach ich mit einem türkischen Arbeiter. Von ihm erfuhr ich Näheres über die Arbeit und über die Bezahlung. In dieser Abteilung waren die Arbeiten hauptsächlich an Maschinen zu verrichten. Deswegen war es ein kurzer Rundgang. Von dort fuhren wir mit dem Auto zur zweiten Fabrik. Zuerst liefen wir durch die Abteilungen, in denen Feuerwehrfahrzeuge hergestellt wurden. In den Abteilungen dieser Fabrik wurde hauptsächlich montiert und geschweißt. Die Beschäftigten hier waren nahezu alle Deutsche.

Der Meister, der mich herumführte, schaute mich nach jeder Abteilung an und wartete auf eine Antwort von mir. Dann kamen wir zur Presse. Hier befanden sich imposante Maschinen, die mit einem Schlag große Blechteile in die gewünschte Form pressten. Die Arbeiter dieser Abteilung waren größtenteils Türken oder andere Ausländer. Als diese Pressen die Blechteile, die zwischen zwei Pressformen geklemmt waren, formten, war es, als ob der Boden wackeln würde. Dass die Blechteile sehr schwer sein mussten war allein daran zu sehen, dass je zwei Arbeiter an einer Presse arbeiteten. Nach dieser Abteilung kamen wir zu den eigentlichen Montagebändern der Lastwagenfabrik. In dieser Abteilung, die aus einer sehr sehr großen Werkshalle bestand, standen zwei Montagebänder nebeneinander und an deren Enden jeweils die Lackierereien.

Durch den Lärm der hydraulischen Maschinen, die genutzt wurden, um große und kleine Schrauben anzubringen, war es nicht möglich das eigene Wort zu verstehen. Auf der einen Seite wurde die Vormontage gemacht, auf der anderen Seite standen Maschinen für verschiedene Arbeiten bereit. Überall waren Menschen, die den Ameisen gleich, sehr beschäftigt waren. An den Bändern, die sich mit einer gewissen Geschwindigkeit fortbewegten, waren die meisten Arbeiter Ausländer und Türken. Die Türken, deren Blicke die meinen trafen, grüßte ich kurz, und lief mit dem Meister weiter.

Jetzt waren wir in der Abteilung, in der Fahrerkabinen hergestellt wurden. Hier waren auch rechts und links auf zwei Bändern nebeneinander ständig Kabinen in Bewegung. Jeder der in der Kabine oder an der Kabine arbeitete, war in einem hektischen Treiben, um mit der Arbeit fertig zu werden. Dort liefen wir auch an der einen Seite rein und mit dem Meiste nach rechts und links schauend an der anderen Seite wieder heraus. Danach gingen wir in die Abteilung, wo die Achsen und das Differenzialgetriebe hergestellt wurden. Der Geruch des als Kühlmittel genutzten Bohröls erinnerte mich wieder an die Fabrik in Kırıkkale. Wieder erwarteten mich auch da imposante Dreh- und Fräsmaschinen, an denen verschiedene Arbeiten verrichtet wurden. Innerlich sagte ich zum Meister, nein, nein, da will ich auch nicht arbeiten. Ich erhoffte mir, dass die Arbeit, zu der ich jetzt wechseln würde, meine endgültige Arbeitsstelle in Deutschland werden würde.

Der Meister sagte: „Das war's!" Wir hatten nur noch eine Abteilung zu besichtigen, bevor wir zurück zum Personalbüro zurückkehren würden. Als wir in die letzte Werkstatt eintraten, fühlte ich mich wie in eine andere Welt versetzt. Hier war es nicht wie in einer Fabrik, sondern wie auf einer Messe, wo die Lastwagen ausgestellt wurden. Ich fühlte mich sofort zu dieser Abteilung hingezogen. Da gab es weder Schweißrauch, noch Lärm oder Maschinengeräusche, geschweige denn Ölgeruch. Hier standen rechts und links in weiß markierten Feldern 15 bis 20 saubere Lastwägen, und in dieser Stille arbeiteten Menschen, die anhand von Bildern, die auf den Wagen ausgebreitet waren, herumtüftelten. Plötzlich hatte ich mit dem Meister Augenkontakt. An meinem Blick hatte er sofort erahnt, dass es mir hier gefallen würde. Zusammen gingen wir zum Abteilungsleiter und fragten ihn, ob er noch Arbeiter gebrauchen kann. Er wirkte ein wenig unentschlossen. Der Meister, der mich begleitet hatte sagte ihm, er solle sofort im Personalbüro anrufen. Daraufhin wählte der Abteilungsleiter am Telefon eine Nummer und sprach einige Minuten am Telefon. Der Abteilungsleiter, der sich mit einem Lächeln zu mir wandte, fragte mich, was ich zur Zeit arbeitete und wann ich hier anfangen könnte. Ich erzählte ihm, wo ich arbeitete und dass ich nach dem Arbeitsrecht zuerst kündigen müsste, um anschließend noch zwei Wochen dort zu arbeiten bevor ich hier anfangen konnte.

Der Abteilungsleiter, der dies akzeptierte, sagte mir höflich, dass ich als Lastwagenmechaniker die Arbeit beginnen könne und dass ich zuerst mit 5.5 Punkten eingestuft werden würde, was einen Stundenlohn von 8,50 DM bedeutete. Wenn er nach der Arbeitsaufnahme zufrieden mit mir sein würde, sollte in kurzer Zeit meine Punktewertung steigen. Er empfahl mir anschließend, ins Büro zu gehen und den aufgesetzten Arbeitsvertrag zu unterschreiben. Außerdem sagte er noch, dass ein Platz in dem Ausländerheim für mich bereitgestellt würde. Mit dieser Arbeitsstelle würde ich auch meinen tatsächlichen Beruf ändern. Möge es im Guten enden. Das war meine Hoffnung. Zurück im Büro empfing mich der Angestellte mit Sympathie und reichte mir die Vertragspapiere, die er für mich vorbereitet hatte. Ich trennte mich vom Büro, indem ich sagte, dass ich den Vertrag unterschrieben in zwei Wochen zum Arbeitsbeginn mitbringen würde. Ich hatte den Vertrag noch nicht gründlich gelesen und unterschrieben, aber trotzdem fühlte ich mich sehr erleichtert. Ich fühlte mich, wie es das türkische Sprichwort sagt: „Wer sich an der Milch den Mund verbrennt, wird den Jogurt kalt pusten, bevor er ihn isst!". Den Vertrag wollte ich Satz für Satz mit Hilfe des Wörterbuches durchlesen, bis ich ihn verstand, und dann erst unterschreiben. Wenn es nötig sein sollte, wollte ich auch noch den Dolmetscher darüber lesen lassen.

Am nächsten Tag ging ich zum Personalbüro der aktuellen Arbeitsstelle und kündigte mündlich. Sofort hatten sie den Chef geholt, der mich in Istanbul geprüft hatte. Der Chef, der mich wieder lächelnd empfing, fragte, wieso ich gekündigt hatte, obwohl er mich aufgrund meines Wunsches in eine andere Abteilung versetzt hatte. Ich sagte, dass ich am 16.09.1971 bei der Firma Magirus-Deutz in Ulm die Arbeit aufnehmen würde und dass er bitte die dafür erforderlichen Unterlagen bereitstellen möge. Am Abend füllten die Heimbewohner, die gehört hatten, dass ich gekündigt hatte, aus Neugier mein Zimmer. Wie hatte ich mich bei der neuen Firma beworben? Was für eine Arbeit würde ich machen? Was würde ich in der Stunde verdienen? Wo würde ich bleiben? Das waren die Fragen die mir gestellt wurden. Mein Zimmergenosse Adnan aus Kayseri hatte zwar einen Beruf konnte jedoch kein Deutsch. Aus diesem Grunde hatte er nicht die Möglichkeit, alleine bei einer anderen Firma eine bessere Arbeit zu finden. Er sagte, es wäre für ihn hoffnungslos hier weiter zu arbeiten, was schon dabei wäre, wenn ich ihm helfen würde in meiner neuen Firma eine Arbeitsstelle zu bekommen und ihn von der jetzigen befreien. Sein Charakter hatte mir nicht sehr gefallen, aber ich wollte ihm trotzdem helfen. Er war Familienvater, bis auf weiteres sollte er in der jetzigen Arbeit bleiben. Wenn ich mit meiner neuen Arbeit zufrieden wäre, würde ich versuchen ihn auch in der neuen Firma unter zu bekommen.

In der Fabrik hatten alle Arbeiter, ob deutsch oder türkisch, mitbekommen, dass ich nach Ulm gehen würde. Ein Problem hatte ich jedoch noch. Ich hatte in den letzten Monaten neben den notwendigen Akkordpapieren weitere für einen gesamten Monat angesammelt. Der Arbeitervertreter wusste das und schlug mir vor, die Hälfte Ihm zu geben und die andere Hälfte dem Meister. So machte ich es auch und ging daraufhin die letzten zwei Wochen zwar in die Fabrik und stemplete ein, musste jedoch nicht mehr arbeiten. Die Zeit verbrachte ich damit, mit den Kollegen zu sprechen. In dieser Zeit ließ ich meinen neuen Arbeitsvertrag auch noch einmal vom Dolmetscher gegenprüfen. Nach den zwei Wochen meldete ich mich ab und verabschiedete mich in der Fabrik von meinen deutschen und türkischen Arbeitskollegen.

Am ersten Tag der nächsten Woche, als alle anderen zur Arbeit gingen, lud ich meine ganzen Sachen ins Auto und fuhr aus Lauingen weg ohne mich umzudrehen. Zuerst steuerte ich das Heim für ausländische Arbeitnehmer an, das sich außerhalb von Ulm befand. Die für meinen Aufenthalt nötigen Unterlagen bekam ich von meinem neuen Arbeitgeber. Hier waren Reihe für Reihe Baracken für ausländische Arbeitnehmer. Ich wurde einem Sechserzimmer zugeteilt in dem ausschließlich Arbeiter aus Jugoslawien und der Türkei untergebracht waren. Wieder war ich in einem Zimmer mit fünf weiteren Arbeitern zusammen. Nachdem ich meine Sachen in mein Zimmer gebracht hatte, ging ich direkt zur Fabrik und nahm meine Arbeit in meiner neuen Abteilung auf. An diesem Tag wurde ich, zum Einlernen, einem erfahrenen älteren Kollegen zugeteilt. Der Meister zeigte mir anhand einer Arbeitsmappe, die mit dem Wagen gekommen war, welche Teile ausgewechselt und was zusätzlich gemacht werden musste. Da ich die Namen der Autoteile noch nicht kannte, passte ich sehr genau auf, als ob ich den Beruf neu erlernen würde. Danach begann ich, die einfacheren Teile die mir der Meister gezeigt hatte abzumontieren und verschiedene Teile zu montieren. Die Augen des Meisters waren ständig auf mich gerichtet, er bemerkte an meiner Art den Schlüssel zu halten, dass ich zum ersten Mal eine solche Tätigkeit verrichtete. Er fragte nach meinem Beruf und wo ich vorher gearbeitet hatte. Ich erzählte ihm, so gut es mein Deutsch zu ließ, was er wissen wollte.

Am Abend ging ich mit dem Heimleiter, der meine Unterlagen in den Händen hielt, auf das Zimmer in dem ich zuvor meine Sachen hinterlassen hatte. Zuerst stellte ich mich meinen Zimmergenossen vor, die nach und nach von der Arbeit heimkamen. Alle kamen aus Thrakien. Da ich meine Militärzeit dort verbracht hatte sahen sie mich als ihren Landsmann an. Während ich meine Sachen in meinen Schrank einräumte bereiteten sie verschiedene Gerichte vor und deckten den Tisch. An diesem Abend war ich bei meinen Zimmergenossen zu Gast. Nach dem Essen unterhielten wir uns bis zum schlafen gehen. Wieder war ich in einer anderen Welt. Sollte mein Leben immer so aussehen? Manchmal verfluchte ich innerlich diese Situation. Es war so, als ob ich wieder und immer wieder ein neues Leben beginnen sollte. Neue Menschen kennen lernen, Beziehungen zu ihnen aufbauen, sie wieder verlassen und wieder neue kennen lernen. Eine neue Arbeitsstelle steigerte zweifellos meine Lebenserfahrung, aber ich spürte, dass mich das auch sehr viel Kraft kostete. Am zweiten Tag kamen die neuen Arbeitskollegen, die in der Werkstatt arbeiteten, zu mir. Sie waren sehr neugierig. Wer war der erste Türke unter ihnen? Wieso wurde er in diese Werkshalle versetzt? Sie fragten mich über mich und die Türkei aus, und ich versuchte mit meinem Deutsch ihre Fragen zu beantworten. Da die Türken im Allgemeinen ohne Berufsausbildung waren, hatte bis jetzt kein Türke in dieser Abteilung gearbeitet. Meine Arbeit war bis jetzt nicht ermüdend. Als ich mich mit meinem Auto dem Heim näherte, sah ich plötzlich einen Menschenschwarm aus den Bussen steigen. Alle liefen in Richtung des Heims in dem ich untergebracht war. Das waren alles türkische und jugoslawische Arbeiter, die mit ihren Arbeitstaschen von Magirus kamen. Beim Eingewöhnen an die neue Arbeit und beim Knüpfen von neuen Beziehungen zu meinen Mitmenschen tat ich mich ein wenig schwer. Ich wollte so gerne neue Menschen kennen lernen, ob jung oder alt, ob türkisch oder deutsch. Die Abende nach der Arbeit verbrachte ich damit, technische Begriffe und die Namen der Autoteile zu lernen. Ich wollte erfolgreich in meiner neuen Arbeit sein.

Im Jahr 1970 schmückten Plakate der Kandidaten der politischen

Parteien die Straßen. Es wurde gesagt, dass Wahlen stattfinden sollten, aber es waren weder Parteikundgebungen noch aufgeregte Debatten der Wählerschaft zu sehen. Einen Monat lang war auf den Straßen die Wahlwerbung zu sehen, die Parteien hatten anhand der Medien ihre Propaganda gemacht und sind in die Wahlen gezogen. Die Wahl verlief sehr ruhig und am nächsten Tag wurden die Ergebnisse bekannt gegeben. So etwas hatte ich noch nie erlebt.

Aus dieser Wahl in Westdeutschland ging eine Koalitionsregierung hervor, angeführt durch die Sozialdemokraten (SPD), die die meisten Stimmen auf sich vereinen konnten und den Freien Demokraten (FDP). Der Wirtschaft ging es ohnehin schon gut. Und die Bildung dieser stabilen Regierung hatte zur Folge, dass noch mehr Bedarf an Arbeitskräften entstand. Aus diesem Grunde wurden noch mehr Arbeitskräfte aus dem Ausland angeworben, insbesondere aus der Türkei und Jugoslawien. Laut der türkischen Presse wurden allein in diesem Jahr 70.000 Facharbeiter aus der Türkei nach Westdeutschland geschickt. Da in Deutschland von Arbeitslosigkeit nicht die Rede war, hatten die ausländischen Arbeitskräfte nach Beendigung ihrer Vertragslaufzeit die Möglichkeit, eine neue Arbeitsstelle dort anzutreten, wo es ihnen beliebte.

Obwohl viele neue türkische und jugoslawische Arbeiter zu Magirus gekommen waren, waren in meine Abteilung nur ein paar Jugoslawen, aber kein einziger Türke versetzt worden. Die Deutschen sagten, dass unter den türkischen Arbeitern keiner qualifiziert gewesen wäre, um in dieser Abteilung arbeiten zu können. Die Jugoslawen, auch wenn sie über eine Berufsausbildung verfügten, waren bei den Deutschen nicht sonderlich willkommen, weil sie nicht Deutsch sprachen. Wie ich im Nachhinein erfahren habe, hatten die Jugoslawen, bevor sie nach Deutschland kamen, nur einen mehrmonatigen Kurs besucht. Es war nicht zu verstehen, warum nicht einmal die als Facharbeiter angeworbenen Türken in dieser Abteilung arbeiten durften, während die Jugoslawen, die nur einen Kurs von wenigen Monaten besucht hatten, hierher versetzt wurden. Die Arbeitszeugnisse der Jugoslawen reichten aus, um ihnen diese Arbeit zu zutrauen, doch die Diplome der Türken wurden anscheinend nicht richtig bewertet. Daran waren vielleicht auch die türkischen Dolmetscher mitverantwortlich. Dass die Deutschen die besseren Arbeitsplätze inne hatten, konnte ich zu einem gewissen Grad verstehen. Aber dass die Jugoslawen, obwohl sie den gleichen Ausländerstatus hatten wie ich, anders behandelt wurden, störte mich manchmal sehr.

Eines Tages traf ich zufällig einen gut Deutsch sprechenden Türken, der aus Ankara kam und in einer anderen Abteilung arbeitete. Als ich ihn fragte woher er so gut Deutsch könne antwortete er, dass er an den Abenden einen Kurs besuche. Nach der Arbeit ging ich anschließend mit ihm in den gleichen Kurs. Der Kurs fand in einem griechischen Verein statt, aber jeder konnte gegen eine niedrige Gebühr daran teilnehmen. An diesem Kurs, der von einer älteren Lehrerin gehalten wurde, nahmen Menschen verschiedenster Herkunft teil. An diesem Tag meldete ich mich sofort an und besuchte den Kurs dann zweimal in der Woche. Den Lehrstoff wiederholte ich wie ein Schüler an den Abenden und Wochenenden. Es war zwar schwer nach der Arbeit den Kurs zu besuchen, wenn man bereits sehr müde war, aber ich wollte diese Sprache so schnell wie möglich lernen. Um weiter auf eine Schule gehen zu können war die Beherrschung der Landessprache schließlich Voraussetzung. Die freie Zeit, die von der acht- und manchmal auch zehnstündigen Arbeit übrig blieb, nutzte ich fortan zum lernen. Manchmal versuchte ich auf der Arbeit Sätze zu bilden, die den deutschen Grammatikregeln gerecht wurden. Aber da meine Arbeitskollegen Dialekt sprachen, belächelten sie mich, als sie mir antworteten. Von Zeit zu Zeit machten sie damit auch ihre Späße. Trotzdem hatte ich in einem kurzen Zeitraum von einem Monat bereits vieles dazu gelernt. Sogar einige meiner Arbeitskollegen hatten das bemerkt.

Ich hatte mich an das Klima in Deutschland noch immer nicht gewöhnt. Wieder musste ich ständig niesen, als ob ich die Grippe hätte und obwohl ich krank war, wollte ich mich nicht krankschreiben lassen, da ich ja noch neu in der Fabrik war. Trotz meiner gesundheitlichen Einschränkung arbeitete ich fleißig und besuchte den Deutschkurs. Aber diese chronische Allergie schien mich nicht loszulassen. Während des Deutschkurses musste ich einmal mehrmals hintereinander niesen. Die Lehrerin hatte gewartet bis mein Niesanfall vorüber war. Dass die anderen Kursteilnehmer auch noch darüber gelacht hatten störte mich sehr. Was aber noch schlimmer war, ich hatte mit meinem Niesen die anderen im Kurs gestört. Die Lehrerin hatte aus diesem Grund vorgeschlagen, dass ich mit dem Kurs aufhören und erst nach meiner Genesung wieder weitermachen sollte. Als sie diese Worte aussprach war ich am Boden zerstört, ohne etwas zu sagen verließ ich den Kurs und ging ins Wohnheim zurück. Diese Chance war auch vertan. Diese Krankheit ließ es nicht zu, dass ich meine Träume erfüllte. Es sollte wieder nicht möglich sein wie es sich gehörte Deutsch zu lernen und ich sollte der Möglichkeit beraubt werden, weiter auf die Schule gehen zu können. Aber ich fasste und beruhigte mich wieder. Nach diesem Vorfall hatte ich nur ein Ziel vor Augen. Dies war mit aller Kraft zu arbeiten, in kurzer Zeit Geld zu sparen, um in die Heimat zurückzukehren. Denn unter diesen Umständen hatte ich nicht die Möglichkeit meine Träume zu verwirklichen. In der Türkei gab es für mich bessere Arbeitsmöglichkeiten als hier. Für mich gab es keinen Grund mehr länger hierzubleiben.

In der Abteilung komplettierten wir fehlende Teile bei den vom Fließband kommenden Autos und nahmen auch nach Kunden-wunsch Änderungen an den Autos vor. In unserer Abteilung gab es so viel zu tun, dass jeder, der wollte unter der Woche neun ja sogar zehn Stunden arbeiten konnte. An den Samstagen konnte man Überstunden machen. Obwohl ich nicht bei bester Gesundheit war, machte ich soviele Überstunden wie möglich. Denn meine Erfah-rung hatte mir gezeigt, dass es ohne Geld unmöglich war, seine Lebensziele zu verwirklichen. In kurzer Zeit möglichst viel Geld zu sparen und meine Träume von da ab in der Türkei zu verwirklichen, das war für mich jetzt das Wichtigste. Die Mahnungen des Arztes nach der Operation in Lauingen nahm ich auch nicht mehr ernst.

Da ich im normalen Alltag keinen Hobbies nachging versuchte ich mir etwas Neues beizubringen, wenn ich etwas Zeit fand. Das Ler-nen war für mich zu einer Leidenschaft geworden. Mit meinen neu erworbenen Sprachkenntnissen unterhielt ich mich mit meinen Ar-beitskollegen, ja, ich diskutierte sogar mit ihnen! Meine rapiden Fortschritte auf der Arbeitsstelle und meine von Tag zu Tag besser werdenden Deutschkenntnisse sorgten dafür, dass meine Arbeits-kollegen neidisch auf mich wurden. Dies ließen sie mich eindeutig spüren. In der Abteilung kam leider gegen mich allmählich eine ne-gative Stimmung auf. Es kam so weit, dass sie mich ausgrenzten. Niemand wollte mit mir arbeiten. Ich wurde gezwungen alleine zu arbeiten. Durch Intrigen bekam ich immer die schwerste Arbeit in meiner Abteilung. Ich versuchte eine Zeit lang ohne Protest die mir aufgetragenen Arbeiten zu erledigen, auch wenn sie schwer waren. Die Kollegen waren nicht mehr so freundlich wie zur Anfangszeit. Langsam fing ich zu verstehen an wieso in dieser Abteilung bisher kein Ausländer beschäftigt war. Sie benahmen sich gegenüber je-dem Ausländer, der neu in die Abteilung gekommen war, in dieser Art und Weise und isolierten ihn, so dass er dann einige Zeit lang al-leine arbeiten musste und schließlich die Abteilung wieder verließ.

Aber ich nahm die Methoden, die gegen mich verwendet wurden nicht ernst. Da ich sehr gutes Geld verdiente duldete ich die Isolierung und die schlechte Behandlung in der Abteilung. Die Vorkommnisse in der früheren Fabrik hatten mich vieles gelehrt. In den Pausen verbrachte ich nicht mehr wie früher meine Zeit mit den Deutschen sondern ging zu den Türken, die in den nahe liegenden Abteilungen arbeiteten. Mit den türkischen Arbeitern saßen wir dann zusammen und redeten über tagesaktuelle Themen. Obwohl ich so sehr dagegen ankämpfte sah ich mich immer wieder mit denselben Problemen konfrontiert. Ich wusste, dass ich mich beugen und mein Schicksal akzeptieren musste. Ich war sehr durcheinander. Vielleicht sollte ich mich mit den jetzigen Möglichkeiten zufrieden geben. Deutschland, Deutsch, Verlobung, Hochzeit, Probleme auf der Arbeitsstelle, neue Menschen kennen lernen und mit ihnen zurechtkommen.

An einem Wochenende besuchte mich Adnan aus Kayseri. In der Fabrik wurde er in eine andere Abteilung versetzt und seine Arbeit war jetzt schwerer! Obwohl ich ihm detailliert erzählte in welch einer Situation ich mich befand und wie sich die deutschen Arbeitskollegen verhielten, ließ er nicht nach mich zu fragen, ob ich ihn nicht vermitteln könne. Adnan war verheiratet und hatte zwei Kinder. Ich gab seinem Beharren nach und sprach mit dem Abteilungsleiter. Es gelang mir, ihn in meine Abteilung und sogar zu den gleichen Bedingungen zu holen. Durch einen zweiten Türken, der in der Abteilung die Arbeit aufnahm, fühlten sich meine Arbeitskollegen irritierter als zuvor. Von nun an ließen sie mir überhaupt keine Ruhe mehr. Adnans gutmütiger Charakter erlaubte es, ihn auszunutzen. Das war den deutschen Arbeitskollegen auch schon aufgefallen. Sie nahmen ihn unter ihre Fittiche und schikanierten mich weiter. Dies ging so weit, dass er sich bei einem Vorkommnis gegen mich stellte, sich auf die Seite der Deutschen stellte und mich beschuldigte. Auf sein Fehlverhalten machte ich ihn sofort aufmerksam. Wenn die Arbeit nicht so leicht gewesen wäre und die Bezahlung gut, hätte ich die Ungerechtigkeiten nicht ausgehalten und wäre längst aus dieser Abteilung weggegangen.

Eines Tages fuhr ich mit vier weiteren Freunden aus dem Heim mit meinem Auto zum Einkaufen nach Ulm. Insgesamt fünf Personen im Auto waren keine leichte Fracht. Während der Fahrt hörte ich ständig ein Geräusch. Sofort hielt ich an, um nachzusehen, es war aber nichts zu sehen. Ich stieg wieder ins Auto und versuchte die Tür zu schließen, aber es ging nicht. Letztendlich merkte ich was war, die Karosserie des rostenden Autos war eingesackt. Nachdem ich die Freunde aussteigen ließ, konnte ich die Autotür gerade noch schließen und kehrte zum Heim zurück. Weil die Reparatur teurer war als der eigentliche Wert des Wagens blieb mir eigentlich nichts anderes übrig, als zum Schrottplatz zu fahren. Ich parkte das Auto vor dem Heim und schrieb auf die Windschutzscheibe, dass das Auto für 100 DM zu verkaufen sei. Am Abend kam jemand, der in der Türkei lange Zeit als Fahrer gearbeitet hatte und wollte das Auto kaufen. Ich erzählte ihm in welchem Zustand das Auto war, er wollte es trotzdem kaufen und legte 50 DM auf den Tisch. Mein erstes Auto, das ich vor sechs Monaten für 600 DM gekauft hatte, hatte ich nun für 50 DM verkauft.

Am Wochenende stieg ich als erstes in den Bus und fuhr in die Stadtmitte. Der Bahnhofsvorplatz sah wie bei einer Kundgebung aus. Es sah aus, als ob sich alle Türken, die in der Stadt lebten dort versammelt hatten. Ich mischte mich unter sie. Aber ich traf niemanden, der mir bekannt war, und ging wieder. Im Nachhinein erfuhr ich, dass dies der Platz sei an dem sich die Türken immer träfen. Da sie in Ulm zuerst den Bahnhof gesehen hatten und sich dort gut auskannten war er somit die erste Anlaufstelle für jeden. Dies war zudem der einzige Ort an dem sie sich verabredeten. Um nicht aufzufallen tat ich so, als ob ich jemanden suchen würde. So trennte ich mich von der Menschenmasse und trat in das Bahnhofsgebäude ein. Als ich drinnen herumging, fiel mir sofort unter den Zeitungen die türkische Zeitung Tercüman auf. Freudig überrascht kaufte ich mir ein Exemplar. Die erste Seite, auf der Ministerpräsident Demirel und der Oppositionsführer Ismet İnönü abgebildet waren und ihre Ansichten zu der Wirtschaftslage beschrieben, werde ich nie vergessen.

Es waren jetzt drei Monate vergangen seit ich meine zweite Arbeitsstelle in Deutschland hatte, aber meine Arbeitskollegen hatten mich immer noch nicht akzeptiert und trieben immer noch Spielchen mit mir. Ich kümmerte mich nicht darum und machte weiterhin meine Arbeit. Als sie merkten, dass ich auch alleine zurechtkam, ließen sie mich diesmal aus Gehässigkeit jeden Tag mit jemand anderen zusammenarbeiten. Das war noch nicht genug, sie ließen mich dann den ganzen Tag die Lastwagenreifen wechseln, die schwerste Arbeit in der Abteilung. Ich verhielt mich ruhig und versuchte mit dem, was mir aufgetragen wurde klarzukommen. Obwohl die Arbeit, die mir gegeben wurde nicht gut war, war die Arbeit in der Abteilung generell gut. Auch wenn in den anderen Abteilungen Überstunden nicht möglich waren, konnten wir in dieser Abteilung so viele Überstunden machen wie wir wollten. Ich verdiente gutes Geld deshalb nahm ich mir vor geduldig zu sein. Der Geduldige wurde doch im Leben immer belohnt. Ich hatte als Ausländer eine höhere Schulbildung und mehr Berufserfahrung als die meisten in der Abteilung und mit meinem besser werdenden Deutsch konnte ich, wenn es darauf ankam, mit ihnen über alles diskutieren. Abgesehen davon war ich nicht nur Ausländer, sondern auch Türke. Aus Sicht der Deutschen sollte ein ausländischer Arbeiter so sein wie Adnan aus Kayseri. Einer, der alles tat was man ihm auftrug und zu allem Ja und Amen sagte, ob er es verstand oder nicht. Mit großer Geduld ertrug ich die Schlechtigkeiten, die mir bis jetzt angetan wurden, aber ich merkte auch wie meine Geduld langsam zuneige ging, denn sie bewarfen meinen Kopf mit kleinen Schraubenmuttern während ich arbeitete. Sobald ich mich aber umdrehte, konnte ich nicht feststellen wer es gewesen war und erst recht nicht warum sie das taten. Mit dem Meister, den sie für sich gewinnen konnten, spielten sie mit mir Katz und Maus. Zuerst ging ich zum Meister und wollte von ihm wissen, warum mir solche Sachen angetan wurden und wieso ich immer die schweren Arbeiten bekam. Als ich keine befriedigende Antwort von ihm bekam, ging ich sofort zum Abteilungsleiter, der mich eingestellt hatte und habe ihm alles erzählt. Der Chef hörte mir aufmerksam zu. Zuerst rief er den Meister und dann die anderen Verantwortlichen zu sich. Alle standen vor dem Chef. Wieder befragte er zuerst den Meister und dann die anderen. Keiner gab eine Antwort. Er fing an, sie anzuschreien, wie sie so etwas machen konnten, dass ich ein neuer Arbeiter sei und dass sie mich, anstatt mir behilflich zu sein, mich in eine missliche Lage brächten. Er sagte er wolle keine Beschwerden mehr von mir hören. Ab diesem Tag wurde ich wie all die anderen Arbeiter, obwohl ich alleine arbeiten musste, zu verschiedenen Arbeiten zugeteilt. Am Monatsanfang stieg mein Stundenlohn. Meine Beschwerde hatte Früchte getragen und ich hatte bekommen, was ich verdiente. Von da an wollte ich gegenüber Ungerechtigkeiten nicht schweigen und mein Recht einfordern.

Da ich jeden Morgen Überstunden machte stand ich auch immer zwei Stunden früher auf und ging zur Bushaltestelle. Da ich außerhalb der Stadt wohnte war es nicht so einfach zur Arbeit zu kommen, denn der Bus fuhr erst zur normalen Arbeitszeit ab. Ich ging deshalb gemeinsam mit den Frühschichtlern zur Arbeit und wartete dort auf meinen Arbeitsbeginn. In Nächten, in denen in den Nachbarzimmern der Lärm bis in die Morgenstunden nicht nachließ ging ich ohne zu schlafen zur Arbeit. Durch diese rücksichtslosen Menschen wurden die Heimbewohner sehr gestört, es gab jedoch keinen Ausweg. Die Kosten für eine eigene Wohnung beliefen sich auf das Vierfache der Heimmiete und es war fast unmöglich eine freie Wohnung zu finden. Außerdem stand so etwas für einen Gastarbeiter, der so viel wie möglich sparen wollte, um in die Heimat zurückzukehren, eigentlich nicht zur Debatte.

Nun sollte mein zweiter Jahreswechsel in Deutschland kommen. In den Weihnachtsferien hatte jeder mit seinem Freundeskreis geplant wie Silvester verbracht werden sollte. Manche hatten ihre Zimmer im Heim durch nächtelange Pokerpartien zu Zockerhöhlen verwandelt. Manche Zimmer wurden leer geräumt und an deutsche Frauen vermietet, die heimlicherweise in kurzer Zeit Geld verdienen wollten. Dass sich vor diesen Zimmern Schlangen bildeten, die nicht gerade kurz waren, fand ich sehr eigenartig. Diejenigen, die diese Frauen ins Heim brachten waren junge deutsche Männer, die vor den Türen standen und das Geld im Voraus abkassierten. Es war, als ob sie Gegenstände vertrieben. Käufer und Verkäufer waren glücklich damit. Diejenigen, die in der Schlange warteten, hatten ein verlegenes Lächeln auf den Lippen. Eines Nachts hatte ich zufällig ein junges Mädchen gesehen, dass sie gebracht hatten und das sich kaum auf den Beinen halten konnte. Wer weiß was sie ihr gegeben hatten. Ohne zu wissen wozu Menschen fähig waren, hatten sie sich in diese missliche Lage gebracht. Auch wenn gewisse Bedürfnisse menschlich sind, hatte doch alles seine Zeit und Sitte und Anstand sollte doch auch gewahrt werden. Das Heimleben hier war auch nicht anders als in Lauingen. Was ich hier zu sehen bekam hätte ich mir in den kühnsten Träumen nicht ausdenken können. Was sollte ich aber erst noch in meinem weiteren Leben zu sehen bekommen! Schlimm war, dass ich nichts dagegen tun konnte. Auch wenn es für eine begrenzte Zeit war, musste ich mit diesen Menschen zusammenleben.

Ich war ja nun verheiratet – meine Studienwünsche hatte ich bis auf weiteres verschoben, wenn nicht sogar ein bisschen sterben lassen. Aber die Situation langweilte mich doch sehr. Um die Zeit herumzubringen versuchte ich es mit Gleichaltrigen in Cafés und Diskotheken zu gehen. Aber da fühlte ich mich nicht wohl. Ich konnte mich den Gleichaltrigen nicht anpassen. Unsere Welten passten nicht zu einander. Es gab da den älteren Onkel Mustafa aus Trabzon, der auch unter den Heimbewohnern sehr beliebt war. Es wurde gesagt, dass er die Teeküche im türkischen Arbeitnehmerverein in Ulm betrieb. Seine ganze freie Zeit verbrachte er im Vereinshaus damit den Leuten Tee zu kochen. Wahrscheinlich hatte er bemerkt in welch einer Zwickmühle ich steckte. Eines Tages rief er mich zu sich auf sein Zimmer. Zuerst fragte er nach meiner chronischen Krankheit. Er mutmaßte, dass mir die Luft in Deutschland nicht bekommen sei. Er sagte, dass er mich nicht wie die anderen jungen Kerle fröhlich sah, sondern immer ruhig und betrübt. „Hast du auf der Arbeit Probleme?", fragte er dann. Onkel Mustafa war ein Mann mit viel Lebenserfahrung. Wir tranken Tee nach Trabzoner Art und redeten sehr lange. Obwohl Onkel Mustafa aus Trabzon stammte lebte er mit seiner Familie in Samsun. Und ich fing an über meine Erlebnisse in dieser Stadt zu reden. Unser Gespräch vertiefte sich und es wurde Mitternacht. An diesem Tag begann eine sehr gute Freundschaft.

Angeblich hatten wir jetzt Frühling. Aber wie es in Ulm meist üblich war beherrschte eine neblige Luft den Himmel. An den Wochenenden im Heim wuschen einige ihre Wäsche, einige hörten türkische Musik, um ihr Heimweh zu mildern, und einige spielten das sehr beliebte Kartenspiel Pisti. Da es an Sonntagen nichts zu tun gab war es sehr langweilig. Ich ging an der Donau spazieren. Dieser Fluss, der in Ulm mit der Iller und der Blau zwei Mündungen hat, fließt bis zum Schwarzen Meer. Eine weitere Eigenschaft der Donau ist, dass sie die alte Stadt Ulm und die neue Stadt Neu-Ulm voneinander trennt. Diese zwei Städte sind mit Brücken verbunden, und zudem liegt die alte Stadt in Baden-Württemberg und die neue Stadt in Bayern. Ich ging also am Flussufer spazieren, an dem jeweils ein Weg für Spaziergänger und ein weiterer für Fahrräder angelegt war. Dies musste die Route für junge und alte Spaziergänger sein, die ihren Sonntag genießen und ein bisschen frische Luft einatmen wollten. Natürlich auch für diejenigen, die mit dem Rad unterwegs waren. Hier spazieren zu gehen gefiel auch mir sehr gut. Von diesem Tag an ging ich immer dort spazieren, wenn ich nichts zu tun hatte.

Auf dem Rückweg schaute ich im Verein für türkische Arbeitnehmer vorbei. Ich setzte mich an einen Tisch und wartete auf Onkel Mustafa. Ich kam zum ersten Mal hierher und hatte sofort die Aufmerksamkeit der bereits Anwesenden auf mich gezogen. Mit einem Glas Tee in der Hand kam Onkel Mustafa zu mir. Danach stellte er mich dem Vorstand des Vereins vor. Die Vorstandsmitglieder erzählten mir etwas über die Aktivitäten des Vereins. Ihr Ziel war es für die

Unterstützung der Türken untereinander zu sorgen. Der Verein war auch gleichzeitig ein Treffpunkt für die in Ulm lebenden Türken. Da die Vereinslokalität neu angemietet war, war sie unter den Türken noch nicht sehr bekannt, obwohl sie mitten im Stadtzentrum lag. Die verschiedenen Dialekte, sowohl der Vorstandsmitglieder als auch der Mitglieder, zeigte mir, dass sie aus den unterschiedlichsten Gebieten der Türkei kamen. Nahezu alle waren aus ländlichen Gegenden und ihre Gespräche untereinander verliefen in einem sehr herzlichen Ton. Dass diese Menschen sich gegenseitig unterstützten und sich solidarisierten interessierte mich und machte mich auch ein bisschen sentimental. Aus diesem Grund wurde ich noch am selben Tag Mitglied dieses Vereins. Ich versprach ihnen, dass ich sie ab jetzt bei jeder Vereinsaktivität unterstützen würde. Endlich hatte ich einen Ort gefunden, an den ich neben der Arbeit und dem Wohnheim hingehen konnte. Zudem war ich unter Menschen, die sich aktiv mit etwas beschäftigten. Unter ihnen zu sein gefiel mir sehr gut. Sie alle waren erfahrene Menschen und hatten sehr viel im Leben gesehen.

Eines Abends, als ich von der Arbeit zurückkehrte, rief mich der Heimleiter in sein Büro. Ich war sehr erstaunt, da das ungewöhnlich war. Er fragte mich zuerst, ob ich in die Türkei zurückkehren wollte oder nicht. Natürlich wollte ich auch wie alle anderen eines Tages in die Heimat zurückkehren. Aber der Heimleiter wollte mir etwas anderes sagen. In Köln sollte für Berufsschulabsolventen aus der Türkei eine Prüfung stattfinden. Wenn man diese Prüfung erfolgreich bestand konnte man nach einem sechsmonatigen Kurs in die Türkei als Meister in eine staatlich geführte Fabrik zurückkehren und die ganzen Kosten würden vom deutschen Staat getragen. Diese Möglichkeit erfreute mich sehr. Es war wie ein unerwartetes Geschenk des Himmels. Ich hatte ohnehin die Hälfte meines Lebens mit Prüfungen verbracht, an noch einer teilzunehmen machte mir gar nichts aus. Deshalb gab ich dem Heimleiter sofort die dafür notwendigen Unterlagen, innerhalb einer Woche kam die Antwort. Ich wurde zur Prüfung nach Köln eingeladen. Mit vielen anderen Teilnehmern, die aus den verschiedensten Städten Westdeutschlands kamen, nahmen wir zuerst an einer schriftlichen, dann an einer praktischen Prüfung teil. Die deutschen Ingenieure, die die Prüfung durchführten, verabschiedeten uns und teilten uns mit, dass diejenigen, die bestanden hatten, innerhalb der nächsten Monate zu den Kursen gerufen würden. Wieder blieb mir also nur das Warten. Wenn ich bestehen würde, sollte sich mein Leben ändern. Es war mein innigster Wunsch.

Einige Zeit später erhielt ich einen Brief von meinem Vater. Er fragte mich, ob ich diesen Sommer zu Besuch kommen wollte und ob ich zur Hochzeit bereit wäre. Bis jetzt hatte ich im Leben durch verschiedene Anstrengungen nicht das erreicht was ich erreichen wollte. Nachdem ich das Datum für meinen Jahresurlaub in der Firma beantragt hatte, bereitete ich mich auf meinen Urlaub vor. Ich wollte gerne mit dem Auto in die Türkei fahren und so kaufte ich mir für 1000 DM einen VW aus dritter Hand. Wenn ich ein oder zwei Mitreisende finden würde, könnte ich dadurch meine Reisekosten minimieren. Mit meinem restlichen Geld würde ich dann, ohne auf jemanden angewiesen zu sein, meine Hochzeit finanzieren. Und nach der Hochzeit wollte ich mein Leben dem Lauf des Schicksals überlassen. Vielleicht würde ja der magische Brief nach der Hochzeit kommen und mein Leben verändern. Diese Prüfung wollte ich nicht nur um meinetwillen, sondern auch wegen meiner Ehefrau bestehen. Obwohl Wochen, ja sogar Monate vergingen, kam aus Köln weder eine positive noch negative Nachricht. Mit großer Hoffnung wartete ich auf diese Nachricht, ich sah sie als Ausweg für mein Leben in Deutschland. Ich verfiel in Träumereien was die Heimat anging. Vielleicht würden sie mich in eine Fabrik nach Kırıkkale schicken.

Als die Urlaubszeit näher rückte, schloss sich mir ein Freund aus Aydın an. Er war ähnlich wie ich verlobt und wollte Hochzeit feiern. Wir fanden einen weiteren Mitfahrer aus der gleichen Gegend und begaben uns auf den Weg in die Türkei. Die Straßen, die in die Heimat führten, kannte ich ja mittlerweile einigermaßen. Bis in die Türkei fuhren wir ohne Rast durch und übernachteten in Edirne in einem Hotel. Nachdem ich mit meinen Freunden aus Aydın für die Rückreise Istanbul als Treffpunkt ausgemacht hatte, trennten wir uns.

Gleich nach meiner Ankunft im Dorf begann ich mit den Hochzeitsvorbereitungen. Die ganzen Kosten dafür trug ich selber. Wir ließen Einladungen drucken und verteilten Sie im Dorf und in den Nachbardörfern an die Bekannten und Verwandten verteilt. Ich wollte auch wissen wer von den eingeladenen Gästen tatsächlich kam und wer nicht. Deswegen hatte ich meine Eltern gebeten, die Truhe, in der die Geldumschläge der zur Feier gekommenen Gäste aufbewahrt wurden, nicht ohne meine Anwesenheit zu öffnen. Aber schon bevor die Hochzeit zu Ende war, hatte mein Vater diese Truhe entwendet und das Geld herausgenommen. Eigentlich hatte ich geplant mit diesem Geld die Kosten für die Hochzeit zu begleichen.

Aber offensichtlich hatte mein Vater dieses Geld entwendet. Somit erfuhr ich nie wirklich wer zur meiner Hochzeit gekommen war, geschweige denn, wie viel Geld sich angesammelt hatte. Ich war dadurch gezwungen einige Rechnungen, zum Beispiel für Lebensmittel, die ich für die Hochzeit erstanden hatte, im Nachhinein zu bezahlen. All das nahm ich mit Verständnis hin. Ich sah dies als mein Schicksal und fügte mich diesem. Aber dass mein Vater derart respektlos mit mir umging, wollte ich einfach nicht glauben, aber durch meine mittlerweile gewonnene Reife, ließ ich es auf sich beruhen. Bis jetzt hatte ich mich gegenüber meinem Vater immer respektvoll verhalten, deshalb ließ ich mir auch nicht anmerken, dass ich nun wütend auf ihn war. Mit ihm darüber zu reden würde doch ohnehin nichts ändern! Außerdem hatte ich ja noch Geld, um nach Deutschland zurückzukehren. Wenn ich an meinen Arbeitsplatz zurückkehren würde, könnte ich ja arbeiten und in kurzer Zeit wieder Geld ansparen. Nach der Hochzeit konnte ich nur zehn Tage mit meiner Frau zusammen bleiben. Nachdem mein Urlaub zu Ende ging war es ein schmerzvoller Abschied von ihr, denn ich konnte ihr ja bezüglich unserer Zukunft gar nichts sagen, ich wusste ja selbst nicht, wie es weiter gehen würde.

Mit dem Freund aus Aydın traf ich mich in Istanbul, und da uns die gleichen Probleme beschäftigten, tauschten wir uns während der Rückfahrt nach Deutschland aus. Als ich zurückkehrte, lag immer noch keine Nachricht aus Köln vor. Einerseits betrübte mich das, andererseits freute ich mich darüber. Denn ich hatte zu dem Zeitpunkt überhaupt kein Geld, um irgendwohin gehen zu können. Zuerst musste ich einige Monate arbeiten, um wenigstens wieder ein bisschen Geld beiseitelegen zu können. Nach dem Urlaub fand ich durch das Urlaubsgeld, das ich von der Firma bekam ein wenig Erleichterung. Da ich jeden Tag zehn Stunden arbeitete – auch an Samstagen – hatte ich in kurzer Zeit wieder einen gewissen Betrag angespart. Denn schließlich trug ich ja jetzt auch die Verantwortung für meine Frau. Ich hatte geheiratet, doch war es mir nicht recht, sie alleine in der Türkei zurücklassen zu müssen.

Laut der Vereinbarung, die ich mit meinem Chef traf, bekam ich jetzt die Stundenlohnerhöhung für die zweiten sechs Monate meiner Beschäftigung. Ich arbeitete viel, da ich das Geld brauchte, aber ich hatte auch Angst, wieder wie in Lauingen zu erkranken. Es war so, als ob die Angst, die ich im Lauinger Krankenhaus gespürt hatte, sich in meiner Seele festgebrannt hatte. Da mein Freund aus Aydın nicht daran dachte, sofort in die Heimat zurückzukehren, suchte er nach einer Wohnung, um seine Frau nachholen zu können. Ich jedoch wartete auf die Antwort aus Köln, um mich zu entscheiden. Wenn ich genommen werden sollte, würde ich, nachdem ich die Kurse besucht hätte, in die Türkei zurückkehren und bei einer staatlichen Fabrik als Meister anfangen. Wenn es nicht klappen sollte, dann müsste ich mich endgültig entscheiden. Ich dachte mir entweder arbeite ich wie bisher noch ein weiteres Jahr und kehre dann in die Türkei zurück, oder ich suche eine passende Wohnung und hole meine Frau nach Deutschland. Danach sah mein Plan vor, einige Jahre zusammen mit meiner Frau zu arbeiten, um genug Geld zu sparen und in die Heimat zurückzukehren.

Der Freund aus Aydın hatte mit zwei Freunden, die er aus dem Verein kannte, in einem Dorf in der Nähe von Ulm ein Haus angemietet und seine Frau nachgeholt. Obwohl Monate vergangen waren hatte ich immer noch keine Nachricht aus Köln erhalten was meine Hoffnungen schwinden ließ. Dabei wurden meine chronischen Leiden, begünstigt bei dem wechselhaften Wetter durch den Winteranfang immer schlimmer. Ich ließ mich zwar für ein paar Tage krankschreiben, dies war aber auch keine Lösung. Mit den eingenommenen Medikamenten beruhigte sich für eine Zeit mein Befinden, jedoch nur für kurze Zeit. Ich war gezwungen mit dieser Krankheit zu leben, doch belastete mich mehr, dass die erwartete Nachricht nicht kommen wollte und sich meine Entscheidung immer weiter verzögerte.

Mittlerweile wurde es zu einer Gewohnheit den Arbeitnehmerverein zu besuchen, meist am Wochenende. Mir gefiel es dort sehr Menschen aus den verschiedenen Regionen der Türkei kennenzulernen. Die Vereinsmitglieder wollten die Weihnachtsferien dazu nutzen, einen neuen Vorstand zu wählen. Die meisten Mitglieder wollten, dass ich mich zur Vorstandswahl aufstellte. Onkel Mustafa rief mich eines Tages in sein Zimmer und sagte mir Dinge, die mein Herz höher schlagen ließen: „Du hast in der Heimat eine gewisse Bildung genossen, gleichzeitig ist es eine Bürgerpflicht gegenüber der türkischen Gesellschaft. Gibt es jemanden für den Vorstand, der geeigneter wäre als du?" Er überzeugte mich. Das einzige Gründungsziel das in der Satzung stand war für Solidarität unter der türkischen Gemeinschaft zu sorgen. Der Wahltag war gekommen. Zuerst wurden alle Kandidaten den versammelten Mitgliedern vorgestellt und anschließend wurde gewählt. Zum ersten Mal in meinem Leben stellte ich mich so einer Wahl und wollte Vorstandsmitglied werden. Obwohl ich es zu überspielen versuchte, war vielen aufgefallen, wie aufgeregt ich war. Es war ein Ehrenamt, wenn ich nicht gewählt werden sollte, war nichts verloren. Schließlich wurde ich aber in den Vorstand gewählt und bekam die Aufgabe des Sekretärs. Damit begann ich die freie Zeit, die von der Arbeit übrig blieb, dazu zu nutzen, der türkischen Gemeinschaft in Ulm zu dienen. Der Austausch unter uns Vorstandsmitgliedern war sehr gut. Durch die Arbeit im Verein erhielt ich auch die Möglichkeit, viele neue Menschen kennenzulernen. Mein Bekanntenkreis unter den Türken wuchs und ich begann mich in Ulm immer heimischer zu fühlen. Wenn man sich vorstellt, dass in und um Ulm vier- bis fünftausend Türken lebten, wurde die Wichtigkeit des Vereins noch deutlicher.

Es wurde langsam Frühling und da aus Köln immer noch keine Neuigkeiten eingetroffen waren, musste ich mich entscheiden. Wenn ich in meiner jetzigen Situation in die Türkei zurückkehren würde, würde ich mit dem wenigen Geld das ich hatte als Familie praktisch bei null anfangen. Ich hatte eine gute Arbeitsstelle und unter den Türken einen großen Bekanntenkreis. Als ich all dies durchdachte, entschied ich mich kurzerhand eine Wohnung zu mieten und meine Frau nach Deutschland zu holen. Wenn ich meinen deutschen und türkischen Freunden Glauben schenken sollte, war es schier unmöglich in Ulm eine Mietwohnung zu finden. Da innerhalb kurzer Zeit so viele ausländische Arbeitskräfte zugezogen waren, war der Wohnungsmarkt der Stadt ordentlich durcheinander geraten. Die Mieten stiegen ins Unermessliche und es war unmöglich eine Wohnung zu finden. Weder die Freunde aus dem Vereinsvorstand, noch mein Freund aus Aydın oder meine anderen Freunde glaubten daran, dass ich in Ulm etwas finden würde. Ich sprach jeden Deutschen und Türken mit dem ich in Kontakt trat darauf an und bat um Hilfe. Jedoch war es trotzdem alles andere als leicht eine Wohnung zu finden. Eines Tages erhielt ich einen Brief von meinem Onkel, der auch mein Schwiegervater war. Er schrieb mir, dass ich seit Monaten meine Ehefrau nicht kontaktiert hatte und mit Recht fragte er was ich zu tun gedachte. Wenn ich nicht in die Türkei zurückkehren sollte, musste ich meine Ehefrau zu mir holen. Sonst, schrieb er weiter, hatte ich nicht das Recht, sie so hoffnungslos warten zu lassen. Nach diesem Brief wurde mir klar, dass ich, koste es was es wolle, eine Wohnung finden und meine Frau in kürzester Zeit nach Deutschland holen musste. Ich dachte an die kurze schöne Zeit, die ich mit meiner Frau verbracht hatte. Ein Knoten bildete sich in meinem Hals. Da sie nicht wusste, in welcher Situation ich mich befand, hatte sie natürlich aus ihrer Sicht Recht. Ich hatte keine Wohnung gefunden. Ich dachte mir, vielleicht sollte ich mich nach einem Hotelzimmer umschauen. Ich fragte bei allen Hotels in Ulm nach. Aber die Zimmer waren zu teuer für mich.

Am nächsten Tag, als ich, gereizt wegen meiner Situation, im Vereinsheim herumsaß, kam ein Schienenarbeiter, den ich bei meinen Landsleuten kennengelernt hatte, zu mir. Er kam auch aus der gleichen Region wie ich. Kaum hatten wir ein bisschen geredet, setzte sich ein Vereinsmitglied zu uns. Er redete auch über Wohnungen. Er hatte eine neue Wohnung gefunden und erzählte uns von dem schlechten Zustand seiner bisherigen Wohnung, die er ohnehin aus der Not angemietet hatte. Da er jetzt eine bessere gefunden hatte, zog er dort weg. Ich sagte sofort, dass ich diese Wohnung gerne haben wollte. Und als ob er auf dieses Angebot gewartet hatte, garantierte er mir sofort, wenn ich bereit wäre ihm eine Monatsmiete als Ablöse zu zahlen, mir die Wohnung zu übergeben. Meine Augen leuchteten. Das Haus war ein einfach gebautes, kleines zweistöckiges Gartenhaus, das inmitten der Schrebergärten am Stadtrand stand. Da es nicht am Wassernetz der Stadt angeschlossen war, wurde das Wasser für das Haus mittels einer Motorpumpe im Keller aus dem nahe liegenden Bach, der Blau, gezogen. Dieses Wasser konnte man zwar nicht trinken, aber für alle anderen Bedürfnisse genügte es. Die Toilette und die Küche, die sich im unteren Stockwerk befanden, müssten wir allerdings mit dem schon sehr alten Eigentümer teilen. Dies alles war mir aber egal. Wichtig war nur, dass ich einen Platz gefunden hatte, um meine Frau nach Deutschland holen zu können. Am selben Tag traf ich mich mit dem Eigentümer um den Mietvertrag zu unterschrieben. Sollte ich irgendwann etwas Besseres finden, so nahm ich mir vor, würde ich dann wieder wegziehen. Am nächsten Tag holte ich sofort meine Sachen aus dem Heim und zog in mein neues Zuhause.

Jetzt musste ich nur noch zwei Wochen Urlaub nehmen und einen Weggefährten finden, um in die Heimat zu fahren. Als ich einem Landsmann davon erzählte, sagte er mir, wenn er seinen Jahresurlaub nehmen könnte, würde er gerne mitfahren. Somit hatte ich also wieder einen Mitreisenden gefunden. Da er länger in der Türkei bleiben wollte, würde er mit dem Flugzeug zurückkehren. Alles ging plötzlich so schnell. Es kam mir vor, als ob mir das Schicksal einen Schubs gegeben hatte und vielleicht sollte diesmal das Glück auf meiner Seite sein. Innerhalb einer Woche hatten wir unseren Urlaub beantragt und zum zweiten Mal fuhr ich mit meinem eigenen

Wagen in die Türkei. Wir waren genau zwei Tage und eine Nacht unterwegs gewesen, als wir zu später Stunde in Istanbul einfuhren. Dort übernachteten wir in einem Hotel. Sehr früh am nächsten Morgen verließen wir das Hotel und warteten ungeduldig darauf, dass die Banken öffneten damit wir Geld einwechseln konnten. Dann begaben wir uns wieder auf den Weg und fuhren Richtung Ankara. Die Kreisstadt erreichten wir zu später Stunde in der Nacht. Nachdem ich meinen Landsmann in der Kreisstadt verabschiedet hatte, fuhr ich durch die Nacht weiter zu meinem Dorf. Auf dem Weg dorthin musste ich plötzlich an meinen Reisepass denken. Mit dem Gedanken, er müsse ja irgendwo im Auto sein, nahm ich meine anfängliche Sorge nicht ernst. Am nächsten Morgen durchsuchte ich sofort mein Auto, aber mein Reisepass war nicht zu finden. Meine Freude hatte sich in eine Katastrophe umgewandelt. Was würde jetzt passieren? Das Glück hatte mich diesmal wieder sehr schnell verlassen sagte ich mir. Nicht nur, dass ich mir überflüssigerweise einen neuen Reisepass machen lassen musste, um ein neues Visum zu bekommen, nein – ich musste mich auch noch mit der Bürokratie herumschlagen! Und schlimmer noch – da man mit einem neuen Pass nur ein dreimonatiges Visum bekam, konnte ich meine Frau wieder nicht mit nach Deutschland nehmen. Das Befürchtete traf dann auch ein. Ich war gekommen, um meine Frau mitzunehmen, aber wieder schlug ich mich mit Problemen herum. Wieder hinterließ ich eine traurige Ehefrau und wieder verließ ich einsam das Dorf.

Einen neuen Reisepass machen zu lassen und beim Deutschen Konsulat ein dreimonatiges Visum zu beantragen hatte mich einen Monat Zeit gekostet. Jedoch verabredete ich mich wieder mit meinem Landsmann und wir traten gemeinsam die Rückreise an. Wir kamen in Kapıkule, dem Grenzposten der Türkei an. Und dort wollten die Zöllner die Genehmigungen für die Ein- und Ausfuhr des Wagens sehen, die aber gemeinsam mit meinem alten Reisepass verschwunden waren. Wir mussten zurück nach Istanbul, um die notwendigen Unterlagen zu besorgen. Da es schon Abend war steuerten wir das Hotel an, in dem wir schon während der Hinfahrt übernachtet hatten. Als wir ins Hotel eintraten erkannte uns sofort der Rezeptionist wieder und kam mit meinem Reisepass und den Unterlagen, die darin gelegen hatten, auf uns zu. Da er angenommen hatte, dass wir auf dem Rückweg wieder dort übernachten würden hatte er mir meinen verloren geglaubten Reisepass nicht per Post zugeschickt. Aus Freude hatte ich Tränen in den Augen und machte mir Vorwürfe, wieso ich nicht daran gedacht hatte, dass mein Pass im Hotel sein könnte. Aber es war zu spät, gültig war jetzt mein neu ausgestellter Reisepass, den ich zur Hand hatte. Aber dass wir die Unterlagen für das Auto wieder gefunden hatten schenkte uns trotzdem einen Tag. Als ich in Deutschland angekommen war, stellte ich alle notwendigen Unterlagen zusammen damit meine Frau einen Reisepass beantragen und zu mir kommen konnte und schickte sie per Einschreiben in die Heimat. Ich wollte keine Fehler mehr begehen. Danach kaufte ich ein Flugticket und schickte es nach. Meine Frau hatte in kürzester Zeit die Bürokratiegänge erledigt und kam am Stuttgarter Flughafen an. Vorab kaufte ich die nötigsten Grundbedürfnisse für unseren Haushalt ein. Am Tag der Ankunft lieh ich, da mein Auto defekt war, mir ein Auto von einem der Vereinsmitglieder und holte sie ab.

Schon wenn sie aus dem Flugzeug steigen würde, würde sie sich in einer ganz anderen Welt wieder finden. Ich war gespannt darauf was sie zu mir sagen würde. Als sie durch die Polizeikontrolle kam, suchte sie mit einem Koffer in der Hand und mit ängstlichen Blicken nach mir. Als sie mich entdeckt hatte, lief ich auf sie zu. „Willkommen", sagte ich zu ihr, nahm ihren Koffer und wir gingen gemeinsam mit zum Wagen. Anstatt des schlichten Kopftuchs, das sie immer im Dorf getragen hatte, hatte sie jetzt ein modernes auf. Aber da es leicht verrutscht war sah ich ihre schönen braunen Haare, ohne dass sie es bemerkte. Wir fuhren Richtung Ulm. Ohne ein Wort zu sprechen saß sie neben mir. Um ein Gespräch anzufangen, fragte ich sie dieses und jenes, jedoch gab sie mir nur kurze Antworten. Sie war sichtlich aufgeregt allein durch den Umstand, gerade noch aus einem anatolischen Dorf kommend, plötzlich mitten in Europa gelandet zu sein. Als wir in unserem neuen Zuhause ankamen schaute sie nach rechts und nach links, als ob sie sich in einem Traum befände. „Das ist jetzt dein Zuhause, entspann dich", sagte ich zu ihr. „Entspann dich!" Während ich das sagte, schaute sie mich an. Unsere Blicke trafen sich ... Ich wollte los, um das Auto abzugeben und sagte zu ihr: „Mach dir keine Sorgen, ich bin gleich wieder da!" Es war der 30. Juni 1972. Ich war jetzt nicht mehr einsam. Für mich gab es kein „Ich" mehr, sondern ein „Wir". Wir waren zu zweit. Meine Frau war mit einem dreimonatigen Visum nach Deutschland eingereist. Da sie in der Türkei keine Gesundheitskontrolle gemacht hatte, hatte uns die Ausländerbehörde aufgefordert in kürzester Zeit ein ärztliches Attest vorzulegen. Also ließen wir als erstes in einem Ulmer Krankenhaus die nötigen Untersuchungen durchführen, um das Attest zu bekommen. Dadurch erhielt meine Frau eine einjährige Aufenthaltserlaubnis.

Um die Mittelschule zu besuchen, hatte ich mit zwölf zum ersten Mal mein Dorf verlassen. Ab meinem 18. Lebensjahr hatte ich mich ganz vom Dorf getrennt und seitdem selten besucht. Obwohl ich in meinem Leben viel gekämpft hatte, hatte ich nicht das erreicht was ich mir vorgenommen hatte. Aber obwohl ich mich meinem Schicksal immer wieder beugen musste, wollte ich zumindest meine Bemühungen aufrechterhalten. Ich gab meine Träume nicht auf, aber nun, vereint mit meiner Frau, begann für uns beide ein ganz neues Leben. Dieses Leben sollte jetzt ein erhabenes Familienleben sein, was den Menschen ausmacht und bis zum Tode fortbesteht. Ich sah, dass manche Dinge, die ich anfangs mit Sorge gesehen hatte, sich langsam zum Guten wendeten. Von da an planten wir alles zusammen. Und dann traf die Nachricht aus Köln, auf welche ich sehnsüchtig monatelang gewartet hatte, endlich ein. Ich hatte die Prüfung bestanden, aber jetzt war es dafür zu spät. Jetzt war meine Frau bei mir und ich konnte sie nicht schon wieder im Stich lassen. Es tat mir zwar weh, aber da ich nun Verantwortung für unser neues gemeinsames Leben übernommen hatte, verschob ich die Entscheidung für eine Rückkehr in die Türkei erst mal auf unbestimmte Zeit.

Obwohl meine Frau sehr intelligent war, waren ihr die Lebensgewohnheiten in einer Stadt, noch dazu einer ausländischen, sehr fremd. Immer wenn ich Zeit fand fuhren wir zusammen in die Stadt und ich zeigte und erklärte ihr alles, was sie noch nicht kannte. Das Stadtleben hatte nichts mit dem Dorfleben gemein und Deutschland war zudem noch ein Land voller Regeln. Etwas, das sie nicht wusste, konnte für sie und für mich sehr teuer werden. Deswegen versuchte ich ihr so schnell wie möglich alles beizubringen, was sie nicht wusste. Dabei bin ich auf manches gestoßen, was ich selbst nicht wusste, doch lernte ich es schlicht und einfach dadurch, da ich es auch ihr erklären musste. So lernten wir gemeinsam. Zuerst fing ich mit den Verkehrsampeln an, dann Fuß- und Fahrradwege, Unter- und Überführungen, den Bahnhof, die Haltestellen für Bus und Straßenbahn – kurzum alles, was für den Anfang besonders wichtig war! Auf diese Weise lernte sie bei unseren Besuchen in der Stadt immer etwas Neues. Kurze Zeit nach ihrer Ankunft habe ich ihr erklärt, wie wichtig es ist Deutsch zu lernen. Ich gab ihr meine Lehrbücher und ein Heft in die Hand. Auf die erste Seite schrieb ich ihr die türkische Schreibweise der Worte, die sie zuerst lernen sollte. Dann fügte ich noch hinzu, wieviel sie davon lernen könne bis ich am nächsten Tag aus der Arbeit zurück war. Am nächsten Abend, als ich von der Arbeit heimkam, sah ich, dass sie fast alles auswendig gelernt hatte. Sie hatte ja im Haushalt ohnehin wenig zu tun. Ab diesen Abend gab ich ihr jeden Tag etwas zum Lernen auf. In kurzer Zeit lernte sie sehr viel. Den Gang zum Bäcker, die Einkäufe für den Haushalt, einen Brief bei der Post aufzugeben und vieles mehr. Heimlich warf ich ein Auge darauf, ob sie alles Neue, das ich sie in der Praxis üben ließ, dank ihres neu gewonnenen Selbstbewusstseins auch selbst anwenden konnte, wenn es darauf ankam.

Abgesehen von den türkischen Arbeiterinnen gab es in Ulm fast gar keine türkischen Frauen. Es war jetzt ein Monat seitdem meine Frau in Deutschland war und ich merkte in unseren Gesprächen, dass sie Sehnsucht nach ihren Eltern hatte. Wir besuchten unsere Landsleute in Lauingen, und obwohl sie nicht aus dem gleichen Dorf kamen, waren sie doch aus der gleichen Gegend wie wir. Da deren Ehefrauen auch schon zugezogen waren, herrschte eine sehr familiäre Atmosphäre. Außerdem zeigte ich ihr meine erste Arbeitsstelle, das Wohnheim, in dem ich zuvor gelebt hatte und stellte sie sogar der deutschen Familie vor, die mich zum Kaffee eingeladen hatte. Dass sie zum ersten Mal aus ihrem Dorf herausgekommen war, merkte ich daran, dass sie wie im Traum herumwandelte. Da sie in kurzer Zeit vieles sah und verschiedene Menschen kennen gelernt hatte, hatte sie vieles gelernt. Bevor sie nach Deutschland kam, hatte sie ja in der Türkei auch nicht die Möglichkeit gehabt, andere Orte und Menschen kennenzulernen. Manchmal fragte ich mich, ob ich in so kurzer Zeit nicht zu viel von ihr verlangte.

Es war Sommer, und um meiner Frau die Gegend zu zeigen, fuhren wir oft mit unserem Auto nach Ulm und in die nähere Umgebung. Da mein Auto sehr alt war würde sich die Reparatur sowieso nicht mehr lohnen. Aus diesem Grund verkaufte ich es, wie mein erstes Auto natürlich zu einem sehr niedrigen Preis. Ich wollte meiner Frau ohnehin das Fahrradfahren beibringen. Ich kaufte ihr ein neues Damenrad, das wir sehr lange zusammen benutzten. An der einen Seite unseres Hauses war ein Kopfsalatfeld, auf der anderen Seite ein Haus und gegenüber Eisenbahnschienen. Da brachte ich meiner Frau das Fahrradfahren bei. Manche Menschen, die uns sahen lachten darüber, aber dies machte uns nichts aus, wo sollten wir denn sonst üben? Als ich eines Tages nach Hause kam, sah ich, dass meine Frau blaue Flecken hatte. Es war offensichtlich, dass sie vom Fahrrad gefallen war. Als ich sie fragte, wie sie gefallen war, schaute sie mich verärgert an und sagte sofort: „Warst du es nicht, der mich gestern gefragt hat, ob ich beim fahren nach hinten schauen kann? Heute habe ich es ausprobiert und fand mich auf dem Schotter neben den Schienen wieder!" Ich hatte es nicht laut ausgesprochen, aber ich bekam richtig Angst. Ich sagte ihr, sie werde es mit der Zeit lernen und wir sprachen erneut darüber, worauf sie Acht geben müsse. Nachdem sie das Fahrradfahren richtig gelernt hatte, fing sie an damit die täglichen Besorgungen des Haushalts alleine zu erledigen.

Um während dieser Zeit meine Aufgaben im Verein nicht zu vernachlässigen ging ich an den Wochenenden zum Verein und erledigte die Arbeiten, die anfielen. Im Verein waren schlimme Dinge vorgefallen. Unser Buchhalter hatte sich mit dem Geld des Vereins aus dem Staub gemacht. Dieses Ereignis hatte unter den Türken in Ulm einen richtigen Schock hervorgerufen und wir, der Vorstand, wurden nun von allen Mitgliedern beschuldigt. Natürlich war ich auch unter den Beschuldigten. Sofort riefen wir eine Vorstandssitzung ein und entschieden uns den Vorfall der Polizei zu melden. Ich war sehr traurig. Als ob es nicht genug andere Probleme gäbe, müssten wir nun den Buchhalter, sofern er gefasst werden würde, der Polizei übergeben. Auch das wäre ein erstes Mal in meinem Leben.

Ich war stolz auf das was meine Frau konnte, aber ich konnte es ihr nicht zeigen. Vor allem ihre Lust an der deutschen Sprache machte mich sehr glücklich. An den Wochenenden luden wir unseren Hauseigentümer zum Frühstück ein und sorgten für eine familiäre Atmosphäre. Die Aufgaben, die ich ihr jeden Abend gab, erledigte sie lückenlos und wandte es bei Gesprächen mit unserem Gast sofort an. Sie hatte eine schnelle Auffassungsgabe und sprachliches Talent. Auch wenn ich müde von der Arbeit nach Hause kam, gingen wir noch gemeinsam in die Stadt, um die Umgebung und die Gesellschaft besser kennenzulernen. In dieser Welt konnte einem Menschen alles zustoßen! Sie musste lernen in der Fremde auf eigenen Beinen zu stehen. Deswegen war ich entschlossen ihr so weit wie möglich alles beizubringen was ich konnte. Eigentlich mochte sie es auch sehr Neues zu lernen. Sie fragte nach allem und wollte alles ganz genau wissen.

Auf der Arbeit lief es mittlerweile sehr gut. Da ich ständig Überstunden machte war mein Verdienst entsprechend überdurchschnittlich. Jeden Monat machten wir zusammen Einkäufe entsprechend unseres Einkommens. Einen Teil unseres Geldes sparten wir aber für unsere zukünftigen Pläne. Einmal blieben wir beim Bummeln durch die Stadt vor einem Schuhgeschäft stehen. Meine Frau hatte einen hochhackigen Wildlederschuh erspäht. Dies sollte das erste Geschenk sein, das ich ihr machte. Ich fragte sie ständig, was sie sich noch wünsche. Aber da sie wusste, dass ich bei Geldausgaben sehr vorsichtig war, wollte sie nichts haben, wenn sie es nicht unbedingt brauchte. Die Türken in Ulm fanden es nicht richtig, dass meine Frau Fahrrad fuhr. Eine türkische Frau sollte kein Fahrrad fahren, es war wohl normal, wenn die Deutschen es machten aber scheinbar nicht normal, wenn wir es taten. Was andere redeten nahm ich aber nicht ernst. Sie war meine Frau und es hatte niemanden zu interessieren. Fehlte unseren Frauen von Geburt an etwas? Der Mensch hatte mit der Zeit alles akzeptiert, was sein Leben erleichterte und dies würde auch in Zukunft so sein. Dennoch taten wir zwar alles dafür, eine beispielhafte türkische Familie zu sein. Aber egal was die Leute redeten, wir mussten nicht so sein wie alle anderen.

Mit Einbruch des Herbstes wurden die Gärten kahl und die Menschen stellten ihre Gartenbesuche ein. Unsere Nachbarn waren ein Ehepaar, doch beide waren berufstätig, so dass sich alles in Einsamkeit hüllte. Weil unser Vermieter manchmal das Haus für längere Zeit verließ, fing meine Frau an sich im Haus zu fürchten. Da sie im Dorf an Einsamkeit nicht gewöhnt war fand ich das sehr verständlich. Abgesehen davon war das Haus auch nicht gerade winterfest. Ich fing wieder an, bei meinen Bekannten nach einer Wohnung zu fragen. Der Freund aus Aydın sagte, dass in dem Haus, in dem er wohnte, eventuell ein Mieter wegziehen würde. Aber ihm war nicht bekannt wann. Eine Wohnung in der Stadt war sehr teuer und auch schwer zu finden. Unser Vermieter war, wie bereits während des ganzen Sommers, immer mit seinem Fahrrad vor den Supermärkten zu finden. Er sammelte die Holzkisten, die dort weggeworfen wurden ein. Nachdem er die Kisten klein gehackt hatte, wurden sie als Brennholz verwendet. Er war ein sehr sparsamer Mensch, ein richtiger Schwabe sozusagen. Der Hof vor dem Haus war voller gestapelter Holzstücke. Er hatte den Zweiten Weltkrieg miterlebt, er wusste genau was es bedeutete Armut und Not zu erleiden. Er beschwerte sich ständig über das verschwenderische Leben der Gesellschaft und vor allem der Jugend. Seine Ausdrucksweise machte deutlich, dass er jedoch ein gebildeter Mann war.

Nun war der Winter gekommen. Bis dahin kamen wir mit den Holzstücken zurecht, die unser Vermieter aus den Holzkisten kleingeschlagen hatte. Da es aber mit der Zeit sehr kalt wurde, war die

Wohnung nicht mehr mit den dünnen Holzstücken zu erwärmen. Wir kauften daraufhin beim Kohlehändler in der Nähe Kohle. Denn wenn wir krank würden, wer würde uns in dieser Fremde pflegen? In einer solchen Situation hatten wir nicht den Luxus Geld zu sparen. Wenn nicht bald die erhoffte Wohnung frei werden würde, wären wir gezwungen den Winter in dieser einfachen Behausung zu verbringen. Ein deutscher Arbeitskollege hatte einmal erzählt, dass einer der Pförtner in der Fabrik eine kleine Wohnung besaß, die er zu vermieten gedächte. Sofort sprach ich diesen Pförtner an und gemeinsam mit meiner Frau besichtigten wir die Wohnung. Es war eine Dachgeschosswohnung mit einem Zimmer und einer Küche. Da es im Dachgeschoss lag, sah man vom Fenster aus direkt in den Himmel. Meine Frau hatte so etwas noch nie gesehen. Ich kann mich noch genau erinnern was sie gesagt hat, als sie die Wohnung sah: „Wenn du mich hier wohnen lassen willst, ist es besser, du schickst mich in die Türkei zurück!" Als unser Vermieter erfuhr, dass wir eine neue Bleibe suchten wurde er unfreundlicher. Deswegen suchte ich dringend nach einem Ausweg. Eines Tages sah ich durch das Fenster, wie große Schneeflocken zu rieseln begannen. Plötzlich sah ich meinen Freund aus Aydın schnellen Schrittes auf unsere Wohnung zukommen. Er kam, um uns mit einem Wohnungsangebot zu überraschen. Er sagte: „Packt bis morgen eure Sachen, das Zimmer neben uns ist frei geworden, wir haben mit dem Vermieter gesprochen, ihr müsst genauso viel Miete zahlen wie wir!" Mit Tränen in den Augen umarmte ich meinen Freund. In dieser Nacht bekamen wir vor Freude kein Auge zu. Endlich würden wir in eine Wohnung ziehen, die für eine ganz normale Familie gedacht ist, die eine Heizung besaß und dem deutschen Standard entsprach. So würden wir es endlich in diesem Schnee und Winter bequem haben. Wir hatten ohnehin nicht viele Sachen und zogen am nächsten Tag in die für unsere Verhältnisse sehr luxuriöse Zweizimmerwohnung.

Es war eigentlich eine große Sechszimmerwohnung, die in Lehr neu gebaut wurde. Die anderen zwei Pärchen in der Wohnung waren im gleichen Alter wie wir und waren auch neu verheiratet. Einer war wie ich Vereinsvorstand. Da keiner von uns Kinder hatte, teilten wir die Wohnung zu je zwei Zimmern auf. Die Küche, das Bad und die Toilette nutzten wir gemeinsam. Am Anfang waren wir sehr glücklich mit unserer neuen Wohnung samt Heizung. Da wir erst seit kurzer Zeit verheiratet waren besaßen wir nur das Allernotwendigste. Mein Freund aus Aydın war schon etwas länger verheiratet, daher war er ein bisschen besser ausgestattet. Er hatte einen kleinen Schwarzweißfernseher. Deswegen versammelten wir uns oft bei ihm, um uns auszutauschen und fernzusehen.

Die mit Lichtern geschmückten Tannenbäume, die vor fast jedem Haus standen, gaben in den kalten Winternächten ein schönes Bild ab. In den Fabriken herrschten Betriebsferien. Wir gingen mit unseren Frauen in die Stadt und spazierten durch die Einkaufsstraßen. Wir achteten jedoch darauf, unsere Aufgaben im Verein nicht zu vernachlässigen. Weil der Verein unter den Türken immer bekannter wurde, kamen immer weniger Menschen zum Bahnhofsvorplatz. Wie jedes Jahr riefen wir als Vereinsvorstand wieder eine Vorstandssitzung aus um einen neuen Vorstand zu wählen. Da der Buchhalter, der verschwunden war, immer noch nicht gefasst war, befanden wir uns in einer schwierigen Situation. Doch wurden wir alle wieder in den Vorstand gewählt, um den Fehler auszubügeln. Dadurch bekam auch ich meine alte Aufgabe im Verein wieder. Um die Aktivitäten des Vereins besser gestalten zu können, nahmen wir einige Änderungen an der Vereinssatzung vor. Währenddessen erhielten wir die Nachricht, dass der verschwundene Buchhalter, der auf einem Schiff anheuern wollte, um sich nach Afrika abzusetzen, von der Polizei in Hamburg gefasst wurde und nun im Ulmer Gefängnis saß. Obwohl manche Vorstandsmitglieder die Sache nicht mehr weiterverfolgen wollten, setzten Mehmet, der zusammen mit uns wohnte, und ich mich dafür ein, dass der Fall vor Gericht kam.

Währenddessen erhielten wir von den Landsleuten des Buchhalters verschiedenartigste Drohungen. Man wollte uns davon abbringen gerichtliche Schritte einzuleiten. Obwohl wir ehrenamtlich der Gesellschaft dienen wollten, wurden wir jetzt, nach den ganzen Beschuldigungen, auch noch bedroht. Um vor der Gesellschaft und vor den Mitgliedern als Vorstand unsere Unschuld zu beweisen, gingen wir nun erst recht vor Gericht, dafür war uns kein Preis zu hoch. Obwohl der Gerichtstermin bekannt war, kamen einige der Vorstandsmitglieder nicht zu der Verhandlung. Und die, die gekommen waren, wollten nun vor Gericht keine Zeugenaussage machen. Der Staatsanwalt war Ankläger, Mehmet und ich gingen als Zeugen in den Gerichtssaal. Schließlich wurde der Buchhalter für schuldig erklärt und strebte dann einen Vergleich mit uns an. Er wollte das ganze Geld, das er entwendet hatte zurückgeben. Als Vorstand des Vereins zogen wir daraufhin unsere Anzeige zurück. Dadurch durfte ich in Deutschland bei einer Gerichtsverhandlung dabei sein, wobei ich viel gelernt hatte.

Nachdem ich in nach Lehr gezogen war, fuhr ich bis Ende des Winters mit dem Bus zur Arbeit. Es hatte sehr viel geschneit und die Straßen waren voller Schnee. Da es außerhalb der normalen Arbeitszeiten keine Busverbindung gab, konnte ich nicht wie bisher Überstunden machen. Überstunden waren für mich, wie für alle ausländischen Arbeitnehmer, sehr wichtig. Denn keiner der türkischen und ausländischen Arbeitnehmer, mich eingeschlossen, dachte im ersten Schritt daran in Deutschland zu bleiben. Das Ziel aller war so schnell wie möglich Geld zu sparen, um in die Heimat zurückzukehren.

Bald darauf brachte die Frau des Freundes aus Aydın ein gesundes Mädchen auf die Welt. Dieses Mädchen wurde zur Tochter von drei Familien. Leider hielt diese herzliche Atmosphäre nicht lange an. Die Frauen im Haushalt verstanden sich nicht mehr so gut wie zu Anfang. Dies fing an uns Männer zu beunruhigen. Da meine Frau vom Dorf kam, hatte sie sich jedem in ihrer Unbedarftheit und ohne Hintergedanken anvertraut. Wie auch immer – dieses Verhalten wurde wohl falsch von den anderen aufgefasst. Dies ging so weit, dass sie sogar verächtlich ihr gegenüber auftraten. Eine Zeit lang ließen wir uns nichts anmerken und versuchten unsere Beziehung zu ihnen aufrecht zu erhalten, aber es ging nicht. Meiner Frau, die ein Leben voller Bewegung im Dorf gewohnt war, wurde es zunehmend langweilig immer nur im Haus zu sein. Nachdem auch die Beziehung zu den Mitbewohnern kurz davor war kaputtzugehen beschlossen wir für sie auch eine Arbeit zu suchen. Sie konnte ja ohnehin gut Deutsch, sie würde sich gut zurecht finden. Schneidern konnte sie auch. Ich nahm mir einen Tag Urlaub und wir klapperten allen Firmen ab, die uns bekannt waren. Bei einer Textilfabrik in Ulm fanden wir eine Arbeit als Näherin. Die Nacht vor ihrem ersten Arbeitstag konnte sie vor Aufregung nicht schlafen und hatte deshalb bereits sehr früh am Morgen das Frühstück vorbereitet. Zu dieser Zeit stand ich auch auf und bereitete die Pausenmahlzeiten für die Fabrik vor. Wir gingen zusammen aus dem Haus und liefen zur Bushaltestelle. Da unsere Arbeitsstellen in gleicher Richtung lagen konnten wir mit dem gleichen Bus fahren. Doch bereits nach einigen Tagen begann meine Frau sich über die schwere Arbeit zu beschweren. Da sie zum ersten Mal in der Fabrik arbeitete, nahm ich diese Beschwerden zunächst nicht ernst. Indem ich jeden Morgen das Frühstück und die Pausenbrote vorbereitete versuchte ich ihr zu helfen wo ich nur konnte.

Da sie auf der Arbeitsstelle sehr präzise Arbeit abliefern musste und durch den Umstand, dass sie die Arbeit an der Maschine nicht gewohnt war, befand sich meine Frau in einer misslichen Lage. Da nach einem Monat keine Besserung in Sicht war, kündigten wir die Stelle. Wir wollten lieber eine andere Arbeit suchen. Für diejenigen, die einen Beruf hatten und arbeiten wollten waren die Tore der Firmen offen. Es gab weder in der Stadt noch im ganzen Land das Problem das man später Arbeitslosigkeit nennen würde. Ich nahm mir wieder einen Tag frei und wir suchten nach einer geeigneten Stelle. Ich übertreibe nicht, wenn ich sage, dass wir fast alle Firmen in Ulm abgeklappert haben. Letztendlich fanden wir eine Arbeitsstelle, die wieder in der Nähe meiner Fabrik lag und in der sie wieder als Näherin arbeiten sollte. Das Unternehmen lag auf der Straßenbahnroute und produzierte elektrische Heizdecken. Hier gefiel ihr die Arbeit und sie verstand sich auf Anhieb gut mit ihren Arbeitskolleginnen. Diese Arbeitsstelle sollte die letzte sein die meine Frau haben sollte.

Der Frühling war gekommen und das Wetter besserte sich. Um Überstunden machen zu können, begann ich Samstags wieder mit dem Fahrrad zur Arbeit zu fahren. Da es keinen separaten Fahrradweg gab war ich gezwungen auf der Straße zu fahren. Eines Tages wäre ich fast von einem Lastwagenanhänger überfahren worden. Ich wurde herumgewirbelt und stürzte auf die Kieselsteine. Zur morgendlichen Stunde wusste ich nicht wie mir geschah. Eine Zeit lang blieb ich einfach auf den Kieselsteinen liegen. Mit blutigen Händen stand ich letztendlich auf. Meine rechte Schulter schmerzte, aber ich fuhr weiter mit dem Fahrrad zur Fabrik. Dort angekommen ging ich zum Sanitäter und ließ mir die Wunden verbinden, aber die Schmerzen in der Schulter hielten sich eine Zeit lang.

Nach diesem Vorfall gab ich es auf mit Fahrrad zu fahren und wechselte wieder zum Bus. Die Arbeit in der Abteilung wurde mehr, und auf uns Arbeiter wurde indirekt Druck ausgeübt, mehr Überstunden zu machen. Aber da ich mit dem Bus fuhr, konnte ich sehr zu meinem Bedauern keine Überstunden machen. Die Arbeiter, die Überstunden machen mussten, wurden neidisch. Ich bat um Verständnis, aber sie hatten ja jetzt etwas gegen mich in der Hand. Sie gingen zum Abteilungsleiter und beschwerten sich darüber, dass ich keine Überstunden machte. Der Abteilungsleiter zeigte Verständnis für meine Situation, aber der Meister ließ mich nicht in Ruhe, da er einige kleine Fehler, die ich während der Arbeit gemacht hatte, übertrieb. Aus diesem Grund fuhr ich wieder mit dem Fahrrad, um Überstunden zu machen, obwohl es gefährlich war.

Ich musste deshalb unbedingt eine Wohnung in Ulm finden, um mehr Geld zu verdienen und um meine Beziehungen zu den Arbeitskollegen nicht zu gefährden. Deswegen meldete ich mich für die Sozialwohnungen in Ulm an. Diese Wohnungen wurden von der Ulmer Stadt an einkommensschwache Familien vermietet.

An einem Samstag ging ich wieder nach der Arbeit zum Verein. In der Wohnung, in der wir jetzt lebten hatte ich eine viermonatige Kündigungsfrist einzuhalten, aber ich fragte trotzdem alle Bekannten nach einer neuen Wohnung. Wie das Schicksal es wollte traf ich wieder diesen Mann, von dem ich die Wohnung in der Gartenanlage bekommen hatte. Als ich ihm sagte, dass ich wieder auf Wohnungssuche sei, sagte er, es gäbe da eine Wohnung in der Nähe der Fabrik, die gerade frei wurde. Die Miete war genauso hoch wie die bisherige. Es war eine Einzimmerwohnung mit Küche. Das störte mich nicht, momentan würde sie für uns ausreichen. Wenn ich diese Wohnung kriegen könnte, würde ich zu Fuß zur Arbeit laufen können und so viele Überstunden machen, wie mir beliebte. Wohnen in der Stadt brächte auch andere Erleichterungen für unser Leben mit sich. Mein einziges Problem war, den Mietvertrag der jetzigen Wohnung aufzuheben. Dieser lief noch vier Monate. Ich sprach mit dem Vermieter und erklärte ihm die Situation. Er sagte, dies sei mein Problem, das würde ihn nicht interessieren und er würde sich an den abgeschlossenen Mietvertrag richten. Wenn ich diese Wohnung bekommen sollte, wollte ich trotzdem alles auf mich nehmen und nach Ulm ziehen.

Unsere Beziehung zu den Wohnungsmitbewohnern kühlte nun ganz und gar ab und wir sprachen nur miteinander, wenn es sich gar nicht umgehen ließ. Das Zusammensein, das zu der Anfangszeit für uns sehr schön war, endete in einer einzigen Enttäuschung. Die Wohnung die ich neu mieten wollte wurde jetzt frei und ich konnte sie nehmen, wenn ich wollte. Aber wie bei der ersten Wohnung, die ich gemietet hatte wollte der Vormieter eine Monatsmiete als so eine Art Provision. Ich schaute die Wohnung zusammen mit meiner Frau an, nachdem wir mit dem Eigentümer gesprochen hatten und die Provision an den Vormieter gezahlt hatten, mieteten wir diese Wohnung. Eigentlich mieteten wir nur ein Zimmer und die Küche einer Dreizimmerwohnung an. In den anderen beiden Zimmern wohnten die Kinder des Vermieters. Die Toilette teilten wir uns mit den Kindern. Die Miete war für ein Zimmer und eine Küche zu hoch. Aber durch die Nähe zu unseren Arbeitsstellen und der günstigen Nähe zur Stadtmitte war es uns das wert. Wir freuten uns wirklich sehr über die neue Wohnung.

Meine Frau war mit ihrer neuen Arbeit sehr zufrieden. Jetzt hatten wir nur noch das Ziel in einigen Jahren ausreichend Geld zu sparen und – wie jeder dachte – in die Türkei zurückzukehren. Da wir in kurzer Zeit dreimal die Wohnung gewechselt hatten, konnten wir nicht soviel Geld wie nötig ansparen. Da die Fabrik in den Sommerferien nicht geschlossen wurde, arbeitete ich weiter. Wir planten jeden Monat etwas für die Wohnung zu kaufen. Sobald wir die Gelegenheit dazu hatten gingen wir in die Stadt und kauften passend zu unserem Budget etwas ein.

Unser Vermieter war ein sehr guter Mensch. Obwohl ihre finanziellen Möglichkeiten beschränkt waren, luden sie uns an Weihnachten ein und machte uns sogar Geschenke, als wären wir ihre eigenen Kinder. Am Weihnachtsabend waren die Blicke der Kinder ständig bei den Geschenkpaketen, die unter dem beleuchteten grünen Tannenbaum lagen. Als die Bescherung begann wurden zuerst die Geschenke an die Kinder verteilt. Danach setzten wir uns an den Tisch, der vorher aufwendig gedeckt wurde. Für uns war dies eine ganz andere Art von Feier. Meine Frau und ich fühlten uns mit dieser Einladung sehr geehrt. Wir erfuhren, dass es einer der heiligsten Tage der Christen war. Obwohl dieser Tag eigentlich nur im Kreis der Familie gefeiert wird, wurden wir als sehr nahstehende Bekannte auch dazu eingeladen. Der Vermieter erklärte uns die Bedeutung des Festes in Worten, die wir verstehen konnten. Nach einer so langen Zeit wieder in einer familiären Atmosphäre zu sein und die Kultur des Landes, in dem wir lebten, kennenzulernen, machte uns sehr glücklich.

Unser Verein half allen Türken, die sich in der deutschen Gesellschaft mit verschiedensten Problemen konfrontiert sahen und zeigte Lösungswege auf. Wir traten mit verschiedenen Kommunalpolitikern in Kontakt und informierten die türkische Gemeinde über wichtige Themen. Darüber hinaus luden wir Experten aus der Türkei ein, um über typische Gastarbeiterprobleme zu referieren.

In der Türkei hatte die linke CHP-Partei unter der Führung durch Bülent Ecevit eine Koalitionsregierung mit der rechten MSP-Partei gegründet. Die politischen Streitigkeiten zwischen rechts und links, die es auch früher schon in abgeschwächter Form gab, spitzten sich langsam, vor allem unter den Jugendlichen, zu. Sogar unter den in Deutschland lebenden Türken führte diese politische Auseinandersetzung zu Unruhen. Obwohl es im Verein verboten war

Parteipolitik zu betreiben fing unter den Mitgliedern eine Diskussion an. Eines Tages wollten sie im Vereinsheim neben dem Porträt des Staatsgründers Atatürk das Porträt des Ministerpräsidenten Ecevit aufhängen. Aber die Mehrheit im Vorstand war, mit der Begründung, dass dies kein politischer, sondern ein sozial arbeitender Verein ist dagegen. Somit wurde entschieden, dass keine Politikerporträts aufgehängt werden durften. Aber die Diskussionen sollten unter den Mitgliedern noch eine lange Zeit andauern.

Da es der deutschen Wirtschaft sehr gut ging konnten die Gewerkschaften eine große Lohnerhöhung für die Arbeitnehmer verhandeln. Somit wurde das Einkommen der Arbeitnehmer ziemlich gesteigert. Wir beide gingen jetzt gerne zur Arbeit. Da die deutsche Währung zusätzlich Jahr für Jahr an Wert gewann und die türkische Währung um ebensoviel an Wert verlor wurden unsere Ersparnisse immer wertvoller. In der Zeit, als ich nach Deutschland gekommen war, war die D-Mark 1,80 Lira wert, nach drei Jahren mehr als 5 Lira. Durch die immense Wertsteigerung der D-Mark und den guten Arbeitsmöglichkeiten in Deutschland blieb die D-Mark ein Anziehungspunkt für Menschen, die als Arbeiter ihr Brot verdienten. Viele, die sich dazu in der Lage sahen, meldeten sich in der Türkei bei den Arbeitsämtern für Deutschland an und warteten bis sie an die Reihe kamen. Deutschland war mit ausländischen Arbeitskräften bevölkert, fast eine Million. Nach dieser Entwicklung wurden langsam die ersten Anzeichen von Arbeitslosigkeit sichtbar. Nachdem die Arbeitslosenzahl, bedingt durch Einheimische, die die schlechte Arbeit nicht mehr machen wollten, die halbe Million überschritt wurde im Jahre 1973 ein Anwerbestopp für ausländische Arbeitskräfte eingeführt.

Es war jetzt drei Jahre her, dass meine Frau nach Deutschland gekommen war und wir hatten noch keinen Urlaub gemacht. Deswegen buchten wir schon frühzeitig unsere Flugtickets für die Türkei. Ich war überzeugt, dass die Verwandten und Bekannten meiner Frau in der Türkei allein durch diese kurze Lebenserfahrung im Ausland einen ganz und gar anderen Menschen vorfinden würden. Ich lebte nun schon seit Jahren in der Fremde und konnte die Gefühle meiner Frau sehr gut verstehen. Vor lauter Aufregung ihre Eltern wieder zu sehen, konnte meine Frau die letzten Nächte vor unserer Türkeireise nicht schlafen.

Am Stuttgarter Flughafen stiegen wir in den Flieger und landeten direkt in Ankara. Dort mieteten wir zusammen mit einem Freund ein Auto und fuhren in die Kreisstadt. Von dort fuhren wir mit dem Bus ins Dorf. Im Dorf hatte sich nichts geändert. Die Dorfbevölkerung hatte, da es Sommer war, mit Tabak und Getreide zu tun. Das Wiedersehen mit ihren Eltern und Geschwistern machte meine Frau vom ersten Augenblick an glücklich. Aber der große Unterschied zwischen den Lebensumständen beider Länder fing an uns beiden aufzufallen. Die Bekannten im Dorf, die mit meiner Frau sprachen, fragten sofort warum wir noch kein Kind bekommen hatten. Es musste doch einen Grund geben, wieso wir bis jetzt noch kein Kind hätten. Meine Frau entgegnete, dass wir noch keines haben wollten, aber das wollte uns keiner glauben. Als sie mir das erzählte sagte ich ihr ohne zu zögern sie könne sagen, dass es an mir läge. Für mich war es wichtiger, dass sie meine Frau in Ruhe ließen. Damit hatten wir bei unseren Bekannten für eine ziemliche Unruhe während des ganzen Sommers gesorgt.

Während wir im Urlaub waren wurde die kleine unabhängige Insel Zypern, auf der eine türkische und eine griechische Volksgruppe lebte und auf der Makaryos regierte von der griechischen Militärjunta besetzt. Die türkischen Dörfer wurden niedergebrannt und die Menschen umgebracht. Bis zu diesem Zeitpunkt war diese Insel, die von den Osmanen an die Briten verliehen wurde und die während der Republikgründung unter der Voraussetzung, dass die Türken, Griechen und Engländer gleichermaßen das Mitspracherecht hätten, unabhängig. Mit der Zeit hatten die Griechen unter fadenscheinigen Vorwänden weitere griechische Einwanderer auf die Insel kommen lassen. Somit gerieten die Türken in die Minderheit. Danach wurden die türkischen Inselbewohner immer wieder von den griechischen belästigt. Damit aber nicht genug, besetzte die griechische Militärjunta schließlich die Insel. Die türkischen Inselbewohner, die in eine schwierige Situation geraten waren, waren mehr oder weniger gezwungen von der Türkei Hilfe zu erbitten. Daraufhin verlangte der damalige türkische Ministerpräsident Ecevit die Einhaltung des internationalen Abkommens und den damit verbundenen Abzug des griechischen Militärs, jedoch ohne Erfolg. Mit der Gewissheit, durch die seit Jahrzehnten bestehenden Abkommen im Recht zu sein, landete das türkische Militär im nördlichen Teil der Insel. Somit wurden die Gebiete, in der die türkische Bevölkerung in der Mehrheit war, wieder zurückerobert. Das war am 20. Juli 1974. Nach einiger Zeit hatten die Türken dort einen kleinen Staat gegründet und ihre Unabhängigkeit erklärt. Dieser Staat hieß Türkische Republik Nordzypern. Diesen Krieg hatten zwar die Türken gewonnen, jedoch hatte sich die Wirtschaft, die ohnehin in einem schlechten Zustand war, durch die Last des Krieges komplett verschlechtert. Durch das Embargo der Länder, auf deren Zusammenarbeit die Wirtschaft angewiesen war, geriet das anatolische Volk in schwierige Zeiten. Durch den Krieg hatte die Türkei für einige Tage alle Grenzposten geschlossen, aber mit dem Ende der Auseinandersetzung normalisierte sich alles sehr schnell. Unser erster Türkeiurlaub stand komplett unter dem Einfluss dieser spannungsgeladenen Atmosphäre.

Als ich nach meinem Urlaub zum ersten Mal wieder das Vereinsheim besuchte, bemerkte ich sofort das Porträt Ecevits, das neben dem Porträt Atatürks aufgehängt wurde. Somit wurde der Verein, der bisher unpolitische, soziale Arbeit geleistet hatte, politisiert und die Streitigkeiten spitzten sich zu. Bei der Vorstandssitzung wurde das Thema sehr lange diskutiert und mit einer großen Mehrheit entschieden das Bild bis zur nächsten Vorstandswahl abzuhängen. Diese Entscheidung konnte jedoch die sinnlosen politischen Diskussionen innerhalb der Mitglieder nicht beenden. Die politischen Streitigkeiten, die in der Türkei zwischen dem rechten und linken Lagern ausgefochten wurden, wurden von einigen Leuten heimtückisch auch in die großen Vereine in Deutschland eingeführt. Das Ziel war es, durch Auseinandersetzungen die türkische Gemeinschaft zu spalten.

In der Heimat starben Jugendliche während diesen Unruhen und die Türkei bewegte sich einer ungewissen Zukunft entgegen. Die Türken in Europa wurden in diese Streitigkeiten hineingezogen. Da die Mehrheit der in Deutschland lebenden Türken aus ländlichen Gegenden stammten und keine ausreichende politische und soziale Bildung besaßen, wurden sie sehr leicht zum Werkzeug dieses Spiels. Die politische Auseinandersetzung wurde durch die Medien in sehr kurzer Zeit in der hiesigen Gemeinschaft bekannt. Ich versuchte die Mitglieder darauf hinzuweisen, dass sie sich nicht als Werkzeug ausnutzen lassen sollten, jedoch ohne Erfolg.

Durch diese Politisierung des Vereins war ich ziemlich irritiert. Bei diesen Diskussionen, ob auf der Arbeitsstelle oder im Verein hatte ich sogar zu meinen guten Freunden eine entgegengesetzte Haltung. Obwohl die türkischen Arbeiter in Deutschland lebten, beschäftigten sich nur noch mit der Politik in der Türkei. Die Gemeinschaft spaltete sich und aus den guten Beziehungen wurde zunehmend Feindschaft. Da ich mich in der Gesellschaft engagierte, war es mir nicht möglich sich aus allem herauszuhalten. Da ich mit dem Geschehen nichts zu tun haben wollte, dachte ich daran mich vom Verein zu trennen, jedoch wollten die Freunde im Vorstand unbedingt, dass ich im Verein bleiben sollte. Während ich mit solchen Dingen beschäftigt war überraschte mich meine Frau eines Abends mit einer frohen Botschaft: „Ich glaube, ich bin schwanger!" Kurze Zeit herrschte Stille zwischen uns und ich kann mich erinnern, dass ich danach sagte: „Möge das Beste daraus werden!" Am nächsten Tag wurde dies durch den Arztbesuch meiner Frau noch einmal bestätigt. Wir hatten zwar noch nicht geplant ein Kind zu bekommen, aber trotzdem hatte ich mich über diese Neuigkeit sehr gefreut. Jetzt blieb uns nur noch, die neun Monate abzuwarten und die erforderlichen Vorbereitungen für unser Kind zu treffen.

Die Stimmung im Haus änderte sich von Tag zu Tag. Es war so, als ob das Kind schon auf der Welt wäre und wir begannen seine Zukunft zu planen. Nach den ersten vier Monaten konnten wir unser kommendes Elternglück kaum noch erwarten. Das Kind beschäftigte uns jeden Tag. Um eine einfache Geburt zu haben, hatte der Arzt meiner Frau empfohlen viel spazieren zu gehen. Somit gingen wir jeden Abend nach der Arbeit Hand in Hand lange spazieren. Die Geburt war jetzt schon ganz nahe gerückt und meine Frau bereits im Mutterschaftsurlaub. Sie befolgte alles, was der Arzt ihr empfahl, sie nahm auch regelmäßig an der Schwangerschaftsgymnastik teil.

Auf der Arbeit verstand ich mich mit den neuen Kollegen sehr gut und erledigte sofort, was mir aufgetragen wurde. Es waren jetzt sechs Monate her, dass ich bei ihnen zu arbeiten angefangen hatte. Aufgrund ihrer Empfehlung gab mir der Abteilungsleiter nochmals eine Lohnerhöhung. Die Firma, in der meine Frau beschäftigt war, unterschied sich sehr von meiner. Es handelte sich um eine Fabrik mit 200 Beschäftigten und dort waren fast nur ausländische Arbeiterinnen angestellt. Einige Rechte der Beschäftigten wurden beschnitten und so etwas wie einen Betriebsrat gab es dort nicht. Der Arbeitgeber hielt seine Arbeiter wie er wollte. Von Zeit zu Zeit erzählte ich meiner Frau von den Rechten, von denen ich durch meine Arbeitsstelle wusste. Sie erzählte es unter den Arbeitskolleginnen weiter und sie erstritten sich so manche Rechte. Diese Lage spitzte sich während der Schwangerschaft meiner Frau noch zu. Denn ihr wurden einige gesetzlich geregelten Rechte nicht zugestanden, die einer schwangeren Mitarbeiterin zustanden. Dass diese Rechte zum ersten Mal von meiner Frau eingefordert wurden, passte dem Arbeitgeber überhaupt nicht. Dies ging soweit, dass der Geduldsfaden des Arbeitgebers riss und sie ins Personalbüro gerufen wurde. Es wurde ihr deutlich gemacht, dass es jetzt genug sei und wieso sie sich für die Rechte der anderen einsetze. Ab diesem Tag stand meine Frau unter ständiger Beobachtung ihres Abteilungsleiters.

Durch die Arbeit im Verein wurde ich in der türkischen Gesellschaft ziemlich bekannt. Mit der Zeit wuchs die Zahl der Menschen und mein Bekanntenkreis immer weiter an. Die Türken in Ulm kannten uns alle dem Namen nach und es wurde über uns geredet. Dass wir beide die deutsche Sprache konnten, auch wenn es wenig war, sorgte dafür, dass wir auf der Arbeit und in der Gesellschaft eine besondere Stellung einnahmen. Innerhalb der Gesellschaft wollten wir auch mit unserem Verhalten und unserem Familienleben ein gutes Beispiel abgeben. So kam es, dass meine Frau durch ihre Unterstützung von anderen Frauen eine vorbildliche Rolle Übernahm.

Seit dem Tag an dem ich mich entschieden hatte sie nach Deutschland zu bringen war ich permanent auf Wohnungssuche. Wenn ich endlich eine Wohnung nach meinem Wunsch fände, würde ich ein sehr glücklicher Mann werden. Die jetzige Wohnung, die aus einem Zimmer und einer Küche bestand, würde nicht mehr ausreichen, wenn erst das Kind auf der Welt wäre. Bis wir eine neue Wohnung gefunden hatten, stellten wir das Kinderbett in eine Ecke in der Küche. Wir mussten also so schnell wie möglich eine passende Wohnung finden.

Unser zweites Problem – wer sollte auf unser Kind aufpassen, sobald der Mutterschaftsurlaub meiner Frau vorbei wäre? Wir hofften, dass meine Frau noch eine Zeit lang arbeiten könne. Deswegen mussten wir jemanden finden, der auf das Kind aufpassen sollte. Unsere Vermieterin hatte ihre Halbtagsstelle aufgegeben, sie ging jetzt an den Abenden nur für ein paar Stunden zum Putzen. Da sie den ganzen Tag zu Hause war und ihre Kinder in der Schule waren, wollten wir zuerst sie fragen. Meine Frau sprach mit ihr und bekam das Versprechen, noch bevor unser Kind geboren war, dass sie auf unser Kind aufpassen würde, sobald der Mutterschaftsurlaub meiner Frau zu Ende war.

Nachts an einem Wochenende begannen die Geburtswehen meiner Frau. Aufgeregt rief ich sofort den Freund aus Aydın an, der ein Auto hatte. Er fuhr uns ins Krankenhaus. Aber der Arzt sagte uns nach der Kontrolle, dass es noch viel zu früh sei und schickte uns wieder nach Hause. Es war an einem Sonntag und in Ulm sollte zum ersten Mal ein Ausländerausschuss gewählt werden, der die

Türken im Stadtrat vertreten sollte. Bevor der Wahltrubel richtig los ging, wählte ich am frühen Abend zusammen mit einem Freund und ging sofort wieder ins Krankenhaus zu meiner Frau. Aber das Kind weigerte sich zwei Tage lang auf die Welt zu kommen. Als ich von der Schwester hörte, dass vielleicht ein Kaiserschnitt nötig sein könnte fürchtete ich mich ziemlich. Nach einer mir ewig vorkommenden Zeitspanne kam unser Junge auf die Welt, kerngesund! Gott sei Dank, auch wenn es anstrengend gewesen war, wurde es doch eine ganz normale Geburt.

Als ich die Schmerzen sah, die meine Frau durchleiden musste, hatte ich in dem Moment den Wunsch nach einem zweiten Kind aufgegeben. Gleich nach der Geburt war das Gesicht des Kindes voller Flecken. Aber ich atmete tief durch, als mir gesagt wurde, dass das Kind gesund sei und die Flecken innerhalb der nächsten Tage verschwinden würden. Bei den Christen wurde es als glücksbringend betrachtet, wenn das Kind an einem Sonntag zur Welt kam, so wie in unserer Religion der Freitag als glücksbringend betrachtet wurde. Für mich war aber jeder Gottestag ein glücksbringender. Und noch etwas war bemerkenswert, an dem Tag, an dem mein Sohn auf die Welt kam, war auch der Geburtstag eines faschistischen Diktators, nämlich Adolf Hitlers. Natürlich war für mich in dem Moment nur wichtig, dass meine Frau und mein Kind gesund waren. Wir waren beide sehr glücklich. Die Nonne, die als Pflegerin tätig war gab mir meinen Sohn in den Schoß. Ich erlebte zum ersten Mal das Glück, mein eigenes Kind zu umarmen. Ich hatte mich mit meiner Frau abgesprochen. Bei einem Jungen durfte ich den Namen wählen und bei einem Mädchen sie.

An diesem Wochenende bekam ich sehr viele Glückwünsche von den Freunden aus dem Verein. Bis dahin war ich der einzige im Vorstand, der noch kein Kind hatte. Somit war auch dieser Unterschied zwischen uns aufgehoben. Zu dieser Zeit hatten viele Türken ihre Kinder nicht nach Deutschland geholt und sogar die in Deutschland geborenen Kinder in die Türkei zu ihren Verwandten geschickt. Denn sie wollten so viel wie möglich arbeiten, sowohl Mann als auch Frau, um dann so schnell wie möglich in die Heimat zurückkehren.

Laut unseren Sitten wurde dem Neugeborenen durch einen Hoca sein Name mit einem Gebet in sein Ohr geflüstert. Deswegen bat ich einen Hoca, den ich aus dem Verein kannte, das für mein Kind zu tun. Der Hoca fragte nach dem Namen des Kindes. Als ich ihm den Namen sagte, schaute er mich komisch an und hatte einen seltsamen Gesichtsausdruck, als ob der Name nicht geeignet erschien. Ich konnte dieses Verhalten des Hocas nicht verstehen. Es wunderte mich, was unsere Leute in diesem Zeitalter noch beschäftigte. Er fand den Namen nicht gut, da es kein muslimischer Name war. Danach habe ich mit ihm nicht mehr darüber geredet. Aber den Namen meines Sohnes hatte ich ausgewählt und er gefiel mir sehr. Ich hatte für meinen Sohn einen sehr alten türkischen Namen ausgewählt. Dies war der Name des Vaters von Oguzhan.

DER DRITTE ATEM

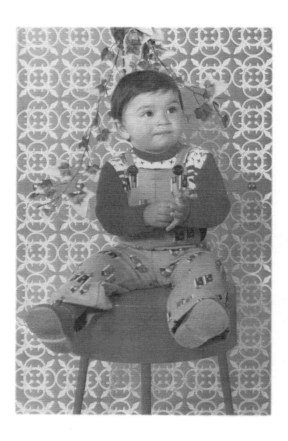

Es war die erste Nacht nach der Geburt, die meine Frau und mein Sohn zu Hause verbringen sollten. Nachdem das Baby gestillt wurde, wechselten wir die Windeln und legten es schlafen. Aber das Kind wollte einfach nicht zur Ruhe kommen. Wir wussten nicht was wir machen sollten. Ich kam auf den Gedanken die Vermieterin zu rufen. Mitten in der Nacht weckte ich die Vermieterin auf, entschuldigte mich und erklärte ihr unser Problem. Sie stand sofort auf und kam zu uns. Sie war Mutter von fünf Kindern. Sie zog ihre Kinder unter schwierigen Umständen groß und hatte sehr viel Lebenserfahrung. Sie erkannte auf den ersten Blick das Problem. Da sich meine Frau von der anstrengenden Geburt noch nicht ganz erholt hatte, war sie immer noch krank und hatte Fieber. Auf Grund der erhöhten Körpertemperatur meiner Frau wollte das Kind nicht an der Brust saugen. Sie sagte mir, dass ich sofort kaltes Wasser und Essig bringen sollte. Sie gab dem Wasser viel Essig bei und machte meiner Frau kalte Umschläge. Darauf sank die Temperatur. Wie das Kind dann gesaugt hat, werde ich nie vergessen. Bevor sie ging, gab sie uns noch eine Menge Ratschläge und versprach, uns mit Rat und Tat immer zur Seite zu stehen. Wie glücklich wir uns fühlten. In einem Land, in dem wir fremd waren, soviel Hilfe und Ratschläge zu erhalten war für uns sehr, sehr wichtig. Wir hatten ja in dem Moment niemanden sonst, der uns helfen könnte. Die Ratschläge, die sie uns erteilte machten uns beide sehr glücklich und waren für uns sehr wichtig. Verwundert aber auch mit Bewunderung hörten wir ihr zu. Und nachdem sie gegangen war schauten wir unser schlafendes Baby noch lange, lange an. Die Flecken von der Geburt waren noch nicht ganz verschwunden, aber er war sehr schön. Zwischen uns war jetzt ein dritter Atem.

Der Mutterschaftsurlaub meiner Frau ging zu Ende und sie wollte wieder zu arbeiten anfangen. Am Abend hatten wir alles für unser Kind vorbereitet. Am nächsten Morgen standen wir früh auf und lieferten wie vereinbart unser Baby bei der Vermieterin ab. An diesem Tag konnten wir beide es kaum erwarten bis es Feierabend wurde. Wie lange kam uns dieser Tag vor. Als wir zu Hause ankamen liebkosten wir unser Baby nacheinander. Keiner wollte unseren Sohn aus den Armen geben.

Das Kind hatte angefangen, die Nahrung wieder herauszubrechen. Nicht so, wie es üblich war bei Babies. Es war wie ein aufgedrehter Wasserhahn. Durch die somit vielen Besuche beim Kinderarzt freundeten wir uns mit ihm an. Obwohl er uns die Gründe für das Brechen erklärte, konnte man nicht viel dagegen tun. Der dritte Atem unseres Haushalts war unsere ganze Welt.

Die jugoslawischen Arbeiter, die vor dem Jahreswechsel in die Abteilung gekommen waren schlossen sich den deutschen Arbeitern an und fingen an, mich ohne Grund zu nerven. Wegen so einer Lappalie traute ich mich nicht schon wieder zum Abteilungsleiter zu gehen. Ich wollte nicht als derjenige gelten, der sich ständig beschwerte. Der Meister schien diese Situation erkannt zu haben, so dass er mir vorschlug mich in die Kontrollabteilung zu versetzen. Ich sollte dort die Fehler an den Wägen beheben, die in der Abteilung produziert wurden. Wenn ich ein Problem haben sollte, wäre er wieder für mich zuständig. Dies war ein unerwartetes Geschenk für mich. Nach so etwas sehnte ich mich schon lange. Zumindest wurde ich die Menschen in der Abteilung los. Ich hatte mich sehr gefreut, aber zeigte es dem Meister nicht. Sofort am nächsten Tag fing ich bei den Kontrolleuren die Arbeit an. Ich sollte kleinere Fehler beheben. Des Weiteren musste ich die kontrollierten Lastwägen an eine andere Stelle innerhalb der Fabrik fahren. Die auf Kundenwunsch nachträglich gemachten Änderungen an den Lastwägen wurden zuerst kontrolliert, dann auf einer 40 km langen Fahrt getestet. Danach wurden die Änderungen nochmals kontrolliert. Wenn ein größerer Fehler oder eine Störung auftrat brachte ich den Lastwagen zurück zu dem, der die Änderungen durchgeführt hatte. Kleinere Fehler behob ich selber und brachte den Lastwagen zu der gewünschten Stelle. So ungefähr sah ein Arbeitstag in dieser Abteilung aus.

Diese Arbeit war viel bequemer als in der Werkstatt zu arbeiten und beinhaltete auch viel weniger Verantwortung. Um die sehr selten auftretenden Fehler zu beheben, arbeitete ich mit den Kontrolleuren zusammen. Sie fuhren zu Testfahrten weg und kamen stundenlang nicht. Dies nutzte ich aus indem ich Deutsch lernte oder andere Bücher las. Mein Deutsch hatte sich ziemlich verbessert. Auf der Arbeit hatte ich fast keine Sprachprobleme mehr.

Während unser Alltag in geregelten Bahnen verlief suchten wir weiter nach einer passenden Wohnung für uns. Ich meldete mich bei den Werkswohnungen an und sagte, dass unser Bedarf nach einer geeigneten Wohnung sehr dringend sei. Außerdem suchten wir, auch wenn es sehr teuer war, auf dem privaten Wohnungsmarkt nach einer Wohnung. Private Vermieter wollten ihre Wohnungen jedoch nicht an Ausländer und vor allem nicht an Türken vermieten. Aber wir versuchten es trotzdem.

Zu Frühlingsbeginn begannen viele Landsleute ihren Heimaturlaub vorzubereiten, ob mit Flugzeug oder eigenem Auto. Wir hatten weder ein Auto und noch war unser Kind groß genug. Abgesehen davon gab es in meiner Abteilung keine Betriebsferien. Aus diesem Grund wollte ich diesen Sommer arbeiten und wir wollten unsere Wohnungssuche verstärken. Die Fabrik meiner Frau machte Betriebsferien und sie freute sich darauf, in dieser freien Zeit mit unserem Sohn zusammen zu sein.

Eines Abends kam das Mädchen der italienischen Familie, die in der gleichen Straße wie wir in einer Sozialwohnung lebte zu uns. Da sie sich mit dem deutschen Mieter, der unter ihnen wohnte nicht gut verstanden, wollten sie aus ihrer Wohnung ausziehen. Sie hatte gehört, dass eine türkische Familie, die auch in einer Sozialwohnung in der Nachbarschaft wohnte, vorhatte in die Türkei zurückzukehren. Da die Familienmitglieder nicht Deutsch sprachen baten sie uns zu dolmetschen. Natürlich sagten wir sofort unsere Hilfe zu. Als wir das gehört hatten baten wir sie auch um einen Gefallen. Wir wollten in die Wohnung einziehen, die sie verlassen wollten. Auch wenn der Nachbar nicht umgänglich sein sollte, wir hätten wenigstens eine günstige Dreizimmerwohnung. Somit wurden wir uns mit den Italienern einig und gingen zusammen zum Wohnungsbüro. Ich hatte mich schon vor längerer Zeit dort als Wohnungssuchender angemeldet. Nachdem wir dem Beamten unsere Situation geschildert hatten, sagte er uns, dass wir die erste freiwerdende Wohnung bekommen würden. Der Wunsch der italienischen Familie wurde erst gar nicht ernst genommen. Wenn tatsächlich die türkische Familie in die Heimat zurückkehren sollte, würden wir die Wohnung bekommen.

Nachdem wir dieses Versprechen erhalten hatten, gingen wir zu dieser türkischen Familie. Der Mann sagte, er ginge weg, es könne kommen was will, aber er wolle uns Türken etwas Gutes tun. Er sagte, dass alle Gegenstände im Haus noch gut zu gebrauchen seien und dass er uns alles für 1.200 DM überlassen würde. Wir warfen nur einen kurzen Blick auf die Gegenstände. Wir würden die Sachen ohnehin brauchen, um die Wohnung auszustatten. Ohne lang zu überlegen sagten wir zu und die türkische Familie kehrte wirklich nach kurzer Zeit in die Heimat zurück. Nachdem die Wohnung geleert wurde zogen wir sofort mit Freude in die neue Wohnung ein. Ich übertreibe nicht, wenn ich sage, dass die Gegenstände, auf die wir leichtsinnigerweise nur einen kurzen Blick geworfen hatten, bei der ersten Berührung in sich einstürzten. Wir waren gezwungen diese Gegenstände beim ersten Sperrmülltermin zu entsorgen. Ohne dass es in unserem Budget eingeplant gewesen war, mussten wir einen Teil unseres ersparten Geldes für neue Möbel ausgeben.

In den oberen Stockwerken wohnten zwei deutsche Familien. Wir wollten sie kennenlernen und eine gute Beziehung zu ihnen pflegen. In der zweiten Woche kauften wir je einen Blumenstrauß und klopften an ihre Türen. Während wir unser Präsent übergaben, stellten wir uns vor. Sie waren sehr erfreut, aber auch ein bisschen überrascht. Bei unserer ersten Begegnung sahen und spürten wir den Unterschied zwischen diesen zwei Nachbarn. Die eine Familie hatte in kurzer Zeit ihr Herz für uns geöffnet, die andere eher nicht.

Wir waren glücklich in unserer neuen Wohnung. Die Nähe zu unseren Arbeitsstellen, die Größe und der Preis waren sehr vorteilhaft. Was wollten wir noch mehr? Innerhalb von zwei Jahren hatten wir viermal die Wohnung gewechselt. Aber letztendlich hatten wir eine Wohnung nach unseren Wünschen gefunden. Obwohl der Grund für unseren Auszug klar ersichtlich war machte unsere alte Vermieterin Probleme. Nach ein paar Tagen sagte sie uns, dass sie auf unser Baby nicht mehr aufpassen konnte. Wir waren ratlos. Wir hatten eigentlich vor beide weiter zu arbeiten bis wir ein zweites Kind bekamen. Wenn wir jetzt niemanden finden würden, müsste meine Frau ihre Arbeit aufgeben, um auf unser Kind aufzupassen. Der Knäuel aus Problemen wollte mich einfach nicht loslassen, während das eine gelöst wurde, meldete sich schon das nächste an.

Während wir überlegten, was wir machen sollten, fielen uns die älteren und herzlichen Nachbarn ein, die uns so freundlich empfangen hatten. Sofort nahmen wir unser Baby auf den Schoß und klingelten an ihrer Tür. Nachdem sie uns hereingebeten hatten, legten wir ihnen unsere Situation dar. Sie schauten abwechselnd auf das Kind und auf uns. Letztendlich sagten sie, unter der Voraussetzung, das Ganze eine Woche lang zu testen, zu, um zu sehen, ob sie der Aufgabe gewachsen wären. Morgens um 7.00 Uhr sollten wir das Kind abgeben und am Nachmittag um 16.00 Uhr wieder abholen. Als wir am Abend die Sachen für das Kind vorbereiteten fühlten wir uns glücklich jemanden im gleichen Haus gefunden zu haben, der auf unser Kind aufpassen wollte. Aus der vereinbarten Testwoche wurde eine monatelange Beziehung. Und meine Frau drückte durch gelegentliche Geschenke, die sie unserer Nachbarin machte, ihre Dankbarkeit aus. Dieses ältere Ehepaar hatte zwei verheiratete Kinder und eine ledige Tochter. Obwohl die Kinder von Zeit zu Zeit zu Besuch kamen war dieses Ehepaar die meiste Zeit alleine. Nach einigen Monaten ging das Nachbarschaftliche soweit, dass es ähnlich einer familiären Beziehung wurde. Sie sahen unseren Sohn als ihr Enkelkind an und gingen stolz mit ihm spazieren. Wir hatten zuerst mit der Wohnung dann mit der Pflege unseres Sohnes eine schwierige Zeit erlebt, aber letztendlich normalisierte sich alles wieder.

An den Wochenenden ging ich zum Verein und wir sprachen über die wirtschaftlichen und politischen Entwicklungen in der Türkei.

Viele unserer Freunde waren in den Sommerferien in der Türkei gewesen. Das, was sie über die Heimat erzählten hatte mich sehr beeinflusst und meine Sehnsucht wuchs bis ins Unerträgliche.

Wir wollten dieses Jahr ein Auto kaufen und, wenn kein Problem auftauchen sollte, wollten wir uns für den Urlaub im kommenden Jahr vorbereiten. Mittlerweile hatten wir auf der Bank erspartes Geld. In unserer Bleibe war die Ausstattung nicht optimal, aber wir wollten ja hier nicht sesshaft werden. Wir waren mit dem vorhandenen zufrieden. Wir wollten beide kein großes Auto. Wir wollten auch nicht wie die meisten Türken ein gebrauchtes Auto kaufen, wir wollten ein kleines, aber neues Auto kaufen. Da meine Frau nichts von Autos verstand überließ sie mir diese Angelegenheit. Und ich fing an von Zeit zu Zeit bei den Autohändlern vorbeizuschauen. Unter all den Automarken war der billigste und für uns passendste Neuwagen der gerade neu auf den Markt gekommene Opel Kadett. Nachdem wir uns auf die Farbe geeinigt hatten bestellten wir einen mit 40 PS motorisierten, grünen Kadett. Dieser sollte in zwei Wochen ausgeliefert werden kam jedoch erst nach einem Monat. Wir bekamen das Auto und parkten es vor der Tür, aber ich wachte achtsam darüber. Dass ich in kürzeren Abständen durch das Fenster das Auto kontrollierte, fiel sogar meiner Frau auf.

Unsere Freunde tadelten uns, wie man für so ein kleines Auto so viel Geld ausgeben könne. Aber in dieser Beziehung hatten wir eine andere Einstellung und wir hatten das für uns richtige getan. Unter unseren Landsleuten war es im Allgemeinen üblich, dass, sobald jemand etwas Bestimmtes tat, es ihm die anderen nachmachten. Vor allem war unser Auto neu, sparsam und im Vergleich zu den größeren Autos war es viel günstiger, was Steuer und Versicherung anging. Wir planten dieses Auto für eine lange Zeit zu fahren. Für die Rückbank kauften wir noch einen gebrauchten Kindersitz. Unser Auto war einzigartig, einzigartig!

Es waren jetzt fünf Monate vergangen, aber unser Sohn brach immer noch alles wieder heraus, was wir ihm zu Essen gaben. Deswegen waren wir fast jede Woche beim Kinderarzt. Bei einem dieser Besuche sagte unser Arzt, dass das nicht so weitergehen kann und das Kind operiert werden sollte. Wir glaubten zuerst, dass das nicht ernst gemeint sei. Aber es war ernst gemeint. Man könne erst durch eine Operation feststellen, was der Grund für die Erkrankung sei. Meine Frau und ich stürzten ohne ein Wort aus der Arztpraxis heraus und fuhren nach Hause. Aber unsere Welt war zusammengebrochen. „Unmöglich!" Wie kann ein neugeborenes Kind erkrankt sein? Unter keinen Umständen sollte unser Kind unter das Messer kommen. Wir konnten das nicht glauben und zunehmend waren wir über den Arzt erbost. Meine Frau hatte Tränen in den Augen und sie fragte mich mit hoffnungsloser Stimme: „Was sollen wir machen?"

Mit dem Rezept, das uns der Arzt geschrieben hatte, gingen wir zur Apotheke. Mich plagten schlimme Gedanken: Wollten sie etwa das Kind für Versuchszwecke missbrauchen? So etwas hatte ich irgendwo gehört – dass einige Kranke als Versuchsobjekte benutzt wurden. Wir grübelten darüber sehr lange und trafen dann eine Entscheidung. Wir wollten unser Kind zuerst in die Türkei bringen, um es dort noch mal untersuchen zu lassen. Dies sollte in den Weihnachtsferien geschehen und wir wollten mit unserem eigenen Auto fahren. Wenn die Ärzte dort das gleiche sagen sollten, würde uns nichts anderes übrig bleiben. Nachdem wir diese Entscheidung getroffen hatten fühlten wir uns ein bisschen erleichtert.

Bevor wir losfuhren, ließen wir unser Auto prüfen, auch wenn es noch neu war, unser Auto durchprüfen lassen. Wir kauften Babynahrung für einen Monat und Geschenke. Als die ältere Dame, die auf unser Kind aufpasste, gehört hatte, dass wir bei diesem Winter mit dem Auto in die Türkei fahren würden hielt sie das für eine schlechte Idee und wollte uns davon abbringen. Sie hatte in ihrem Leben schon sehr viel Erfahrung gesammelt. Sie flehte uns förmlich an mit dem kranken Kind keine so lange Reise zu unternehmen. Wir hatten uns aber entschieden und unseren Urlaub geplant.

Ich weiß nicht, ob es an den Medikamenten lag, aber bevor wir losfuhren ging es unserem Baby bedeutend besser. Aber wir hatten schon alle Vorbereitungen für die Reise getroffen. Ich muss zugeben, dass dabei auch unsere Sehnsucht nach der Heimat und zu unseren Familien und Freunden eine Rolle gespielt hatte. Jetzt würde ich so etwas nie im Leben machen. Der erwartete Tag war gekommen. Wir hatten unser Auto schon am Abend beladen und früh am Morgen fuhren wir los. Ohne zu halten fuhren wir bis zur Hälfte der österreichischen Strecke und machten bei einem Rastplatz unsere erste Pause. Unserem Sohn und folglich unserer Stimmung ging es gut und unser Auto war in einem hervorragenden Zustand.

Auch wenn unser Baby hin und wieder weinte, war es sofort still, sobald meine Frau ihn mit der Babynahrung, die sie vorne auf der Autoheizung warm machte, gefüttert hatte. Kaum waren wir mitten in der Nacht durch Belgrad gefahren fing unser Sohn wieder zu brechen an. Das Autoinnere und unsere Kleidung waren voller Babynahrung. Wir hielten in der Dunkelheit der Nacht an einem Rastplatz an und wechselten die Kleider unseres Sohnes. Sein Gesichtchen wurde plötzlich ganz bleich und es fing an zu weinen und zu stöhnen. Meine Frau ging auf die Rückbank und hielt es in den Armen, aber von seinen Bewegungen war zu erkennen, dass es sehr krank war. Wir wussten nicht was wir machen sollten.

Während der Nacht fuhren wir ohne anzuhalten so schnell wie möglich weiter. Meine Frau versuchte ihn zu füttern, aber er spuckte alles sofort wieder heraus. Wir kamen schließlich in Nis an. Als ich mich umdrehte, um irgendetwas zu sagen, wurde es mir ganz warm ums Herz. Meine Frau und das Baby in ihren Armen waren eingeschlafen. Die Leere auf den Straßen in der morgendlichen Stunde ausnutzend fuhr ich durch bis zur bulgarischen Grenze. Durch die Beleuchtung des Grenzpostens wachten die beiden wieder auf. Als meine Frau die Windeln unseres Babys wechseln wollte, bemerkte sie, dass die Windel ganz trocken war. Er hatte ohnehin alles erbrochen. Manchmal weinte das Baby und manchmal war nur ein Stöhnen zu hören. Zur Morgenstunde fuhren wir weiter über die Transitstraße. Wir wollten so schnell wie möglich die Heimat erreichen, anstatt hier durch eine Arztsuche Zeit zu verlieren.

Dann brach er alles wieder heraus, egal was er zu Essen oder zu Trinken bekam. Wir waren mittlerweile sehr nahe an der türkischen Grenze. Sobald wir in der Heimat angekommen waren, wollten wir sofort in der Grenzstadt Edirne einen Kinderarzt aufsuchen und alles Notwendige tun, um unseren Sohn behandeln zu lassen. Nun war er wahrscheinlich vor lauter Weinen und Stöhnen so müde geworden, dass nichts von ihm zu hören war. Nur ein leises Stöhnen war noch zu vernehmen. Meiner Frau standen die Tränen in den Augen, sobald sie dieses Stöhnen zu hören bekam. Es war so, als ob die Strecke nicht aufhören wollte. Durch Dörfer und Städte fuhren wir sehr schnell, ich hatte nur das Ziel vor Augen. Ich musste in kürzester Zeit in der Türkei ankommen und unser Baby zu einem Arzt bringen.

In diesem Seelenzustand fahrend, tauchte plötzlich ein Polizeiauto vor mir auf und hielt mich an. Ich deutete sofort an, dass ich wusste, dass ich zu schnell gefahren war und machte verständlich, dass es ein Notfall war. Die Polizisten wollten, dass ich eine Strafe zahlte, ich zeigte auf das Kind, das auf der Rückbank fast wie ein Toter lag. Meine Frau, die schon sehr angespannt war, fing an auf Deutsch und Türkisch herumzuschreien und zeigte auf das Kind.

Die Angst, wertvolle Zeit dadurch zu verlieren, stand ihr im Gesicht. Die Polizisten hatten die Situation erkannt und winkten mich durch. Wir fuhren schnell weiter und waren eine halbe Stunde später in der Türkei.

Unsere Freude war sehr groß. Endlich würden wir unser Baby zum Arzt bringen können. Wir bekamen von dem Grenzposten die Adresse von einem Arzt und fuhren ohne kontrolliert zu werden, über die Grenze und direkt zu dieser Adresse. Der Arzt war jedoch nicht da. Wir fragten nach ihm und fanden ihn letztes Endes an einem Pokertisch in einem Kaffeehaus. Er stand auf und untersuchte das Kind vor Ort an einem Tisch. Er war sehr kaltblütig. Er ließ sofort einen dünnen Tee kommen und gab ihn dem Baby. Das Baby, von dem zuvor nur das Atmen zu hören war, öffnete langsam die Augen. Der Arzt war genervt, dass er am Pokertisch gestört wurde. Er schrie uns verärgert an, wieso wir dem Kind nichts zu trinken gäben. Seine Tiraden gingen weiter, das Kind hätte daran sterben können und ob uns niemand gesagt hätte, dass man mit so einem kleinen Kind nicht auf so eine große Reise gehen kann. In dem Moment war es, als ob wir wieder die Worte der alten Dame hören würden.

Beschämt und leise sagte ich, dass wir aus Deutschland kämen. Der Arzt war nicht zu stoppen, und er fragte ob wir verrückt wären, eine so lange Reise mit einem so kleinen Kind zu machen. So einen Fehler würden wir nie wieder machen. Wir haben diesen Vorfall nie vergessen und jedes Mal, noch heute, wenn wir darüber sprechen, kommen uns die Tränen. Er zeigte dem Kaffeehausbetreiber unsere Thermoskanne und sagte ihm, er solle sie mit dünnem Tee füllen. Durch unsere Unwissenheit wäre unser Kind fast gestorben. In einem Restaurant aßen wir noch eine heiße Suppe und fuhren anschließend weiter. Es war gegen Abend. Zuerst wollten wir meinen Bruder, der in Çanakkale als Hauptmann diente besuchen. Nach einer zweistündigen Autofahrt kamen wir in Ecebat, das noch auf der europäischen Seite lag, an.

Auf der anderen Seite der Meerenge war das Lichtermeer von Çanakkale zu sehen. Um auf die Autofähre zu fahren, näherten wir uns langsam dem Ufer. Die letzte Fähre war schon abgefahren. Wenn wir noch an diesem Abend übersetzen wollten, sollten wir uns an die Fischer wenden, die in einem Kaffeehaus gegenüber saßen. Jedoch trauten sich die Fischer aufgrund des Seegangs nicht uns überzusetzen. Aber ein junger Kerl unter ihnen wagte sich vor und sagte uns, dass er für 50 türkische Lira bereit wäre uns zu fahren. Wir sagten sofort zu. Unser Baby war ja krank. Anstatt in einem kalten Hotelzimmer zu übernachten wollten wir so schnell wie möglich in die Wohnung meines Bruders.

Das kleine Motorboot, das uns übersetzen sollte, kämpfte sich auf den Wellen auf- und abschaukelnd an das Ufer heran. Mit Hilfe von acht Fischern konnten wir unser Auto mit zwei Tragbalken auf das Motorboot hieven. Das Boot schwankte wie eine Wiege hin und her. Ich fing an, Angst zu bekommen, aber jetzt war es zu spät. Es war so, als ob das Boot, das durch die Wellen hin- und her ge- schaukelt wurde, das Auto ins Meer schleudern wollte. Das Wasser spritzte an die Scheiben des Autos. Im Auto umarmten wir uns vor Angst und fingen an alle Gebete aufzusagen die wir kannten. Es war nicht möglich, nach draußen zu sehen oder aus dem Auto zu steigen. Während wir uns auf den Wellen auf und ab bewegten, konnten wir für kurze Augenblicke die Lichter von Çanakkale sehen und schöpften Hoffnung. In dieser furchterregenden halben Stunde durchlitten wir auf dem kleinen Fischerboot, das gegen die Wellen kämpfte, Todesängste. Es war, als ob wir in den tobenden Wellen zwischen Leben und Tod hin und her schwanken würden. Die fer- nen Lichter der Stadt kamen langsam näher. Freudentränen ran- nen uns beiden über die Wangen, als wir mit unserem Auto auf dem Festland standen. Wir fühlten uns wie neugeboren.

Kurze Zeit später befanden wir uns in einem warmen Zimmer in der Wohnung meines Bruders. Da er und seine Familie nichts von un- serem Besuch gewusst hatten, waren sie ziemlich überrascht uns zu sehen. Wir blieben in Çanakkale bis unser Kind sich ganz erhol- te und es ihm besser ging. Ab und zu erbrach er noch, aber eine Verbesserung seines allgemeinen Zustands war zu sehen. Zwei Tage vor dem Opferfest brachen wir alle gemeinsam mit meinem Wagen, auch wenn es recht eng war, zu sechst Richtung Amasya auf. Ohne zu halten fuhren wir bis in die Nacht und erreichten unser Dorf. Für die Familie war es eine schöne Überraschung unerwarteterweise beide Brüder, die in der Fremde waren, zu emp- fangen. Es sah auch so aus, als ob unser Baby seine Krankheit überwunden hatte. Für uns wurden es schöne Festtage im Dorf.

Die Dorfwege, die sich nicht verändert hatten, erinnerten mich mit ihrem Matsch, der sich nach dem Regen bildete an meine Kindheit. Aber jeder konnte sagen, was er wollte, die Feste bei uns wurden anders gefeiert als in Deutschland. Unser Baby war der Mittelpunkt der Familie. Vor allem der Name hatte Interesse geweckt. Wir wur- den gefragt, wie wir auf den Namen gekommen waren. Als ich von der Namensfindung erzählte, sagte ich, dass der Name noch nicht mit einem Gebet ins Ohr des Kindes gesagt wurde. Mein Vater nahm sofort die rituelle Waschung vor und sagte den Namen unseres Kindes mit Gebetsrezitationen ins Ohr des Babys. Somit wurde nach genau acht Monaten der Name unseres Sohnes auch nach unseren religiösen Sitten und Gebräuchen bestätigt.

Nach den Festtagen fuhren wir zusammen mit unserem Sohn nach Samsun. Dort ließen wir ihn durch einen guten Kinderarzt, der uns empfohlen wurde, untersuchen. Wir erzählten, was der Arzt in Deutschland über die Krankheit des Kindes gesagt hatte. Der Arzt meinte, dass mit dem Magen des Kindes alles in Ordnung sei und dass es mit der Zeit vorübergehen würde. Jedoch war er verärgert, dass wir so ein kleines Kind am Magen operieren lassen sollten. Manche Kinder seien von Geburt an empfindlicher, aber deswegen brauchten wir nichts zu befürchten. Wir sollten die Babynahrung aber auf mehrere Mahlzeiten und kleinere Portionen verteilen. Der türkische Arzt sorgte bei uns für die größtmögliche Erleichterung.

Die Ängste, die unser Kind betrafen, waren jetzt komplett verflogen. Erleichtert konnten wir jetzt nach Deutschland zurückkehren. In der Nacht, in der wir das Dorf verlassen wollten, hatte es so stark geschneit, dass wir ohne Schneeketten nicht in die Kreisstadt fahren konnten. Zwischen Amasya und Ankara hatten wir aufgrund des Schneefalls die größtmöglichen Schwierigkeiten. Wir waren sehr müde und wollten uns bei dem Onkel meiner Frau in Ankara eine Nacht ausruhen. An diesem Abend bekam unser Baby wieder sehr hohes Fieber und erbrach. Wir fuhren zu einer privaten Klinik und ließen es dort noch einmal untersuchen. Diesmal war es eine Erkältung. Wir holten die notwendigen Medikamente, sowie für den Notfall zwei Spritzen für die Rückreise und brachen früh am Morgen wieder auf. Manchmal standen wir stundenlang aufgrund des Schneefalls auf den Straßen. Trotzdem kamen wir vor dem Abend noch in Istanbul an. Am selben Tag erreichten wir sogar Bulgarien und fuhren weiter ohne anzuhalten.

Jetzt waren wir in einem fremden Land und ich fuhr äußerst vorsichtig. Es wurde Nacht und ziemlich kalt. Es herrschte draußen eine trockene Kälte. Unser Kind sollte nicht frieren, deswegen war die Heizung unseres Autos ständig an. Plötzlich tauchte eine Frau vor uns auf und zeigte mit Handzeichen an, dass wir halten sollten. Ich hielt an, um zu erfahren was sie wollte. Es war eine türkische Frau, die sich weinend auf die Schenkel klopfte. Schockiert schrie sie: „Bitte, rettet ihn! Die Polizisten werden ihn umbringen!" Sie zeigte auf ihren Mann, der schreiend am Wegesrand lag während er von drei Polizisten mit Schlagstöcken und Tritten verprügelt wurde. Was konnte ich schon tun? Einige Minuten wartete ich voller Furcht am Straßenrand. Die Polizisten schlugen weiter auf den Mann ein. Die Frau stürzte sich wieder auf die Straße, um von den vorbeifahrenden Autos Hilfe zu verlangen, aber umsonst. An so einem Wintertag kamen hier keine weiteren Autos vorbei. Ohne die Polizisten zu fragen, warum sie das machten, fuhr ich weiter. Im Auto hatte ich schließlich meine Frau und mein Kind. Nach dieser Brutalität schwiegen wir ängstlich für lange Zeit. Nach einer Weile wachte unser Baby auf. Meine Frau gab ihm Tee und legte es wieder schlafen. Jetzt ging es ihm richtig gut. Wir fuhren problemlos und ohne anzuhalten weiter durch Bulgarien.

Trotz der Wintertage fuhren wir durch Jugoslawien und ohne Schnee und bei schönem Wetter kamen wir in Österreich an. Ab und zu machten wir eine Pause und versorgten unser Baby. Obwohl die Gesundheit unseres Kindes nicht perfekt war, aß und trank es wenigstens. Als wir in Österreich höher gelegene Gegenden anfuhren fing es plötzlich an zu schneien. In kurzer Zeit waren die Straßen voller Schnee. Mittlerweile war es Nacht geworden und ich war sehr müde. Ich fuhr auf einen Rastplatz und stellte den Wagen auf einem Parkplatz ab. Den Motor ließ ich laufen, meiner Frau sagte ich, sie solle wach bleiben und ich legte mich schlafen. Leider war sie vor Müdigkeit auch eingeschlafen. Nach einiger Zeit wachten wir wieder auf. Auf den Straßen fuhr überhaupt kein Wagen mehr. Außer den Räumfahrzeugen war weit und breit nichts zu sehen. Auch wenn der Schnee geräumt wurde, füllte sich die Straße schnell wieder mit neuem Schnee. Nachdem wir ein wenig gefahren waren, konnten wir unter Schwierigkeiten vor einem Hotel halten. Aber im Hotel gab es weder ein freies Zimmer noch einen freien Sitzplatz. Ein zuvorkommender Mann stand sofort von seinem Platz auf und bot ihn meiner Frau an, als er sie mit dem Kind auf dem Arm sah. Zuerst fütterten wir unser Baby und nachdem wir eine heiße Tasse Kaffee getrunken hatten, machten wir uns wieder auf den Weg. Plötzlich hatte es zu schneien aufgehört und die Straßen waren frei. Ohne zu halten ließen wir Österreich hinter uns und kamen nach einer sehr ermüdenden Reise wieder in unserer Ulmer Wohnung an.

Diese Reise mitten im Winter war für uns zu einer schmerzhaften Erfahrung geworden. Wir hatten gelernt was es kosten konnte im jugendlichen Leichtsinn nicht auf die Empfehlungen von erfahrenen Menschen zu hören. Der Spruch „Man lernt am nachhaltigsten, wenn man es am eigenen Leib erfährt" war nicht umsonst. In diesem Winter verbesserte sich auch langsam die Gesundheit unseres Kindes. Wir waren jetzt rundum zufrieden. Erleichtert fingen wir beide wieder an zu arbeiten. Wir wollten in Deutschland nicht sesshaft werden, deswegen versuchten wir unsere Bedürfnisse so günstig wie möglich zu befriedigen und sparten den Rest unseres Geldes. Aber was unser Kind anging, haben wir weder an der Nahrung noch an der Kleidung gespart. Er bekam immer das Beste und das Schönste. Jetzt waren wir eine Familie mit Kind. Meine Frau wollte eine Nähmaschine haben, um die Kleidung für unseren Sohn selber nähen zu können. Wir zogen los und kauften eine gute Nähmaschine, ganz nach ihrem Wunsch. Danach fing sie an ständig verschiedene schöne Kleidungsstücke in verschiedensten Formen für unser Kind zu nähen, das wurde zu einem großen Vergnügen für sie.

Unser Bekanntenkreis war groß, aber es waren wenige Menschen darunter, die man als Familie besuchte. Mit der Zeit gab es einige Landsleute, die ihre Familien nach Deutschland geholt hatten, aber die meisten lebten alleine in den Wohnheimen, obwohl sie verheiratet waren. Aus diesem Grund hatten diese ledig lebenden verheirateten Menschen keine Ahnung, wie das Familienleben in Deutschland war. Eine ganze Generation alterte jetzt in Deutschland. In dem Bemühen Geld zu sparen, schauten sie nicht auf die Jahre, die vergingen und wählten alleine und getrennt von ihrer Familie zu leben. Manchmal hatte ich Schwierigkeiten solche Menschen zu verstehen. Alle hatten das Ziel so schnell wie möglich Geld zu sparen und in die Heimat zurückzukehren ohne ihre Familien hierher zu holen. Aber wie lange, wie viele Jahre sollte das so weitergehen? Auf diese Frage erhielt ich von niemandem eine klare Antwort. Ich hatte auch dieselben Ziele, jedoch musste man einsehen, dass so ein Leben schnell verging.

Die Industriestaaten erlebten gegen Ende der 70er Jahre eine große Veränderung. In den Ländern hinter dem Eisernen Vorhang war nicht zu erkennen was vorging, weil sie sich der Welt verschlossen hatten. Aber es wurde geschrieben, dass auch bei ihnen Schmerzen der Veränderung zu sehen waren. Während sich die deutsche Wirtschaft dieser sowohl politischen als auch ökonomischen Veränderung schnell anpasste, ging es der türkischen Politik und Wirtschaft zunehmend schlechter. Die Menschen in der Türkei erlebten mit ihrer Regierung und ihrer Opposition ein großes politisches Chaos. Noch schlimmer war, dass die jungen und alten Politiker, die dieses Land hervorgebracht hatten, vom Militärregime kontrolliert wurden. Diese Entwicklungen, in der Welt und in der Türkei, beeinflussten auch das gesellschaftliche Leben sowohl in Deutschland als auch in der Türkei, was den Anlass zu großen Veränderungen gab. Die D-Mark hatte wegen dem starken Außenhandel gegenüber den anderen Währungen eine außerordentliche Wertsteigerung erfahren, und wiederum hatte die türkische Währung in gleichem Maß an Wert verloren.

Mit dem Siegeszug der Elektronik wuchs der Unterhaltungssektor in einer rasanten Geschwindigkeit. Obwohl es in Deutschland schon seit Jahren Farbfernsehen gab, wurde in der Türkei gerade erst das Schwarzweißfernsehen eingeführt. Deutschland, das mit seinem Einkommensniveau und seinen Lebensbedingungen in kurzer Zeit alle anderen europäischen Länder überholte wurde weltweit zu einem Anziehungsmittelpunkt. Obwohl 1973 die deutsche Regierung einen Anwerbestopp für ausländische Arbeitskräfte beschlossen hatte, konnte nicht verhindert werden, dass Arbeitskräfte aus den Ländern Asiens – die Türkei eingeschlossen –, Europas und Afrikas auf dem illegalen Weg in das Land kamen. Das Geschäft der Schleuserbanden und derjenigen, die sich auf das Asylrecht in Deutschland spezialisiert hatten, boomte.

Parallel zu dieser Entwicklung stiegen in Deutschland durch die zunehmende Automatisierung die Arbeitslosenzahlen rapide an. Das wirtschaftliche Gleichgewicht veränderte sich sehr schnell und die türkische Währung verlor weiterhin an Wert. Die meisten der in Deutschland Arbeitenden, die diese Entwicklung sahen, kauften sich in der Heimat Immobilien, um den Wert ihres Geldes zu schützen. Fast jeder, der in Deutschland arbeitete hatte in der Türkei entweder ein Grundstück, einen Acker oder eine Wohnung. Deswegen entschieden wir, mit unserem Ersparten eine Wohnung in Ankara zu kaufen.

Die in Deutschland und in den anderen europäischen Ländern arbeitenden Ausländer hatten eines gemeinsam. Sie wollten arbeiten, Geld sparen und in kurzer Zeit in ihre Heimat zurückkehren. Aber nachdem die Jahre vergingen und sie immer noch nicht zurückkehren konnten traten so langsam auch andere Wünsche in den Vordergrund. Zuerst der Führerschein, dann ein Auto, egal ob in gutem oder schlechtem Zustand, um dann, wenn die Urlaubszeit kam mit dem Auto in die Türkei zu fahren. In den Sommerferien füllten sich die Straßen im Allgemeinen mit den Autos der in Europa arbeitenden Ausländer. Die Transitstrecke, die durch Österreich, Jugoslawien und Bulgarien in die Türkei führte, war die Wegstrecke der türkischen Arbeiter. Auf dieser Strecke waren rechts und links die liegen gebliebenen und technisch überalterten Wracks oder, was noch schlimmer war, die Unfallautos von unerfahrenen Fahrern zu sehen. Die Polizisten dieser Länder verbreiteten noch größere Angst unter den türkischen Arbeitern. Die grundlosen Kontrollen und die damit verbundenen Strafgelder, die Staus an den Grenzposten, die willkürlichen Sanktionen der Zollbeamten, die unnötigen, stundenlangen Wartereien in der Sommerhitze samt Kind und Kegel.

Diese Länder, die auch in Europa lagen und die ich vorher sehr respektiert hatte, durchfuhren wir nun, obwohl angeblich „sozialistisch", unter größtmöglichen Schwierigkeiten. Sie ließen nichts aus, um die türkischen Durchreisenden zu schikanieren. Wenn ich dann in der Türkei mit meinen Freunden zusammensaß, fragten sie mich über diese Länder aus. Ich erzählte von meinen Erlebnissen, die ich in diesen Ländern gemacht hatte, aber sie wollten das nicht glauben. Gegen meine persönlich gemachten Erfahrungen hielten sie mir ihr Zeitungswissen entgegen.

Mitten in unserem Urlaub fuhren wir nach Ankara. Wir wollten den Onkel meiner Frau besuchen und uns gleichzeitig nach einer Wohnung, die wir eventuell kaufen konnten, umschauen. Zwei Tage lang schauten wir uns verschiedene Wohnungen an. Schließlich entschieden wir uns für eine Wohnung, die meiner Frau sehr gefallen hatte. Eines Tages wollten wir hierher zurückkehren und diese Wohnung sollte unser Kapital werden. Was noch wichtiger war – vielleicht würden unsere Kinder hier studieren und dann könnten sie hier wohnen. Aber das gesparte Geld reichte nicht aus, um die gewünschte Wohnung zu kaufen. Als keiner unserer Verwandten uns helfen wollte, einigten wir uns mit dem Besitzer auf eine Zahlung nach unserer Rückkehr nach Deutschland. Zwei Studenten, die aus der ländlichen Gegend kamen wollten die Wohnung anmieten. Ich wurde sentimental, da ich daran zurückdenken musste, wie ich in meiner Schulzeit in Kellerwohnungen hausen musste. Schließlich gab ich diesen Studenten zu einem guten Mietpreis die Wohnung.

Jetzt hatten wir also in der Hauptstadt der Türkei eine Wohnung, was nicht jedem vergönnt war. Wir kehrten glücklich nach Deutschland zurück. Gegen Morgen staute sich der Verkehr in der Nähe von Belgrad. Da es nicht möglich war zu überholen, fuhren wir hintereinander mit niedriger Geschwindigkeit weiter. Wir fuhren lange Zeit hinter einem jugoslawischen Auto her, dessen Bremslichter nicht funktionierten. Ich war mittlerweile sehr müde und wartete auf die nächste Parkbucht, um herauszufahren. Plötzlich merkte ich, dass ich mich dem Auto vor mir ziemlich genähert hatte und bremste ab, aber es war zu spät. Ich war von hinten aufgefahren. Ich war hundertprozentig schuldig. Da wir nicht schnell gefahren waren, war kein Personenschaden zustande gekommen. Aber unser Auto! Die vordere Seite samt Stoßstange war an den Motor gedrückt. Ich war unter Schock und fing an zu weinen. Besänftigt von meiner Frau, die sofort eine Flasche Wasser aus dem Kofferraum holte beruhigte ich mich wieder. Während wir an der Unfallstelle warteten kamen zwei Studenten die unterwegs nach Deutschland waren. Wir gaben ihnen die Telefonnummer von meinem Freund in Ulm. Im Nachhinein erfuhr ich, daß die Studenten Ihr Versprechen gehalten hatten und direkt aus Beldgrad ein Telegramm nach Ulm geschickt hatten. Es wurde mir gesagt, dass der Mann, dessen Auto ich angefahren hatte, ein Ingenieur war. Von seinem Verhalten war zu erkennen, dass er ein zivilisierter Mensch war.

Obwohl ich zugab, dass ich schuldig war, nahmen mich die Polizisten mit nach Belgrad. Ich wurde vernommen und – bis ich vor ein Gericht gestellt werden sollte – festgenommen. Meine Frau und mein Kind waren bei Landsleuten, die auch an der gleichen Stelle einen Unfall hatten. Es waren jetzt zwei, drei Stunden seit meiner Verhaftung vergangen und nichts geschah. Als ich darüber nachdachte was meine Frau und mein Kind machen würden, wenn ich den ganzen Tag hier bleiben sollte, kamen zwei Leute, die türkisch sprachen. Sie sprachen mit dem Wärter, der mit einem Schlagstock in der Hand vor der Gefängnistür stand. Ich fing sofort an, auf türkisch zu rufen, dass sie mir helfen und mich hier rausholen sollten. Sie sagten dem Polizisten, der auf den bestellten Dolmetscher warten wollte, dass sie für mich übersetzen würden und somit kam ich sofort vor das Gericht. Die dort verhängte Geldstrafe zahlte ich sofort und kam mit den Bosniern, die für mich gedolmetscht hatten, heraus. Es war schon Abend geworden. Ich nahm mir sofort ein Taxi und fuhr zur Unfallstelle zurück. Im Wagen schlafend wollten wir warten, bis es Tag wurde.

Es wurde dunkel. Als Leute, die wir nicht kannten, um unsere Autos herumliefen bekamen wir Angst. Zum Glück waren zwei weitere türkische Familien dort, die ebenfalls einen Unfall gebaut hatten. Dass ständig Polizeiautos herumfuhren hatte uns ein wenig beruhigt. Diese Nacht verbrachten wir zusammen mit den anderen Türken Wache haltend. Die ganze Nacht überlegte ich was ich am nächsten Morgen tun sollte. Sollte ich das Auto nach Deutschland abschleppen und dort reparieren lassen oder lieber vor Ort? Letztendlich entschieden wir uns, das Auto noch an der Unfallstelle zu leeren und es an den Zoll zu übergeben, sozusagen zu verschenken. Gerade als ich mit meiner Frau und meinem Kind das Auto abgegeben hatte, kam mein Freund aus Ulm mit seinem Auto bei uns vorbei. Ich war den Tränen nahe und wir umarmten uns. Er hatte von meinem Unfall gehört, war sofort in der Nacht losgefahren und erst jetzt an der Unfallstelle angekommen.

Meinen Freund zu sehen erhellte meine Welt. In diesem Land, wo wir die Sprache nicht verstanden, war nach den schlimmen Erlebnissen der letzten zwei Tage wieder Licht am Ende des Tunnels zu sehen und wir waren wieder auf dem Weg nach Deutschland. Ich hatte mein Auto verloren und wir hatten die restliche Schuld für die in Ankara gekaufte Wohnung durch einen Kredit bezahlt. Jetzt arbeiteten wir beide mit aller Kraft. Meine Frau kümmerte sich nach 8 Stunden Arbeit um unser Kind und ich machte ständig Überstunden. Mit diesem Tempo arbeitend zahlten wir in kurzer Zeit unsere Schulden bei der Bank ab. Jetzt gehörte uns die Wohnung vollständig. Es gab einen Satz, den ich mir in der Schulzeit gemerkt hatte und nie wieder vergaß: „Ein Mensch ohne Geld ist wie eine Frau, die nackt auf der Straße herumläuft!" Ich hatte eine Familie und meine Verpflichtungen hatten sich verdoppelt.

In diesen Tagen hatten wir nicht die Möglichkeit, ein weiteres Auto zu kaufen. Unsere Einkäufe wollten wir, wie wir es auch vorher gemacht hatten, mit dem Fahrrad erledigen. Deswegen kauften wir uns ein zweites Fahrrad. Somit hatte meine Frau nun das erste Rad komplett für sich. Für mein eigenes Fahrrad kaufte ich noch einen Kindersitz und montierte ihn vorne an das Lenkrad. Jetzt konnten wir überall zusammen hinfahren und auch unser Kind mitnehmen. Darüber hinaus wurde meine Frau, die als einzige Türkin in der Weststadt Fahrrad fuhr, von den Deutschen als fahrradfahrende Türkin bezeichnet. Dies erfuhren wir Jahre später bei einer Versammlung bei der meine Frau als Referentin eingeladen war. Dort wurde sie von der Veranstalterin als die türkische Frau mit dem Fahrrad vorgestellt. Das grüne Auto das wir in Jugoslawien zurückgelassen hatten, war bei unserem Sohn haften geblieben. Wenn wir in der Stadt unterwegs waren schrie unser Sohn jedem grünen Auto der gleichen Marke „Unser Auto, lasst uns einsteigen und losfahren!" hinterher.

Im Winter wurde die Nachbarin, die auf unser Kind aufpasste krank und wir waren wieder auf der Suche nach jemandem, der unser

Kind hüten sollte. Wir waren wieder in einer schwierigen Situation. Mittels der türkischen Familien, die wir kannten, suchten wir nach einer Familie, die auf Kinder aufpasste. Wir hatten Glück und fanden in kurzer Zeit ein neuverheiratetes türkisches Paar, das keine Kinder hatte. Diese Familie wohnte zwar auch in Ulm, aber ihre Wohnung war weit weg. Diese Entfernung sorgte dafür, dass wir mit einem Kredit einen zweiten Wagen der gleichen Farbe und des gleichen Models kauften. Denn es war nicht möglich, im Winter bei Schnee und Regen unseren Sohn mit dem Fahrrad zu dieser Familie zu bringen. Das Auto war auch im täglichen Leben notwendig. Jeden Morgen wickelte ich meinen Sohn in eine Decke und fuhr ihn mit dem Wagen zu der Familie, die ihn hütete und holte ihn nach der Arbeit wieder ab. Zu dieser Zeit hatte sich meine Frau in der Fahrschule angemeldet und bekam im Jahre 1977 ihren Führerschein. Es gab so etwas unter den türkischen Frauen selten. Meine Frau war nach dem Fahrradfahren auch eine der wenigen türkischen Frauen in Ulm, die ihren Führerschein machten und Auto fuhren.

Da wir wegen der Pflege meines Sohnes sehr schwierige Situationen durchgemacht hatten, sollte meine Frau nach dem zweiten Kind nicht mehr arbeiten und sich zu Hause um unsere Kinder kümmern. Und wenn unser Sohn ins Schulalter kam, wollten wir in die Türkei zurückkehren. Unser Wunsch war es unsere Kinder in der Heimat auf die Schule zu schicken. Wir haben nie daran gedacht, wie manch andere hier arbeitende Familien, unsere Kinder in der Türkei der Obhut anderer Menschen zu überlassen. Abgesehen von unseren Grundbedürfnissen gaben wir kein Geld aus, wenn wir nicht unbedingt mussten. Denn wir hatten vor nur noch vier Jahre in Deutschland zu arbeiten. Mit dem bis dahin gesparten Geld wollten wir in der Türkei etwas Eigenes machen oder, wie ich es zuvor gemacht hatte, in einer Fabrik arbeiten.

Der Verein, in dem ich im Vorstand war, war zu einem Parteilokal geworden. Die meisten der aus der Türkei eingeladenen Redner waren Anhänger einer politischen Partei. Es gingen auch fremde Menschen im Vereinsheim ein und aus, die mit dem Verein nichts zu tun hatten. Der Verein wurde sowohl von den Türken des gegnerischen politischen Lagers, als auch von den Deutschen beobachtet. Ich vermutete, dass alle Aktivitäten des Vereins sehr genau von den Deutschen beobachtet wurden. Wie in der Türkei grüßten sich plötzlich rechtsgerichtete und linksgerichtete Arbeiter nicht mehr. Diese Situation missfiel nicht nur mir, sondern auch den meisten Vereinsmitgliedern. In den Vorstandssitzungen machte ich auf manche Missstände aufmerksam, wurde aber von den Mitgliedern nicht besonders ernst genommen. Während dieser Entwicklungen trennten sich einige Mitglieder mit gegensätzlicher Auffassung vom Verein und gründeten einen anderen politischen Verein.

Die Ausländerzahl in Deutschland war dermaßen angestiegen, dass die Probleme der Ausländer unter der Gesellschaft publik wurden. Angefangen von den Problemen auf der Arbeitsstelle und der Wohnungssuche bis zu der Kindergartenproblematik der hier geborenen, den Sprachproblemen der nachgeholten Kinder in der Schule und vielem anderem mehr. Es wäre die Aufgabe der hier gegründeten Vereine gewesen sich mit diesen Problemen auseinanderzusetzen, aber sie zogen es vor die politischen Probleme und Auseinandersetzungen aus der Türkei hierher zu importieren. Die Regionalpolitiker in Ulm schienen diese Probleme wahrgenommen zu haben, so dass sie eines Tages unserem Verein einen Brief zukommen ließen. Sie teilten mit, dass sie, um die verschiedenen Probleme der Ausländer zu erörtern, eine Versammlung machen wollten und dass sie von jedem ausländischen Verein einen Vertreter einladen wollten, um deren Ansichten dazu zu hören.

Bei dieser Versammlung sollte ich unseren Verein vertreten, da es keinen anderen gab der besser Deutsch konnte. Das war die erste Versammlung mit Deutschen, die ich besuchte. Ich war ziemlich aufgeregt. Bei der Versammlung wurden zuerst die verschiedenen Probleme der Ausländer diskutiert und die Meinungen der Teilnehmer eingeholt. Danach wurde vorgeschlagen, dass ein Verein gegründet werden sollte, um ausländischen Schülern Deutsch beizubringen und ihnen bei den Hausaufgaben zu helfen. Neben mir waren noch zwei weitere Türken als Vertreter von sozialen Vereinen anwesend. Die Teilnehmer konnten bis zur nächsten Versammlung ihre Vorschläge bei ihren Vereinen und Einrichtungen unterbreiten und die Entscheidung darüber mitteilen. Nachdem ich wieder im Verein war, teilte ich dem Vereinsvorstand die Ergebnisse der Versammlung mit. Ich machte deutlich, dass ein solcher Verein für die ausländischen Kinder sehr notwendig wäre. Ich schlug vor, dass neben der Unterstützung für diesen neu zu gründenden Verein auch eine Zusammenarbeit angestrebt werden sollte. Denn die Gründung dieses Vereins würde in Bezug auf die Bildungsprobleme der ausländischen Kinder hilfreich sein.

Im Anschluss traf ich mich mit den anderen zwei türkischen Teilnehmern der Versammlung und wir diskutierten über die Vor- und Nachteile eines Vereins. Dieser Verein sollte ausschließlich dem sozialen Ziel dienen, den ausländischen Schülern behilflich zu sein. Deutsche Pädagogen würden nach der Schule einen ehrenamtlichen Dienst leisten und den Kindern bei Schulproblemen behilflich sein, ohne von den Eltern eine Gegenleistung zu erwarten. Die zweite Versammlung wurde in der Volkshochschule (VH) veranstaltet und im Jahre 1978 wurde beschlossen, unseren Verein zu gründen. Ab diesem Tag sollte der Verein unter dem Namen „Arbeitskreis Ausländische Kinder" und der Abkürzung A.A.K. seine Tätigkeit aufnehmen.

Nachdem der Verein gegründet war, wurde das Vereinsziel durch die regionale Presse und durch einen Brief an alle Schulen und ausländischen Einrichtungen bekanntgegeben. Somit konnten ausländische Kinder, die Probleme in der Schule hatten, nach der Schule bei dem Verein von Pädagogen Hilfe erhalten. Um die Aktivitäten des Vereins zu koordinieren, wurde ein hauptamtlicher Sozialarbeiter eingesetzt, dessen Gehalt von der Stadt Ulm übernommen wurde. Dies war die erste soziale Einrichtung für Ausländer in Ulm, die zusammen mit Deutschen gegründet wurde. Im Namen unseres Vereins unterschrieb ich als Gründungsmitglied und fing an, an den Versammlungen teilzunehmen. Somit fing ich zum ersten Mal innerhalb einer sozialen Einrichtung an mit Deutschen zusammenzuarbeiten.

ZUM ZWEITEN UND ZUM LETZTEN MAL

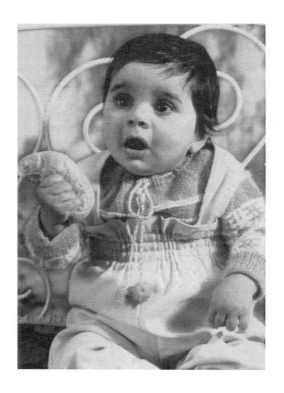

Es waren nahezu drei Jahre vergangen seitdem unser erstes Kind auf die Welt gekommen war. Jetzt war meine Frau zum zweiten Mal schwanger. Vor der Geburt ging sie in Mutterschaftsurlaub, der gesetzlich für Arbeiterinnen festgesetzt war. Sie hatte nun den Wunsch, unbedingt ein Mädchen auf die Welt zu bringen. Für mich war es nur wichtig, dass es eine normale Geburt wurde und unser Kind gesund auf die Welt kam. Unser Sohn war jetzt drei Jahre alt und fing an, alles Gesprochene zu verstehen. Wir bereiteten ihn langsam darauf vor, dass er in naher Zukunft einen Bruder oder eine Schwester bekommen würde. Er wartete genau wie wir gespannt auf den Neuankömmling unserer Familie. Das kalte Wetter im Herbst war wie ein Vorbote des Winters, der kommen sollte. An so einem kalten Abend setzten die Geburtswehen meiner Frau ein. Unseren Sohn brachten wir zu den Nachbarn und ich fuhr meine Frau sofort ins Krankenhaus.

Die Geburt wurde diesen Abend noch nicht erwartet doch trotzdem behielten sie meine Frau im Krankenhaus und sagten mir, dass ich am nächsten Morgen wiederkommen solle. Am nächsten Morgen war ich sehr früh im Krankenhaus, aber das Kind war noch nicht da. Nachdem ich eine Zeit lang bei meiner Frau geblieben war, ging ich wieder nach Hause. Zu Hause kümmerte ich mich um meinen Sohn und spielte mit ihm, aber die Zeit wollte einfach nicht vergehen. Er wollte auch so schnell wie möglich seine Mutter und das Baby sehen. Gegen Abend, als ich wieder ins Krankenhaus ging, war das Kind da. Es war ein gesundes Mädchen mit langen, schwarzen Haaren und schwarzen Augen. Ich war sehr glücklich, dass der Wunsch meiner Frau in Erfüllung ging. Es war der 13. September 1978. Jetzt waren wir eine große Familie. Wir hatten in Ulm und in ganz Deutschland keine Verwandten. Aus diesem Grund hatte ich, um bei meiner Familie zu sein, in der Zeit der Geburt Urlaub genommen.

Durch die in ganz Deutschland durchgeführten Betriebsratswahlen war in den Fabriken eine ungewöhnlich soziale Aktivität eingekehrt. In der Fabrik, in der ich beschäftigt war, hatten die Gewerkschaftsvertreter diesbezüglich sehr viel zu tun. Da die meisten ausländischen Arbeiter in der IG Metall Mitglied waren, wollte diese bei den bevorstehenden Wahlen auch Ausländer zur Wahl aufstellen. Aus diesem Grund warb die IG Metall rege unter den ausländischen Arbeitern, um geeignete Kandidaten zu finden. Wir Türken in der Fabrik versuchten nun jemanden aufzustellen, der geeignet und für uns von Nutzen sein könnte.

Die Türken, die meine Arbeit im Verein kannten wollten mich als Kandidaten. Aber ich wollte zuerst abwarten was sich bei der Kandidatensuche noch ergeben würde. Vielleicht würden wir ja jemanden finden, der dafür geeigneter wäre als ich. Wenn nicht würde ich mich zur Wahl stellen. Schließlich fanden wir einen Landsmann, der in der Heimat auch Gewerkschaftsarbeit geleistet hatte. Für ihn sammelten wir die notwendigen Unterschriften und teilten der Gewerkschaft unseren Kandidaten mit. Nachdem wir unseren Kandidaten aufgestellt hatten, merkten wir, dass abgesehen von den anderen ausländischen Kandidaten noch ein Türke als Kandidat auf der Liste war. Dieser Türke hatte sich, ohne sich mit jemanden abzusprechen zur Wahl gestellt. Obwohl dadurch die Stimmen der Türken geteilt wurden, wurde unser Kandidat in den Betriebsrat gewählt. Somit wurde in der Ulmer Gegend zum ersten Mal ein Ausländer, in diesem Fall ein Türke, in den Betriebsrat gewählt.

Meinen Landsmann lernte ich später näher kennen und wir freundeten uns auf Familienebene an. Danach beschäftigten wir uns innerhalb und außerhalb der Firma mit Gewerkschaftsaktivitäten. Zuerst halfen wir mit, die in großen Städten übliche und innerhalb der Gewerkschaft organisierte Ausländerkommission in Ulm zu gründen. Diese Kommission traf sich an einigen Tagen im Monat, um die Probleme der Ausländer bei der Arbeit und in der Gesellschaft zu dokumentieren. Danach wurden Lösungsvorschläge an die oberen Gewerkschaftskommissionen vermittelt. Durch diesen Freund hatte ich die Möglichkeit an den regionalen Gewerkschaftsversammlungen teilzunehmen und die Arbeit, die dort geleistet wurde, mitzuverfolgen.

Ich war sehr beschäftigt. Auf der einen Seite die Arbeit in der Fabrik und die Familie, auf der anderen Seite die Arbeit im Verein und in der Gewerkschaft, ich konnte nicht verstehen, wie schnell die Zeit plötzlich vorüberging. Jetzt waren wir eine vierköpfige Familie und immer neue Probleme tauchten auf. Wir mussten im Leben auf alles vorbereitet sein. Das Leben kann große Probleme bereithalten.

Um unsere Kinder auf ihr zukünftiges Leben besser vorzubereiten, waren wir bereit große Mühe in Kauf zu nehmen. Denn sie sollten in Zukunft unsere schönste Hinterlassenschaft für die Gesellschaft sein. Sie sollten in allem in ihrem Leben mindestens einen Schritt vor uns sein. Aus diesen Gründen hatte meine Frau nach ihren Mutterschaftsurlaub bei der Firma in der sie beschäftigt war gekündigt. Mit der Pflege und Erziehung von zwei Kindern war sie vollkommen ausgelastet. Ich arbeitete weiter wie bisher und von da an sollte sich unser Leben langsam einpendeln.

Dass meine Frau jetzt zu Hause blieb war für die Erziehung unserer Kinder sehr wichtig. Schon am Anfang ihres Lebens würden sie von Ihrer Mutter erzogen werden und somit auch unsere Sitten und Gebräuche lernen. Das war für ihr zukünftiges Leben ein sehr großer Gewinn. Als unser Sohn drei Jahre alt wurde, meldeten wir ihn im Kindergarten in der nahe gelegenen katholischen Kirche an. So würde er das Leben außerhalb der Wohnung kennenlernen und frühzeitig Deutsch lernen. In kürzester Zeit hatte er sich an seine neue Umgebung gewöhnt. Jeden Tag kam er mit etwas neu Gelerntem nach Hause. Meine Frau vertiefte ihre Beziehungen zu den Nachbarn und tauschte sich mit ihnen, während sie das Kind zum Kindergarten brachte und wieder abholte, aus. Somit fing sie an, zusätzlich zu ihren Lebenserfahrungen und außerhalb der Kindererziehungsthemen, über andere Belange des täglichen Lebens dazuzulernen. Was noch wichtiger war, sie erhielt bei dem näheren Kontakt zu unseren Nachbarn die Möglichkeit ihre Deutschkenntnisse zu vertiefen. Vielleicht war die Beziehung meiner Frau und meiner Kinder zu unseren Nachbarn der Anfang unserer Integration in diese Gesellschaft. Diese Tatsache war für uns sehr wichtig.

Deutschland versuchte sich dem Wandel in der Weltwirtschaft anzupassen. Der Staat hatte damit begonnen Fabriken und Einrichtungen zu privatisieren. Die Fabrik, in der ich beschäftigt war, gehörte auch dazu. Sie wurde zuerst zu 50 % und nach ein paar Jahren komplett an die italienische Firma Fiat verkauft, die weltweit in verschiedensten Wirtschaftszweigen aktiv war und zu den ganz großen globalen Unternehmen zählte. Durch die globale industrielle Entwicklung wurden auch die Arbeitssysteme in den Fabriken radikal geändert.

Da die Kontrolleure, bei denen ich arbeitete, in andere Abteilungen versetzt wurden, musste auch ich zurück in meine alte Abteilung. Wieder musste ich mich mit den lieblosen Menschen dort herumschlagen. Sie fingen wieder an die gleichen Spielchen mit mir zu treiben. Es war Winter und ich wurde bei kaltem und stürmischem Wetter gezwungen, draußen zu arbeiten. Es wurde von mir verlangt, dass ich die kürzeren Arbeiten an den Lastwägen draußen erledigte ohne die Wagen in die Abteilung zu bringen.

Wenn ich mich dagegen wehren sollte, würde es noch schlimmer werden. Vielleicht würde ich sogar meine Arbeit verlieren. Ich dachte an meine Frau und an meine Kinder und übte mich in Geduld. Einem Tief musste doch irgendwann ein Hoch folgen. Durch die Kälte klebte das Werkzeug an meinen Händen. Da ich es nicht gewohnt war, in der Kälte zu arbeiten, rissen sofort am zweiten Tag meine Lippen auf. Ich zog meine dicksten Kleider zur Arbeit an, aber trotzdem kam die Kälte bis zu meinem Körper durch. Nach einigen Tagen fing es zu schneien an und dem folgte eine trockene Eiseskälte. Mein Gott, was für eine Kälte war das, ich fror sehr! Ich erinnerte mich an die kalten Nächte meiner Kindheit im Dorf. Die Tage in Samsun, als ich bei ähnlichem Wetter einen Winter lang im Freien gearbeitet hatte. Die so kalt wehenden Winde des Schwarzen Meeres, Kırıkkale, Eregli.

Ich erzählte nicht alles was in der Fabrik vorfiel meiner Frau, aber es war mir doch nicht möglich meine missliche Lage geheim zu halten. An den Abenden sprach ich mit meiner Frau darüber und wir konnten solches Verhalten einfach nicht nachvollziehen. Es war so, als ob meine Kollegen ihre Frustration an mir auslassen würden. Während ich unter diesen Bedingungen draußen arbeitete, stellte sich der Abteilungsleiter an sein Bürofenster und schaute mir genüsslich rauchend zu. Ich konnte nicht verstehen warum. Bei der Arbeit hatte ich kein fehlerhaftes Verhalten gezeigt und hatte immer meine Aufgaben erledigt. Es war gerade eine Woche vergangen, als ich sehr schwer erkrankte. Der Arzt hatte mich zuerst für zwei Wochen krankgeschrieben und hinzugefügt, dass ich wieder kommen sollte, wenn es mir nicht besser ginge. Nachdem ich wieder genesen auf der Arbeit erschien, sagten sie mir, dass die im Freien zu erledigenden Arbeiten erledigt wären und wiesen mir eine neue Aufgabe in der Abteilung zu.

Bei der alljährlichen Betriebsversammlung erfuhr ich, dass außer mir noch ein anderer Landsmann aus Amasya hier beschäftigt war. Mittels eines Bekannten lernte ich ihn während einer Pause kennen. Wir hatten die gleiche Mittelschule in der Kreisstadt besucht. Da er sich sehr verändert hatte, hatte ich anfangs Schwierigkeiten ihm näherzukommen. Danach lernten sich auch unsere Familien kennen und wir wurden zu sehr guten Freunden. Endlich hatte ich einen Landsmann und Freund gefunden, der zu mir passte.

Um die Qualifikation der Arbeiter zu verbessern wurden in der Firma verschiedene Kurse angeboten. Obwohl ich über das theoretische Wissen verfügte nahm ich an einem Schweißerkurs teil, um meine praktischen Fähigkeiten zu verbessern. Danach erhöhte der Abteilungsleiter unerwarteterweise meinen Stundenlohn. Aber während sich auf der einen Seite Verbesserungen zeigten, hatte ich andererseits immer mit neuen Problemen zu kämpfen.

Da man davon ausging, dass die großen Fabriken in der Innenstadt eine Belästigung für die Wohngebiete waren, wurden sie in das Gewerbegebiet umgesiedelt. Die Fabrik, in der ich beschäftigt war, gehörte auch dazu. Dadurch verlängerte sich mein Weg zur Arbeit. Da mein Arbeitsweg nun sechs Kilometer betrug, musste ich entweder mein Auto nehmen oder mit dem Bus fahren. Mit der Zeit hatte ich mich auch daran gewöhnt. Denn alle waren in der gleichen Situation. An was hatte ich mich denn in meinem Leben nicht gewöhnt? Während die Veränderungen in der Fabrik nicht abrissen, kam eine große Bestellung über fünfzehntausend Lastwägen aus Russland. Es wurde gemunkelt, dass diese Zahl sich bis auf über zwanzigtausend steigern könnte. Dieser unerwartete Großauftrag sorgte für eine große Zahl an Neueinstellungen und in den meisten Abteilungen begann man wieder auf Schicht zu arbeiten. Dieser Auftrag musste nämlich in einer gewissen Zeit erledigt werden.

Trotz der neu eingestellten Arbeiter brach in allen Abteilungen der Fabrik schonungslose Betriebsamkeit aus. Die Zahl der Arbeiter hatte sich fast verdoppelt. In den Abteilungen wurde jedem erfahrenen Arbeiter ein Neuling zugeteilt und es wurde in großem Tempo gearbeitet. Ich wurde auch in eine andere Abteilung versetzt und musste so wie die Arbeitskollegen Schichtarbeit leisten. Jetzt hatte ich einen neuen Meister, einen neuen Vorarbeiter und einen neuen Ableitungsleiter, die ich alle nicht kannte. Ich wollte mich schnell an die Abteilung und an die neuen Arbeitskollegen anpassen und keinen Anlass für Irritationen geben. Ich verfügte zwar als alteingesessener Arbeiter über Erfahrung, wurde aber trotzdem in der neuen Abteilung als Fremder wahrgenommen. Vor allem von den neuen Kollegen wurde ich, wie es mir schon vorher passiert war, ausgeschlossen. Der mir neu zugeteilte Arbeitskollege wollte mir nicht zuhören, obwohl er die Arbeit nicht verstand und zudem behandelte er mich herablassend, weil ich Ausländer war. Ich warnte ihn einige Male, aber da er sein Verhalten nicht besserte war ich gezwungen dies dem Meister zu melden. Nach diesem Vorfall waren die meisten alten und neuen Arbeiter gegen mich. Schließlich wurde ich mit verschiedenen Intrigen an eine andere Arbeitsstelle in derselben Abteilung geschickt. Es war natürlich kein Zufall, dass die Arbeitsbedingungen da schwerer waren. Ich verstand, wie bei meiner ersten Abteilung war es ihre Absicht mir keine Ruhe zu lassen, so dass ich in eine andere Abteilung versetzt wurde. Es war so, als ob der gleiche Film immer wieder abgespult wurde. Wem ich auch empfahl gut und ehrlich zu arbeiten von dem bekam ich immer dieselbe Reaktion. Ich hatte mich entschlossen eine Zeit lang still zu halten. Aber als ich jeden Tag mit jemand anderen zusammenarbeiten sollte, war meine Geduld zu Ende.

Schließlich regte mich das so auf, dass ich ohne dem Meister etwas zu sagen, direkt zum Abteilungsleiter ging. Ich schilderte ihm meine Situation und verlangte von ihm den Meister zu rufen und ihn in seiner Gegenwart zu fragen, was er von mir hielt. Der Meister sagte schamlos vor dem Abteilungsleiter, dass er mit meiner Arbeit zufrieden war und dass er nicht aus Absicht so handelte. Sofort schritt der Abteilungsleiter ein und erzählte ihm einzeln, was ich ihm geschildert hatte. Daraufhin musste der Meister verlegen schweigen. Sie unterdrückten mich förmlich und ich war in einer sehr schwierigen Situation. Sie wussten um meine Fähigkeiten. Sie wollten sie nutzen, wenn es gebraucht wurde und wenn nicht wollten sie mich schikanieren. Ich wusste über meine Rechte Bescheid. Diese Ungerechtigkeit konnte ich nicht länger auf mir sitzen lassen.

Nach einigen Tagen wurde kurzerhand die ganze Abteilung versammelt. Sie wollten für Sonderarbeiten, wie etwa verschiedene Arbeiten für Feuerwehrautos, eine neue Gruppe zusammenstellen. Die Arbeiter, die in diese Gruppe wollten, mussten alle anfallenden Arbeiten, Schweißen eingeschlossen, verrichten können. Nachdem sich ein paar erfahrene ältere Arbeiter gemeldet hatten meldete ich mich auch, um in dieser Gruppe zu arbeiten. Unsere sehr schnell zusammengestellte Gruppe nahm die Arbeit sofort auf. Die ausgewählten Arbeiter waren alle älter, berufserfahren und selbstbewusst. Die zu verrichtenden Arbeiten verlangten äußerste Sorgfalt. Es waren Arbeiten wie Schneiden, Schweißen und Reparieren. Ich war bereit, alle Arbeiten zu machen, solange eine ruhige Arbeitsatmosphäre herrschte.

Während jeweils Zweiergruppen ihre Arbeit begannen, blieb ich wieder alleine zurück. Einige Tage arbeitete ich so alleine. Danach wurde mir ein älterer Arbeiter, der kurz vor seiner Rente stand, zugeteilt. Nach einigen Monaten ging er in Rente und dann musste ich mit einem Neuling arbeiten, der nichts von der Arbeit verstand. Monatelang arbeitete ich mit ihm zusammen. Meistens war ich auch gezwungen, die ihm zufallenden Arbeiten mitzuerledigen. Denn er war genauso ein Arbeiter wie ich und er war mein Arbeitskollege. Indem man ihn in eine andere Abteilung versetzte, wurde ich ihn wieder los. Danach wurde mir alle drei Monate ein neuer Auszubildender zugeteilt, dem ich etwas beibringen sollte. Dieser Zustand dauerte bis zur Fertigstellung des Großauftrags aus Russland an. Durch die Entlassung der nun überflüssigen Arbeitskräfte und der Wiederherstellung der alten Abteilungen endete zum Glück dieser Chaoszustand.

In der gleichen Zeit überwarf ich mich mehr und mehr mit den anderen Vorstandsmitgliedern unseres Vereins. Sie hörten mehr und mehr auf, sich um die sozialen Belange der hier lebenden Türken zu kümmern. Die Politisierung war fortgeschritten und die Vereine begannen wie der verlängerte Arm der politischen Parteien aus der Türkei zu agieren. Ich merkte, dass ich von nun an mit meiner Arbeit im Verein der Gesellschaft nicht mehr nützlich sein konnte. Mit einem Brief kündigte ich sowohl als Vorstandsmitglied als auch meine Vereinsmitgliedschaft. Danach sollte ich in keinem türkischen Verein mehr Mitglied werden. Ich wollte in meiner eigenen Welt, als einfacher Bürger, mein Leben fortführen.

Dadurch konnte ich jetzt meiner Frau und meinen Kindern mehr Zeit widmen. Ich liebte die Musik und mein Wunsch war es, dass zumindest eines meiner Kinder eine musikalische Erziehung genießen sollte. Dementsprechend schickten wir unseren Sohn zur musikalischen Früherziehung im Vorschulalter. Er besuchte diesen Kurs an einigen Tagen in der Woche und ich verbrachte viel Zeit damit, ihn zu motivieren. Meine Frau und ich dachten langfristig und planten unser zukünftiges Leben danach. Die meisten unserer Bekannten tadelten uns, als meine Frau Fahrrad und Auto fuhr und dass sie unseren Sohn zum Kindergarten schickte, obwohl sie nicht arbeitete. Es sei unnötig ausgegebenes Geld sagten Sie uns. Aber für uns war es nur wichtig, Dinge zu tun, die für uns richtig waren. Denn wir waren eine Familie und die Entscheidungen dieser Familie traf ich zusammen mit meiner Frau und kein anderer.

Unsere Tochter hatte zu sprechen und zu laufen angefangen. Sie war so lebhaft, dass überall, wo wir hingingen, etwas durch sie zerstört wurde. So ruhig auch unser Sohn war, umso lebhafter war unsere Tochter. Nachdem ihr Bruder ein Fahrrad bekam, hatte sie sein Kettcar bekommen. Bei schönem Wetter war sie in unserer Straße den ganzen Tag mit ihrem Kettcar zu hören. Nachdem wir ihr das Kettcar wegnahmen, begann sie mit dem dreirädrigen Traktor, den sie auch von ihrem Bruder bekommen hatte herumzufahren. Sie war nicht wie ein Mädchen, sondern wie ein unartiger Junge. Obwohl unsere Tochter drei Jahre alt wurde, machte sie durch eine Erkrankung ab und an nachts ihr Bett nass. Aus diesem Grund schimpfte ihre Mutter mit ihr und sie bekam manchmal einen Klaps auf ihren Popo. Dadurch kam sie, wenn es wieder einmal so weit war, zu meiner Seite des Betts, um ihre Mutter nicht aufzuwecken und wollte, dass ich ihr die Wäsche auswechselte. Und mit den gleichen leisen Bewegungen wie sie gekommen war, wechselte ich ihre Sachen und legte sie wieder schlafen. Obwohl sie das vierte Lebensjahr erreicht hatte, hielt dieser Zustand noch an.

Schließlich hatte der Kinderarzt unsere Tochter an die Ulmer Universitätsklinik überwiesen. Nachdem sie dort untersucht wurde stand in dem Bericht für den Kinderarzt die Empfehlung sie zu operieren. Im Krankenhaus trafen wir zufällig ein türkisches Mädchen, das die gleichen Probleme hatte. Wir erfuhren, dass sie deswegen operiert wurde und dass dies auch keine Lösung war. Wir dachten sofort an die Erlebnisse, die wir im Zusammenhang mit den Magenproblemen unseres Sohnes erlebt hatten. Dieses Mädchen berichtete, dass sie nach der Operation ständig zur Kontrolle kommen musste. Dies erschreckte uns noch mehr. Es war kurz vor den Sommerferien und wir hatten ja ohnehin vor, wieder in die Türkei zu fahren. Wir entschieden uns, unsere Tochter sowie unseren Sohn bei Spezialisten in der Türkei untersuchen zu lassen. Wenn er auch zu einer Operation riet, würden wir das Notwendige tun. Als die Ferienzeit kam, brachen wir in Richtung Heimat auf.

Wir hatten uns alle, auch die Kinder, so sehr darauf gefreut, dass wir es kaum erwarten konnten, dass die Sommerferien anfingen. Auch wenn die Reise in die Türkei eine lange ermüdende Angelegenheit war, war es, nicht nur wegen dem Besuch bei unseren Familien, eine große Abwechslung für uns. Unsere Unternehmungen in Deutschland waren materiell und emotional begrenzt. Was für uns noch wichtiger war, unsere Ausgaben reduzierten sich und mit jedem Monat, den wir hier verbrachten tankten wir Energie auf.

Nach einer mühseligen, aber vergnüglichen Fahrt kamen wir in unserer Heimat an. Zuallererst wollten wir nun einen Arzt aufsuchen. Wir waren gespannt darauf, was er sagen würde. Zuerst hatte er eine Urinkontrolle durchgeführt, wobei er sagte, dass es nichts zu befürchten gab und selbst wenn ein bisschen Blut im Urin wäre, sich dies mit der Zeit wieder regeln würde. Er empfahl uns, das Kind unter keinen Umständen operieren zu lassen. Wir hatten uns, wie bei unserem Sohn sehr gewundert. Obwohl der Arztberuf einer der universellsten Berufe der Welt war, konnten zwei verschiedene Ärzte in zwei verschiedenen Ländern komplett unterschiedlicher Meinung sein.

Als wir die Instabilität der türkischen Politik und Wirtschaft sahen, verschoben wir unsere Absicht in die Türkei zurückzukehren bis auf weiteres. Es war, als ob die Lebensqualität von Jahr zu Jahr schlechter wurde. Die politische Instabilität hatte in alle Bereiche des Landes übergegriffen und es herrschten chaotische Zustände. Die staatlichen Unternehmen waren durch politische Ernennungen heruntergewirtschaftet und durch die Inflation war die Überteuerung nicht mehr einzudämmen. Wir hatten uns zwar entschlossen vor der Einschulung der Kinder in die Türkei zurückzukehren, aber das bisher gesehene zwang uns noch eine Zeit lang in Deutschland zu bleiben. Unter diesen Umständen konnten wir es nicht riskieren zurückzukehren. Denn mein ganzes Leben lang hatte ich Schwierigkeiten. Aber obwohl ich jetzt nicht von allen Sorgen befreit war, hatten wir in unserem Leben in Deutschland eine gewisse Ordnung. Außerdem mussten wir der Verantwortung, einer vierköpfige Familie, gerecht werden. Unter diesen Umständen hatte ich bei einer Rückkehr in die Türkei keinen Menschen auf den ich mich materiell und emotional verlassen konnte.

Mit den Jahren wurde die Arbeitslosigkeit in Deutschland zu einem großen Problem. Aber die wirtschaftlichen Maßnahmen, die im Rahmen eines stabilen Staatsgebildes getroffen wurden, bewahrten die gesellschaftliche Ordnung und verhinderten somit eine größere Krise. Beispielsweise wurden, um den Arbeitsmarkt zu entspannen, ausländische Arbeitskräfte bei einer Rückkehr in ihr Heimatland belohnt. Deswegen wurde eine Rückkehrprämie von 10.000 DM ausbezahlt. Über hunderttausend Türken, die kurzentschlossen zurückkehrten, hatten davon Gebrauch gemacht. Leider war einer davon mein Freund, dem ich geholfen hatte für die Türken als Betriebsrat gewählt zu werden. Auch unser Betriebsrat nutzte die Prämie und so waren wir Türken beziehungsweise Ausländer wieder ohne Vertreter. Natürlich brachte der Umstand, dass kein ausländischer Arbeiter mehr im Betriebsrat war, nicht nur die türkischen Arbeiter, sondern auch alle anderen ausländischen Arbeiter in eine schwierige Situation. Sie hatten jetzt keinen Vertreter mehr, der für ihre Probleme ein offenes Ohr hatte. Dies galt natürlich auch für mich.

Durch die Arbeitslosigkeit, die Tag für Tag anstieg, hatten alle Arbeiter Angst vor der Zukunft. Die meisten von uns hatten Familie und mussten vorsichtig sein. Ein Arbeitsplatzwechsel brachte sehr viele Risiken mit sich. Einige Freunde mit denen wir familiär zu tun hatten und denen es in der Türkei finanziell gut ging, nutzten die Prämie aus und kehrten in die Heimat zurück. Die meisten der Rückkehrer kamen aus den Städten und wollten ihre Ersparnisse wieder dort anlegen. Aber unsere Situation war vollkommen anders. Denn wenn wir zurückkehren sollten, würden wir ins Dorf zurückkehren und ich müsste mich nach einer Arbeit umschauen. Abgesehen davon war ich weder materiell noch geistig dafür bereit. Von der Rückkehr einiger Freunde war ich sehr beeindruckt, aber da ich jetzt ohnehin nicht zurückkehren wollte, dachte ich über diese Angelegenheit auch nicht nach.

Während Deutschland auf dem Weg war, seine Probleme mit durchdachten politischen Maßnahmen in den Griff zu bekommen, hatte in der Türkei die Anarchie begonnen. Das Volk, das sich in ein rechtes und linkes Lager gespalten hatte, bewaffnete sich und bekämpfte sich untereinander. Diese Entwicklung schreckte mich noch mehr ab in die Türkei zurückzukehren, ich dachte sogar darüber nach mit meinen Kindern in Deutschland zu bleiben. Ich war damals sehr durcheinander. Eigentlich waren wir in einer Situation, in der wir nicht wussten, was wir machen sollten.

Wenn ich Deutschland mit der Türkei verglich, waren sehr wichtige Unterschiede zu sehen. Deutschland hatte ein sicheres Fundament, im Vergleich zur Türkei, ein solides politisches System und Wirtschaftsstrukturen, auf die die meisten Länder neidisch waren. Und was für uns noch wichtiger war, es hatte ein ordentliches Bildungssystem. Nach der Grundschule bekamen Kinder aus sozial schwachen Familien, die studieren wollten staatliche Unterstützung.

Unser Sohn kam jetzt in das Schulalter. Die letzten Jahre, bis zu dieser Zeit, hatten wir in der Vorstellung gelebt in die Heimat zurückzukehren. Aber an diesem Tag waren die Signale, dass wir nicht zurückkehren würden, offensichtlicher geworden. Es ergab auch keinen Sinn, weiter darüber nachzudenken. Wir meldeten unseren Sohn bei der deutschen Schule an und unsere Tochter kam in den Kindergarten.

Es war an einem sonnigen Herbstmorgen im Jahre 1982 und die Schulkinder waren alle auf den Straßen. Wie deutsche Eltern nahm ich mir an diesem Tag Urlaub und wollte bei dem Schulanfang meines Sohnes dabei sein. An diesem Tag durchlebten meine Frau und ich mit ganz anderen Gefühlen das Glück, Eltern zu sein. Mit dem Fotoapparat in der Hand wollten wir jeden Augenblick auf Bildern festhalten. Seine Klasse, die Klassenkameraden, den Lehrer, alles was an diesem Tag vor sich ging war für uns als Erinnerung wichtig. In Deutschland waren wir zum ersten Mal in einer Schule. An jedem Tag, sobald unser Sohn von der Schule kam, fragten wir ihn neugierig aus, was er in der Schule gemacht und was er gelernt hatte. Manchmal übertrieben wir das auch, was ihn dessen auch überdrüssig machte. Was sollten wir machen, wir wollten nichts verpassen! Während wir uns um unseren Sohn kümmerten, war unsere Tochter neidisch und versuchte mit verschiedenen Streichen die Aufmerksamkeit auf sich zu ziehen.

Unsere Kinder wurden größer. Meine Frau kam ein bisschen zur Ruhe und fing an, Zeit für sich selbst zu finden. Bei einer Elternversammlung, auf der über die Hausaufgaben der Kinder gesprochen wurde, hatte eine deutsche Frau festgestellt, dass meine Frau gut deutsch sprechen könne. Meine Frau erwiderte, dass sie gerne mehr lernen wolle, um noch besser zu werden. Sie bekam die Antwort, dass sie auf sie zukommen könne, wenn sie niemanden fände. Somit beschäftigte sich meine Frau einerseits mit der Erziehung unserer Kinder und andererseits begann sie, einmal in der Woche bei dieser Frau Deutschunterricht zu nehmen. Vor der ersten Unterrichtsstunde fragten wir sie, wie viel wir dafür bezahlen mussten. Die Frau gab an, dass sie das Geld nicht nötig hätte und wenn wir etwas zahlen wollten, wolle sie das Geld einer Hilfsorganisation spenden. Somit waren wir uns einig und meine Frau bekam zwei Jahre lang Deutschunterricht von ihr. Schließlich konnte meine Frau zwar nicht akzentfrei, aber grammatikalisch richtig Deutsch sprechen.

Ich war stolz auf meine Frau, und bei Gesprächen mit Freunden erwähnte ich wie vorbildlich sie sei. Ich hatte schon sehr früh ihre sprachliche Begabung bemerkt. Während einer Unterhaltung hatte die Deutschlehrerin erwähnt, dass ihr Ehemann Zahnarzt war. Das war für uns großes Glück. Obwohl ich ordnungsgemäß zu den Kontrollen ging, hatte ich immer Probleme mit den Zähnen. Durch diese Bekanntschaft haben wir beide unsere Zähne sorgfältig behandeln lassen. Der Zahnarzt war ohnehin in Ulm sehr bekannt und sehr beliebt. Wie wir im Nachhinein erfuhren, war es auch nicht einfach bei ihm einen Termin zu bekommen. Somit war das Glück wieder auf unserer Seite.

An den Wochenenden verbrachte ich jetzt viel mehr Zeit mit den Kindern. An Wintertagen, wenn es geschneit hatte gingen wir alle zusammen zu der oberhalb der Stadt liegenden Allee, um Schlitten zu fahren. Manchmal saßen wir auch alle zusammen zu Hause und schauten gemeinsam Kinderfilme oder spielten verschiedene Spiele mit ihnen. Somit verbrachten wir Zeit mit unseren Kindern und vertieften unsere Deutschkenntnisse, während wir diese Filme anschauten. So langsam fingen wir an, wie Deutsche zu denken und wollten unsere Zeit so nützlich wie möglich verbringen.

Unseren Urlaub planten wir nach den Schulferien unseres Sohnes. Natürlich war für uns Urlaub mit der Türkei gleichzusetzen. Der Empfehlung unserer Verwandten, die Lehrer in der Türkei waren folgend, kaufte ich Bücher, um mit meinem Sohn auch türkisch zu lernen. Diese Bücher waren didaktisch aufbereitet und altersgerecht. Unsere Kinder sollten beide Sprachen sehr gut lernen. Man konnte nie wissen was das Leben mit sich brachte. Wie es auch bei uns hieß: „Eine Sprache bedeutet ein Mensch, zwei Sprachen bedeuten zwei Menschen." Auf die Empfehlungen der Lehrer hörend, verbrachte ich an den Wochenenden sehr viel Zeit mit meinem Sohn. An gewissen Stunden unterrichtete ich ihn regelmäßig in türkischer Sprache, als ob er in einer türkischen Schule wäre. Neben Türkisch und Mathematik unterrichtete ich ihn, wenn ich Zeit fand, in Geschichte, Erdkunde und Allgemeinwissen. Für unseren Sohn war es überhaupt nicht einfach, aber in Sachen Bildung zeigte ich keine Toleranz. Zur gleichen Zeit kümmerte sich meine Frau um die deutschen Schulangelegenheiten unserer Kinder. Die Widrigkeiten, die ich erlebt hatte, sollten meine Kinder nicht mehr erleben müssen. Meine Frau und ich hatten durch unser Leben in Deutschland erfahren, wie wichtig Bildung ist. Unser Sohn, der unter der Woche in der Schule war, durfte an den Wochenenden nicht wie andere Kinder seine Zeit vergeuden. Da er noch den Musikkurs besuchte, hatte er an den Wochenenden überhaupt keine Zeit.

Die Beziehung zu dem älteren Ehepaar, die unsere Nachbarn waren und auf unseren Sohn aufgepasst hatten, war genauso gut wie vorher. Am Weihnachtsabend, wenn wir sie besuchten nahmen die Kinder ihre Geigen mit und wir feierten zusammen, indem Weihnachtslieder gespielt und gesungen wurden. Opa und Oma hatten vor Glück leuchtende Augen, als sie die Kinder so sahen. Danach sagten sie voll Freude zu uns: „Das sind eure Kinder, aber auch unsere Enkel". Gleichzeitig versäumten wir auch nicht, unsere religiösen und nationalen Feiertage zu würdigen. An den Festtagen kauften wir unseren Kindern neue Kleider und Geschenke und gingen zusammen mit ihnen zu den obligatorischen Festtagsbesuchen. Einmal ging unsere Tochter zum deutschen Opa und sagte zu ihm: „Opa, Opa, heute ist unser Festtag, jeder gibt uns heute Geld, wieso gibst du uns nichts?" Gott belohne ihn, er gab ihr sofort 10 Mark. Mit Wehmut denken wir an diese Tage zurück.

Eines Tages hat unser Opa unseren Sohn bei der Jugendfußballmannschaft des Sportvereins, von dem er Gründungsmitglied Mitglied war, angemeldet. Da unser Nachbar das älteste Mitglied dieses Vereins war, genoss er eine Menge Respekt. Dass er sich noch ehrenamtlich dort betätigte und mit jedem im Verein in Kontakt blieb, war nicht üblich unter den Deutschen. Aber unser Opa war ein sehr wertvoller und kultivierter Mensch. Und die Oma liebte uns und die Kinder auch sehr. Heute sind die beiden nicht mehr am Leben, aber sie haben in unseren Herzen einen sehr wichtigen Platz eingenommen. Oma und Opa haben uns dazu bewegt, dieses Land lieben und schätzen zu lernen. Dieses Verhältnis zu Oma und Opa verstanden und verstehen wir unter Integration!

Unser Sohn begann nun unter der Woche mit dem Training und nahm an den Wochenende an seinen ersten Spielen teil. Auf der einen Seite Musik, auf der anderen Sport, ich war damit überglücklich.

Um den im frühen Kindesalter nach Deutschland gekommenen und hier geborenen Schulkindern ihre eigene Kultur nahezubringen, wurden Lehrer aus der Türkei hierhergeschickt. Diese Unterrichtsstunden fanden außerhalb der normalen Schulzeit statt. Gleichzeitig war die Teilnahme für alle türkischen Kinder freiwillig. Aber da die meisten Familien daran dachten in die Heimat zurückzukehren, ließen sie, wenn auch nicht regelmäßig, ihr Kind diesen Unterricht besuchen. Die Eltern dieser Kinder gründeten eine Elternvereinigung mit dem Ziel, den türkischen Lehrern bei der Ausrichtung und Bekanntmachung von Feierlichkeiten anlässlich der wichtigen Feiertage zu helfen. Wie jedes Jahr versammelte sich diese Vereinigung unter der Leitung der Lehrer und wählte einen Vorsitzenden. Bei dieser Wahl ergab es sich, dass ich zum Vorsitzenden der Elternvereinigung gewählt wurde. Dadurch engagierte ich mich nach Jahren wieder, bedingt durch die Schulangelegenheiten meines Sohnes, an gesellschaftlicher Arbeit.

Nachdem die Deutschkenntnisse meiner Frau eine gewisse Ebene erreicht hatten, begannen wir verstärkt an verschiedenen Versammlungen in Ulm teilzunehmen. Themen dieser Versammlungen waren meist Ausländer, Türkei, die Türken, Bildung oder der Islam. Hier hatten wir auch die Möglichkeit Deutsche kennenzulernen und Freundschaften mit ihnen zu schließen. Selbst als wir wieder zu Hause waren, diskutierten wir noch lange aufgeregt über die Versammlungen. Dabei erfuhren wir, was die Deutschen über unsere Religion und Kultur wussten oder nicht wussten und wenn sich die Möglichkeit ergab, versuchten wir sie aufzuklären. Jetzt fühlten wir uns wie ein Teil dieser Gesellschaft und spürten, dass wir dieser Gesellschaft etwas zurückgeben können. Dass meine Frau die Themen sehr schnell verstand und mit mir gemeinsam ständig neue Ideen hervorbrachte, beobachtete ich, ohne mir etwas anzumerken zu lassen, mit Stolz. Wenn es so weiterginge, wäre meine Frau bald für alle Frauen in Ulm eine vorbildliche türkische Mutter.

Vielleicht würde sie der Gesellschaft zeigen können, was eine türkische Frau, die aus einem Dorf in Anatolien stammte und mit nichts anfing, alles erreichen kann.

Bei einer dieser Versammlungen lernten wir einen Ingenieur kennen. Bei einem Gespräch erwähnte er, dass in der VH eine Podiumsdiskussion über die Alltagsprobleme ausländischer Frauen in Ulm stattfinden würde. Als er sagte, dass ausländische Frauen gesucht wurden, die über diese Probleme berichten können, fiel mir sofort meine Frau ein. Ich sagte, dass meine Frau im Namen der Türkinnen daran teilnehmen würde. Denn ich glaubte, dass sie das besser machen konnte als die meisten. Aber meine Frau hatte Bedenken. Sie würde zum ersten Mal an so etwas teilnehmen. Ich überredete sie, indem ich ihr sagte, dass wir alles, was sie dort sagen wollte, zusammen vorbereiten könnten. Diese Podiumsdiskussion fand auf Deutsch statt und wurde für Deutsche abgehalten. Die Themen, über die gesprochen werden sollte und die Fragen, die ihr gestellt werden würden, waren ihr nicht fremd. Aber alle Eventualitäten im Auge behaltend, gingen wir vorher noch einmal alles durch worauf sie achtgeben sollte.

An dem erwarteten Tag betraten wir sehr aufgeregt den Veranstaltungsort. Der Saal war mit deutschen Zuhörern gefüllt und jeder wartete auf den Beginn der Diskussion. Es nahmen eine Italienerin, eine Spanierin und eine weitere Türkin, die vorher als Lehrerin nach Deutschland gekommen war, teil. Mit der Bescheidenheit einer anatolischen Frau nahm meine Frau auf ihrem zugewiesenen Stuhl Platz. Die anderen natürlich auch.

Der Leiter hatte bei seiner Eröffnungsrede darum gebeten, dass sich alle Teilnehmer kurz vorstellen mögen. Danach begann die Diskussion über die alltäglichen Probleme, die die ausländischen Frauen hier erlebten. Die anderen teilnehmenden ausländischen Frauen machten deutlich, dass die ausländischen Frauen hier keine Probleme hatten. Sie versuchten teils durch Beispiele aus ihrem Leben zu verdeutlichen, das alles in bester Ordnung sei. Denn auch wenn sie ausländischer Herkunft waren, hatten sie eine akademische Karriere hinter sich. Aber meine Frau kam aus Anatolien. Deswegen fing sie an über ihre eigenen alltäglichen Probleme oder von Frauen, die in derselben Situation waren wie sie, zu berichten. Durch die Schilderungen meiner Frau wurde deutlich, dass die ausländischen Frauen hier sehr große Probleme hatten. Plötzlich hatte meine Frau die ganze Aufmerksamkeit des Saals. Als anatolische Frau, als die sie aufgewachsen war, sprach sie nur, wenn sie gefragt wurde. Die andere türkische Frau ignorierte die eingeschlagene Richtung vollständig und begann, über die Türkei zu sprechen. Sie wollte die Diskussion politisieren. Das störte jedoch meine Frau sehr und sie widerlegte die über die Türkei gemachten Aussagen. Eigentlich waren ja die Teilnehmerinnen deshalb eingeladen, um über die hier alltäglichen Probleme der ausländischen Frauen zu reden. Während meine Frau sprach, wurden ihr von den Zuhörern immer neue Fragen gestellt und durch den Applaus wurde sie bestätigt.

Diese Unterstützung ermutigte meine Frau und sie fing an, über den wahren Alltag der anatolischen Frau zu berichten. Das Ergebnis machte uns alle stolz. Diese Podiumsdiskussion hatte ihr sehr viel Energie gegeben und ihr Selbstbewusstsein gesteigert. Danach wurde sie durch jede Versammlung und jede Diskussion, die wir besuchten, noch ein bisschen stärker. Selbst wenn ich Schicht arbeiten musste, besuchte sie Versammlungen, die uns interessierten, alleine. Das war auch für mich sehr gut, denn wenn ich nach Hause kam, erzählte sie mir sehr aufgeregt von den Sachen, die dort besprochen und diskutiert wurden.

An den Wochenenden traf ich mich als Vorsitzender des Elternvereins mit den türkischen Lehrern, um über die schulischen Probleme der Kinder zu reden. Dass ich zu diesen Treffen auch meine Frau mitnahm, hatte eine weitere Mutter ermutigt daran teilzunehmen. Dieser Zustand machte unsere Arbeit mit den Lehrern noch effizienter. Diese Unterstützung der Frauen setzte sich auch bei der praktischen Umsetzung der Hilfeleistungen fort. Soweit ich wusste, hatte es eine solche soziale Aktivität in Ulm noch nicht gegeben. Durch diese Treffen verstand meine Frau im Allgemeinen die schulischen Probleme der Kinder sehr gut.

Wenn ich auf der Arbeit war, nahm meine Frau an den Elternabenden in der Schule alleine teil. Mir gegenüber erklärte sie, da sie ja über die schulischen Probleme der Kinder bestens Bescheid wüsste, traue sie sich es auch alleine zu, diese Probleme anzusprechen. Sie erklärte auch den deutschen Klassenlehrern und Eltern die Gründe für die Probleme ausländischer Kinder und schreckte nicht davor zurück, Verantwortung zu übernehmen. Nach diesen Versammlungen hielt sie den Kontakt mit den Lehrern stets aufrecht und hatte so die Möglichkeit, das schulische Fortkommen unseres Sohnes näher zu beobachten. Zwischen all diesen Aktivitäten nähte sie den Kindern und sich selbst verschiedene Kleidungsstücke, sie waren immer sehr sauber und schön angezogen. Unsere Kinder sollten sich vor den deutschen Kindern nicht blamieren. Die Arbeiten, die meine Frau bewerkstelligte, waren der Beweis dafür, was eine Frau leisten konnte, wenn sie nur wollte. Mit Trauer muss ich feststellen, dass das Desinteresse der türkischen Eltern für ihr Gastgeberland Deutschland den Kindern sofort anzusehen war. Bei den meisten Türken herrschte deshalb so ein großes Desinteresse, weil sie unwissend waren oder bereits resigniert hatten. Sich Wissen anzueignen wurde sogar als unnötiger Luxus angesehen.

Wie sich meine Frau und ich in dieser Haltung von unseren Landsleuten unterschieden, war ganz deutlich zu sehen. Wir wollten trotz aller Widrigkeiten ständig mit der Außenwelt in Kontakt sein, uns Wissen aneignen und einen besseren gesellschaftlichen Status erreichen.

Da das am 23. April stattfindende Kinderfest zum damaligen Zeitpunkt in Ulm noch nicht als großes Fest begangen wurde, bereitete ich mich auf diese Feierlichkeit besonders sorgfältig vor. Nachdem ich zum Vorsitzenden der Elternvereinigung gewählt wurde, arbeitete ich mit den Freunden im Verein akribisch daran, eine große Feier auf die Beine zu stellen. Dieser Tag war für uns Türken sehr wichtig. Das osmanische Reich wurde, nachdem es als Verbündeter Deutschlands im Ersten Weltkrieg verloren hatte, aufgelöst. Der 23. April war der Eröffnungstag des Gründerparlaments der heutigen türkischen Republik, die unter Atatürks Führung gegründet wurde. Diesen Festtag widmete Atatürk den Kindern um die Bedeutsamkeit der Bildung für die Zukunft deutlich zu machen. Wir wollten diesen Tag ausgelassen feiern. Um dieses Fest zusammen zu feiern und den hier lebenden Kindern die Bedeutung näherzubringen, wollten wir einen großen Saal anmieten. Dies erforderte jedoch eine Menge Geld.

Zuerst hat unsere Elternvereinigung dem Ausländerbeauftragten der Stadt Ulm die Wichtigkeit dieses Festtages erklärt. Wir baten ihn, uns bei der Suche nach einem geeigneten Saal behilflich zu sein. Nachdem wir einen Saal gefunden hatten begannen wir voller Eifer mit den Vorbereitungen für das Fest. Gemeinsam mit den Lehrern planten wir dieses Kinderfest insgesamt ein Jahr lang.

Zu diesem wichtigen Tag luden wir außer dem Landrat in Ulm auch die Stadträte und wichtige politische und wirtschaftliche Persönlichkeiten ein. Neben der Folkloregruppe der türkischen Kinder luden wir zudem die spanische und italienische Kinderfolkloregruppe zur Tanzvorführung ein. Zusätzlich schickten wir den ganzen türkischen Vereinen in Ulm Einladungen. Außerdem luden wir zu unserem internationalen Kinderfest noch den in Stuttgart ansässigen türkischen Konsul ein. Durch das Aufhängen von türkischen Plakaten in der ganzen Stadt wollten wir größtenteils die türkische Bevölkerung auf die Feierlichkeiten aufmerksam machen. Zu dieser Feier hatten wir natürlich auch unsere Nachbarn, Oma und Opa und unsere deutschen Freunde eingeladen.

Der mit viel Arbeit vorbereitete Tag für unsere Kinder war gekommen. Alle aus dem Vorstand der Elternvereinigung arbeiteten samt Ihren Familien auf ehrenamtlicher Basis. Die große Sporthalle, die wir günstig bei der Stadtverwaltung gemietet hatten, schmückten wir im Vorfeld mit türkischen Fähnchen. Auf die Bühne hängten wir jeweils eine große deutsche und türkische Fahne und ergänzten diese mit berühmten Zitaten des Staatsgründers Atatürk ("Çocuklar bizim geleceğimizin güvencesi yaşama sevincimizdir, bugün çocuğunu yarının büyüğü olarak yetiştirmek hepimizin görevidir"/ "Unsere Kinder sind unsere Zukunft, unsere Freude am Leben. Die heutigen Kinder in der zu den Erwachsenen der Zukunft auszubilden ist unsere menschliche Aufgabe!"). Zum Verkauf reihten wir die türkischen Leckereien, die von den Müttern gebacken wurden am Saaleingang auf. Vor der Tür stellten wir einen Dönerspieß auf, um unsere Besucher zu verköstigen. Alles, was bei diesem Fest verkauft wurde, sollte der Kasse der Elternvereinigung zugutekommen. Unsere Einkäufe waren im Vorfeld gut geplant gewesen, denn wir hatten festgelegt wer was wo am günstigsten besorgen konnte. Die Getränke bezogen wir von der Gold Ochsen Brauerei zu einem sehr günstigen Preis, da dort ein Vater arbeitete und zum Teil auch als Spende.

Alles verlief wunderbar. Meine Frau und ich begrüßten die Besucher und bewirteten sie. Der Saal war mit Besuchern brechend voll. Als Vorsitzender der Elternvereinigung hielt ich zum ersten Mal eine zweisprachige Eröffnungsrede und die Feierlichkeiten begannen. Es folgten die Ansprachen der Lehrer und Gedichtvorträge einiger Schüler. Das Fest wurde in einer in Ulm nie dagewesenen Weise gefeiert. Danach kamen die Folkloregruppen der Kinder aus verschiedenen Ländern auf die Bühne. Im Saal wurde an diesem Tag mit Kindern aus verschiedenen Kulturen ein schönes Kinderfest gefeiert. Nach dem Fest kam ich zufällig bei einer Versammlung mit dem Ausländerbeauftragten der Stadt zusammen. Wir sprachen sehr lange über die Probleme der ausländischen Kinder in Deutschland. Aus seinen Worten konnte ich herauslesen, dass er mit den Feierlichkeiten an diesem Tag sehr zufrieden war.

Im Jahre 1984 hatte die Südwestpresse, die in der Ulmer Gegend gelesen wird, den Kontakt zum Ausländerbeauftragten gesucht, mit der Bitte, ihr ein Interview mit einer ausländischen Familie zu vermitteln. Der Artikel sollte über die Anpassung der Ausländer in der deutschen Gesellschaft und über Nachbarschaftsbeziehungen berichten. Der Beauftragte, der unser öffentliches Engagement kannte, schlug uns als Interviewpartner vor.

Das Interview fand in unserer Wohnung statt. Dazu luden wir auch Oma und Opa ein. Oma kam nicht, weil sie ein wenig schüchtern war. Aber unser Opa war offen für alles uns wie immer neben uns. Mit Stolz beantwortete er die Fragen des Journalisten. Zuerst haben wir generell über die Ausländer gesprochen. Danach kamen wir zu dem eigentlichen Thema, den Schwierigkeiten bei der Anpassung ausländischer Familien in die Gesellschaft und die Probleme in den Nachbarschaftsbeziehungen. Meine Frau und ich antworteten gemeinsam mit unserem deutschen Nachbarn sehr offen auf die gestellten Fragen. Wir hatten wieder für ein Novum in der Stadt Ulm gesorgt. Am nächsten Tag war in den Zeitungen neben einem großen Bild die heute noch gültige Überschrift: „Rukiye Kaplan weiß, wie wichtig helfen ist" zu lesen. Ihre Antwort auf die Frage, wieso sie deutsch lerne war: „Um den Deutschen helfen zu können, wenn sie in die Türkei kommen." Sie sollten nicht die gleichen Schwierigkeiten erleben, wenn sie in die Türkei kämen, wie wir damals als wir nach Deutschland kamen. Über unsere Beziehungen zu den deutschen Nachbarn berichtete die Zeitung eine halbe Seite lang. Angefangen vom Abteilungsleiter gratulierten mir die meisten der Arbeitskollegen, die das Interview gelesen hatten. Sie fanden unsere Ansichten zu dem Thema sehr lebensnah und richtig.

Dann rang sich ein sehr enger Freund nach Jahren durch, doch noch in die Türkei zurückzukehren. Ihn hatte ich als Junggeselle kennengelernt und unsere Freundschaft blieb auch nach meiner Heirat bestehen. Und wir hatten im Verein und in der Elternvereinigung durch unsere gemeinsame Arbeit eine Vorreiterrolle in der türkischen Gemeinde in Ulm eingenommen. Da ihre finanzielle Lage in der Heimat recht gut war, kehrten sie zurück bevor ihre Kinder eingeschult wurden. Jetzt hatten wir unter den Türken in Ulm nur noch eine Familie, die auf unserer Wellenlänge lag und mit der wir uns familiär treffen konnten. Das war mein Landsmann, mit dem ich zusammen auf der Schule war.

Unsere Tochter besuchte den Kindergarten. Unsere finanzielle Lage hatte sich auch ziemlich verbessert. Wir planten jetzt viel gelassener unsere Zukunft und überlegten, was wir als nächstes machen wollten. Meine Frau wollte, um die Haushaltskasse zu unterstützen wieder arbeiten. Mehrmals ging Sie zum Arbeitsamt und bekam jedes Mal eine Putzstelle angeboten. Daraufhin erkundigte sich meine Frau auf dem Amt nach einer Ausbildungsstelle, an deren Kosten wir uns auch beteiligen würden. Mit der Absage bekam meine Frau die Antwort:" Frau Kaplan darauf brauchen Sie gar nicht warten bzw. hoffen, es gibt eine Menge deutscher Frauen die auf diese Möglichkeit warten".

Vielleicht war es für uns ein Luxus, aber wir kauften uns eine Videokamera, die für uns bezahlbar war. Wir wollten jeden Augenblick unserer Kinder lebendig auf Film aufnehmen. Wir wollten unser Leben in Deutschland festhalten. Nachdem wir wieder zu Hause waren konnten wir es kaum erwarten alles auf dem Bildschirm zu sehen. Danach nahmen wir die Sehenswürdigkeiten wie zum Beispiel das Ulmer Münster auf. Es wurde zu einem Hobby an den Wochenenden Sehenswürdigkeiten zu filmen. Sobald wir wieder in der Türkei zu Besuch wären, würden wir unseren Verwandten und Freunden lebensnah zeigen, wo wir lebten. Während unser Leben in diesen Bahnen verlief konzentrierten wir uns neben unserer Zukunft auf die der Kinder. Sie waren unser ein und alles, sie sollten es in der Zukunft nicht so haben wie wir. Wir wollten sie jetzt schon auf das Leben im fremden Land vorbereiten und ihnen das Leben erleichtern. Aber wie sollten wir das anstellen?

Trotz der Tatsache, dass meine Frau keine Arbeit hatte, war Sie stest in Bewegung. Sie war Vertrauensfrau im Stadtteil. Immer wieder wurde Sie als Dolmetscherin in Anspruch genommen. Dies tat sie selbstverständlich ehrenamtlich.

Meine Frau bekam eine Einladung zu den Jubiläumsfeierlichkeiten zum 40jährigen Bestehen des Grundgesetzes der BRD, die Einladung kam direkt aus der Hauptstadt Bonn. Zu dieser Feier wurden Vertreter aus allen Bevölkerungsgruppen eingeladen. Regierungsmitglieder, Abgeordnete, Vertreter von großen Einrichtungen, die sich in ganz Deutschland organisiert hatten, Auslandsvertretungen anderer Länder, Vertreter aus dem Kulturbetrieb und viele mehr. Als Vertreterin der Ausländer in Ulm wurde meine Frau ausgewählt. Der Grund, warum gerade meine Frau eingeladen wurde lag in den verschiedenartigen ehrenamtlichen Tätigkeiten, die sie leistete. Die Einladung trug die Unterschrift von dem in diesen Tagen zum zweiten Mal gewählten Bundespräsidenten Richard von Weizsäcker. Ich war schon immer der Meinung, dass meine Frau es längst verdient hatte honoriert zu werden, aber eine Einladung von dem deutschen Bundespräsidenten zu bekommen war wirklich außergewöhnlich und wurde nicht jedem zuteil. Natürlich freute ich mich sehr für meine Frau.

Meine Frau wurde also zu der Feier, die am 24.05.1989 in der Bonner Beethovenhalle um 10.00 Uhr beginnen sollte, eingeladen. Die Einladung galt für eine Person. Als Ehemann konnte ich sie deshalb nicht begleiten. Aber allein der Gedanke, dass sie dort sein würde machte mich glücklich. Wie wollte sie nach Bonn kommen, war noch ein anderer eingeladen? Oder würde die Stadt sie mit einem Zugticket unterstützen? Wir fragten bei dem Ausländerbeauftragten nach. Als Antwort sagte er, dass es eine Ehre für sie sei und, dass sie sich um die Reise aber selbst kümmern müsse. Sie hätte ja auch die Freiheit nicht hinzugehen. Aus Ulm war ohnehin nur meine Frau eingeladen. Nachdem meine Frau dies gehört hatte protestierte sie, dass sie nicht hinfahren würde. Aber ich überredete sie, dass ich sie begleiten würde und dass es auch für mich eine aufregende Erfahrung werden würde. Die Kinder befreiten wir für diesen Tag von der Schule. Mein Ziel war es dafür zu sorgen, dass meine Frau an der Feier teilnehmen könnte und ich wollte währenddessen zusammen mit den Kindern die Stadt Bonn besichtigen.

An besagtem Tag fuhren wir alle sehr früh los. Ich nahm selbstverständlich meine Kamera mit. Wir filmten nicht mehr alltägliche Sachen damit, sondern benutzten sie nur bei für uns wichtigen Ereignissen und an besonderen Tagen. Die umliegenden Straßen der Beethovenhalle in Bonn waren von der Polizei abgeriegelt und diejenigen, die keine Einladung hatten, wurden nicht einmal in die umliegenden Straßen durchgelassen. Nachdem wir unsere Einladung vorgezeigt hatten, konnten wir bis zum Garten vorfahren und parkten auf dem uns zugewiesenen Parkplatz. Ich bereitete sofort meine Kamera vor und nahm die Staatsmänner, die Botschafter und wichtige Persönlichkeiten, die ich aus dem Fernsehen kannte, auf. Nach kurzer Zeit ging meine Frau zusammen mit den anderen Gästen in den Saal. Ich erklärte meinen Kindern, obwohl sie noch klein waren, die Wichtigkeit dieser Stadt, warum wir hier hergekommen waren, das Parlament und wer die Politiker waren.

Mit den Kindern zusammen gingen wir am nahe gelegenen Rhein spazieren. Wir schauten den kleinen und großen Schiffen, die auf dem Rhein vorbeifuhren, zu. Bei dem schönen Wetter konnten sich die Kinder richtig austoben. Nachdem wir zurück am Saal waren, war die Feier vorüber und die Gäste strömten heraus. Die Fahrer der Luxuslimousinen mit Dienstkennzeichen reihten sich auf und warteten auf ihre Dienstherrn. Ich ließ die Kinder in einer Ecke des Gartens und schärfte ihnen ein, dort stehen zu bleiben. Dann nahm ich mit meiner Kamera die herauskommenden Persönlichkeiten auf. Da ich mich genau zwischen die Kameraleute stellte, hatte ich zur Erinnerung an diesen Tag sehr gutes Filmmaterial gesammelt. Die Ehre, an diesen Feierlichkeiten als Vertreter der Ausländer in Ulm teilzunehmen, wurde meiner Frau zuteil. Diese Tatsache wurde leider von der Ulmer Regionalpresse totgeschwiegen. Außer von den Politikern in Ulm wurden diese Feierlichkeiten von der Gesellschaft nicht wahrgenommen. Denn meine Frau war nur die Ehefrau eines Arbeiters, sie hatte weder Titel noch Geld.

Unser 40 PS starkes Auto mit dem wir seit acht Jahren in die Türkei fuhren wurde alt. Man konnte mit der Familie mit diesem Auto keine längere Reise mehr wagen. Ich wollte einen neuen Wagen, der die gleichen Eigenschaften besaß. Meine Arbeit in der Fabrik lief gut und meine Frau versuchte unsere Haushaltskasse aufzubessern, wo immer sie konnte. Voller Elan besuchten meine Familie und ich die Autohändler der Umgebung. Die Kinder wollten einen Wagen in der gleichen Farbe, genau wie der Vorgänger. Wieso sollte ich ihnen diesen Wunsch verwehren? Ich kaufte einen Wagen in der gleichen Farbe, so wie sie es wollten, einen sparsamen Kleinwagen, so wie ich es wollte.

Wie unsere deutschen Freunde, hatten auch wir uns unseren Urlaub längst verdient. Aus diesem Grund riefen wir schon lange vor der Urlaubszeit einen zurückgekehrten Freund aus Kesan an. Er reservierte uns ein Hotelzimmer, das in der Nähe des Strandes und nicht weit von seiner Unterkunft lag. Mein Freund freute sich auch schon sehr. Zusammen wollten wir unsere Sehnsucht nach der Heimat stillen und unseren lang verdienten Urlaub genießen. Außerdem wollte ich die Kinder dabei aufnehmen und in dem mittlerweile von mir angelegten Archiv ablegen. Ihre Kindheit auf Film aufzunehmen und später anzuschauen sollte unser Schatz sein.

Mit Beginn der Ferienzeit fuhren wir wieder Richtung Heimat. Sobald wir in Österreich ankamen, übergab ich das Steuer meiner Frau. Mit meiner Kamera nahm ich im Juli schneebedeckte Hügel und grüne Wiesen auf. Bis nach Jugoslawien fuhr meine Frau und ich nahm alles, was ich als schön erachtete auf. Nach einer langen Reise kamen wir heil in Kesan an, wo wir zuerst unsere Freunde trafen. Danach gingen wir in das Hotel und checkten ein. Das Hotel lag direkt am Meer. In der Umgebung gab es nur noch ein paar

Sommerhäuser, sonst nichts. Das blaue Meer wartete auf die unter Sonnenschirmen liegenden Menschen. Zum ersten Mal in unserem Leben machten wir einen Badeurlaub. Zuerst fühlten wir uns unter den halbnackt unter den Schirmen herumliegenden Menschen fremd. Doch bald hatten wir einen passenden Platz unter einem Sonnenschirm gefunden. Es ist so schön ein Kind zu sein. Unsere Kleinen mischten sich sofort unter die anderen Kinder und begannen gemeinsam mit ihnen zu spielen.

Unser Mädchen stürzte sich, ganz der Wildfang, der sie nun einmal war, sofort ins Meer. Auch wenn sie nicht schwimmen konnte hatte sie es geschafft, die ganze Aufmerksamkeit auf sich zu ziehen. Die meisten Gäste des Hotels zählten zur Oberschicht der Türkei. Nach ein paar Tagen erhielten wir die Gelegenheit, mit diesen Persönlichkeiten Bekanntschaft zu schließen. Obwohl sie erst etwas komisch dreinsahen, sobald sie erfuhren, dass wir bloß eine Arbeiterfamilie waren, merkten sie doch bald, dass die Unterschiede nicht so groß waren. Ja, so waren die Menschen, sie waren manchmal seltsam und sie hatten ihre Vorurteile – in Deutschland, wie auch in der Türkei.

Wir genossen unseren Urlaub im warmen Sand am Strand sehr. Ich habe nur eine schlechte Angewohnheit; auch in den besten Situationen muss ich an die alten Tage zurückdenken und somit umgab mich auch dort eine gewisse Trauer. Die kalten Wintertage, die ich in Armut und in Sommerkleidern ohne Ofen verbracht hatte. Die Arbeit im Freien bei Wind und Wetter zu einem Hungerlohn und die Kälte, die ich bis ins Knochenmark zu spüren bekam. Ich fühlte Trauer, wenn ich daran zurückdenken musste. Ich richtete mich vom Sand auf und fing an, die Menschen in meiner Umgebung zu beobachten. Die Ober, die die Gäste bedienten, diejenigen, die zu arm waren, um die Hotelanlage betreten zu dürfen und vom Zaun aus alles beobachteten, die herablassende Haltung der Hotelbewohner gegenüber den Obern – all das raubte mir die Ruhe. Wie immer dachte ich über die Ungerechtigkeiten im menschlichen Leben nach. Es kam mir so vor, als ob die Menschheit in zwei entgegengesetzte Pole aufgeteilt war, die Wohlhabenden und die Armen, die Arbeitenden und diejenigen, die sich vergnügten, die Diener und die, die bedient wurden, die Unterdrückten und ihre Unterdrücker. Dies schien ein Naturgesetz im Leben zu sein. Ein Kampf, der seit Anbeginn der Menschheit fortbestand.

Im Hotel lernten wir einen Mann kennen, dessen bescheidene Art uns aufgefallen war. Er war Abgeordneter von Edirne. 1955 hatte er einen Teil seines Urlaubs in Ulm verbracht. Er zeigte uns sogar ein Bild, auf dem er vor dem Ulmer Münster mit seinem welthöchsten Kirchturm posierte. An diesem Tag wurden wir Freunde und sprachen an den Abenden sehr lange über die Probleme in der Türkei und in der Welt.

Am nächsten Wochenende verließen wir das Hotel und fuhren in unser Dorf, um dort unseren restlichen Urlaub zu verbringen, wie wir es immer getan hatten. Mit Freude zeigten wir unseren Nächsten die Aufnahmen, die wir in Deutschland gemacht hatten. Gleichzeitig nahm ich auch unsere Verwandten und Freunde mit der Kamera auf, um die Erinnerung an sie festzuhalten. Was noch wichtiger war, ich nahm zum ersten Mal unser Dorf auf, in dem wir geboren und aufgewachsen waren und auf dessen staubigen Wegen wir gespielt hatten. Diese Aufnahmen waren die ersten, die von unserem Dorf gemacht wurden. Dies sollte in Zukunft ein wichtiges Zeitdokument für unser Dorf werden. Ich interviewte die Älteren, die die vorherige und vorvorherige Generation erlebt hatten, und nahm wichtiges über die Vergangenheit auf. Somit hatte ich unser Dorf und deren Bewohner in dem damaligen Zustand festgehalten und in meinem Archiv abgelegt. Ich machte Aufnahmen von wichtigen Gegenden in unserem Gebiet, die ich als sehenswert erachtete. Diese wollte ich unseren Freunden in Deutschland zeigen. Die bisherigen Ferien hatten wir immer am selben Ort, das heißt im Dorf mit unseren Verwandten und Freunden, verbracht. Diesmal würden wir mit ganz anderen Eindrücken nach Ulm zurückkehren.

Obwohl die Jahre vergingen, empfand ich, abgesehen von einigen kleineren oberflächlichen Veränderungen, dass keine Entwicklung in unserem Vaterland stattgefunden hatte. Ich konnte beobachten, dass sich in unserem Dorf nichts geändert hatte und dass die Wirtschaft des Landes kein bisschen fortgeschritten war. Alles war so wie in den letzten Jahren. Trotz des Anstiegs der Bevölkerungszahl wurden keine neuen Arbeitsplätze geschaffen. Obwohl tausende von Arbeitskräften in den europäischen Ländern beschäftigt waren, war die Arbeitslosigkeit überall ersichtlich. Nach den Ferien kehrten wir mit diesen Eindrücken versehen wieder nach Deutschland zurück. Aber diesmal begann ich immer mehr daran zu glauben, dass wir doch in Deutschland sesshaft werden würden. Die Lebensbedingungen in der Türkei wurden uns immer fremder.

Dass die Kinder ein gewisses Alter erreicht hatten, brachte so manche kleinere Probleme mit sich. Als wir sogar aus dem Mund unserer Kindern gehört hatten, dass es in der Umgebung einige

Kinder mit schlechten Gewohnheiten gab, begannen wir uns Sorgen zu machen. Aus diesem Grund versuchten wir, unsere Kinder sorgsamer zu überwachen und erlaubten ihnen den Umgang mit anderen Kindern nur in einem gewissen Rahmen. Wir suchten nach Möglichkeiten unsere Kinder von solchen Problemen fernzuhalten. Zu Hause spielten wir mit ihnen verschiedene Spiele und versuchten ihnen die Zeit zu vertreiben. Um die Kinder noch besser zu beschäftigen, mieteten wir am Stadtrand einen Garten. Mit Begeisterung gruben meine Frau und ich die Hälfte des Gartens sofort um, um und dort unter anderem Kopfsalat, Zwiebeln und Petersilie, also Gemüse, das täglich gebraucht wurde, anzupflanzen.

Es schien, als würden wir langsam sesshaft. Danach stellten wir wie die Deutschen ein Gartenhäuschen an einer Ecke auf. Dort räumten wir die Sachen ein, die nur im Garten zu gebrauchen waren, altes Geschirr und Besteck, das im Haus nicht mehr brauchten. Jetzt konnten wir einen ganzen Tag im Garten verbringen und Gäste einladen. Und nachdem ich noch eine gebrauchte Tischtennisplatte aus einer Annonce gekauft hatte und dort aufstellte war sowohl die Freude der Kinder als auch unsere unbeschreiblich.

Da die türkischen Arbeiter sich auf keinen langen Aufenthalt eingestellt hatten, tendierte die Zahl der Gartenbesitzer unter den Ausländern gegen Null. Wir erfuhren später von unseren Gartennachbarn, dass unser Garten früher ein Bach war, der mit Bauschutt aufgefüllt wurde. Dass etwas nicht stimmen konnte, bemerkten wir schon bei der Gartenarbeit. Wir taten uns schwer mit Spitzhacke und Schaufel der Erde beizukommen, jedoch konnten wir uns dieses Phänomen nicht erklären. Hatten wir etwa so einen Garten bekommen, weil wir Ausländer waren? Durch die negativen Erlebnisse auf der Arbeit kamen mir zwangsweise diese negativen Gedanken. Vielleicht hatten wir auch nur Vorurteile, wir wussten es nicht. Sie hatten uns einen aufgefüllten Bach als Garten vermietet. Aber egal, zumindest hatten wir jetzt einen Ort an dem wir an den Wochenenden mit unseren Kindern Zeit verbringen konnten. Obwohl die Erde keine Substanz hatte, hatten wir unseren Garten so verschönert, dass jeder, der vorbei kam, zweimal hinschauen musste. Das war für uns auch etwas, worauf wir stolz sein konnten.

Meine Frau nähte unseren Kindern schöne und verschiedene Kleider. Den Kindern der türkischen und deutschen Nachbarn gefielen diese Sachen so sehr, dass sie auch welche haben wollten. Manche Mütter in der Nachbarschaft baten meine Frau, ihren Kindern auch Kleider zu nähen. Sie antwortete, dass sie das für eine gewisse Bezahlung machen könnte. Somit fing meine Frau ungeplanterweise das Schneidern an, indem sie Kinderbekleidung nähte. Diese Bestellungen machten meine Frau sehr glücklich. Die Arbeit machte ihr Freude und es gefiel den Leuten was sie nähte und sie verdiente ein wenig Geld damit. Die Bestellungen vermehrten sich. Sie sagte mir, dass sie die Nähmaschine auswechseln wollte und erwähnte, dass sie mit einer größeren Maschine schneller und schöner nähen könnte. Zusammen besuchten wir in und um Ulm alle Läden, die Nähmaschinen führten und kauften schließlich eine gute Pfaff Overlock Nähmaschine.

An einem schönen Frühlingsmorgen zogen wir unsere Kinder schön an und bereiteten uns auf das diesjährige Kinderfest vor. Als wir alle zusammen in unserem Auto zu den Feierlichkeiten fuhren, stießen wir mitten in der Stadt mit einem anderen Auto zusammen. Oh weh – wir hatten einen Unfall gebaut! Ich war vollkommen im Recht, aber unser Auto war nur noch Schrott. Wie durch ein Wunder kamen wir heil aus dem Auto. Mit dem Geld, das wir von der Versicherung bekamen, ersetzten wir unser nun schrottreifes Auto durch ein gebrauchtes, aber fast neues.

Seit Jahren schwärmten uns Arbeitskollegen und Freunde unermüdlich von den paradiesischen Ecken der Türkei vor, an denen sie ihren Urlaub verbracht hatten und hörten nicht mit den Lobeshymnen auf die Schönheit der Türkei auf. Als Türken wollten wir die Orte, von denen sie berichteten, natürlich auch sehen. Wieso konnten wir nicht wie sie Reisen und Urlaub machen obwohl es unser Land war? Es war so, als ob unsere Freunde unser Land besser kannten als wir. Sie schauten mich an, als ob ich jemand wäre, der nicht wüsste, wie man Urlaub machen konnte. Ich fühlte mich schlecht. In den nächsten Ferien wollten wir nicht an das Meer, sondern Orte, die im Westen Anatoliens lagen und die vor sehr, sehr langer Zeit von verschiedenen Zivilisationen besiedelt wurden, besuchen. Wir wollten die historischen Ruinen sehen. Diese Ruinen kannte ich bereits bevor ich nach Deutschland kam und wollte sie schon damals besuchen. Aber verflucht sei die Geldlosigkeit, ich konnte es mir damals einfach nicht leisten!

Mit diesem Wunsch im Herzen fuhren wir, nachdem wir in der Türkei angekommen waren, zuerst über Çanakkale nach Bergama. Bergama war eine auf einem sehr hohen Berg errichtete sehr alte Stadt. Die Ruinen, die wir sahen zogen uns in ihren Bann. Da wir uns im Sommer befanden war die Hitze nicht auszuhalten. Während ich mit meiner Kamera die Ruinen aufnahm rann mir der

Schweiß von Kopf bis Fuß. Da erkannte unser lebhaftes Kind deutsche Touristen an der Sprache. Sie drehte sich darauf zu uns und sagte sehr laut: „Wir können denen jetzt auch sagen ‚Ausländer raus!'" Die Touristen in unserer Nähe schauten uns komisch an. Natürlich hatte unsere Tochter das auf Deutsch gesagt. Was musste sie in ihrem noch so jungen Jahren erleben und fühlen, dass sie so eine Reaktion zeigte. Wir Eltern, die in einem fremden Land lebten, trugen eine schwere Verantwortung mit uns. Daraufhin betrieben wir einen großen Aufwand, um unseren Kindern solche Themen näher zu erklären.

Dann fuhren wir nach Izmir, der schön am Meer gelegenen Stadt, die wir zum ersten Mal sehen sollten. Um eine Bleibe für die Nacht zu haben, besuchten wir auch einen Verwandten von uns. Am nächsten Morgen brachen wir auf, um die weltberühmte Ruine von Ephesus zu besuchen, die in der Nähe von Izmir war. Obwohl es sehr heiß war blieben wir hartnäckig, um uns den Wunsch zu erfüllen, diese historische Ruine, die sich in unserem Land befindet, zu besuchen. Obwohl hunderte von Jahren vergangen waren, stand sie noch und bot der Geschichte ihre Stirn – die Hafenstadt Ephesus mit ihren langen Säulen! Vor allem das Amphitheater war wirklich ein sehenswertes Wunder der Baukunst, nicht nur im Vergleich zu den Bauten seiner Zeit, sondern auch im Vergleich zu den Bauten von heute. Es war, als ob wir zusammen mit den anderen einheimischen und ausländischen Touristen, die mit ihren Foto- und Videokameras Aufnahmen machten, die Luft der Hafenstadt von vor hunderten von Jahren einatmeten, während wir durch ihre Ruinen liefen.

Danach fuhren wir nach Kusadası. Auch wenn es kurz war badeten wir mit den Kindern zusammen im Meer und fuhren nach Didim, wo es weitere historische Ruinen gab. Wir wurden zwar in unserem Land nicht als Fremde gesehen, jedoch wurden wir überall, wo wir hingingen, als einheimische Touristen gesehen. Das waren Gebiete, die wir nicht kannten und die wir vorher nicht gesehen hatten. Wir verbrachten wieder eine Nacht bei einem anderen älteren Verwandten, der am Meer in Didim ein Sommerhaus besaß, und besuchten auch dort die historischen Ruinen. Überall wo wir hinreisten machten wir Aufnahmen mit der Kamera und fügten diese unserem Archiv hinzu. Gegenüber unseren Nachbarn und Freunden hatten wir jetzt auch etwas über die Türkei zu erzählen und sogar zu zeigen.

Auf dem Weg dorthin besuchten wir einen Freund, der in die Heimat zurückgekehrt war. Dabei redeten wir lange über die Zeit, die wir gemeinsam in Ulm verbracht hatten. Ich erzählte ihm ausführlich, was sich in Ulm alles verändert hatte seitdem er weg war. Dieser Freund wusste über die Lebensbedingungen in beiden Ländern sehr viel, von ihm erfuhr ich dann auch näheres über die Türkei.

Wieder auf dem Weg besuchten wir die als Weltwunder bekannt gewordenen Kalkterrassen in Pamukkale. In der Sommerhitze war das umgebende Grün getrocknet, sie waren wie Schneemassen mitten in der Wüste auf einem Hügel. Wenn man sich näherte wurden die milchweißen Kalksteinterrassen langsam sichtbar. Während die Kinder sich auszogen und in den Thermalwassern der Travertinen badeten, filmte ich sie. Auch wenn es kurz war badeten wir alle in dem gesunden Thermalwasser. Hier endete unsere kurze Türkeirundreise. Wie jedes Jahr haben wir danach den Rest unseres Urlaubs in unserem Dorf verbracht.

Auf der Rückreise nach Deutschland besuchten wir in Ankara das Mausoleum und Museum des Republikgründers Atatürk. Den Kindern erzählten wir in für sie verständlichen Worten was dieser geniale Mensch vor Jahren gemacht hatte.

Die Tatsache, dass wir eine Tochter und einen Sohn hatten, brachte je älter sie wurden einige Probleme im Haushalt mit sich. Wir wollten, dass sie in einigen Jahren getrennte Zimmer haben sollten. Für uns stand jetzt fest, dass wir aufgrund der Lebensbedingungen in der Türkei nicht zurückkehren würden. So mussten wir in kürzester Zeit, so teuer es auch werden würde, eine geeignete Wohnung für uns finden. Wir sparten ja auch nicht mehr so wie früher, alles hatte seinen Preis.

Unsere Tochter besuchte noch immer den Kindergarten. Aber als sie sah wie wir uns abends in Schulsachen um ihren Bruder kümmerten, wurde sie neidisch und wollte natürlich auch dort hin. In ihrem Alter hatte sie bereits gelernt, auf Deutsch, Türkisch und Englisch bis zwanzig zu zählen. Während ich mit ihrem Bruder Schularbeiten machte störte sie uns mit allem möglichen was ihr einfiel. Eines Tages brachte ihre Mutter sie zu der Lehrerin unseres Sohnes. Sie fragte nach, ob sie in die Schule aufgenommen werden würde. Die Lehrerin nahm sie zur Seite und machte einen kleinen Test mit ihr und sagte anschließend zu meiner Frau, dass ein offizieller Test gemacht werden könnte, wenn wir wollten, dass sie in die Schule aufgenommen wird.

Nach dieser Empfehlung ließen wir unsere lebhafte Tochter diesen

Test machen, den sie auch bestand. Es war wieder ein sonniger Herbstmorgen. Mit meiner Frau bereiteten wir uns vor und waren zu dritt auf dem Weg in die Schule. Zuerst versammelten sich alle in der Sporthalle. Der Schulleiter verlor zuerst einige allgemeine Sätze über die Schule. Danach wurden die Namenslisten vorgelesen und die Kinder gingen zu ihren Klassen. Zuerst fiel es unseren deutschen Nachbarn auf. Die ersten 26 Namen, die eine Klasse bildeten, waren deutsch. Mit den zahlenmäßig gleichen übriggebliebenen ausländischen Kindern wurde eine zweite Klasse gebildet.

Meine Frau und ich schauten uns gegenseitig an und konnten das nicht glauben. Zuerst gingen wir zu dem Klassenlehrer und danach zum Schulleiter. Beim Schulleiter sagten wir: „Sie können doch nicht auf der einen Seite von der Integration der Ausländer sprechen und auf der anderen Seite die Kinder schon in diesem Alter voneinander trennen." Aber Sie blieb sehr ruhig und sagte uns, dass es so der Wunsch des Schulamtes war. Wenn wir uns beschweren wollten, sollten wir uns vom Schulamt einen Termin geben lassen. Fassungslos gingen wir zum Schulamt und wollten unser Anliegen vorbringen. Der zuständige Beamte wollte uns zunächst nicht hereinlassen, da wir keinen Termin vereinbart hatten. Ich wehrte mich dagegen und sagte, dass ich nicht nur als Vater da war sondern als Vorsitzender der türkischen Elternvereinigung. Als der Beamte dies hörte sagte er, dass wir warten sollten und ging hinein. Gereizt kam der zuständige Beamte aus seinem Zimmer und fragte gleichgültig was wir wollten.

Wir erklärten kurz, warum wir dort waren und verlangten, dass dieser Fehler in kürzester Zeit behoben werden sollte. Der Beamte antwortete auf die gleiche gereizte Art: „Wer sind sie, dass sie so mit mir sprechen? Wir geben für ihre Kinder eine Menge Geld aus und richten eigens eine Klasse (Vorbereitungsklasse) für sie ein." Als meine Frau das gehört hatte konnte sie nicht mehr ruhig bleiben: „Wir arbeiten auch in diesem Land und zahlen unsere Steuer". Daraufhin entgegnete der Schulamtdirektor, dass er mehr Steuern zahle als wir. Gereizt sprach meine Frau weiter: "Weil Sie mehr verdienen! Wir schicken unser Kind seit dem dritten Lebensjahr den Kindergarten und außerdem lassen wir sie auch zusätzlich musisch bilden. Haben wir dies alles gemacht, damit unser Kind in die Vorbereitungsklasse geht?", begann sie nun mit lauter werdender Stimme. Als der Beamte dies hörte zuckte er zurück. Und ich fuhr fort: „Wenn dieser Fehler bis Morgen nicht behoben wird, werde ich sofort zur Presse und zum Fernsehen gehen." Ich machte noch deutlich, dass ich keinen Kampf scheuen würde, da ich nichts zu verlieren hatte. Plötzlich änderte sich das Verhalten des Beamten und er sagte kleinlaut was er denn noch bis zu diesem Zeitpunkt unternehmen könne. Ich erwiderte, dass er bis morgen lange genug Zeit hätte. Der Beamte beteuerte, dass er alles Mögliche tun werde und dass der Fehler bei der Schulleitung lag. Weiterhin war es ein Anliegen von ihm, die Presse auf keinen Fall involviert zu wissen. Damit war die Sache klar und die Schuldigen standen fest.

Am nächsten Tag, als wir in die Schule gingen, waren die Kinder, wie es sich gehörte, in zwei gemischten Klassen untergebracht. In jeder Klasse waren wieder 26 Schüler. Das heißt, es gab insgesamt 52 Schüler der ersten Klasse. Eigentlich war die ganze Schuld in dieser Zahl versteckt. Die Zahl der Ausländer in Ulm war gering, aber die Zahl ihrer Kinder war identisch mit der der Einheimischen. Dies war eine Tatsache, die schwer zu akzeptieren war. Deswegen sollten die ausländischen Kinder zuerst eine Vorbereitungsklasse besuchen, um mit den deutschen Kindern das gleiche Bildungsniveau zu erreichen. Das war ein schwieriges Unterfangen. Das versuchte uns der Beamte vom Schulamt eigentlich zu erklären. Aber wir hatten nicht die Absicht diese „gute Tat" zu akzeptieren. Es war gesetzlich nicht erlaubt was Sie vorhatten.

Wir hatten das erreicht, was wir wollten, aber jetzt wurden die deutschen Eltern unruhig. Schon am zweiten Tag mussten ihre Kinder in eine andere Klasse, hatten einen anderen Lehrer und hatten andere Klassenkameraden und Banknachbarn. Und dies sollte nun aufgrund der Beschwerde eines ausländischen Erziehungsberechtigten geschehen sein. Sie hatten Schwierigkeiten, das zu verstehen. Eigentlich war ja der erste Schultag sehr schön gewesen, für die deutschen Eltern zumindest. Auch die Dame, die an dieser Schule neu als Schulleiterin tätig war, war ganz irritiert. Nachdem sie in der Klasse die übliche Rede gehalten hatte, drehte sie sich zu uns um und fragte uns, ob wir jetzt glücklich seien. Mit dem Vorwurf, dass sie die ganze Nacht arbeiten musste, verließ sie die Klasse.

Meine Frau besuchte zum nächstmöglichen Termin die Schulleiterin und machte ihr deutlich, dass wir nichts gegen sie hätten. Sie bot ihr auch die Zusammenarbeit an, wenn es nötig sein sollte und es gelang, dass wir mit der Zeit sehr gut zusammenarbeiteten. Unser Engagement an dieser Schule ging sogar über die Schulzeit unserer Kinder hinaus.

Seit der Einschulung unserer Tochter kümmerte sich meine Frau noch mehr um die Bildung und Erziehung unserer Kinder. Nachdem sie die Lehrerin unserer Tochter kennengelernt hatte, baute sie auch eine gute Beziehung zu ihr auf. In kurzer Zeit war diese Beziehung mehr als eine Eltern-Lehrer-Beziehung. Sie wurde zu einer guten Freundschaft. Bei ihren Gesprächen bemängelte die Lehrerin ständig, dass die türkischen Mütter nicht deutsch sprachen und fragte immer wieder nach den Gründen. Einmal antwortete meine Frau, ob sie denn bereit wäre die Mütter zu unterrichten, wenn sie so schnell wie möglich einen Deutschkurs organisieren würde? Warum nicht, hatte diese dann geantwortet. Meine Frau kam erfreut nach Hause. Sie erzählte mir aufgeregt, dass Frau Busch zugesagt hatte Kurslehrerin zu werden.

Zuerst redeten wir mit dem Ausländerbeauftragten der Stadt Ulm darüber was benötigt wurde, um den Kurs zu organisieren und wo und an wen wir uns wenden mussten. Die Kurslehrerin war gefunden, aber wo sollte dieser Kurs stattfinden? Die Schule war der ideale Ort dafür, aber die Lehrerin konnte das ja nicht alleine entscheiden. Dafür mussten wir eine Sondergenehmigung einholen. Wer sollte die Bezahlung der Lehrerin übernehmen? Da kam meine Erfahrung als Vorsitzender der Elternvereinigung ins Spiel und wir baten mir bekannte Leute und Einrichtungen um Hilfe. Bei den Menschen, die wir um Hilfe gebeten hatten, war das Interesse und die Unterstützung viel grösser als wir angenommen hatten. Es war, als ob alle nur darauf gewartet hätten, dass wir um Hilfe bitten! Das war die erste Zusammenarbeit meiner Frau mit dieser Lehrerin. Danach ging diese Zusammenarbeit in Bildungsfragen sogar so weiter.

Damit war auch die Entscheidung in die Türkei zurückzukehren oder nicht, schon längst gefallen. Wir hatten uns die ganze Zeit selbst belogen und konnten uns dennoch nicht emotional von der Heimat trennen. Aber meine Frau und ich setzten uns zusammen und redeten sehr lange über dieses Thema. Die Arbeits- und Lebensbedingungen in der Türkei machten aus unserer Sicht keine gute Entwicklung durch. Hier in Deutschland hatten wir eine gewisse Ordnung in unserem Leben. Zum ersten Mal gaben wir diese Gedanken offen zu, denn eigentlich hatten wir uns an die hiesigen Lebensbedingungen gewöhnt. Wenn wir zurückkehren sollten würden wir wieder neu anfangen und weder die Kinder noch wir hätten uns leicht an das dortige Leben angepasst. Wir hätten dort mit größeren Schwierigkeiten zu rechnen gehabt und wenn wir dann noch bedachten, dass unser Sohn erfolgreich in der Schule war und dieses Jahr die Möglichkeit hatte auf das Gymnasium zu wechseln, war die Entscheidung damit schon getroffen.

Wenn er ins Gymnasium dürften sollte, würde er direkter Anwärter für die Universität sein, die er dann besuchen konnte sobald er das Abitur hätte. Ich wusste zu genau, dass dies in der Türkei nicht so einfach sein würde. Schon allein aus dem Grund der Bildungsmöglichkeiten für unsere Kinder, war es ratsam in Deutschland zu bleiben. Ich war mit einem Ziel vor Augen hierhergekommen und trotz jahrelanger Bemühungen, hatte ich nicht das erreicht was ich wollte. Jetzt sollte ich wenigstens meinen Kindern helfen dies zu erreichen. Ob unser Sohn das Gymnasium besuchen konnte oder nicht, würde sich zum Ende dieses Schuljahres klären und unsere Tochter käme dann bereits in die zweite Klasse.

Während ich arbeitete kümmerte sich meine Frau um alle Belange der Kinder. Dies war für mich sehr wichtig, ich hatte mich immer auf sie verlassen können. Mit der Zeit wuchs ihr Aufgabenbereich. Meine Frau lernte vor allem zusammen mit unserer Tochter als sei sie ebenfalls eine Schülerin. Somit half sie unserem Mädchen und konnte gleichzeitig ihre eigenen Sprachkenntnisse vertiefen.

Die Klassenlehrer beschwerten sich immer wieder darüber, dass viele ausländische Kinder, die neu in die Schule gekommen waren, nicht ausreichend Deutsch konnten. Sie sagten, dass dadurch ihre Arbeit sehr erschwert würde und etwas dagegen unternommen werden müsste. Diesmal wurde meine Frau aktiv, eine Hausaufgabenhilfe zu organisieren. Das war nicht ganz so schwer, denn es gab in Ulm schon etwas Ähnliches. Die Hausaufgabenhilfe wurde unter der Führung der VH gegründet und ich hatte in der Gründungsphase mitgeholfen. Es blieb nicht dabei, dass meine Frau diesen Kurs in der Schule organisierte, sie sorgte auch mit der Mutter einer Schulfreundin unserer Tochter dafür, dass es am Laufen blieb.

In diesem Jahr hatte unsere Tochter die Klassenversetzung geschafft und unser Sohn kam aufs Gymnasium. Jetzt war definitiv unser Lebensmittelpunkt hier und wir sollten unser Leben danach planen. Ab nun sollten unsere Kinder immer im Vordergrund stehen. Erleichtert durch unsere Entscheidung begannen wir nun Deutschland als unsere zweite Heimat anzusehen und noch bewusster zu leben. Unsere Tochter besuchte wie ihr Bruder die musikalische Früherziehung In der Schule fing Sie dann an Flöte zu spielen. Unser Sohn hingegen wurde von seinen Freunden beeinflusst und konzentrierte sich mehr auf Fußballspielen und vernachlässigte so den Geigenunterricht. Aber es wurde klar, dass er eines

Tages das Fußballspielen aufgeben musste, da er keine ausreichende Kondition hatte.

Nachdem wir gemerkt hatten, dass das Gemüse, das wir angepflanzt hatten nicht gut gedieh, pflanzten wir Pflaumen-, Apfel- und Kirschbäume an. Die angepflanzten Bäume blühten im zweiten Jahr und unser Garten wurde sehr schön. Dass wir diesen Garten hatten, erleichterte unser Leben in Deutschland sehr. Um zu unseren türkischen und deutschen Freunden bessere Beziehungen aufzubauen, luden wir sie mit ihren Familien an den Wochenenden in unseren Garten ein und verbrachten schöne Stunden mit ihnen.

In diesem Jahr waren unsere Kinder erfolgreich in der Schule und wurden in die nächsthöheren Klassen versetzt. Unser Sohn war jetzt elf und unsere Tochter acht. Jetzt mussten wir langsam unser Wohnungsproblem lösen. Deshalb wollten wir diese Sommerferien in Deutschland verbringen und uns eine geeignete Wohnung suchen, aber in der Urlaubszeit in die Türkei zu fahren war für uns hier lebenden Türken zu einer Selbstverständlichkeit geworden. Es war noch keine Woche vergangen als wir durch die Türkeireisen unserer Bekannten und mit dem Anfang des regnerischen Wetters in Bewegung kamen. Wir sagten unseren deutschen Bekannten, dass sie uns Bescheid geben sollten, wenn sie hörten, dass eine für uns geeignete Wohnung frei werden würde und machten uns somit trotzdem auf den Weg Richtung Heimat.

Je größer die Kinder wurden, umso anstrengender war es bei unserer Familie im Dorf zu bleiben. Denn weder wir noch die Kinder hatten dort die gewünschte Bewegungsfreiheit. Obwohl wir uns entschieden hatten in Deutschland sesshaft zu werden wollten wir es nicht aufgeben zumindest einmal im Jahr die Heimat zu besuchen. Also mussten wir entweder im Dorf ein Haus bauen oder in der Stadt Amasya eine Wohnung kaufen. Wir entschieden uns, eine kleine Wohnung in Amasya zu kaufen. Meine Eltern ließen sich zwar nichts anmerken, aber sie waren traurig darüber, dass wir vorhatten in Zukunft in Amasya zu bleiben anstatt im Dorf.

Wie bisher wollte ich auch in Zukunft, wenn es um mein Leben ging meine eigenen Entscheidungen treffen. Was meine Eltern sagten respektierte ich zwar unserer Tradition entsprechend, nahm ich es aber nicht so ernst wie früher. Bevor wir in unsere zweite Heimat zurückkehrten, baten wir meine Schwester, die in Amasya lebte, uns Bescheid zu geben wenn sie von einer geeigneten Wohnung hörte. Als wir zurückgekehrt waren bekamen wir von ihr eine Nachricht, dass sie etwas kleines und günstiges gefunden hatte. Wir schickten ihr sofort das Geld und sie kaufte die Wohnung für uns.

Einige Tage vor unserer Rückkehr sagten wir unseren Familien, dass wir in Deutschland bleiben würden. Wir betonten auch, dass wir unsere Kinder für ein Leben in Deutschland vorbereiteten und wollten, dass sie dort den Schulweg absolvierten. Das wurde nicht gerade positiv aufgenommen, aber niemand sagte etwas.

Kurz nachdem wir in Deutschland angekommen waren, rief eine gute Freundin meiner Frau aus der Nachbarschaft an. Sie wollte wissen, ob wir schon da seien und wollte uns eine wichtige Neuigkeit mitteilen. Ihrem Haus gegenüber sei der im Obergeschoss alleine lebende ältere Mieter gestorben und die türkische Familie mit zwei Kindern darunter wolle ausziehen, da sie sich mit ihren Nachbarn nicht verstand. Sie empfahl uns mit dieser türkischen Familie zu reden. Wir beide wohnten in einer Stadtwohnung. Unsere Wohnung hatte drei Zimmer und war in einem sehr guten Zustand. Wenn diese türkische Familie sich einverstanden zeigen würde unsere Wohnung zu nehmen, konnten wir dort beide Stockwerke anmieten. Da es sich um Sozialwohnungen handelte, waren sie auch nicht so teuer.

Wir gingen umgehend zu der türkischen Familie und hatten kurz die Gelegenheit beide Wohnungen anzuschauen. Danach zeigten wir ihnen unsere Wohnung. Wir einigten uns darauf, die Wohnungen zu tauschen. Am nächsten Tag gingen wir zur Hausverwaltung und brachten unser Anliegen vor. Der zuständige Beamte zeigte Verständnis für unsere Lage und bereitete in kürzester Zeit die Mietverträge vor. So dauerte es nur drei Tage bis wir die Wohnungen tauschen könnten. Dass die neue Wohnung in der gleichen Straße wie die alte lag, würde auch für die Kinder gut sein. Da wir beide Stockwerke anmieten konnten, schauten wir gar nicht genauer nach dem Zustand und unterschrieben sofort den Mietvertrag. Es wohnten ja bis dahin zwei Mieter in den Wohnungen. Wir gingen davon aus, dass das für unsere Familie ausreichen würde.

Zwei Tage vor unserem Umzug begannen wir unsere Wohnung zu leeren und sauber zu machen. Mein Gott, was sich da im Dachgeschoss alles angesammelt hatte! Am zweiten Tag ließen wir einen großen Müllcontainer kommen und warfen alles hinein. Dieser füllte sich schon allein mit den Sachen aus dem Dachgeschoss. Nachdem wir umgezogen waren, wurde uns der tatsächliche Zustand des Hauses langsam bewusst. Die Wohnungen wurden Anfang des

20. Jahrhunderts als Arbeiterwohnungen gebaut und hatten, ganz abgesehen von Dusche oder Badewanne, nicht einmal ein Waschbecken, um sich die Hände zu waschen. Wir konnten nicht verstehen wie die Vormieter dort wohnen konnten. Dass man die Toilette nur über die Küche erreichen konnte sahen wir auch jetzt zum ersten Mal. Der Keller bestand aus vier kleinen Teilen. Nur die Waschküche im Keller war mit Beton ausgegossen. Dort war ein Kessel, der mit Kohle oder Holz geheizt wurde. Die Bewohner des Hauses mussten hier wahrscheinlich sich selbst und ihre Wäsche waschen. Der Boden der anderen Kellerabteile war aus Erde. Bei Regen wurde dieser Boden aufgrund des durchsickernden Wassers zu Schlamm und die Wände wurden feucht. Wie es den Anschein hatte, hatten die Vormieter hier ihre Kohle und ihr Brennholz gelagert.

Nach unserem Umzug begannen wir als erstes die zurückgelassenen Dinge wegzuwerfen. Nachdem wir alles weggeworfen und sauber gemacht hatten, verlegte ich zuerst den Eingang der Toilette in den Flur und brachte dort ein Waschbecken an. Einige Wochen machten wir in der Waschküche das Wasser warm und wuschen uns dort. Da wir diese Art des Badens aus dem Dorf kannten, gefiel es den Kindern und uns. Dies war der sauberste und nützlichste Raum des Hauses.

Die Küche im zweiten Stock teilten wir auf, in kurzer Zeit richteten wir dort ein kleines Kinderzimmer und unser Bad ein. Dann war der Keller an der Reihe. Unsere vorherige Wohnung wurde mit Heizöl geheizt, das wollten wir hier auch wieder haben. Das Holz und die Kohle des alten Mannes, der in der Wohnung gestorben war, gaben wir anderen. Wir kauften alles, was wir für unser Haus brauchten neu, auch wenn es nicht immer günstig war. Wir hatten ziemlich viel Geld ausgegeben. Jeder hatte jetzt sein eigenes Zimmer, die Kinder waren sehr glücklich. Aber dass Oma und Opa nicht im gleichen Haus waren, hinterließ vor allem bei den Kindern eine große Lücke. Die Trennung von ihnen machte sie ziemlich traurig. Nach der Schule besuchten sie sie fast täglich. Und wir versuchten mit aller Kraft bevor der Winter kam alle notwendigen Arbeiten im Haus zu erledigen.

Während die Kinder zur Schule gingen half meine Frau zusammen mit ihrer Freundin den Schülern bei den Hausaufgaben. Wir hatten unserer Tochter wegen aufgetretenen Beschwerden die Mandeln herausoperieren lassen. Aber bei manchem Wetter hatte sie immer noch Beschwerden in den Atemwegen und konnte nur schwer atmen. Wenn es ganz schlimm war, war sie gezwungen das

Cortisonspray, das ihr der Kinderarzt verschrieben hatte, zu nehmen. Wir wussten wie bedenklich das war, aber der Arzt sagte, dass man nichts anderes tun könne.

Auch wenn die Arbeitsbedingungen bei meiner Arbeit mal gut und mal schlecht waren, hatte ich mich inzwischen daran gewöhnt. Manchmal musste ich mit kaum erfahrenen Zeitarbeitern und manchmal mit älteren Arbeitern, deren Leistung niedrig war, zusammenarbeiten. Dennoch war ich trotzdem zufrieden mit meiner Arbeit. Eigentlich war ich immer gezwungen gute Miene zum bösen Spiel zu machen. Ich musste entweder dieses Kamel hüten oder dieses Gefilde verlassen. Dieses türkische Sprichwort zeigt sehr gut in welcher Situation ich mich befand. Denn ich war zuerst hierhergekommen um mich selbst zu retten, aber mittlerweile hatte ich mich wegen meinen Kindern entschieden hier zu bleiben.

Obwohl meine Frau seit langem eine Teilzeitstelle suchte hatte sie immer noch nichts gefunden. Deswegen durfte ich meine Arbeit nicht verlieren, koste es was es wolle. Gott sollte uns vor der Sozialhilfe bewahren. In meinem Unternehmen in dem ich jetzt schon seit Jahren beschäftigt war, standen mir mittlerweile einige Rechte zu. Um meinen Arbeitsplatz noch mehr zu sichern, wurde ich wieder Mitglied in der Gewerkschaft bei der ich ein Jahr zuvor gekündigt hatte. Ich wusste, dass es in meinem Alter und den Rechten, die mir wegen der langen Zugehörigkeit bei meiner Firma zustanden, idiotisch wäre die Firma zu wechseln. Wenn es gewünscht wurde machte ich Überstunden, machte alle Arbeiten die mir aufgetragen wurden und versuchte mit jedem klar zu kommen.

Da das Wetter sehr kalt war lief immer einer der Ölofen, der sich in einem Kinderzimmer im oberen Stockwerk befand. An einem Tag gingen die Kinder, wie sie es immer getan hatten, Oma und Opa besuchen. Als sie nach Hause kamen hörten sie beim Öffnen der Haustür wie der Ofen explodierte. Unser Sohn, der elf Jahre alt war, war ein ruhiges und intelligentes Kind. Er ging nicht nach oben wo die Explosion stattgefunden hatte sondern blieb unten und rief sofort die Polizei an. Die Polizisten haben dem Kind zunächst nicht geglaubt, aber entschieden dann doch so schnell wie möglich eine Streife zur Adresse zu schicken woraufhin sofort die Feuerwehr verständigt wurde.

An diesem Tag arbeitete ich in der Spätschicht, meine Frau nahm an dem kostenlosen Englischkurs teil, der von meiner Firma für die Beschäftigten und deren Familienangehörige angeboten wurde. Sie hatte gerade den Kurs verlassen und lief nach Hause als sie sah, dass ein Feuerwehrauto in Richtung unseres Viertels unterwegs war. Natürlich nahm sie das nicht ernst. Als sie sich näherte merkte sie, dass das Feuer in unsere Straße ausgebrochen war. Als sie sich in unserer Straße befand war sie schockiert, da sie ja jetzt sehen konnte, dass es nicht nur in der Nähe sondern bei uns gebrannt hatte.

Mit Feuerwehr- und Polizeiautos wurde die Straße gesperrt und das Feuer war nach kurzer Zeit gelöscht. Meine Frau fand sofort die Polizisten, die auf die Kinder aufpassten. Als sie erfuhr, dass ihnen nichts passiert war, war sie dem Herrn dankbar und begann zu beten.

An diesem Abend war ich noch auf meiner Spätschicht als mich der Meister dringend zum Telefon rief. Ich dachte im ersten Moment an die Beschwerden meiner Tochter und fragte mich, ob es wohl schlimmer geworden sei. Aufgeregt nahm ich den Hörer in die Hand. Es war die Freundin meiner Frau, die auch in der Nachbarschaft wohnte. Sie wollte, dass ich so schnell wie möglich nach Hause komme und schilderte mir was vorgefallen war. Ich erschrak bis ins Knochenmark. Ich ging in meiner Arbeitskleidung und ohne meine Werkzeuge aufgeräumt zu haben sofort nach Hause.

Vor dem Haus brannten die Laternen und niemand war zu sehen. Es war auch sonst kein Zeichen von einem Feuer zu erkennen. Als ich hastig die Haustür aufschloss, kam mir sofort der Brandgeruch entgegen. Doch meine Frau und meine Kinder sahen gesund aus! In diesem Moment hatte ich den Wunsch, sie alle an mich zu drücken. Das übrige war für mich nicht wichtig. Das Feuer war gelöscht, die Nachbarn waren wieder in ihren Wohnungen und bei uns herrschte Totenstille. Eine Menge Arbeit stand uns bevor. Das Feuer war in kurzer Zeit gelöscht worden, aber die meisten Gegenstände, die in dem Zimmer standen waren nicht mehr zu gebrauchen.

Das Glück eine für uns geeignete Wohnung gefunden zu haben wurde so schon zu Beginn zu einem Fiasko. Da die zwei Zimmer im Untergeschoss bewohnbar waren, hielten wir es mit den Decken und Kissen, die wir von Opa und Oma bekommen hatten, ein paar Tage dort aus. Wir trösteten uns damit, dass es schlimmer gewesen wäre, wenn einem von uns etwas zugestoßen wäre. Ja, allein daran zu denken war grauenvoll genug!

In dieser Nacht hatte unsere Tochter, vermutlich durch den Brandgeruch, der in der ganzen Wohnung zu riechen war, noch größere

Schwierigkeiten zu atmen. Weder meine Frau noch ich konnten in dieser Nacht schlafen. Als es Tag wurde, war der Zustand der Wohnung besser ersichtlich. Zuerst brachten wir unsere Tochter zum Arzt. Wir kehrten mit verschiedenen Medikamenten, die der Arzt uns verschrieb, zurück. Diese chronische Krankheit machte uns hilflos.

Die Gegenstände, die nicht mehr zu gebrauchen waren, warfen wir weg und kauften mit der Zeit neue. So kam alles langsam wieder in Ordnung und die Kinder zogen wieder in ihre Zimmer. In diesen Tagen bekam ich von den Arbeitskollegen einen Briefumschlag. In diesem Umschlag war das Geld, das in der Abteilung für mich ge-sammelt wurde. Als ich dieses Geld sah standen mir Tränen in den Augen. Abgesehen von dem materiellen Wert hatte es einen enor-men emotionalen Wert für mich. Ich war so bewegt! Ich hatte ja von Zeit zu Zeit schlechte Eindrücke von diesen Arbeitskollegen ge-habt. Ich bedankte mich bei jedem Einzelnen.

Diese Hilfe, die jetzt völlig überraschend kam, hatte nicht nur mich sondern auch meine Frau sehr berührt. Mit diesem Geld kaufte ich zwei Drehstühle, die die Kinder sich gewünscht hatten. Meine Frau machte, um ihre Dankbarkeit zum Ausdruck zu bringen, zwei Blech türkisches Börek und gab mir diese für die Arbeitskollegen in der Abteilung mit. Ab diesem Tag verbesserte sich mein Verhältnis zu den Arbeitskollegen beträchtlich. Die Beziehung, die ich seit Jahren nicht herstellen konnte, hatten die Böreks meiner Frau aufgebaut.

Nach dem Brand wurden die Beschwerden unserer Tochter viel schlimmer. Nachts konnte sie nicht normal schlafen und auf dem Schulweg geriet sie in Atemnot. Auch wenn sie ihre Medikamente einnahm war die Wirkung von sehr kurzer Dauer. Wir waren ratlos. Eines Tages, als meine Frau gesehen hatte, dass es ihr nicht gut ging, ging sie mit in die Schule. Als sie merkte, dass das Kind in ar-ge Atemnot geriet wollte meine Frau wieder umkehren. Aber da das Mädchen unbedingt in die Schule wollte, kamen sie mit Mühe und Not in der Schule an. Als meine Frau sah, dass der Unterricht be-reits begonnen hatte, klopfte sie an die Klassentür und bat den Lehrer nach draußen. Sie erklärte ihr was mit unserer Tochter los war. Als ob sie es nicht verstanden hätte, fragte der Lehrer noch einmal nach was unserer Tochter fehlte. Obwohl es klar ersichtlich war antwortete meine Frau, dass sie Asthma hätte. Da kam eine Frage von dem Lehrer mit dem sie nicht gerechnet hatte. Ob sie wisse, dass diese Krankheit psychologische Gründe haben könne? Als meine Frau dies hörte war sie fassungslos. Noch ganz verwirrt bat sie den Lehrer nur, ob unser Mädchen in der Schule bleiben dürfe und ob sie im Fall einer Verschlechterung ihres Zustands mit dem Taxi nach Hause geschickt werden könne.

Die Frage des Lehrers hatte meine Frau so sehr getroffen, dass sie zu weinen anfing. Bevor sie die Schule verlassen konnte, lief ihr die Schulleiterin über den Weg. Als die Schulleiterin sah in welchem Zustand sich meine Frau befand, fragte sie was passiert sei und ging mit ihr in ihr Zimmer. Da sie meine Frau kannte, glaubte sie, dass etwas Ernsthaftes passiert sei. Daraufhin erzählte meine Frau was sich zugetragen hatte und bat sie darum dem Klassenlehrer nichts zu sagen. Bevor sie sich von der Schulleiterin trennte sagte sie noch, dass sie selbst noch einmal mit dem Lehrer sprechen würde, wenn sie sich wieder besser fühlte.

Am selben Tag klingelte um 12 Uhr unser Telefon und der Lehrer war am Apparat. Sie sagte, dass sie zu einem passenden Zeitpunkt mit ihr sprechen wolle. Sich schuldig fühlend beteuerte meine Frau, dass es nicht in ihrer Absicht lag sie bei der Schulleiterin anzuschwärzen und fügte hinzu, dass sie die Schulleiterin nur zufällig traf als sie die Schule verlassen wollte. Sie hätte doch die Schulleiterin gebeten dem Lehrer nichts zu sagen und dass es ihr leid tue. Um glaubhaft zu sein, bot meine Frau an zu diesem Gespräch auch die Schulleiterin hinzuzuziehen. Als die Lehrerin erklärte, dass sie eigentlich über ganz andere Dinge sprechen wolle, verlängerte sich das Gespräch. Obwohl meine Frau noch verärgert war, wurde sie durch diesen Anruf und den Wunsch des Lehrers noch einmal mit ihr zu sprechen ruhiger. Um den Lehrer nicht vor den Kopf zu stoßen, lud sie ihn, zu einem Zeitpunkt an dem ich auch zu Hause sein würde, zu uns ein. Zu dieser Einladung kam der Lehrer mit einem Strauß Blumen.

Das Gespräch begann er mit einer Erklärung weshalb er sich gegenüber meiner Frau so verhalten hatte. Aus einer ganz anderen Sichtweise erklärte er uns die Krankheit unserer Tochter und was daraus entstehen könne. Während er erzählte beruhigten sich unsere Gemüter und wir fingen an ihm aufmerksam zuzuhören und stellten ihm Fragen über Fragen. Das was er zu erzählen hatte war so interessant, dass wir gar nicht merkten wie die Zeit vorüber ging. Und was noch wichtiger war, für die Krankheit unserer Tochter gab es alternative Behandlungsmöglichkeiten. Die Behandlungskosten dieser Methode hätten wir selbst zu tragen, aber dies stellte für uns kein Hindernis dar. Wir bestellten sofort die Medikamente und das langfristige Ergebnis war sehr gut. Die Beschwerden unseres Mädchens wurden mit der Zeit weniger, was uns sehr glücklich machte. Unsere Tochter hatte diesen Lehrer seit dem ersten Tag ihres Unterrichts gern gehabt. Auch nachdem sie mit dieser Schule fertig war, haben wir ihn überall wo wir ihn gesehen haben, herzlich gegrüßt und unsere Dankbarkeit ausgedrückt.

Danach wechselten wir unseren Kinderarzt und sind zu einer Ärztin, die die Behandlung mit Medikamenten auf pflanzlicher Basis durchführte. Die Kosten für die Medikamente und für die Behandlung wurden von unserer Krankenkasse übernommen. Somit sparten wir auch diese Ausgaben. Nach kurzer Zeit ging unsere ganze Familie zu dieser Ärztin. Fachlich und auch menschlich waren wir mit ihr sehr zufrieden. Mit der Genesung unserer Tochter konnte ich nachts auch selbst wieder besser schlafen. Während der Krankheit unseres Mädchens, ging ich auch des Öfteren ohne richtig geschlafen zu haben zur Arbeit. Der Gedanke, dass sie plötzlich gar nicht mehr atmen und ersticken würde plagte mich nächtelang. Mich schaudert immer noch, wenn ich heute daran denke. Was hatten wir alles in den Nächten in denen sie nicht schlafen konnte durchgemacht. Allah sollte jeden vor solchen Leiden schützen!

In diesem Jahr waren wir vom Pech verfolgt. Innerhalb eines Jahres hatten wir drei Autounfälle gehabt, unser Haus hatte gebrannt und durch die Krankheit unseres Kindes hatten wir schwere Zeiten durchlebt. Eines Tages hatten wir von jenem Lehrer sehr interessante Dinge erfahren. Er beschäftigte sich mit Astrologie. Er hatte nach dem Geburtsdatum unserer Tochter gefragt und uns dann sehr interessante Dinge erzählt. Er sagte: „Wenn ich jetzt die ganze Familie betrachte schätze ich, dass sie alles im Leben sehr genau planen. Diese geplante Lebensweise ist in Wirklichkeit der Natur zuwider! Aus diesem Grund ziehen solche Menschen negative Ereignisse auf ungewollte Weise an. Ich bin mir ja nicht völlig sicher, aber wenn das alles auf sie zutreffen sollte, wäre es gut, wenn sie so schnell wie möglich ihre Lebensweise überdenken."

Als wir mit einem engen deutschen Freund sprachen, beschlossen wir völlig spontan und ungeplant gemeinsam während der Osterferien in die Türkei zu fahren. Wir wollten beide mit unseren Autos fahren. Wir brachen an einem nebligen und verregneten Aprilmorgen auf. Er hatte ebenfalls eine Tochter und einen Sohn genau wie ich. Von Pausen unterbrochen kamen wir problemlos in Bulgarien an, aber die problematische Strecke begann ja erst jetzt. Wir mussten deshalb vorsichtig sein. Wir dachten an unsere früheren Erlebnisse in diesem Land. Obwohl wir sehr achtsam fuhren, wurden wir von der Polizei angehalten, sind aber mit jeweils 5 Mark noch ganz gut davon gekommen.

Nach einem kurzen Aufenthalt in Istanbul fuhren wir zusammen nach Bursa weiter, wo wir uns gemeinsam die Stadt ansahen. Danach fuhren die deutschen Freunde nach Antalya und wir in unser Dorf. Da es keine normale Urlaubszeit war, war unser Besuch eine Überraschung für alle. Nach Jahren erlebten wir, wie in unseren Kindheitserinnerungen, endlich wieder einen Frühling im Dorf. Die blühenden Kirsch- und Pflaumenbäume verkündeten die frohe Botschaft, dass der Frühling gekommen war. Zum ersten Mal mit unseren Kindern in der Türkei wohnten wir in Amasya den Feierlichkeiten zum Kinderfest bei. Da das Wetter nicht so heiß war, verbrachten wir einen ganz anderen dreiwöchigen Urlaub. Dieser Urlaub hatte uns und unseren Kindern sehr gut getan.

Mit der Zeit erlangte unsere Tochter ihre Gesundheit zurück. Eines Tages erzählte ich unserer Ärztin von meiner Allergie. Ich fragte sie nach Behandlungsmöglichkeiten für diese Krankheit. Sie empfahl mir eine Akupunkturbehandlung und verwies mich an eine chinesische Ärztin die sie kannte. So fing ich an in gewissen Abständen mich mit Akupunktur behandeln zu lassen. Diese Behandlung wurde leider nicht von der Krankenkasse übernommen, so dass ich die Kosten selbst übernehmen musste. Bedingt durch die angenehme Art ihres Umgangs mit Menschen, die sich auf die asiatische Philosophie stützte, freundeten wir uns in kurzer Zeit mit dieser Ärztin an. Ihr Mann war Professor und gab in der Ulmer Universität Vorlesungen über Akupunktur.

Jedoch ging es mir trotz dieser Behandlung von Tag zu Tag schlechter und manchmal litt auch ich unter Atemnot. Die Beschwerden waren so schlimm geworden, dass ich nachts nicht schlafen konnte. Letztendlich musste ich an der Nase operiert werden. Sie hatten aus meiner Nase Gewebe in der Größe eines Tischtennisballs herausgenommen. Obwohl meine Allergie nach dieser Operation nicht weg ging, war die Verstopfung meiner Atemwege beseitigt und ich konnte merklich besser atmen. Mit plötzlichen Luftdruckveränderungen hatte ich aber ab jetzt sehr schwer zu kämpfen.

Einerseits beschäftigten uns unsere gesundheitlichen Probleme, andererseits führten wir unser soziales Engagement fort. Vor allem meine Frau bekam durch ihre Vorträge über die Rolle der türkischen Frau in der deutschen Gesellschaft sehr viel Zuspruch und diente vielen als Beispiel. Wenn es notwendig war dolmetschte sie in der Schule für türkische Familien und für ihren Einsatz bei der Hausaufgabenhilfe genoss sie allseits Respekt. Das machte mich sehr glücklich. Könnte es etwas Erhabeneres geben als in einer fremden Gesellschaft Hilfsbedürftigen nach besten eigenen Kräften zu helfen?

Wie wir vermutet hatten gab unser Sohn nach einer Weile das Fußballspielen auf. Es war ihm anzumerken, dass er sich in manchen Fächern schwertat. Aus diesem Grund wollten wir unsere Kinder moralisch unterstützen indem ich unserem Sohn und meine Frau unserer Tochter bei den Schularbeiten half. In unserer freien Zeit spielten sie nach den Noten, die ich ihnen aus der Türkei mitgebracht hatte, Geige und ich sang dazu. Glücklich und hoffnungsvoll verbrachten wir so unsere Tage. Jetzt konzentrierten wir uns voll auf unsere Kinder und ihre schulischen Leistungen. Unser Wunsch war es, dass unsere Kinder eine gute Schulbildung bekamen, dass sie erfolgreich in der Schule waren und dass sie als gebildete Individuen in der Gesellschaft ihren Platz finden würden.

Auch an Feiertagen ließen wir unsere Kinder nicht los, wenn es nicht erforderlich war. Bei gutem Wetter gingen wir in unseren Garten, picknickten dort und spielten Tischtennis. Wenn wir zu Hause waren erledigten wir gemeinsam die Schularbeiten, schauten einen Film oder spielten Backgammon. Unser Sohn hatte sich mittlerweile an die neue Schule gewöhnt, fand neue Freunde und knüpfte nun wieder an seine guten Leistungen aus der Grundschule an.

Obwohl unsere Tochter in der Grundschule nicht so erfolgreich war wie ihr Bruder, hatte sie es geschafft aufs Gymnasium zu wechseln. In der fünften Klasse war sie von 27 Kindern das einzige ausländische Kind. Als die deutschen Kinder jeweils zu zweit eine Schulbank teilten musste sie alleine sitzen. Sie wurde ein Jahr lang von den Klassenkameraden ausgegrenzt und die Lehrer bemerkten es nicht oder taten zumindest so, als ob sie nichts mitbekommen hätten. Trotz dieser Schwierigkeiten schaffte sie es in die sechste Klasse. Ab der sechsten Klasse saß sie nicht mehr alleine und brachte in diesem Jahr ein sehr erfolgreiches Zeugnis nach Hause. Unsere Kinder sollten das Ziel vor Augen haben, auf der Universität zu studieren – das war unser größter Wunsch. Wir waren bereit, Alles dafür zu tun.

Da wir ja nun in Deutschland sesshaft geworden waren, dachten wir über den Kauf eines Hauses nach. Wir hatten keine großen Ersparnisse, aber wir hatten unsere Wohnung in Ankara. Wenn wir ein geeignetes Objekt finden sollten würden wir diese Wohnung verkaufen und damit die Anzahlung leisten. Ich hatte noch zwei Bausparverträge von dem einer kurz vor der Auszahlung stand. Und ohnehin bekam jeder, der über ein geregeltes Einkommen und eigene Ersparnisse verfügte recht leicht einen Kredit.

Von dem Beamten aus der Stadtverwaltung, der nach dem Brand zur Besichtigung da war, hatten wir erfahren, dass die Wohnungen in denen wir lebten, nach und nach auf dem freien Markt verkauft werden sollten. Wir hatten als Mieter sogar das Erstkaufsrecht. Als ich der Wohnungsverwaltung meine Kaufabsicht mitgeteilt hatte sagten sie mir, dass ich die Wohnung für 130 000 DM kaufen könnte. Nachdem wir das erfuhren, nahmen wir unsere Wohnung noch einmal genauer unter die Lupe. Vom Keller bis zum Dachboden hätte das Haus eigentlich renoviert werden müssen. Diese Ausgaben wären dann doch zu hoch gewesen. Wir rechneten aus, dass die Renovierung noch einmal so viel wie der Kaufpreis kosten würde. Deswegen sahen wir davon ab, wir hatten ja keine Eile. Danach sahen wir uns nach anderen Verkaufsangeboten um und verglichen sie mit der Wohnung, in der wir jetzt lebten.

Ab jetzt wollten wir unsere Türkeiurlaube nicht mehr im Dorf sondern in der Wohnung Amasya alleine mit unseren Kindern verbringen. Wann immer wir wollten würden wir ins Dorf gehen und wenn wir nicht wollten würden wir in Amasya bleiben. Das war auch ganz im Sinne unserer Kinder, sie waren mit dieser Lösung sehr zufrieden. An den Abenden an denen das Wetter langsam abkühlte saßen wir zu viert auf dem Balkon und tranken Tee. Das waren die Orte an denen ich in der Vergangenheit so viel Hunger und Durst erlitten hatte. Da saß ich also auf dem Balkon dieser hell leuchtenden Stadt und erzählte meiner Familie meine Erinnerungen. Ich war sehr glücklich. Ich saß in meiner Stadtwohnung und war Gott dankbar. Auch wenn es ein schwerer Weg war, was hatte er mir alles ermöglicht! Wo hatte ich meine Lebensreise begonnen und wo war ich angekommen! Den ganzen Tag schien die Sommersonne auf die Stadt und verwandelte sie in einen Heizkessel. Am Abend verlieh der Yesilırmak, der mitten durch die Stadt floss, Amasya eine ganz besondere Atmosphäre. Die Hauptstraße, die parallel zum Fluss verlief, wurde am Abend für den Verkehr gesperrt und die Familien machten ihren Abendspaziergang auf der Promenade. Dies war ein alter Brauch der Stadtbevölkerung.

Obwohl Jahre vergangen waren konnte man in den Dörfern im Allgemeinen keine großen Veränderungen wahrnehmen. In den Städten hingegen gab es unübersehbar ein großes Wachstum im Bausektor – auch wenn die Städteplanung zu wünschen übrig ließ. Die Städte füllten sich langsam mit Hochhäusern. Die Dorfbevölkerung, die nicht das verdienen konnte was sie benötigte, nahm diese Veränderungen in den Städten wahr und drängte mehr und mehr in diese. Obwohl die jüngere Generation nicht viel Zeitung las, bekam sie durch Radio und Fernsehen mit was vor sich ging. Es war ohnehin – bedingt durch den großen Unterschied in der Lebensqualität – nicht mehr möglich sie länger im Dorf zu halten.

Die Vetternwirtschaft in der Politik, die Ungleichheit in der Einkommensverteilung und der Unterschied im Lebensstandard zwischen Land und Stadt beschworen eine Instabilität in der Gesellschaft herauf. Aber die großen Massen, die aus den Dörfern in die Städte strömten verschlechterten auch die dortige Lebensqualität.

Nachdem wir wieder nach Deutschland zurückgekehrt waren sagten wir eines Abends zu unseren Kindern, dass sie sich zu uns setzen sollen, weil wir mit ihnen reden wollten. Überrascht schauten sie uns an. „Ihr seid jetzt groß geworden. Wir leben alle zusammen in diesem Haushalt. Ab jetzt hat jeder gewisse Verpflichtungen im Haushalt. Schaut, ich gehe jeden Tag in die Fabrik und arbeite dort acht Stunden. Eure Mutter macht die Hausarbeiten und versucht in der Zeit, die sie noch übrig hat durch soziale Arbeit der Gesellschaft nützlich zu sein. Eure Aufgabe besteht nur darin in die Schule zu gehen und durch Fleiß erfolgreich zu sein, sonst müsst ihr nichts machen. Deswegen müsst ihr die Schule ernst nehmen und gute Schüler werden. Soweit wir sehen können steht dem nichts im Wege." So sprachen wir zu ihnen.

Durch ihr soziales Engagement lernte meine Frau viele türkische Frauen kennen, die aus den verschiedenen Ecken der Türkei hierhergekommen waren. Sie hatte die verschiedene Probleme der Frauen bemerkt und fragte sich wie sie ihnen helfen könnte. Man sollte etwas tun, aber wie? Das wichtigste wäre einen Ort zu haben, an dem man sich treffen und über Probleme reden könne. Dann könne auch jeder durch seine individuellen Fähigkeiten und Erfahrungen dem jeweils anderen helfen. Jede Einzelne verfügte über Lebenserfahrung. Zusammen könnte man durchaus mehr bewegen!

Nachdem verschiedene Möglichkeiten ausgelotet wurden, waren sich schließlich alle Frauen einig und gründeten unter der Leitung meiner Frau eine Frauengruppe. Danach trafen sie sich zu Tee und Kaffee abwechselnd in den Privatwohnungen. Aber im Laufe der

Zeit nahmen immer mehr Frauen teil und die Wohnungen waren schließlich zu klein. Jetzt mussten sie einen Ort finden, an dem sie sich bequemer treffen konnten.

Währenddessen lernte meine Frau bei einer Versammlung eine Lehrerin kennen, die sich in der katholischen Kirche engagierte. Bei einem Gespräch erwähnte sie, dass die Frauen in der Kirche gerne den Kontakt zu ausländischen Frauen aufbauen würden. Meine Frau erzählte von ihrer Frauengruppe und der Suche nach einem geeigneten Ort für ihre Treffen. Sie teilte ihre Bereitschaft mit, die beiden Gruppen, wann immer sie wolle und wo immer sie wolle, zusammenzubringen. Die Lehrerin dachte ebenfalls an die positiven Aspekte solcher Treffen. Denn dies wäre eine Möglichkeit, türkische und deutsche Frauen einander näherzubringen.

Kurze Zeit später teilte ihr die Lehrerin mit, dass die Frauengruppe meiner Frau gerne mit den Kirchenfrauen zusammen den Saal der Kirche nutzen könne. Als meine Frau diese Nachricht erhielt glänzten ihre Augen vor Glück. Das Kennenlerntreffen fand dann ebenfalls in diesem Saal statt. Dieses Treffen war die Geburtsstunde der "Türkisch Deutsche Frauenfreundschaftsgruppe". Danach trafen sich in gewissen Abständen die deutschen und türkischen Frauen in diesem Saal und diskutierten über ihre Gemeinsamkeiten. So ein Treffen fand in Ulm zum ersten Mal statt und legte ein Grundstein für die jahrelange Freundschaft zwischen den zwei Kulturen.

Die Aktivitäten dieser Gruppe gingen mit der Zeit über das Ulmer Gebiet hinaus. Verschiedene Menschen und Einrichtungen arbeiteten mit der Gruppe zusammen. Meine Frau nahm jeden Tag – wie eine berufstätige Frau – mehrere Termine wahr.

Im März standen wieder Betriebsratswahlen an. Aus diesem Grund wurden innerhalb der Fabrik und im Namen der Gewerkschaft verschiedene deutsche und ausländische Kandidaten aufgestellt. Seit zwölf Jahren wurde wegen hausgemachten Problemen kein Ausländer in den Betriebsrat gewählt. Da wir Ausländer uns nicht richtig organisieren konnten spalteten sich immer unsere Stimmen. Am schlimmsten war es unter uns Türken, denn trotz unserer großen Anzahl gelang es uns nicht aufgrund der Spaltung in rechte und linke politische Lager, uns auf einen Kandidaten zu einigen.

Mein Freund aus der Mittelschule hatte nach Gesprächen mit anderen Türken in der Fabrik vorgeschlagen mich für diese Wahl aufzustellen. Eines Tages kam er bei der Arbeit auf mich zu und sagte mir, dass ich nicht nur unter den Türken, sondern unter den ganzen

Ausländern als der geeignetste Kandidat erschiene. Er sagte: „Nach langer Überlegung haben wir uns für dich entschieden". Ich bat um Bedenkzeit. Ich bin zum Betriebsrat und habe mir die Namen der ausländischen und türkischen Kandidaten angeschaut. Wie jedes Jahr sah ich wieder das gleiche Bild vor mir: Zwei Jugoslawen, drei Italiener und drei Türken hatten sich bisher zur Wahl gestellt.

Ich erklärte, dass ich unter diesen Umständen nicht kandidieren würde. Ich wollte das Thema beenden bevor es richtig anfing. Es wäre sinnlos gewesen zu kandidieren, wenn ich im Voraus schon wusste, dass ich nicht gewählt werden würde. Wenigstens hätten sie den anderen ausländischen Kandidaten ihren Rückzug von der Kandidatur nahelegen können. Unter den Ausländern wurde es zu einer großen Sache und war bis zu der Ausländerkommission der Gewerkschaft, in der ich Mitglied war, vorgedrungen. Ein Kommissionsmitglied versammelte die ausländischen Kandidaten und empfahl die Wahl mit weniger Kandidaten anzutreten. Danach schlug er vor, dass sich die türkischen Kandidaten untereinander verständigen sollten und nur einen einzigen zur Wahl stellen sollten. Er war der Meinung, dass alle einzelnen ausländischen Gruppen jeweils nur einen Kandidaten zur Wahl stellen sollten, sonst würde wie in den letzten Jahren kein einziger Ausländer in den Betriebsrat gewählt werden. Diese Überlegung war vollkommen richtig.

Aber diese Anregung wurde nicht ernstgenommen, da jeder Kandidat von seiner Wahl in den Betriebsrat überzeugt war. Was noch schlimmer war, sie schauten mich wie jemand Dahergelaufenen an und redeten schlecht über mich. Aus Trotz über dieses Gerede stellte ich mich als ausländischer Kandidat zur Wahl. Die Kandidatenliste samt Foto wurde innerhalb der Fabrik an wichtigen Stellen aufgehängt. Es standen insgesamt 78 Kandidaten zur Wahl und laut Gesetz sollten 31 davon in den Betriebsrat gewählt werden. Die Gewerkschaftsvertreter, die die Kandidatenlisten aufstellten, hatten mich, entweder weil ich mich sehr spät zur Wahl gestellt hatte oder aus der Befürchtung heraus, dass ich gewählt werden könnte, an die 78. Stelle gesetzt.

Einige Wochen später wurden die Wahlen durchgeführt und das Ergebnis wurde in Listenform veröffentlicht. Aber wie bei jeder Wahl konnte wieder kein Ausländer gewählt werden, weil sie wieder untereinander ihre Stimmen gespalten hatten. Dabei wurde auch eine andere Tatsache ans Tageslicht befördert. Auch wenn ich nicht gewählt wurde, hatte ich doch die meisten Stimmen der Ausländer auf mich vereinen können. Eigentlich wäre es möglich gewesen alle vier Ausländer in den Betriebsrat zu wählen, wenn sich die Ausländer nur ein bisschen cleverer angestellt hätten. Der Leiter des gewerkschaftlichen Ausländerausschusses, den ich während der Wahlzeit kennengelernt hatte, lud mich zu den Ausschussversammlungen ein. Seitdem nahm ich an diesen Versammlungen, die einmal im Monat stattfanden, teil. Dabei habe ich die Probleme der Ausländer, sei es auf dem Arbeitsplatz oder in der Gesellschaft zur Sprache gebracht. Dadurch wurde ich in der Gewerkschaft noch aktiver.

Die Frauengruppe meiner Frau hatte jetzt auch eine Folkloregruppe nur für Mädchen gegründet. Ein türkischer Lehrer aus der Ägäis trainierte die Mädchen. Die Tänze der Gruppe hatten dadurch auch meist ihren Ursprung in diesem Landstrich der Türkei. Auf Wunsch der Mütter, die dies mitbekommen hatten, wurde noch eine weitere Folkloregruppe für die kleineren Mädchen gegründet. Die Folkloregruppe übte an Sonntagen im Saal der protestantischen Kirche. Da die Miete für den Saal sehr gering war und die Proben der Folkloregruppe eine kulturelle Aktivität darstellte wurde sie vom Ausländerbeauftragen der Stadt übernommen. Im Gegenzug dazu sollte die Folkloregruppe bei kulturellen Veranstaltungen, türkischen Festen und Schulen im Ulmer Gebiet auftreten.

Der Deutschkurs, den meine Frau in der Schule organisiert hatte, lief erfolgreich weiter, jedoch gab es Probleme. Der Hausmeister machte Ärger. Deswegen überlegten wir uns diesen Kurs beim Diyanetverein, der keine politischen Ambitionen hegte, unterzubringen. Ich sprach mit dem Vorstand dieses Vereins und sie waren über diesen Vorschlag auch glücklich. Wenn dieser Kurs bei ihnen angeboten würde, könnten auch die Ehefrauen der Mitglieder vorbehaltlos daran teilnehmen. Tatsächlich wuchs die Zahl der Teilnehmerinnen sofort an. Angesteckt von der Aktivität ihrer Frauen wollten auch die Ehemänner in einen Deutschkurs. Nach Gesprächen mit dem Ausländerbeauftragten, organisierten wir nach kurzer Zeit auch einen Deutschkurs für Männer. Währenddessen fing meine Frau an Französischunterricht zu nehmen. Ich war über den schulischen Erfolg der Kinder und dem sozialen Engagement meiner Frau überglücklich.

Wir hatten mit meiner Frau besprochen jedes Jahr während der Sommerferien, sofern sich die Gelegenheit ergäbe, ein uns bisher unbekanntes Gebiet unserer Heimat zu bereisen und kennenzulernen. In diesem Jahr hatten wir uns vorgenommen einen Teil der Schwarzmeerküste zu bereisen. Eine Woche vor Ende unseres diesjährigen Türkeiurlaubs fuhren wir aus unserer Heimat kommend los, um den Westen der Schwarzmeerküste zu besuchen. Über Tosya wollten wir nach Kastamonu fahren, dort eine Tour machen und weiter an die Küste reisen.

Als wir uns von Tosya trennten wurde es langsam Abend. Und obwohl wir den kürzesten Weg gewählt hatten, befanden wir uns auf einer Straße, die zu verschwinden drohte. Da es langsam dunkel wurde, waren auch keine weiteren Menschen geschweige denn ein Auto unterwegs. In der Dunkelheit auf einer verlassenen Waldstraße kämpften wir uns lange Zeit über den staubigen, schlechten Straßenbelag. Dass ich in dieser Nacht Angst hatte, sagte ich nicht einmal meiner Frau. Mitten in der Nacht kamen wir an einem kleinen Bergdorf an. Wo befanden wir uns eigentlich? Die Antwort war ernüchternd. Wir waren an der höchsten Stelle des Ilgaz-Gebirge angekommen. Nichtsahnend waren wir auf dem Bergpfad bis dahin gefahren! Dort wurde uns erklärt wie wir am schnellsten und sichersten nach Kastamonu kommen. Zu fortgeschrittener Stunde kamen wir in der Stadt an und übernachteten in einem dortigen Hotel. Am nächsten Tag besichtigten wir dort die historischen türkischen Häuser deren Besonderheiten sehr gut erhalten waren.

Danach fuhren wir die wunderschöne Schwarzmeerküste entlang. Zuerst haben wir die kleine und schöne Stadt Inebolu an der Küste besucht. Unser Ziel war es von hier aus die Küste entlangzufahren, hin und wieder einen kleinen Aufenthalt einzulegen, um schließlich zur Küstenstadt Amasra zu gelangen. Dort wollten wir dann einige Tage mit den Kindern im Meer baden. Da die Strecke entlang der Küste sehr kurvig, der Straßenbelag nicht optimal war und zudem durch Hügel und Berge führte, konnten wir nicht schnell fahren. Aber die Natur war überwältigend, deshalb war uns diese Route nur recht. Nach einiger Zeit kamen wir in Cide an und im Anschluss, nach einer mühsamen Reise, in Inkum nahe der Stadt Amasra angekommen. In dieser Stadt, die sich dem Tourismus geöffnet hatte, waren entlang des Strands große und kleine Pensionen zu finden. Dort fanden wir auch eine für uns geeignete Übernachtungsmöglichkeit. Drei Tage lang blieben wir dort und ruhten uns aus. Wir hatten Gelegenheit die wunderschöne Natur und die Menschen dort kennen zu lernen. Dort endete unser Urlaub und wir kehrten ausgeruht nach Deutschland, zu unserer Arbeit und zu unserem Haus, zurück.

Meine Frau versuchte einerseits die Kinder nicht zu vernachlässigen, andererseits musste sie ihren sozialen Aktivitäten mehr und mehr Zeit einräumen. Mit einer Gruppe von Frauen, die in verschiedenen Einrichtungen im Ulmer Gebiet aktiv waren, arbeitete sie immer mehr zusammen. Schließlich wurde beschlossen, einen Verein zu gründen, der ihre Frauengruppe mit einschloss. Dieser Verein sollte allen Mädchen und Frauen im westlichen Teil der Stadt Ulm zur Verfügung stehen, das heißt, ihnen bei ihren schulischen und sozialen Problemen helfen und ihnen mit Rat zur Seite stehen. Ich versuchte wie immer während der Gründungsphase zu helfen.

Meine Frau spielte bei der Gründung des Vereins eine aktive Rolle. Sie war und ist im Vorstand des Vereins. Sie leitete dort jeden Mittwoch einen Frauentreff unter dem Namen „internationales Frauencafé". Bei diesem Treffen lernten sich die Frauen kennen, sprachen miteinander und tauschten sich aus. Und meine Frau hörte ihren Problemen zu und versuchte, gemäß des Vereinsauftrags, soweit wie möglich behilflich zu sein.

Der Verein lud bei entsprechendem Anlass zu aktuellen Themen und zu speziellen Frauenthemen Expertinnen zu Vorträgen ein. Diese Rednerinnen informierten sie über verschiedene Themen auf und somit erhielten alle Zuhörerinnen die Möglichkeit sich über viele Themen Wissen anzueignen. Die Expertinnen waren glücklich ausländische Frauen in ihrem Lebensumfeld kennenzulernen. Der Verein war mit vielen Einrichtungen, die soziale Arbeit in Ulm leisteten in Kontakt. Um den Verein lange am Leben zu halten, war diese Zusammenarbeit mit den sozialen und politischen Einrichtungen auch notwendig.

Das meine Frau unter den Gründungsmitgliedern eines deutschen Vereins war, und auch ihre sonstigen erfolgreichen Aktivitäten, machte mich sehr stolz. Aufgrund dieser Bemühungen begann meine Frau ihre eigene Karriere zu machen. Durch ihr soziales Engagement war sie in Ulm bekannt und wurde durch ihre vertrauenswürdige Art von verschiedenen Einrichtungen manchmal zu ehrenamtlichen und manchmal zu bezahlten Dolmetschereinsätzen gerufen. Die Zahl der Einrichtungen mit denen sie zusammenarbeitete war nicht einmal mir bekannt. Das einzige was ich wusste, war, dass sie den Menschen half und mein Vertrauen ihr gegenüber war ohnehin unendlich.

Um sich weiterzubilden nahm sie an verschiedenen Seminaren teil, an jedem Tag war sie in einem hektischen Treiben, um ihren Aktivitäten nach zu kommen. Manchmal fragte ich mich selbst woher sie die Motivation dafür aufbrachte. Manchmal saßen wir einfach da und sprachen darüber was sie gemacht hatte und was sie noch machen konnte. Das war für mich auch sehr gut. So bekam ich auch außerhalb meiner Arbeitsstelle mit was im Sozialleben der Stadt vor sich ging.

Beide Kinder hatten einen guten Stand in der Schule. Sie nahmen weiterhin Geigenunterricht und spielten im Schulorchester. Anfang des Jahres waren sie dabei, wenn das Schulorchester Konzerte gab. Dass sie die einzigen Kinder ausländischer Herkunft in dem 25köpfigen Orchester waren, war für uns Eltern ein Grund stolz zu sein. Und manchmal fragten wir uns wieso keine anderen türkischen Kinder dabei waren, was uns traurig stimmte. Diese Konzerte nahm ich als Erinnerung mit meiner Kamera auf.

Obwohl wir lange auf der Suche gewesen sind hatten wir noch kein für uns geeignetes Haus gefunden. Nach einiger Zeit haben wir uns letztenendes doch entschlossen das alte Haus, in dem wir wohnten, zu kaufen und zu renovieren. Diese Entscheidung teilten wir der Wohnungsverwaltung mit einem Brief mit. Jedoch war der Kaufpreis in den letzten fünf Jahren um 30.000 DM gestiegen. Jetzt wollten sie 160.000 DM dafür haben. Der Mauerfall und die Wiedervereinigung hatten auch den Immobilienmarkt beeinflusst.

Es war nicht möglich gewesen zu diesem Preis ein anderes Haus in Ulm zu finden. Mithilfe eines Freundes, der Filialleiter einer Bank war und dessen Sohn in die gleiche Klasse ging wie unsere Tochter, hatten wir zu günstigen Konditionen einen Kredit aufgenommen. Er half uns auch bei den ganzen Kaufformalitäten. Um von der Steuerrückerstattung des Jahres zu profitieren, kauften wir das Haus in den letzten Tagen des Jahres 1991. Somit wurden wir Eigentümer eines Hauses mit Garten in der Stadt Ulm in Deutschland.

Noch bevor der Frühling kam hatten wir einen Plan mit den Umbauentwürfen zeichnen lassen und beim Bauamt eingereicht. Gleichzeitig holten wir für die Arbeiten, die ich nicht erledigen konnte, verschiedene Angebote von den Handwerksfirmen ein. Sobald wir uns mit der Heizungsinstallationsfirma einig waren, wollte ich im Anschluss mit den gröbsten Arbeiten beginnen.

In diesem Jahr hatte das Jugendhaus der Stadt für die Schulferien eine Kulturreise mit dem Bus in die Türkei organisiert an der deutsche und türkische Schüler teilnehmen konnten. Da ich mit der Hausrenovierung beschäftigt war musste ich meinen Urlaub in Deutschland verbringen. Meine Frau wollte ohnehin in die Türkei reisen, um bei der Hochzeit ihres Bruders anwesend zu sein. Es war am besten mit dieser Schülergruppe gleich auch unsere Kinder in die Türkei zu schicken. Es wären ja ohnehin einige Betreuer mitgefahren, die auf die Kindern aufpassen würden.

Als wir dann ins Jugendhaus gingen, um die Kinder für die Reise anzumelden, freute sich der Betreuer, der uns kannte, sehr darüber. Als er meine Frau sah sagte er, als wäre es vorher abgesprochen gewesen: „Wir brauchen eine Betreuerin für die Mädchen, wenn du mit uns reisen könntest wären wir sehr froh. Eure Kinder werden ja ohnehin mit uns reisen." Natürlich sagten wir sofort zu. Meine Frau wollte jedoch vorher in die Türkei fliegen, um an der Hochzeit ihres Bruder teilzunehmen, danach wollte sie sich mit der Gruppe in Istanbul treffen. Ich verabschiedete also meine Frau am Flughafen und meine Kinder am Busbahnhof in die Türkei.

Mit dem Weggang der Kinder war das Haus auf einmal so leer. Ich konnte mich nur schwer an diesen Umstand gewöhnen. Bisher war ich nie von den Kindern getrennt gewesen. Obwohl die Einsamkeit schwer zu ertragen war, blieb mir nichts anderes übrig, als die Ärmel hochzukrempeln und mit der Renovierung des Hauses zu beginnen. Ich begann eine rege Arbeit, die einen Monat andauern sollte. Technische Arbeiten, die ich nicht selbst leisten konnte, hatte ich an Handwerksfirmen abgegeben.

Mit dem Erscheinen der Heizungsinstallateure begannen die Arbeiten. Zunehmend ähnelte das Haus einer Baustelle. Zum Glück war die Familie nicht da. Wenigstens sie waren nicht in dieses Chaos involviert. Ich hatte die Absicht die Heizungen, die Warmwasseranlage, das Bad und die Toilette zu erneuern, um das Haus in eine moderne Lebensumgebung zu verwandeln. Ich arbeitete mit voller Kraft, um die Renovierung bis zur Rückkehr meiner Familie abzuschließen. Seien es Wasserleitungen, Heizkörper, Toilette oder Badewanne, das meiste war innerhalb eines Monats fertig.

Als meine Frau mich anrief, um mir mitzuteilen, dass sie aus unserem Dorf kommend in Istanbul zu der Reisegruppe gestoßen war, war ich erleichtert. Die Gruppe hatte die Absicht einen Monat lang an verschiedenen kulturellen Aktivitäten in dem Gebiet zwischen Bursa und Izmir teilzunehmen, um so den Kindern die türkische Kultur näherzubringen. Wie vorher geplant hatten sie in den Schlafsälen von Internaten übernachtet. Meine Frau betreute die Mädchen der Gruppe.

Manchmal dachte ich mir, dass es keine normale Sache war als Ausländer so hohe Schulden zu haben. Und vor allem durch die

Beeinflussung meines näheren Umfelds und durch meine pessimistische Haltung bekam ich regelrecht Angst und hatte so manche schlaflose Nacht. Was ging mir nicht alles durch den Kopf! Was wäre, wenn man mich entlassen würde und ich dadurch meine Familie in eine schwierige Situation bringen würde. Und manchmal dachte ich, auch wenn ich Schulden gemacht hatte, hatten wir ja ein Haus in dem wir wohnten und ich würde 12 Jahre lang meine Schulden wie eine Miete bezahlen und dann würde das Haus uns gehören.

Wir würden uns eventuell finanziell schwertun, wenn die Kinder an Universitäten außerhalb von Ulm studieren sollten. Aber es war noch zu früh darüber nachzudenken. Es war noch so viel im Haus zu erledigen, dass es mich regelrecht erschreckte. Ich spürte bereits meine Erschöpfung, ich arbeitete 8 Stunden in der Fabrik und täglich mindestens 4 Stunden zu Hause. Mein großes Glück und mein Stolz war der Erfolg meiner Kinder in der Schule und die Stellung meiner Frau in der Gesellschaft.

Unser Leben zu Hause hatte eine gewisse Ordnung. Jeder war ein Teil dieser Ordnung und wusste um seine Aufgaben. Ich sagte meiner Frau und meinen Kindern immer: „Wo immer ihr auch seid, vergesst nie, dass ihr Ausländer seid, achtet immer auf euer Verhalten."

Trotz der Kritik der Opposition hatte die bürgerliche Regierung am 1. Januar 1991 ein neues Ausländergesetz verabschiedet. Das neue Gesetz hatte für Ausländer sowohl negative als auch positive Seiten. Das Aufenthaltsrecht wurde geändert und der Übertritt zur deutschen Staatsbürgerschaft wurde etwas erleichtert. Die doppelte Staatsbürgerschaft wurde im Gesetz strikt abgelehnt. Aufgrund der Änderungen im Ausländergesetz hatten viele Deutsche damit gerechnet, dass Tausende von Ausländern sofort die deutsche Staatsbürgerschaft annehmen würden. Doch auch Monate später, nachdem das neue Gesetz in Kraft trat, war dies nicht der Fall.

Ich hatte mit meiner Frau über ihre Meinung zur deutschen Staatsbürgerschaft gesprochen. Sie antwortete, dass sie emotional noch nicht bereit wäre, den türkischen Pass abzugeben, um dafür den deutschen zu bekommen. Ich habe daraufhin alleine im Jahre 1992 die deutsche Staatsbürgerschaft beantragt, die ich am 12. März 1993 erhielt. Für mich war das Recht zu wählen und gewählt zu werden sehr wichtig.

Es waren nicht einmal drei Monate vergangen seitdem ich die deutsche Staatsbürgerschaft angenommen hatte, da wurde in Solingen das Haus eines Landsmannes aus Amasya in Brand gesetzt. Die Familie, deren Haus von den Rechtsradikalen angezündet wurde, verlor dabei fünf Familienmitglieder. Nach dieser Tat war ich so verärgert, dass ich beinahe wieder die türkische Staatsbürgerschaft beantragt hätte.

Unsere Kinder hatten auch in diesem Jahr mit guten Noten die Klassenversetzung geschafft. Unser Sohn war so erfolgreich, dass er vom Bildungsministerium ein Preisgeld bekam.

Da in Jugoslawien der Krieg ausgebrochen war, führte die bisherige Reiseroute in die Türkei zum Teil durch Kriegsgebiet wodurch die Transitstrecke gesperrt war. Deswegen entschieden wir uns diesmal über Österreich, Ungarn, Jugoslawien und Bulgarien zu fahren. Die meisten Türken erachteten es als zu gefährlich über Serbien zu fahren, weswegen sie sich für die Strecke über Italien entschieden. Dieses Jahr fuhren wir trotzdem über die geplante Strecke in die Türkei und zurück.

Obwohl ich nach dem Brand in unserem Haus eine gute Beziehung zu meinen deutschen Arbeitskollegen aufgebaut hatte, merkte ich, dass sie neidisch auf mich waren. Zumindest kam es mir so vor. Dass ich als Ausländer in Deutschland ein Haus gekauft hatte, die soziale Position meiner Frau und der schulische Erfolg meiner Kinder waren Dinge, die sie nicht so einfach akzeptieren konnten. Ich bekam mit, dass sie hinter meinem Rücken redeten. Sie fragten sich wie es einem Ausländer möglich war als alleiniger Geldverdiener einer Familie ein Haus zu kaufen während sie sich diesen Luxus nicht leisten konnten. Dem deutschen Lebensstandard nach war das auch richtig. Mit dem Geld, das wir verdienten konnte man zwar leben, aber keine großen Sprünge machen.

Sie konnten nicht verstehen, dass keines ihrer Kinder auf dem Gymnasium war, wohingegen das Kind eines Ausländers auf dem Gymnasium so erfolgreich war, dass es ausgezeichnet wurde. "Du bist Arbeiter, wozu gehen deine Kinder aufs Gymnasium? Da musst Du doch nur Jahrelang dafür zahlen" sagten sie.

Obwohl ich der erfahrenste Arbeiter in der Gruppe war, wurde ich grundlos in eine andere Gruppe versetzt. Ich war ziemlich fassungslos. Wieder war ich gezwungen mit neuen unerfahrenen Arbeitern zu arbeiten. Vielleicht würde es wieder schwer werden, aber ich hatte mittlerweile ausreichend Erfahrung mit solchen Situationen. Ich ließ mir daher nichts anmerken. Den Grund für diese Versetzung erfuhr ich im Nachhinein. Da ich ein erfahrener Arbeiter war, bestand die

Möglichkeit, dass ich, trotz der Tatsache, dass ich Ausländer war, der Gruppenführer werden könnte. Mit meiner Versetzung hatten sie dem vorgebeugt. Ich glaubte nicht, dass ich diese Entscheidung rückgängig hätte machen können, deswegen hielt ich still.

Über manches das gesprochen wurde konnte ich nur lachen, denn es kam von Menschen, die schlecht beeinflusst und voll von Vorurteilen waren. Unter der Belegschaft wurde über die schlechte wirtschaftliche Situation der Fabrik und anstehende Entlassungen gesprochen. Die schlechte Lage des Arbeitgebers auf der einen und das Verhalten meiner Arbeitskollegen auf der anderen Seite, ließen mir überhaupt keine Ruhe mehr. Dies merkte auch meine Familie und fragte mich was mit mir los war, aber ich erzählte ihnen trotzdem nichts. Ungeduldig wartete ich auf die Urlaubssaison. Die ganze Situation hatte mich sehr mitgenommen.

Als ich am 25. Juli 1993 aus dem Urlaub zurückkehrte, jedoch noch nicht mit der Arbeit begonnen hatte, bekam ich einen Anruf von einem Arbeitskollegen. Der Arbeitgeber wollte 500 Arbeitern kündigen. Der Betriebsrat, der vor dreieinhalb Jahren gewählt wurde, hatte sich dagegen gewehrt. Die Diskussion hatte sich so sehr zugespitzt, dass einschließlich des Betriebsratsvorsitzenden insgesamt acht Betriebsräte zurückgetreten waren. Dies hatte zur Folge, dass acht Leute, drei davon Ausländer, mich eingeschlossen, die bei der letzten Wahl auf der Ersatzliste waren, in den Betriebsrat vorrücken sollten. Somit nahm ich nach meinem Urlaub unerwarteterweise die Arbeit als Betriebsrat auf. In der ersten Versammlung kamen einschließlich der Ersatzleute 33 Betriebsräte zusammen und wir verteilten untereinander die Aufgabengebiete in der Fabrik. Später in der Versammlung wählten wir verschiedene Kommissionen und somit stand der neue Betriebsrat fest.

In dieser kritischen Situation zu dieser Aufgabe berufen zu werden, schüchterte mich offen gesagt ein bisschen ein. Abgesehen davon, dass ich von der Materie recht wenig verstand, war es für mich ein unglücklicher Zeitpunkt, da wichtige Entscheidungen über die Belegschaft kurz bevorstanden. Dies galt nicht nur für mich sondern auch für die anderen neu hinzugekommenen Betriebsräte. Anfangs hatte ich bei manchen Abstimmungen zu gewissen Änderungen innerhalb der Firma unwissenderweise mit der Mehrheit abgestimmt. Obwohl ich seit drei Jahren an den Versammlungen der gewerkschaftlichen Ausländerkommission teilnahm war ich bis dahin nicht wirklich in gewerkschaftliche Arbeit involviert gewesen.

Die deutschen Arbeitskollegen in der Abteilung versuchten mich, persönlich für die vom gesamten Betriebsrat getroffenen Entscheidungen zu beleidigen. Da ich nicht so gut Deutsch sprechen konnte, glaubten sie, dass ich das Gesprochene bei den Versammlungen nicht verstand. Aber ich war entschlossen alles zu lernen was notwendig war, um gute Arbeit zu leisten. Ich war es ohnehin gewohnt zu kämpfen. Mit dieser Absicht ließ ich zu Hause alles stehen und liegen und nahm an einem wöchentlichen Seminar teil das von der Gewerkschaft für Betriebsräte angeboten wurde und das notwendiges Grundwissen vermittelte.

Abgesehen von diesem Seminar besaß ich verschiedene Bücher über Ausländerrecht, die rechtlichen Bestimmungen des Arbeitsplatzes und über das Arbeitsrecht. Wie ein Schüler lernte ich jeden Abend aus diesen Büchern. Ich wollte mit einem ausreichenden Grundwissen für die tägliche Arbeit ausgerüstet sein. Innerhalb von zwei Monaten hatte ich die wichtigen Rechtsparagraphen bezüglich ausländischer Arbeitnehmer auf den Arbeitsplatz auswendig gelernt. Danach las ich Stück für Stück wichtige Themen wieder und wieder durch. Bei den Versammlungen fühlte ich mich jetzt weitaus sicherer. Dass ich mich bei Diskussionen zu wichtigen Entscheidungen zu Wort meldete und meine Meinung mit Selbstvertrauen kundtat, war auch den anderen Betriebsräten aufgefallen. Als erstes konnte ich betreffend der Abteilung, für die ich verantwortlich war, durch eine Wortmeldung eine falsche Entscheidung verhindern.

In der Abteilung in der ich beschäftigt war hatte der Meister seit Monaten manche Arbeiter unnötig Überstunden machen lassen. Dies wussten einschließlich des Betriebsratsmitglieds alle in der Abteilung, aber keiner hatte den Meister darauf angesprochen. Als ich davon hörte, ging ich sofort zum Meister und fragte, ob dies der Wahrheit entspräche. Wenn es stimmen sollte, sagte ich ihm, dass er das sofort zu unterlassen hätte. Mit seinem ganzen Verhalten zeigte er mir, dass er mich nicht ernst nahm. Ich habe wieder gefragt und machte ihm deutlich, dass ich in kürzester Zeit eine Antwort von ihm erwartete und, wenn er das nicht regeln sollte, rechtliche Schritte gegen ihn einleiten würde.

Noch am selben Tag kam der Meister zu mir und teilte mir verärgert mit, dass er die Überstunden, die er ungerechterweise sechs seiner Angestellten seit Monaten gab, gestrichen hatte. Die Arbeiter, denen die Überstunden gestrichen wurden, waren zunächst verärgert. Aber die restlichen Arbeiter, die die Mehrzahl in der Abteilung darstellten, kamen zu mir und gratulierten. Plötzlich wurde dieser Vorfall in der ganzen Fabrik publik und man begann über mich und mein entschlossenes Vorgehen zu reden.

Dies hatte auch der Betriebsratsvorsitzende mitbekommen und rief mich zu einem Gespräch, um zu erfahren, was vorgefallen war. Der Vorsitzende empfing mich mit einem Lächeln und beglückwünschte mich. Nüchtern erzählte ich ihm von unserem natürlichen Recht bei solchen Vorfällen einzuschreiten. Eigentlich war es verwunderlich, dass bis jetzt niemand eingeschritten war. Ich machte deutlich, dass die Bestimmungen des Betriebsrats mir das Recht zum Eingreifen einräumten und dass man eine Ungerechtigkeit nicht auf die leichte Schulter nehmen sollte. Ich sagte weiterhin, dass in der Abteilung niemand den Betriebsrat ernst nimmt und dass dafür auch der vorherige Betriebsrat verantwortlich war. Da der Meister gegen die Arbeitsbestimmungen verstoßen hatte, müsste er eigentlich vor dem Betriebsrat Stellung beziehen. Aber ich ließ die Sache auf sich beruhen, denn rechtlich hätte das noch größere Konsequenzen mit sich bringen können. Dies alles sagte ich in dem guten Gefühl eine Ungerechtigkeit verhindert zu haben. Denn der Mensch war erst Mensch, wenn er um seine Rechte wusste.

Das Thema kam auch bei einer Betriebsratssitzung zur Sprache. Zuerst hörten sie mir zu, dann wurde darüber diskutiert. Die meisten, die sich zu Wort gemeldet hatten gratulierten mir zu diesem Vorgehen und bestätigten deutlich, dass ich nach den Bestimmungen gehandelt hatte.

Der Vorsitzende machte die anderen Betriebsräte darauf aufmerksam, dass ohne den Betriebsrat nichts in der Fabrik laufen dürfe. Er machte deutlich, dass mein Vorgehen gegen den Meister nicht so hart war, wie einige geäußert hatten, sondern ich im Gegenteil die Aufgabe wahrgenommen hatte, die die Bestimmungen vorsehen. Weiterhin sagte er, dass wir Betriebsräte noch in weitere knifflige Situationen kommen würden und wir nicht davor zurückschrecken sollten, die Interessen der Arbeitnehmer zu vertreten. Unsere Arbeitskollegen hatten uns ja schließlich gewählt, damit wir ihre Rechte auf dem Arbeitsplatz vertraten. Er machte zudem deutlich, dass mein Vorgehen bewiesen hätte, dass rechtlich, ohne die Zustimmung des Betriebsrates, nichts in den Abteilungen gemacht werden könne. Dass der Betriebsratsvorsitzende mich nach dieser Ansprache noch einmal beglückwünschte, machte mir noch mehr Mut. Vielleicht war das ein Lob, dass ich seit Jahren verdient, aber noch nie bekommen hatte. Diese Bestätigung hatte ich als Betriebsrat bekommen. Aus meiner Sicht war das Schicksal. Ich hatte seit Jahren jede Arbeit, die mir aufgetragen wurde, verantwortungsvoll erledigt.

Eines Tages besuchte ich während der Pause eine andere Abteilung, in der viele Ausländer beschäftigt waren. Mein Ziel war es mir in der Pause die Probleme der Ausländer anzuhören, um sie in den Betriebsratsversammlungen vorzubringen. Bevor unser Gespräch beendet war, ertönte die Sirene zum Pausenende und die meisten Arbeiter kehrten zu ihren Maschinen zurück. Ich redete noch mit zwei Arbeitern, als der Meister kam und mich aufforderte, die Abteilung zu verlassen. Ich berief mich auf meine Eigenschaft als Betriebsrat und erklärte mein Ansinnen, mir die Probleme der Kollegen anzuhören. Trotzdem schubste er mich herabwürdigend und sagte, ich solle sofort die Abteilung verlassen. Ich entgegnete ihm, er würde damit einen großen Fehler begehen. Daraufhin ging ich sofort zum Büro der Betriebsratsvorsitzenden, erzählte ihm von dem Vorfall und verlangte von ihm, den Meister herzuholen und Stellung zu beziehen. Es war nicht unsere Schuld, dass er in einer leitenden Position vom Arbeitsrecht keine Ahnung hatte.

Bis dahin hatten sich die Betriebsratsmitglieder prinzipiell gut mit den Meistern verstanden und wurden nicht mit solchen Vorkommnissen konfrontiert. Vielleicht mussten sie sich aufgrund solcher Reibereien zum ersten Mal mit dem Betriebsratsvorsitzenden auseinandersetzen. Nach einer halben Stunde kam der Meister, obwohl er alleine gerufen wurde, zusammen mit dem Abteilungsleiter ins Büro. Wahrscheinlich hatte er seinen Fehler bemerkt. Zuerst fing ich an zu reden und zählte sofort die betreffenden Bestimmungen des Arbeitsrechts und Ausländerrechts auf. Während ich redete, wurden sowohl der Meister als auch der Abteilungsleiter vor uns rot. Als der Meister an der Reihe war, hatte er nicht mehr viel zu sagen, gestand seinen Fehler ein und übergab dem Abteilungsleiter das Wort.

Der Abteilungsleiter machte deutlich, dass das Benehmen gegenüber mir als Betriebsratsmitglied gemäß Arbeitsrecht ein Fehler war. Er erläuterte die Unerfahrenheit des Meisters in dieser Beziehung und bat uns, ihm diesmal zu verzeihen. Danach bat mich der Vorsitzende nach draußen. Er sagte mir, dass dieser Schuss vor den Bug genügen sollte, da der Meister zwei Kinder hatte und es sein könnte, dass er seine Arbeit verliert, wenn wir rechtlich gegen ihn vorgehen würden. Als ich von seinen Kindern hörte, musste ich an meine Kinder denken. Diesmal wollte ich in den Vorschlag des Vorsitzenden einwilligen. Der Meister sollte sich bei mir entschuldigen und wir würden die Sache auf sich beruhen lassen. Dieser Vorfall steigerte, wie der vorangegangene, mein Ansehen bei der Belegschaft.

Es waren nun genau sechs Monate vergangen seit ich in den Betriebsrat berufen wurde. Laut Arbeitsrecht war die Zeit für die Wahl eines neuen Betriebsrats gekommen. Zuerst wurden von den Verantwortlichen der Gewerkschaft die Listenplätze der Kandidaten festgelegt. Die Kandidatenlisten, samt Fotos, wurden an die Belegschaft verteilt und an wichtigen Stellen in der Fabrik aufgehängt. Mein Name war jetzt nicht wie beim letzten Mal an letzter Stelle sondern von sechzig Kandidaten an zehnter Stelle. Ohnehin hatte ich diesmal nicht die Befürchtung nicht gewählt zu werden unabhängig davon welchen Listenplatz ich inne hatte. In den sechs Monaten, in denen ich als Betriebsratsmitglied tätig war, hatte jeder die Möglichkeit gehabt mich ausreichend kennenzulernen. Die Gewerkschaftsfunktionäre hatten mich aufgrund meiner Verdienste mit dem zehnten Listenplatz honoriert.

Parallel zur reduzierten Arbeitnehmerzahl wurde die Zahl der Betriebsräte von 33 auf 29 reduziert. Die meisten Kandidaten gingen vor den Wahlen in den Abteilungen auf Stimmenjagd. Sogar die deutschen Arbeitskollegen in meiner Abteilung sagten mir ich solle es ihnen gleichtun. Ich aber wartete in aller Ruhe den Wahltag ab, da ich der Meinung war, dass ich mit meinem Einsatz die beste Werbung für mich gemacht hatte. Am 15. März 1994 wurde der Betriebsrat gewählt. An der Wahl hatte die ganze Belegschaft der Fabrik teilgenommen. Mit Beendigung der Arbeitszeit endete auch die Stimmabgabe.

Abgesehen von den Mitgliedern der Wahlkommission war fast niemand mehr in der Fabrik. Außer ihnen warteten die letzten Betriebsräte in ihren Büros ungeduldig auf das Wahlergebnis. Nachdem die Stimmen ausgezählt waren fand noch eine weitere Durchsicht durch einem Kontrolleur statt und die Ergebnislisten wurden für den nächsten Morgen vorbereitet.

Von den gewählten 29 Betriebsräten hatte ich als Arbeitnehmer die achtmeisten Stimmen auf mich vereinen können. In der Liste, die am Morgen überall einzusehen war hatte ich meinen Platz eingenommen. An diesem Abend hatten sich die alten und neugewählten Betriebsräte gegenseitig gratuliert und wünschten sich für die nächsten vier Jahre eine erfolgreiche Zusammenarbeit. Mit diesen Absichten und Wünschen trennten wir uns an diesem Abend.

In der ersten Versammlung nach der Wahl erneuerten wir die Kommissionen. Diesmal wurde auch ich in die wichtigen Kommissionen gewählt wodurch ich wichtigere Aufgaben übernahm und begann an den Entscheidungen mitzuwirken. Obwohl ich vor fünfzehn Jahren das Angebot in den Betriebsrat gewählt zu werden ablehnte und mich für die Wahl eines anderen Türken einsetzte, hatte ich diese Aufgabe jetzt auf eigenen Wunsch angetreten.

Ich war mir nicht sicher, aber vielleicht war es einfach Schicksal. Vielleicht sollte ich die Frustration über mein in Armut verbrachtes Schülerleben auf diesem Weg loswerden. Bei dieser zweiten Aufgabe, die mir innerhalb der Fabrik zugewiesen wurde, wollte ich mit meiner Erfahrung und meinem Wissen für die Rechte der Arbeiter eintreten, sie ihnen nahebringen und vertreten. Durch die Erfahrungen meiner Jugendzeit, meiner ersten Zeit in Deutschland oder auch durch mein soziales Engagement, hatte ich vielfältige Erfahrungen sammeln können und mir somit gewisse Fähigkeiten angeeignet. Die deutschen Arbeitskollegen in meiner Abteilung, die bis dahin gegen mich waren, hatten dieses Mal für mich gestimmt und fanden meine Arbeit im Betriebsrat anerkennenswert.

Kollegen, die mich vorher nicht einmal gegrüßt hatten und mich nicht kannten, einschließlich der Abteilungsleiter und der Büroangestellten, grüßten mich aus der Ferne und drückten ihre Glückwünsche aus. Alles hatte sich so plötzlich verändert, ich war jetzt in allen Abteilungen der Fabrik ein respektiertes Betriebsratsmitglied dessen Meinung gern gehört wurde.

Nicht nur für die türkischen Arbeiter in der Fabrik, sondern auch für alle anderen ausländischen Arbeitnehmer war ich eine sichere Anlaufstelle. Einige waren mit ihrem Arbeitsplatz, einige mit ihrem Lohn, einige mit ihren Arbeitskollegen und einige mit der Gewerkschaft unzufrieden. Ich gab mir große Mühe und tat für jeden der zu mir kam alles was möglich war. Sowohl der Meister als auch der Abteilungsleiter fragten mich nun bei Problemen nach meiner Meinung. Um dem Vertrauen der Arbeiter und Angestellten in der Fabrik gerecht zu werden, arbeitete ich mit voller Kraft.

Seitdem ich in Deutschland arbeitete hatte mich eine Sache schon immer neugierig gemacht. Das waren die Stopper, die mit einer besonderen Uhr in der Hand die Zeit in der die Arbeit erledigt werden sollte maßen. Wie berechneten sie das? Abgesehen davon, dass ich im Betriebsrat war, war ich auch Mitglied dieser Kommission. Dadurch hatte ich die Möglichkeit in kurzer Zeit herauszufinden mit welcher Formel diese Stopper die Akkordzeit berechneten. Als Kommission mussten wir die berechneten Akkordzeiten dieser Stopper bestätigen.

Bei diesem Vorgang musste rechtlich gesehen ein Betriebsrat als Beobachter anwesend sein. Gleichzeitig hatte ich auch das Recht ein Seminar zu diesem Thema zu besuchen. Schon am zweiten Tag dieses Seminars erkrankte ich. Aber dies hielt mich nicht davon ab die Woche über dieses Seminar zu besuchen. Aber wenigstens hatte ich die Dinge, die ich für wichtig erachtete hatte durch ständiges Nachfragen dennoch gut gelernt. Jetzt hatte ich auch das gelernt was für die Arbeiter sehr wichtig war und ich hatte mich soweit informiert, um bei diesen Stoppaktionen gut mitreden zu können.

Ich fing an als Ausländervertreter an Gebiets- und Landesversammlungen der Gewerkschaft teilzunehmen. Bei diesen Versammlungen meldete ich mich zu Wort und teilte meine Meinung über die Probleme der Ausländer mit und machte Lösungsvorschläge. Bei den Warnstreiks zu den Tarifverhandlungen nahm ich als Gewerkschafter an vorderster Front teil. Die anderen Teilnehmer sah ich als meine Familie an. An die frierenden Teilnehmer schenkten meine Frau und ich türkischen Tee aus.

An den Feierlichkeiten zum 1. Mai nahm jetzt auch meine Frau mit ihrer "Türkisch Deutschen Frauenfreundschaftsgruppe" teil. Sie verkauften türkische Leckereien, um die Einnahmen ihrer Gruppe zugutekommen zu lassen. Außerdem hatte ihre Folkloregruppe mit ihrem Auftritt viel Beifall und Zuspruch erhalten.

Die jungen Türken der „zweiten Generation", die hier in Deutschland geboren, aufgewachsen und eine Ausbildung abgeschlossen hatten, dachten langsam ans heiraten. Manche suchten ihren Lebenspartner in der Türkei und manche in Deutschland. Wenn sie in die Türkei reisten trafen sie Vorbereitungen, um nach ihrer Rückkehr nach Deutschland eine Hochzeit nach unseren Sitten und Gebräuchen feiern zu können. Manche, die heirateten kamen aus der Folkloregruppe meiner Frau, manche waren Schulfreunde und Freundinnen unserer Kinder. Manchmal dachten wir auch an die Hochzeit unserer eigenen Kinder. Woher waren wir gekommen, wohin gingen wir?

Unser Sohn hatte mit guten Noten das Abitur bestanden und war gerade dabei sich für einen Studiengang an der Universität zu entscheiden. Weder meine Frau noch ich beeinflussten ihn bei der Frage. Denn es war seine Zukunft. Wir haben ihm nur empfohlen etwas auszusuchen woran er auch Freude hatte. Um erfolgreich zu sein war es wichtig seinen Beruf zu lieben. Da waren wir uns alle einig. Letztendlich schrieb er sich an der Universität Ulm in den Studiengang Wirtschaftsmathematik ein. Da dieser Studiengang zum ersten Mal in Deutschland in Ulm angeboten wurde war die Universität in diesem Bereich sehr angesehen. Wir freuten uns sehr, dass er in Ulm blieb. Es war für ihn und für uns materiell und emotional die richtige Entscheidung.

Ich hatte nun die Möglichkeit mein neuerworbenes Wissen aus dem Seminar in der Praxis anzuwenden. Als Mitglied des Betriebsrats und der Kommission sollte ich als Beobachter bei einer Stoppaktion anwesend sein. An dem Fließband an dem die Fahrerkabinen montiert wurden sollte die Zeit gemessen werden. Zuerst sprach ich mit dem Stopper, um zu erfahren wie er an welchem Tätigkeitsabschnitt die Zeit messen wolle. Obwohl die Arbeiter vorher Bescheid wussten redete ich nochmals mit ihnen, um sie darauf aufmerksam zu machen worauf sie beim Zeitstoppen acht geben sollten. Zum ersten Mal war mir das Wissen aus dem Seminar von Nutzen.

Zu Beginn des Tätigkeitsabschnitts drückte der Stopper auf die Uhr, um die Zeit für die geleistete Arbeit zu messen. Ich stand bei dem Mann und beobachtete genau was er machte. Ich stoppte parallel die Zeit mit meiner Uhr und notierte sie mir auf einem Zettel. Der Arbeiter musste an einer bestimmten Stelle der Kabine immer die gleiche Montage vornehmen und bevor er mit der einen fertig wurde, stand die andere schon an der Reihe. Sein Arbeitskollege, der neben ihm ein anderes Teil montierte, befand sich in der selben Situation. Sie hatten erst vier Kabinen fertig und waren schon komplett durchgeschwitzt. Verwundert fragte ich sie, ob sie jeden Tag in dem gleichen Tempo arbeiteten. Mit einem strengen Blick antworteten die Arbeiter: „Dank euch, dank euch Betriebsräten!"

Das Fließband, an dem nahezu 700 Leute arbeiteten, hielt ich an, indem ich auf die rote Stopptaste drückte. Schreiend kamen die Meister und Abteilungsleiter zu mir. Sie waren sehr zornig und schrien mich an: „Wer glauben sie wer sie sind, ein Betriebsrat hat auch seine Grenzen!" Die Arbeiter waren gezwungen ihre Arbeit niederzulegen und warteten gespannt was ich jetzt tun würde. Ich zeigte auf die durchgeschwitzten Arbeiter und machte deutlich, dass dieser Arbeitsplatz kein Gefangenenlager ist und verlangte, auch wenn es vorübergehend sein sollte, dass sie noch einen Arbeiter hinzustellen sollten. Sofort wurde ein Arbeiter hinzugeholt und das Band wieder gestartet.

Als das Fließband wieder lief ging ich zusammen mit dem Stopper, den Abteilungsleitern und den Meistern in das Büro des Abteilungsleiters. Mit dem Stolz eines Betriebsrats, der seiner Verantwortung gerecht wurde ging ich lächelnd zwischen den Arbeitern hindurch und verließ mit den anderen die Abteilung. Ich wusste, dass es nicht ungesetzlich war was ich gemacht hatte. Dass in dieser Abteilung nicht die nötige Sorgfalt aufgebracht wurde lag meiner Meinung nach wiederum an dem alten Betriebsrat, der für die Abteilung zuständig war.

Der Abteilungsleiter und der Meister, die vorher noch herumgeschrien hatten, hatten sich wieder beruhigt als wir im Büro waren. Sie sagten mir, dass ich vielleicht Recht hätte, aber dass die Zeit, die bis jetzt gültig war auch unter der Beobachtung eines Betriebsrats gemessen worden war. Obwohl ich wissen wollte wer dieser Betriebsrat gewesen war, verrieten sie mir den Namen nicht. Aber ich hatte nachgeforscht und in kurzer Zeit herausgefunden wer das gewesen war.

Nach dem Gespräch im Büro ging ich wieder zusammen mit dem Stopper in die Abteilung und fing wieder an die Zeit zu messen. Das Verhalten des Stoppers hatte sich verändert. Der Mann, der vorher kein Wort mit mir geredet hatte sprach jetzt ab und an mit mir und stellte mir Fragen. Ab diesem Tag maß ich sehr lange Zeit mit diesem Stopper zusammen die Arbeitszeit an vielen Maschinen dieser Abteilung. An diesem Fließband hatte ich noch eines bemerkt. Die ausländischen Arbeiter wurden im Allgemeinen bei schweren Arbeiten mit wenig Zeit eingesetzt. Dies erinnerte mich an die Praktiken in der Vergangenheit.

Obwohl ich zuerst mit den Verantwortlichen heftig diskutiert hatte, arbeiteten wir in diesem Monat sehr gut zusammen. An allen Arbeitsplätzen, die mit Zeitproblemen zu kämpfen hatten führten wir eine neue Zeitmessung durch. Es wurden Regeln zum Vorteil der Arbeiter getroffen. Ich sprach danach nochmals einzeln mit den Arbeitern. Ich fragte sie ob sie mit der Zeit, die für die Arbeit gegeben wurde, zufrieden waren. Alle Arbeiter in der Abteilung teilten mir mit, dass sie jetzt mit den Arbeitsbedingungen zufrieden waren und bedankten sich bei mir. Nach diesem Vorfall ließen die anderen Kommissionsmitglieder die Stoppaktionen im Allgemeinen von mir beobachten.

Unser Sohn hatte mittlerweile sein Studium in Ulm aufgenommen. Er bekam zwar BAföG aber trotzdem arbeitete er in der freien Zeit, die ihm das Studium ließ. Unser soziales Engagement hatte auch unsere Kinder beeinflusst, so dass sie in verschiedenen Einrichtungen sozial aktiv wurden. Beispielsweise arbeitete unser Sohn in seiner freien Zeit in der Gedenkstätte KZ Ulm. Diese Stelle hatte er durch einen deutschen Freund gefunden. In diesem Lager waren die Oppositionellen in der NS-Zeit eingesperrt worden, wo sie viel Gräuel zu erleiden hatten. Er hatte sich so sehr mit der Thematik beschäftigt, dass er auch bei den Ausstellungen Führungen durchführte. Für diese Arbeit hatte er auch seine Schwester und seine Freunde gewinnen können. Im Allgemeinen war diese Gedenkstätte an Samstagen und Sonntagen offen für Besucher. Somit sorgten sie dafür, dass nicht nur die guten Seiten der Ulmer Geschichte an die junge Generation weitergegeben wurde.

An einem Sonntag, als unsere Tochter allein dort beschäftigt war, kam ein deutscher Mann zwischen 40 und 50 Jahren zu Besuch. Da dieser Mann öfter die Gedenkstätte besuchte, sprach ihn unsere Tochter ohne zu zögern an. Aber dieser Mann beschimpfte sie plötzlich mit den Worten: „Ihr dreckigen Ausländer, ihr kriegt doch alles vom Staat geschenkt. Ich weiß, du gehst aufs Gymnasium und dein Bruder studiert in Ulm. Dein Vater ist ein Gewerkschaftler im Betriebsrat. Wir haben euch hier satt, wem wollt ihr hier was erzählen?" Geschockt von dieser Tirade wusste sie nicht, was sie sagen sollte und behielt die Tür des Büros im Auge. Als letzten Ausweg hatte sie vor, ins Büro zu rennen und sich dort einzuschließen. Während der Mann mit seinen Beleidigungen fortfuhr, war es als ob ein anderer türkischer Kollege, der ebenfalls in der Ausstellung arbeitete, den lautlosen Hilfeschrei unserer Tochter gehört hätte. Sofort lief unsere Tochter zu ihm und erzählte von den Drohungen dieses Mannes. Da dieser Freund, der auch hier arbeitete, blond und blauäugig war, nahm ihn der Mann nicht als Bedrohung wahr. Dieser junge Mann, der wie ein Deutscher aussah, ging ganz ruhig zu dem Mann. Aber plötzlich schrie er ihn mit den Worten an: „Hör mir zu, du Faschist, dieses Land hat viel gelitten wegen solchen Leuten wie dir. Wenn du keine Schläge kassieren willst, dann verschwinde hier. Lass dich hier nicht wieder blicken und rede nie wieder solchen Unsinn. Das ist auch unser Land!" Der Mann, der sich dies von dem türkischen Jugendlichen angehört hatte, verschwand schleunigst und wurde seit diesem Tag nicht mehr dort gesehen.

Menschen, die sich viel engagierten, mussten auch mit gewissen Risiken leben. Ich spürte, dass wir einerseits Freunde gewannen und Zuspruch erhielten, aber auf der anderen Seite auch Feinde bekamen.

Dass unsere Kinder sich dort engagierten, sorgte auch unter den Türken für die Bekanntheit dieses Ortes. Meine Frau hatte das Ausstellungsprogramm zweisprachig geschrieben und es ein Jahr lang überall, wo sie hinkam, verteilt. Somit hatte sie die Interessenten zu einem Besuch in der Gedenkstätte eingeladen und gleichzeitig dafür gesorgt, dass Werbung in zwei Sprachen gemacht wurde.

Dieses Engagement hatte auch das türkische Konsulat in Stuttgart mitbekommen, so dass meine Frau ab dem Jahre 1995 zu den Feierlichkeiten zur Gründung der türkischen Republik eingeladen wurde. Diese Einladung war der beste Beweis dafür, dass auch die türkische Vertretung unser Engagement würdigte. Seitdem wurden wir immer zu den Feierlichkeiten im Konsulat eingeladen.

Alle Familienmitglieder waren gegenüber den gesellschaftlichen Geschehnissen sehr sensibel. Dies wurde zu unseren Lebensstil. Wir konnten es nicht lassen zu Hause über soziale und politische Geschehnisse zu diskutieren. Wir gaben uns aber ebenfalls sehr viel Mühe unsere eigentliche Identität zu wahren. Wir sahen uns die Versammlungen in der Stadt an und versuchten an denen teilzunehmen, die für uns von Interesse waren. Manchmal kam es vor, dass wir am selben Tag an verschiedenen Veranstaltungen teilnahmen. Seitdem ich in Deutschland lebte sammelte ich alle Schreiben und Dokumente über unsere Aktivitäten, die ich als wichtig erachtete und baute ein Archiv auf.

Unterstützt von ihrer Frauengruppe begann meine Frau mit der Arbeit für eine Ausstellung über ein Thema das sie als sehr wichtig erachtete. Das Thema der Ausstellung war die Stellung der türkischen Frau in der türkischen Republik. Die Ausstellung hatte zum Ziel, den in Deutschland lebenden türkischen und deutschen Frauen anhand von Bildern und Biographien die Lebensumstände der Frauen in der Türkei näher zu bringen. Diese Dokumente sollten erklären welche Aufgaben die türkischen Frauen unter unterschiedlichen Umständen meisterten. Die Vorbereitung hatte Monate angedauert. Wir hatten, um die notwendigen Dokumente in der Türkei zusammenzutragen, unseren Jahresurlaub dafür verwendet. Mit Unterstützung unserer Freunde und Verwandten in der Türkei haben wir Dokumente gesammelt. Von Zeitungsarchiven angefangen bis hin zu den Archiven verschiedener Einrichtungen sammelten wir alles Verwertbare.

Die Ausstellung zeigte kurz die verschiedenartigen Erfolge, die die türkischen Frauen seit der Republikgründung errungen hatten und die Ungerechtigkeiten denen sie ausgesetzt waren. Es war uns sehr wichtig, dass auch Deutsche diese Ausstellung verstanden. Deswegen war es notwendig diese Dokumente ins Deutsche zu übersetzen, auch wenn es in einer Kurzfassung sein sollte. Das hatte zum ersten Mal die Türkischkenntnisse unserer Tochter an ihre Grenzen geführt. Natürlich mussten für die Verwirklichung einer solchen Ausstellung viele Menschen mitwirken. Niemand verwehrte dieser Ausstellung seine Hilfe. Dies war auch ein gutes Beispiel dafür was die Gesellschaft zu leisten vermochte, wenn man sie nur anführte. Der Name dieser Ausstellung lautete: „Die Stellung der türkischen Frau in der Gesellschaft: Auseinandersetzung mit einem Klischee."

Die Ausstellung wurde während den „Tagen der Begegnung", die unter der Leitung des Ausländerbeauftragten von den ausländischen Vereinen organisiert wurden, eröffnet. Es war der 12. Oktober 1995. Lange Zeit blieb die Ausstellung für den Besuch der Interessenten geöffnet. Das über die Erwartungen hinausgehende Interesse der türkischen und deutschen Regionalpresse machte deutlich wie wichtig dieses Thema war. Abgesehen von den deutschen Besuchern war diese Ausstellung vor allem für türkische Mädchen und Frauen sehr interessant und informativ. Während in Deutschland den türkischen Mädchen und Frauen gesagt wurde was sie machen durften und was nicht, konnten die Deutschen nicht glauben was sie dort sahen und lasen. Sie hatten gesehen, dass die Frauen in der Türkei viele Berufe mit großem Erfolg ausübten. Aus diesem Grund bemerkten die Besucher der Ausstellung, dass sie den hier lebenden Mädchen und Frauen großes Unrecht taten.

Die meisten aus den ländlichen Gebieten hergekommenen Familien und die Jugendlichen, die hier geboren und aufgewachsen waren, waren über die Realität in der Türkei nicht aufgeklärt. Die Jugendlichen wurden hier geboren und hatten als Ausländer in der Gesellschaft meistens Verachtung erfahren. Meine Frau hatte von einer Besucherin gehört: "Wir haben ja in der Türkei wirklich viele Rechte von denen ich noch nichts gehört habe." Dieses Thema verlor durch die Jahre hindurch nicht an seiner Wichtigkeit und es ist festzustellen, dass die türkischen Frauen und Mädchen, auch wenn längst noch nicht genug, nun entsprechende Aktivitäten entfalten.

Während das Land Baden-Württemberg im Jahre 2006 eine Ausstellung mit dem Thema „Demokratisches Zusammenleben mit

Muslimen in Baden-Württemberg" vorbereitete nahm der Ausländerbeauftragte der Stadt Kontakt zu meiner Frau auf, um sie zu fragen, ob sie Teile der zehn Jahre alten Ausstellung nochmals ausstellen möchte. Meine Frau stimmte zu. Meine Frau erklärte einigen Gruppen nochmals detailliert aus welchen Gründen sie es für notwendig hielt so eine Ausstellung vorzubereiten.

Meine gewerkschaftlichen Aktivitäten gingen mit gesteigertem Tempo weiter. In der Firma wurden Feierlichkeiten für Jubilare gemeinsam mit dem Abteilungsleiter und den Meistern veranstaltet. Ohne zu bemerken wie die Jahre vergingen hatte ich jetzt 25 Jahre in der Firma gearbeitet. Zur Feier ging ich zusammen mit meiner Frau, zeigte ihr meinen Arbeitsplatz und machte sie mit meinen Arbeitskollegen bekannt. Meine Freunde aus dem Betriebsrat hatten diese kleine Feier vorbereitet.

Der für ein Jahr abgeschlossene Tarifvertrag neigte sich dem Ende zu. Wie vor jeder Tarifverhandlung verteilten wir als Betriebsrat Handzettel an den Arbeitsplätzen und an den Eingangstoren der Fabrik. Unser Ziel war es die Gründe für unsere Forderung nach einer Lohnsteigerung zu erklären. Diese Phase erstreckte sich ohne Pause mit Warnstreiks über zwei Monate. Nach etlichen Gesprächen und Versammlungen konnten sich die Tarifpartner einigen.

Ich nahm an verschiedenen Versammlungen und Foren der Vereine als Redner teil und referierte über die Rechte der Arbeiter. Ich war zu einem Betriebsrat geworden dessen gewerkschaftliche Arbeit innerhalb und außerhalb der Firma gefiel und Anerkennung erhielt.

Ich stand kurz vor meinem fünfzigsten Geburtstag. Nachdem die Freunde vom Betriebsrat den Wunsch geäußert hatten zusammen mit mir diesen Geburtstag zu feiern konnte ich nicht ablehnen. Zum ersten Mal in meinem Leben sollte ich einen Geburtstag von mir feiern. Meine Frau wollte selbst für die Gäste kochen daher fing sie zwei Tage vorher mit den Vorbereitungen an. Die türkische Küche bot einen großen Reichtum an Gerichten und da wir nahezu fünfzig Gäste erwarteten musste in ausreichenden Mengen gekocht werden. Am Morgen des 15. Juni 1996, für deutsche Wetterverhältnisse ein sonniger Frühlingsmorgen, bereiteten wir unsere Terrasse mit Tischen und Stühlen für die Feier vor.

Die Gäste setzten sich sowohl aus türkischen als auch deutschen Freunden zusammen. Vor dem Essen dankte ich meinen Freunden, dass sie Zeit gefunden hatten und meiner Einladung gefolgt waren. Ich hielt eine kurze Eröffnungsrede, um deutlich zu machen, wie glücklich ich war. Danach eröffnete ich das Buffet, mit seinen aromatisch duftenden türkischen Spezialitäten. An diesem Abend saßen wir noch lange zusammen und verbrachten mit unseren Freunden einen sehr schönen Abend. Wir wussten zwar nicht wie man einen Geburtstag feierte, aber wir wussten sehr genau welch ein Genuss es war mit Freunden zusammen zu sein und gutes Essen zu sich zu nehmen. An diesem Abend hatte ich endlich die Gelegenheit die Freunde aus dem Betriebsrat näher kennenzulernen. Ich war im Herbst meines Lebens angekommen. Obwohl ich ein bestimmtes Alter erreicht hatte, hatten die Ereignisse in diesem Lebensabschnitt, vor allem das Selbstvertrauen und der Erfolg den ich auf der Arbeit erfuhr mich stärker und selbstbewusster werden lassen.

Bei manchen Versammlungen wurde ich Zeuge, dass manche Freunde Entscheidungen nach ihren eigenen Wünschen durchdrücken wollten. Und manchmal, wenn ich die Meinungsverschiedenheiten im Betriebsrat und die Streitigkeiten zwischen den Angestellten und Arbeitern im Betriebsrat sah, fühlte ich mich wie in einer Leere. Das war sehr anstrengend, wenn man daran dachte wofür wir eigentlich gewählt wurden. Wie immer ließ ich mich von keiner Gruppe beeinflussen und teilte meine Meinung vor jeder Entscheidungsfindung mit. Wichtig war es nicht, ob die Entscheidung getroffen wurde oder nicht, sondern dass der Nutzen der Arbeitnehmer und der Nutzen des Arbeitgebers in einem Gleichgewicht gehalten wurden. Wir durften weder die Situation der Arbeiter noch die des Arbeitgebers ausnutzen. Natürlich kamen für uns die Rechte der Arbeitnehmer an erster Stelle, aber sie mussten auch ehrlich mit ihrer Leistung umgehen. Im Arbeitsleben war das Gleichgewicht ein sehr wichtiger Faktor.

Die soziale Arbeit meiner Frau wurde mit der Zeit beispielhaft für andere Einrichtungen und ging über das Ulmer Gebiet hinaus. Eines Tage bekam sie eine Einladung vom Ministerpräsidenten des Landes. Es war eine Neujahrseinladung für alle ehrenamtlich Tätigen im Land.

Die Gäste wurden einzeln empfangen und dem Ministerpräsidenten vorgestellt, aus welcher Stadt sie kamen und wofür sie sich engagierten. Nach dem Empfang aller Gäste und einer Eröffnungsrede gab es ein großes Abendessen. Außer uns war keiner mit ausländischer Herkunft zu sehen. Bei dem Abendessen hatte es der Zufall so gewollt, dass wir am gleichen Tisch mit dem Ministerpräsidenten und seiner Frau saßen. Somit waren wir ungewollt im Interessenschwerpunkt der Presseorgane.

Bei der Ausländerkonferenz der Metallindustrie die am Jahresende stattfand und bei der sich ausländische Metaller aus ganz Deutschland trafen vertrat ich das Ulmer Gebiet. Drei Tage lang diskutierten die Delegierten neben den Problemen ausländischer Arbeiter auch über die Politik der Regierungen. Die meisten Delegierten kritisierten bei diesen Diskussionen das Staatsgebilde der Türkischen Republik und die Regierung in der Türkei. Es wurde die Behinderung der demokratischen Einrichtungen in der Türkei kritisiert. Diese Einrichtungen sollten unterstützt werden. Bei der Schlusserklärung, die an den Vorstand der Gewerkschaft gesendet wurde, wurde vorgeschlagen diese Thematik auch bei der Deutschen Regierung vorzubringen. Bei der Konferenz hatte ich mich, im Gegensatz zu den anderen Delegierten sehr moderat über die Staatspolitik geäußert. Ein Teil meiner Rede wurde von Leitern der Konferenz für so wichtig gehalten, dass sie fett markiert in der Schlusserklärung zu lesen war.

Mit meiner Arbeit im Betriebsrat und in der Gewerkschaft brachte ich wieder eine Wahlperiode hinter mich. Wir bereiteten uns wieder auf eine Betriebsratswahl vor. Vor acht Jahren bei der ersten Wahl an der ich teilnahm wurde ich an die letzte Stelle der Liste mit 78 Kandidaten gesetzt und wurde als Ersatz in den Betriebsrat aufgenommen. Sechs Monate später bei der zweiten Wahl an der ich teilnahm wurde ich von 55 Kandidaten auf den zehnten Listenplatz gesetzt und wurde mit Leichtigkeit gewählt. Vier Jahre später war es da doch normal, dass ich von 44 Kandidaten an den achten Listenplatz gesetzt wurde. Ich vermutete, dass ich bei der Wahl, die am 17. März 1998 stattfinden sollte, mit mehr Stimmen als vier Jahre zuvor gewählt werden würde ganz egal auf welchem Listenplatz ich stand.

Die Wahlergebnisse hatten mir Recht gegeben. Von den 19 gewählten Kandidaten hatte ich die sechstmeisten Stimmen auf mich vereinen können. Dieses Ergebnis sollte mir die Möglichkeit eröffnen eine andere Position im Betriebsrat einzunehmen und in noch wichtigere Kommissionen gewählt zu werden. Vielleicht stand es mir mittlerweile sogar zu im Büro des Betriebsrats zu arbeiten. Bis dahin war ich von der Arbeit in der Fabrik nicht ganz freigestellt worden, sondern arbeitete teilweise in meiner Abteilung und kam in der restlichen Zeit meinen Aufgaben als Betriebsrats nach. Die deutschen Freunde im Betriebsrat schienen nicht akzeptiert zu haben, dass ich als Ausländer so viele Stimmen bekam und so beliebt war, so dass ich nicht in die von mir gewünschte Kommissionen gewählt wurde. Aber das bereitete mir keine Sorgen. Ich wollte versuchen für meine Wähler alles menschenmögliche zu tun und noch besser zu arbeiten.

Die deutsche Industrie befand sich seit dem Ende der siebziger Jahre in ständigem Wachstum. Die technische Modernisierung war in allen Bereichen wahrnehmbar. In den Fabriken wurden Industrieroboter aufgestellt, die sehr viele Arbeitsplätze überflüssig machten. Am stärksten waren von dieser Entwicklung die ungelernten ausländischen Arbeiter betroffen. Parallel zu dieser Entwicklung stieg die Arbeitslosigkeit rapide an und die Zwei-Millionen-Grenze wurde erreicht. Die Mitte-Rechts-Koalition, die Anfang der achtziger Jahre an die Regierung kam, hatte es zwar geschafft diese Entwicklung für einige Jahre zu verlangsamen, aber sie war nicht in der Lage das Problem zu lösen.

Mit den deutschstämmigen Aussiedlern, die aus Russland und den anderen europäischen Ländern zu Hunderttausenden nach Deutschland kamen, verschärfte sich die Arbeitslosigkeit noch weiter. Die plötzliche Auflösung des Warschauer Paktes im Jahre 1990 hatte das wirtschaftliche Gleichgewicht in Europa durcheinander gebracht. Durch den Fall der Grenzen in Ostdeutschland und durch die Wiedervereinigung beider Deutschen Staaten wurde ein Chaoszustand ausgelöst. Geschockt von dieser schnellen Entwicklung versuchten die Politiker Herr der Lage zu werden. Das mit bis zu drei Millionen Arbeitslosen kämpfende Westdeutschland sah sich jetzt auch noch mit den Problemen der 32 Millionen Ostdeutschen konfrontiert. Um das planwirtschaftlich gesteuerte Wirtschafts- und Arbeitssystem in den Westen zu integrieren wurden Heerscharen von Wirtschaftsexperten in Bewegung gesetzt. Dort war alles anders, es musste bei null angefangen werden. Zuerst wurden die politischen Probleme angegangen, denn die wirtschaftlichen schienen eine lange und ungewisse Zeit in Anspruch zu nehmen. Da die Infrastruktur ziemlich schwach war, wurden die ganzen Fördermittel vom Westen in den Osten transferiert. Die Arbeitslosigkeit stieg weiter an und wenn in kurzer Zeit nichts unternommen werden würde, schien es so als würde es noch schlimmere Folgen geben. Von diesem Zustand waren die Ausländer in Berlin am meisten betroffen, so dass viele arbeitslos wurden.

Die bürgerliche Koalition hatte nach der Wiedervereinigung die erste Wahl gewonnen, konnte aber vier Jahre lang ihre Wahlversprechen nicht einhalten. Die Arbeitslosenzahl stieg in kurzer Zeit auf fünf Millionen. Bei den nächsten Wahlen war die bürgerliche Koalition dazu gezwungen, die sechzehn Jahre andauernde Regierungsgewalt an die Sozialdemokraten und Grünen abzugeben. Die Grünen wurden im Jahre 1999 zum ersten Mal auf Bundesebene Regierungspartner. Bis dahin hatten sie es nur in die Landesregierungen geschafft. Der Regierungsapparat zog nach langen Diskussionen und mit der Mehrheit des Parlaments von Bonn nach Berlin.

Während die Wirtschaft sich globalisierte versuchten wir unsere kleinen Leben zu schützen. Viele Familien wurden von diesen Veränderungen erschüttert. Von diesen Umwälzungen blieb ich weitestgehend verschont. Ich hatte eine Arbeit und da unser Sohn in Ulm studierte hatten wir weder materielle noch immaterielle Probleme. Das Leben ging – zumindest für uns – seinen gewohnten Gang. Meine Frau schrieb sich in dieser Zeit für zwei Jahre an der Frauenakademie an der Ulmer VH ein. Dort bildete sie sich in verschiedenen Bereichen wie zum Beispiel Geschichte, Literatur und Politik weiter. Sie war dort die einzige Ausländerin und was ihr am meisten gefiel, waren ihre Mitschülerinnen unterschiedlichen Alters und Bildungsgrad. Das empfand sie als sehr lehrreich.

Seit der Einschulung unserer Tochter hatten wir die Hoffnung, dass sie einen Beruf wählen würde der ihrem Charakter entsprechend viel mit Menschen zu tun hatte. Beispielsweise hätte sie Lehrerin, Sozialarbeiterin oder sogar Ärztin werden können. Als sie in der zehnten Klasse des Gymnasiums sagte, dass sie Medizin studieren wolle machte uns das sehr glücklich. Zum einen half sie Menschen sehr gerne und zudem gab es eine medizinische Fakultät in Ulm. Zu Hause hatte ohnehin jeder sein eigenes Zimmer in das er sich zurückziehen konnte.

Aber unsere Tochter hatte ein Problem, ihre Abiturnoten waren nicht ganz so gut. Deswegen musste sie einige Semester warten. Warten war aber nichts was unserer Tochter lag, sie zeichnete sich schon seit ihrer Geburt durch Ungeduld aus. Trotz der Warnungen ihres Bruders hatte sie sich innerhalb einer Woche entschieden und schrieb sich in den gleichen Studiengang wie er ein. Obwohl sie sich im ersten Semester schwer tat bekam sie im zweiten Semester durch viel Fleiß alles in den Griff. Für uns war es eine unerwartete Wahl, aber es war schließlich ihr Leben. Auch sie bekam wie ihr Bruder in kurzer Zeit Fördermittel vom Staat. In ihrer freien Zeit arbeitete sie, welche Arbeit sie auch immer fand. Beide kamen für ihre privaten Ausgaben ohne von uns Geld zu verlangen selbst auf. Das war mehr als ich mir je erträumt hatte.

In der Universität hatte sie sich in kurzer Zeit einen Freundeskreis aufgebaut. Fast jeden Tag kam sie mit einer Freundin aus der Universität nach Hause. So bekamen wir auch mit was die jungen Leute beschäftigte. Manchmal konnten sie von unseren Erfahrungen profitieren und manchmal profitierten wir von ihrer jugendlichen frischen Sichtweise. Somit erfuhren wir was an der Universität vor sich ging und hatten Kontakt zu jungen Leuten. Meine Frau nutzte bei einer Veranstaltung an der Universität die Gelegenheit die türkische Küche vorzustellen. Sie hatte dazu einen Stand und ihre Folkloregruppe einen Auftritt. Dies war ohnehin nicht das einzige Mal, dass meine Frau mit der Universität zu tun hatte. Sie wurde auch zu manchen Ausländerthemen als Referentin eingeladen.

Dass unser Sohn wie gewohnt sehr ehrgeizig und fleißig war hatte sich auch in der Universität bezahlt gemacht. Aufgrund seiner guten Leistungen durfte er mit einem Stipendium für ein Jahr an eine Universität in Los Angeles. An dieser Universität studierte und unterrichtete er ein Jahr lang. Wir überlegten uns diese Möglichkeit auszunutzen, um Amerika kennenzulernen. Als wir diese Idee unserem Sohn mitteilten, freute er sich sehr. Es war keine Urlaubszeit, aber ich nahm trotzdem vier Wochen Urlaub. 1969 kam ich alleine von Asien nach Europa, um zu studieren. Jetzt studierte unser Sohn in Amerika. So war das Leben. Woher kam man, wohin ging man?

Wir hatten uns vorbereitet und machten uns auf den Weg die Neue Welt zu bereisen, obwohl wir vorher noch nie daran gedacht hatten. In Stuttgart startete unser Flugzeug und nach 9 Stunden landeten wir in New York, von da aus flogen wir 5 Stunden nach Los Angeles. Es war bereits Abend als wir ankamen und die Straßen leuchteten und strahlten. Wir fuhren direkt zu der Wohnung in der unser Sohn mit einem deutschen Freund lebte.

Da unser Sohn Klausuren schreiben musste, zeigte uns der Freund unseres Sohnes drei Tage lang die Stadt. Mit ihrer außergewöhnlichen Landschaft, ihren Menschen und ihrem Lebensstil war es wirklich eine komplett andere Welt. Die großen Autos auf acht- bis zehnspurigen Straßen, die übereinander gebauten Brücken, die Wolkenkratzer und die Menschenmassen genügten damit einem schwindlig wurde. Eines der interessantesten Dinge in Los Angeles waren die Filmdrehs auf die man an jeder Ecke stieß. Die amerikanischen Filme, die überall auf der Welt Begeisterung weckten wurden in dieser Stadt gedreht. Als wir an einem Tag von unserer Besichtigungstour zurückkehrten war die Straße in der unser Sohn wohnte abgesperrt. Die Polizisten hatten einen Verdächtigen per

Helikopter verfolgt und beobachtet, dass er in dem Haus das neben der Wohnung unseres Sohnes lag verschwunden war. Wir stiegen aus und beobachteten das Ganze wie in einem Film.

Wir besichtigten das sehr schöne und in eine saubere Landschaft eingebettete Beverly Hills, in dem die Schauspieler wohnten. In einer Straße in Hollywood waren auf goldenen Sternen die Namen der berühmtesten Schauspieler geschrieben. Anhand der Gebäude und der Straßen konnte man den Reichtum des Bezirks sehen. Wir sahen, dass manche Menschen sich bückten, um diese Sterne zu polieren. Auf der einen Seite die Stars mit ihrem Reichtum deren Namen in die Straße graviert wurden und auf anderen Seite direkt daneben Menschen, die nicht einmal einen Schlafplatz hatten und bettelten, um ihren Hunger zu stillen. Des Weiteren noch Menschen, die in langen Schlangen warteten, um für ein paar Stunden eine Arbeit zu ergattern. Es gab an jeder Ecke Fast-Food-Imbisse, dieser Ort glich weder Deutschland noch der Türkei. Da wir nicht essen und trinken konnten wie wir wollten kehrten wir zum ersten Mal mit Gewichtsverlust aus einem Urlaub zurück.

Die Klausuren unseres Sohnes waren vorüber und jetzt war die Zeit gekommen mit ihm herumzureisen. Wir mieteten uns ein Auto und traten unsere Reise durch den Westen Amerikas an. Noch in Deutschland hatte meine Frau bereits einen Reiseführer gekauft und die Orte markiert, die wir besuchen wollten. Entlang dieser Ziele planten wir unsere Reiseroute. Zuerst besuchten wir den weltweit bekannten Sequoia Nationalpark. Dort sahen wir bis zu 100 Meter hohe Bäume deren Stämme so breit waren, dass sie von 2-3 Menschen nicht umschlossen werden konnten. Neben und unter diesen imposanten Bäumen machten wir Fotos von uns. Wir verbrachten sogar eine Nacht in einer Holzhütte, was sehr romantisch war. Wir wollten der Reihe nach unsere Ziele abfahren ohne eines auszulassen. In den Großstädten San Francisco und Las Vegas blieben wir jeweils drei Nächte. Vom Lake Tahoe und Yosemite Nationalpark waren wir sehr angetan. Dies waren sehr schöne Orte deren Natur erhalten und dem Tourismus geöffnet wurde.

Wieder zurück in Los Angeles besuchten wir Venice Beach während unser Sohn mit seinen Freunden Fußball schaute. Hier hatte man mit künstlichen Wasserkanälen zwischen den Häusern eine Kopie von Venedig gebaut. Nachdem wir auch dies besichtigt hatten spazierten wir am Rande des Pazifiks, am berühmten Strand von Venice Beach. Überall waren Menschen und es hatte den Anschein, als ob niemand jemals schlafen würde.

Während wir durch die Menschenmenge liefen hörten wir plötzlich türkische Musik. Als wir uns umdrehten sahen wir zwei junge Türken die Musik hörten. Wir gingen zu ihnen. Es waren Studenten, die verschiedene Motive mit Henna auf Hände malten, um sich damit ein bisschen Taschengeld zu verdienen. Mir gefiel alles, was ich sah und es war schön hier, aber da ich kein Englisch konnte, fühlte ich mich nicht sicher. Dass meine Frau ein bisschen Englisch konnte war für mich die größte Sicherheit. Aus diesem Grund wich ich keine Sekunde von ihrer Seite und ließ nicht einmal ihre Hand los, aus Angst, ich könnte verloren gehen.

Früher hatte ich Brot gestohlen, um nicht zu hungern und um Bücher lesen zu können, jetzt bereiste ich Amerika, ein Land, das viele Menschen auf der Welt gerne sehen würden. Ich dachte an die Jahre in denen ich unter Armut das Dorf verließ, um auf die Schule zu gehen und später dann als Hilfsarbeiter für mein Auskommen sorgen musste. Nach meiner langen Suche dann nach Deutschland gekommen zu sein, geheiratet zu haben und unsere Kinder zu sehen, die groß wurden. Ich dachte immer häufiger über meine Vergangenheit nach.

Wir übernachteten eine Nacht in San Diego, eine für Amerika strategisch wichtige Stadt, die an der Grenze zu Mexiko lag. Es war eine sehr interessante Stadt. Sie konnte für amerikanische Verhältnisse als alte Stadt bezeichnet werden. Wir versäumten auch nicht in dem berühmten Strandhotel, in dem die Prominenten aus Hollywood übernachteten mit unserem Sohn einen Kaffee zu trinken. Dies war ein Ort an dem man sich wohlfühlen konnte. Am zweiten Tag, als wir uns darauf vorbereiteten nach Mexiko zu fahren, merkte unser Sohn, dass er seinen Reisepass nicht dabei hatte. Daher konnte er uns nur bis zur Grenze begleiten. Dort kaufte ich zwei Tickets und wir fuhren nur zu zweit nach Mexiko. Der Bus mit dem wir fuhren hatte uns nicht wie gewohnt an einer Haltestelle oder einem Terminal herausgelassen, sondern fuhr direkt in ein Einkaufszentrum. Darüber waren wir ziemlich überrascht. Die beiden Länder waren zwar nebeneinander, aber der Lebensstandard unterschied sich wie Tag und Nacht. Wir sahen uns die Grenzstadt Tijuana in einigen Stunden an und kehrten wieder zurück.

Bei der Einreise nach Mexiko hatte es überhaupt keine Probleme gegeben. Aber bei der Rückreise konnten wir erst nach einer strengen Passkontrolle wieder in die Staaten einreisen. Wir wurden sogar gefragt, ob wir noch weitere Pässe besäßen außer dem bereits vorgezeigten. Dann verbrachten wir unsere letzten Tage in Los Angeles, denn die restlichen fünf Tage, die uns noch blieben, wollten wir in New York verbringen.

Wir flogen mit unterschiedlichen Flugzeugen nach New York und trafen uns mit unserem Sohn am Flughafen wieder. An diesem Abend hatten wir größere Schwierigkeiten ein freies Zimmer zu finden. Durch die Mithilfe einer deutschen Reiseführerin fanden wir schließlich eine Übernachtungsmöglichkeit im Stadtzentrum. Es war nicht zu glauben, obwohl dieses Hotel mitten in New York lag und mit seinen zehn Stockwerken einen Aufzug besaß, ähnelte es den Hotels kleinerer Städte in Anatolien – sein liebloses Erscheinungsbild, die Tatsache, dass es in den Zimmern keine Dusche gab und der Lärm der Klimaanlage, der uns in der Nacht den Schlaf geraubt hatte. Es war kaum auszuhalten. Für die nächste Nacht mussten wir unbedingt ein anderes Hotel finden.

Über eine Stunde hatte unser Sohn per Telefon nach einem passenden Hotel für uns gesucht. Schließlich fand er ein besseres Hotel in Little Italy welches auch erschwinglich für uns war. Die verbleibenden vier Nächte verbrachten wir dann dort. Am nächsten Tag kauften wir eine Wochenkarte für die Straßen- und U-Bahn und begannen unsere Erkundungstour. Schon am ersten Tag als wir um das Börsengebäude zu besichtigen Schlange standen, wurde die Brieftasche unseres Sohnes geklaut. Wir bemerkten es erst, als wir am Gebäudeeingang kontrolliert wurden, da war natürlich nichts mehr zu machen. Während meine Frau und ich das Börsengebäude besichtigten, ging unser Sohn auf die nächste Polizeiwache und erstattete Anzeige. Dies war aber nicht so einfach. Der materielle Schaden war zwar sehr gering, aber es hatte uns trotzdem einen Tag gekostet.

Mit dem Stadtplan in der Hand suchten wir nach Sehenswürdigkeiten in der Stadt. New York war keine Stadt, die man in kurzer Zeit komplett besichtigen konnte. Mit der Kamera in der Hand versuchte ich alles aufzunehmen was interessant für mich erschien. Wir gingen zum Bezirk, wo die größten Zwillingstürme der Welt standen. Während ich mit meiner Frau unten saß, hatte unser Sohn vom höchsten Stockwerk die Stadt aufgenommen. Diese Reise in die Neue Welt ging wie im Traum vorüber. Nach der Rückkehr nach Deutschland sollte dieses Gefühl noch andauern und ich würde jedem in allen Einzelheiten von meinem "Traum" erzählen! Kurz vor den Sommerferien endete der einjährige Studienaufenthalt unseres Sohnes und er kehrte nach Deutschland zurück.

Nach dieser traumhaften Zeit war ich wieder in der Realität angekommen. Wieder musste ich mit den vorhandenen Problemen auf dem Arbeitsplatz herumkämpfen. Es war wieder ein Jahr vergangen und die Urlaubszeit stand bevor. Diesmal wählten wir eine andere Wegstrecke in die Türkei. Zuerst fuhren wir über Österreich nach Italien und von dort aus gelangten wir mit der Fähre nach Izmir. In Foça besuchten wir meinen Bruder, der dort stationiert war. Nachdem wir dort einige Tage am Meer waren und uns ausgeruht hatten, brachen wir auf, um wie jedes Jahr den Rest unseres Urlaubs in unserer Wohnung in Amasya zu verbringen.

Als wir eines Morgens aufwachten war eine seltsame Ruhe in der Stadt. Es war der 17. August 1999 und die Türkei wurde in ihren Grundfesten erschüttert. Ein starkes Erdbeben, dessen Epizentrum zwischen Izmit und Adapazarı lag, hatte 17.968 Menschen das Leben gekostet und es wurden 23.781 Verletzte beklagt. Die Radio- und Fernsehstationen berichteten unentwegt aus dem Erdbebengebiet und versuchten die Bedürfnisse der Überlebenden publik zu machen. Der Fokus des ganzen Landes war darauf gerichtet und es wurden überall Hilfsorganisationen gegründet. Um die gesammelten Hilfsgüter in kürzester Zeit an die Notleidenden zu bringen, arbeiteten die Regionalverwaltungen rund um die Uhr.

Während in kürzester Zeit Tausende von Menschen unter den Trümmern ihr Leben ließen, versuchte man die aus dem Ausland kommenden Hilfsgüter so schnell wie möglich in die Krisengebiete zu bringen. Man versuchte zudem dem chaotischen Zustand Herr zu werden. Die verschiedenen Bergungsteams aus dem Ausland wurden in kürzester Zeit ins Erdbebengebiet transportiert. Alle Menschen in der Türkei waren in einem Schockzustand. Und zusätzlich dazu befand sich die türkische Wirtschaft in einer instabilen Lage, was natürlich durch das Erdbeben verschlimmert wurde. Die Lage schien aussichtslos. Es sah so aus, als ob durch die Spenden aus dem Ausland die zusammengestürzten Bauten wieder errichtet werden könnten, aber die Erholung von dem Schock würde Jahre in Anspruch nehmen. Mit diesen traurigen Eindrücken kehrten wir aus dem Urlaub zurück.

Sowohl die hier lebenden Türken als auch die Stadt Ulm kamen in Bewegung, um den Erdbebenopfern zu helfen. Zuerst wurde eine vereinsübergreifende Arbeitsgruppe zusammengestellt, der auch meine Frau und ich angehörten. Diese Gruppe startete zusammen mit der Presse in und um Ulm eine vielseitige Hilfsaktion. Ich sprach zusätzlich mit den Freunden aus dem Betriebsrat und sie sagten sofort ihre Hilfe zu. In der Fabrik sammelten wir umgehend

Geld für die Erdbebenopfer. In kurzer Zeit sammelte die Belegschaft eine ansehnliche Summe. Das gesammelte Geld wollten wir der neugegründeten Arbeitsgruppe in Ulm übergeben. Aber es gab ein Problem, denn die Gruppe besaß noch keinen rechtlichen Status. Die gleichen Probleme tauchten bei der Entgegennahme anderer Spenden auch auf. Aus diesem Grund war es notwendig eine rechtlich anerkannte Hilfsorganisation zu gründen.

Sofort begannen wir mit der Arbeit an einer Satzung. Wir gründeten die Ulmer und Neu-Ulmer Hilfsvereinigung (UNHI). Die Hilfen wurden in drei Teile aufgeteilt. Der erste Teil sollte den Schulen, der zweite den Familien zu Gute kommen und der dritte Teil bestand aus technischen Hilfsgütern. Wir ließen das gesammelte Geld zwei Schulprojekten zukommen. Während die Stadt Ulm drei verschiedenartige Fahrzeuge zur Verfügung stellte, wurden von den Krankenhäusern wichtige Medikamente und medizinisches Material gespendet. Die Fachhochschule Ulm spendete zwei große Maschinen. Bei dieser Spende war ein türkischer Professor, der dort tätig war, maßgeblich beteiligt. All diese Spenden wurden über diese Vereinigung in die Krisengebiete in der Türkei weitergeleitet. Die Türken und Deutschen in Ulm leisteten Hand in Hand eine vereinsübergreifend gute Arbeit. Für diese Bemühungen bekam ich auf meiner Arbeitsstelle sowohl von den Arbeitern als auch von den Abteilungsleitern erneute Anerkennung.

Bei der jährlichen Betriebsversammlung legte ich die Summe der gesammelten Spenden innerhalb der Fabrik offen und bedankte mich bei allen. Die Spenden für die Schulen wollten wir selber verteilen nachdem wir mit unseren eigenen Augen gesehen hatten wer am bedürftigsten war. Deswegen übernahmen diese Aufgabe diejenigen Vereinsvorstände, die die Zeit und die Möglichkeiten dazu besaßen in die Türkei zu reisen. Es gab jemanden, der aus dem Erdbebengebiet kam und deshalb an vorderster Front stand, denn seine Verwandten und Bekannten waren natürlich auch von diesem Erdbeben betroffen. Mit M.B., der in Ulm eine türkische Zeitung herausgab übernahmen wir diese Aufgabe.

In den Sommerferien traf ich zusammen mit meiner Frau den Vorstandsvorsitzenden des Vereins im Erdbebengebiet. Nachdem wir uns mit dem Landrat des Gebietes abgesprochen hatten, sorgten wir dafür, dass die Hilfe den wirklich bedürftigen Schulen zu Gute kam. Wir ließen uns mit den Kindern dieser Schulen fotografieren. Diese Bilder hängte ich nach der Rückkehr an bestimmten Stellen in der Fabrik auf. Die ganzen Papiere zu diesen Spenden hefteten wir sorgfältig in den Ordner des Vereins ein. Somit hatten meine Frau und ich durch unsere ehrenamtlichen Tätigkeiten in Ulm erneut das Vertrauen und die Anerkennung sowohl der deutschen als auch der türkischen Gesellschaft gewonnen.

Abgesehen davon, dass ich für die Rechte der ausländischen Arbeiter eintrat, gingen meine gewerkschaftlichen Aktivitäten soweit, dass sogar meine Familie bedroht wurde. Trotzdem ließ ich keine Gelegenheit aus, um für das einzustehen was ich als richtig empfand. Ich übernahm bei vielen sozialen und politischen Aktivitäten in Ulm Aufgaben. Als Gewerkschafter gehörten natürlich die alljährlichen Veranstaltungen und Feierlichkeiten zum 1. Mai dazu. Die Türkisch Deutsche Frauenfreundschaftsgruppe, die von meiner Frau geleitet wurde, hatte bei diesen Veranstaltungen immer einen Stand, an dem sie ihre Aktivitäten vorstellten und türkische Speisen und Getränke verkauften, um für die türkische Küche zu werben und die Ausgaben der Gruppe zu decken. Die Folkloregruppe führte jedes Jahr Volkstänze aus den verschiedenen Regionen der Türkei auf.

Einmal wurde meine Frau von den Mitgliedern einer deutschlandweit bekannten Gruppe bedroht. Sie waren an ihren Stand gekommen und hatten sie so heftig bedroht, dass sie mich panisch zu Hilfe gerufen hat. Das was ich immer befürchtet hatte wurde Realität! Sofort rief ich die deutschen und türkischen Freunde zu Hilfe und eilte zu ihr. An diesem Tag wichen wir nicht von ihrem Stand. Wir konnten alles bisher Errungene, das der Freundschaft in Ulm diente, nicht in Gefahr bringen, wir mussten ihnen die Stirn bieten. Das war nicht nur meine Meinung sondern auch die Meinung anderer Ehemänner deren Frauen in der Gruppe aktiv waren. Die Aktivitäten der Gruppe waren zwar unpolitisch, aber dennoch inmitten der Ulmer Sozialpolitik angesiedelt.

Diese Gruppe nahm am 8. März aktiv am internationalen Frauentag teil und sorgte dafür, dass die Probleme der ausländischen Frauen auch zu dieser Plattform getragen wurden. Die Gruppe schrieb sogar vor der Abstimmung einer Gesetzesvorlage, die bei der Einreise von ausländischen Kindern ein Visum vorsah, Briefe an das Innenministerium und die Ministerpräsidenten der Länder. Bei der Formulierung erhielten sie Unterstützung von einem lokalen Politiker.

Sie wurde bei jedem gesellschaftlich relevanten Thema aktiv. Gleichzeitig waren diese Bemühungen auch ein gutes Beispiel für die Integration von Ausländern.

Dieses soziale Engagement der Gruppe wurde auch unter den Freunden bei der Gewerkschaft mit Wohlwollen verfolgt. Ohnehin unterstützten wir uns gegenseitig bei dieser sozialen Arbeit. Dieses Engagement war mittlerweile zu einem Teil unseres Lebens geworden. Die Kinder waren, wenn auch nicht politisch, zumindest genauso wie wir mit sozialer Arbeit beschäftigt. Unser Sohn machte seit Jahren an den Wochenenden Führungen in der Gedenkstätte KZ Ulm. Anfang 2001 wurde er aufgrund dieses Engagements als Vertretung der Jugendlichen der Stadt Ulm vom Bundespräsidenten nach Berlin eingeladen und sorgte somit für Gesprächsstoff in Ulm. Und dass im gleichen Jahr meine Frau die Ehrenurkunde „Ulmer Band" von der Ulmer Bürgerstiftung bekam, hatte wiederum für Aufmerksamkeit gesorgt. Die deutsche und türkische Presse würdigte daraufhin ihr Engagement in der Gesellschaft, wodurch ihr die verdiente Anerkennung zu Teil wurde.

Ich war vor 33 Jahren nach Deutschland gekommen, mittlerweile war ich 55 Jahre alt. Ohne es zu merken war ein Leben voller Anstrengungen vorbeigegangen mit dem Bemühen, etwas zu erreichen und irgendwo hinzugelangen. Seit Jahren lebten wir mitten in

Europa, aber hatten noch nicht die Möglichkeit gehabt, die europäischen Länder zu besuchen. Ab nun wollten wir uns ein bisschen Zeit nehmen und das Land, in dem wir lebten, und seine Nachbarn kennenlernen. Wir gingen zu einem Reisebüro in Ulm und holten Angebote ein. Wir entschieden uns dann für eine zweitägige Reise nach Holland. Wir besichtigten einige schöne Plätze in Amsterdam. Noch im selben Jahr nahmen wir an einer Reise nach Venedig teil und besichtigten diese berühmte italienische Stadt, die direkt auf Meeresgrund stand.

Ja, Venedig war eine Stadt, die man erleben musste! Wir fuhren mit der Gondel durch die Wasserkanäle der Stadt und hatten wundervolle Erlebnisse. Ich nahm die interessanten Stellen und Plätze mit meiner Kamera auf und meine Frau fotografierte.

Der Zweite Weltkrieg hatte viele junge Deutsche das Leben gekostet, so dass eine relativ alte Gesellschaft zurückgeblieben war. Deswegen waren die meisten Arbeiter in den sechziger und siebziger Jahren ältere Menschen. Die in diesen Jahren geholten ausländischen Arbeiter waren zwar jung, hatten aber keine Berufsausbildung. Trotzdem hatten sie mit Leichtigkeit überall Arbeitsmöglichkeiten gefunden.

Aber zunehmend trat die heranwachsende deutsche Jugend in das Arbeitsleben ein. Aus diesem Grund und wegen der sich ändernden Anforderungen selbst an Hilfsarbeiter taten sich die ausländischen Arbeiter auf dem Arbeitsmarkt schwer und ihre Probleme am Arbeitsplatz wurden mit der Zeit größer. An manchen Arbeitsstellen gab es zwischen den jungen deutschen Arbeitern und den älteren türkischen Kollegen Diskussionen bis hin zu Streitigkeiten. Und als die zweite Generation an Ausländern, die hier geboren und aufgewachsen war, anfing die Arbeitsplätze einzunehmen tauchten noch andere Probleme auf. Auch wenn diese jungen Menschen in der deutschen Gesellschaft als Ausländer wahrgenommen wurden, hatten sie auf den Arbeitsplätzen ein ganz anderes Selbstverständnis als ihre Eltern. Diese Entwicklung erschwerte mir die Arbeit als einziger ausländischer Betriebsrat ungemein.

Aber ich versuchte die auf dem Arbeitsplatz auftauchenden Probleme mit einer humanen Sichtweise und einem kühlen Kopf zu lösen. Die älteren ausländischen Arbeitskräfte waren aufgrund ihrer Schwierigkeiten bei der Umstellung auf die neuen Produktionssysteme mehr oder weniger dazu gezwungen, bevor sie das eigentlich dafür vorbestimmte Alter erreicht hatten, in vorzeitige Rente zu gehen. Ich konnte ihre Gefühle sehr gut nachvollziehen und versuchte ihnen mit Rat und Tat beizustehen. Um den Sensibilitätsverlust der Gewerkschaft hinsichtlich solcher Themen zu verhindern brachte ich diese Problematik bei jeder Versammlung an der ich teilnahm vor.

Denn ich war auch einer von ihnen. Auch wenn ich im Betriebsrat war würde ich jedoch eines Tages mit den gleichen Problemen konfrontiert werden. Manchmal wurde ich von türkischen Vereinen in andere Städten eingeladen, um deren Mitglieder über das Arbeitsrecht und verschiedene andere Themen aufzuklären. Wegen meinen aktiven Bemühungen in der Fabrik erhielt ich als Betriebsrat so manche Ehrung. Durch die Versammlungen an denen ich in der Stadt teilnahm bekam ich die Möglichkeit mit hohen Beamten und Regionalpolitikern zu reden, wobei ich auf wichtige Probleme aufmerksam machen konnte. Somit wuchs auch mein Bekanntenkreis immens.

Das Studium unserer Kinder neigte sich dem Ende zu. Die sozialen Aktivitäten meiner Frau nahmen in gesteigertem Tempo zu. Es wäre nicht gelogen zu behaupten, dass sie überall wo wir hinkamen schon bekannt war. Dies machte mich sehr, sehr glücklich. Seit acht Jahren hatte ich als Betriebsrat und Gewerkschafter versucht, sowohl in der Fabrik als auch außerhalb den Menschen zu helfen. Da ich der Älteste im Betriebsrat war, wurde mir, wenn auch nicht so direkt wie den anderen älteren Beschäftigten, aber zumindest andeutungsweise dazu geraten, doch auch in den Ruhestand zu gehen.

Aber durch die noch nicht ausreichenden Arbeitsjahre, die meine zu erwartende Rente negativ beeinflussen würde, wollte ich noch eine Wahlperiode lang arbeiten, das wären noch insgesamt vier weitere Jahre. In sechs Monaten würde ich erst sechsundfünfzig Jahre alt werden. Um die normale Rente zu erhalten, hätte ich noch ganze sieben Jahre warten müssen. Ich hatte vorher schon sehr lange darüber nachgedacht und gemerkt, dass ich ziemlich ausgelaugt war und bis zum normalen Rentenalter nicht mehr arbeiten konnte. Abgesehen von der normalen und der frühzeitigen Rente gab es nach dem Arbeitsrecht noch die Möglichkeit eines Vorruhestandes mit sechzig Jahren.

Wenn ich aber diese Möglichkeit nutzen sollte würde ich 18% weniger Rente beziehen. Gleichzeitig brachte es mit sich, dass ich vor meinem sechsundfünfzigsten Geburtstag aus der Fabrik ausscheiden und in die Arbeitslosigkeit gehen musste. Obwohl der finanzielle Nachteil so groß war, hatte ich schon seit Jahren über diesen Vorruhestand nachgedacht. Durch die körperliche und geistige Müdigkeit der jahrelangen Arbeit bereitete ich mich darauf vor eine Entscheidung zu treffen. Die allergische Erkrankung an der ich seitdem ich nach Deutschland gekommen war litt und die Gelenk- und Rückenschmerzen hatten mich durch die jahrelange schwere Arbeit ziemlich ausgelaugt und ich war der Arbeit überdrüssig. Aber ich dachte an meine Kinder und an den Kredit, der noch für das Haus abzuzahlen war. Eigentlich musste ich noch ein bisschen arbeiten!

Eines Tages bekam meine Frau vom Postboten einen Brief dessen Wichtigkeit bereits dem Umschlag anzusehen war. Dieser Brief war eine Einladung vom Bundespräsidenten an dem Neujahrsempfang teilzunehmen. Meine Frau die alleine zu Hause war, rief mich sofort auf der Arbeit an und teilte mir ihr Glück mit. Ich freute mich sehr für sie. Am Abend teilte sie noch einmal alles der ganzen Familie mit. Meine Tochter bemängelte jedoch, dass ich meine Frau bei all ihren Aktivitäten unterstützte und dass es ungerecht sei, dass diese Einladung nur für eine Person gültig wäre. Vier Tage später hatte der Postbote einen gleichaussehenden Brief vorbeigebracht. Diesmal war er an mich adressiert. Es war so, als ob der Einwand meiner Tochter in Berlin gehört wurde. Während meine Frau von der Stadt Ulm für diese Einladung vorgeschlagen und vom Land Baden Württemberg ausgewählt wurde, wurde ich als Gewerkschafter von der Zentrale der Gewerkschaft in Frankfurt ausgewählt. Dieser Zufall war einfach nicht zu glauben! Mit unserer ehrlichen Arbeit hatten wir beide diese Ehrung verdient. Es war ein großer Zufall und Glück aus verschiedenen Städten von verschiedenen Einrichtungen im gleichen Jahr diese Einladung zu bekommen. Das machte uns alle sehr glücklich. Unser jahrelanges Engagement hatte von höchster staatlicher Stelle Anerkennung erfahren.

Da die Pressestelle des Bundespräsidenten diese Besonderheit allen Ulmer Zeitungen mitgeteilt hatte, wurden wir einzeln von ihnen interviewt, um diese Nachricht zu bestätigen. Sie fragten uns wieso wir einzeln eingeladen wurden. Wir wussten aber ja genauso wie sie wie das gekommen war. Dies war ein schönes Augenzwinkern des Schicksals für uns. Sogar der Brief aus Berlin, wodurch mitgeteilt wurde in welchem Hotel wir übernachten würden, kam einzeln an unsere Adresse. Sie hatten zwei einzelne Zimmer für uns reserviert, obwohl der Nachname und die Adresse identisch waren.

Nachdem wir in unserem Hotel in Berlin ankamen, schauten wir auf die Namensliste der geladenen Gäste. Es gab kein weiteres Ehepaar außer uns. Nach dem Frühstück fuhren wir mit zwei Bussen mit allen Gästen zum Schloss Bellevue. Unter den Gästen waren der Bundeskanzler und die Minister. Jeder hatte eine Namensliste der Gäste in der Hand. Da die Namen der Gäste nach ihren Aktivitäten sortiert waren, waren meine Frau und ich in verschiedenen Gruppen zu finden.

Nachdem der Bundespräsident mit seiner Frau an der Seite seinen Platz eingenommen hatte, wurde dem Protokoll gemäß zuerst der Bundeskanzler empfangen. Dahinter reihten sich der Bundestagspräsident und die Minister auf. Die anderen Gäste standen in einer Reihe und warteten bis sie dran kamen. Der Vor- und Zuname, das Herkunftsgebiet und die Aktivität des Gastes wurden genannt. Laut der Liste kam meine Frau vor mir dran.

Nachdem ich an die Reihe kam wünschte ich dem Bundespräsidenten und seiner Frau alles Gute im neuen Jahr und hatte noch ein wenig Zeit, um kurz mit ihnen zu sprechen. Dabei habe ich als Gewerkschafter einen Wunsch im Namen aller Arbeiter geäußert. Ich erwähnte, dass es in Deutschland über drei Millionen Arbeitslose gab und dass es notwendig sei, um vielen dieser Menschen Arbeit zu geben, die Millionen von Überstunden, die auf den Arbeitsplätzen angehäuft wurden auf ein Minimum zu reduzieren. Ich äußerte meinen Wunsch nach seiner Unterstützung in dieser Thematik. Danach entfernte ich mich wie die anderen Gäste und begab mich in den hinteren Saal.

Dieser Saal war mit Presseleuten gefüllt. Sie hatten die Namenslisten auch bekommen. In der Menschenmenge wartete meine Frau aufgeregt auf mich. Die staatliche „Türkische Radio- und Fernsehanstalt" (TRT) wollten ein Interview mit uns machen. Darauf war ich nicht vorbereitet. Zum ersten Mal in meinem Leben sollte ich vor eine Kamera treten. Ich war sehr aufgeregt und ich tat mich sehr schwer, den gestellten Fragen zu antworten. Nach den Aufnahmen lernten wir unter den Gästen andere Türken aus verschiedenen Bundesländern kennen, die aufgrund ihres beispielhaften Engagements eingeladen wurden. Mit acht weiteren Türken ließen wir uns von den Zeitungsleuten ablichten und gaben Interviews.

Mit ihrem gewohnt lockeren Auftreten ging meine Frau direkt durch die ihn umgebenden Politiker hindurch zum Bundeskanzler und wünschte ihm alles Gute fürs neue Jahr. Außerdem fragte sie, ob sie sich mit ihm fotografieren lassen könnte. Nachdem er eingewilligt hatte fragte der Bundestagspräsident und der Ehrenvorsitzende der FDP, die daneben standen und lachten, ob sie auch ein Foto mit ihnen zusammen haben wollte. So hatten wir nicht nur mit den wichtigsten politischen Persönlichkeiten gesprochen, nein, wir hatten auch noch die Gelegenheit erhalten uns mit ihnen fotografieren zu lassen.

Nachdem der Empfang der eingeladenen Gäste vorüber war ging man zum Festbankett über. Vor dem Essen hielt der Bundespräsident zur Ehre des Tages eine schöne Rede. Nach dem Essen verabschiedeten sich – abgesehen vom Bundespräsidenten – alle Politiker.

Uns kam alles wie ein Traum vor. Nach dem Essen standen die Menschen auf und fanden die Möglichkeit miteinander zu sprechen. Wir warteten auf eine günstige Gelegenheit, um mit dem Bundes-

präsidenten und seiner Frau zu sprechen. Dass sich der Bundespräsident in seiner Zeit als Nordrhein-Westfälischer Ministerpräsident um die Familie unseres Landsmannes, dessen Haus angezündet und dessen fünf Familienmitglieder starben, kümmerte hatte
uns sehr beeindruckt. Wir wollten uns für seine Fürsorge, die er
auch nach seinem Antritt zum Bundespräsidenten der Familie
Genç zeigte, bedanken. Sie waren sehr gerührt und bedankten sich
auch bei uns. Wir betonten unsere Freude über diese Einladung
und verabschiedeten uns von ihnen. Wir waren sehr von ihm angetan, insbesondere beeindruckte uns seine Natürlichkeit als er mit
uns sprach. Im Nachhinein kann man diesem wertvollen Menschen
nur wünschen Gott möge ihn selig haben.

Für uns Gäste war eine Besichtigung der Stadt Berlin vorgesehen.
Wir wurden mit den Bussen von der Residenz abgeholt und besuchten in Begleitung eines Reiseführers bis in den Abend verschiedene geschichtsträchtige Orte. Das Berlin, das ich bei dieser
Gelegenheit sah glich so gar nicht dem Berlin, das ich vor
dreiunddreißig Jahren gesehen hatte. Berlin hatte sich als einst
durch die Mauer geteilte Stadt sehr verändert. Von den Gebäuden,
die noch die Spuren des zweiten Weltkriegs trugen, war nichts
mehr zu sehen. Mit ihren modernen Bauten, die an jeder Ecke entstanden, ähnelte sie einer Großbaustelle. Zum Abend waren wir
wieder in unserem Hotel. Mit schönen Erinnerungen endete der
Neujahrsempfang des Bundespräsidenten.

Für die deutsche und türkische Presse war dieser Empfang sehr
wichtig. Sie ergänzten die Presseberichte und Fotos, die ihnen von
der Pressestelle des Bundespräsidenten geschickt wurde mit ihren
eigenen Interviews, die sie mit uns machten und publizierten das
Ereignis sehr umfangreich. Die Zeitungen hatten auf den ersten
Seiten mit Schlagzeilen auf das Ereignis aufmerksam gemacht und
in den Innenseiten ausführlich berichtet. Einige Radiostationen
sendeten die kurzen Interviews, die sie mit uns gemacht hatten.

Dieses Jahr hatte für uns ganz besonders begonnen und es schien
so, als ob es auch so weitergehen sollte. In der Fabrik liefen die
Vorbereitungen für die Wahl des Betriebsrates, die im März anstanden auf Hochtouren. Einerseits wurde darüber diskutiert, wer
auf welchem Platz auf der Liste zur Wahl gestellt werden sollte und
andererseits wurde vorgeschlagen, dass ältere Betriebsräte wie
ich, sich nicht mehr zur Wahl stellen sollten.

Das Ziel war den Weg für junge Leute in den Betriebsrat zu ebnen.

Jeder außer mir diskutierte über meine Aufstellung als Kandidat. Dies hatte ich gespürt. Aber ich musste an meine Zukunft denken. Bei einer unserer Versammlungen habe ich angedeutet, dass die Anzahl der Jahre, die ich bis jetzt gearbeitet hatte, nicht für eine befriedigende Rente ausreichen würden. Damit machte ich deutlich, dass ich während der Wahlperiode von vier Jahren noch darauf angewiesen war weiterzuarbeiten. Des weiteren erklärte ich mich aber bereit, sollte es die Möglichkeit einer höheren Rente geben, würde ich vor den Betriebsratswahlen in den Vorruhestand gehen. Nachdem der Betriebsratsvorsitzende dies gehört hatte, sagte er mir, er würde mit dem Arbeitgeber darüber reden und mir Bescheid geben, ob dies möglich wäre.

Jetzt ging es also los. Als ich am Abend nach Hause kam erklärte ich meiner Frau und meinen Kindern die Situation erklärt. Ich teilte ihnen mit, dass ich aus dem Arbeitsleben ausscheiden würde, wenn sich die Bedingungen so ergeben sollten. Nach einer kurzen Stille sagte meine Frau: „Du arbeitest seit Jahren, es ist genug. Unser Haus ist fast abbezahlt und wenn die Kinder fertigstudiert haben, brauchen wir ja nicht viel Geld, wir haben uns ohnehin seit Jahren daran gewöhnt mit wenig Geld auszukommen. Für uns ist Deine Gesundheit am wichtigsten." Danach ergriff mein Sohn das Wort: „So Gott will, werde ich dieses Jahr mit meinem Studium fertig und ich glaube nicht, dass ich Probleme haben werde, eine geeignete Arbeitsstelle zu finden." Unsere Tochter war an der Reihe und in ihrer unnachahmlichen Art ging sie dazwischen: „Papa, denk nicht an das Geld, wir sind ja auch noch da!" Obwohl sie noch zwei Jahre zu studieren hatte!

Diese Reaktion meiner Liebsten machte mich sehr glücklich und erleichterte es mir, eine Entscheidung zu treffen.

DEM ENDE ENTGEGEN

Ich hatte mich noch nicht endgültig entschieden in den Vorruhestand zu gehen, als die Bestätigung kam, dass der Arbeitgeber bereit wäre eine gewisse Summe als Abfindung zu zahlen. Ich fragte,
ob es die Möglichkeit gab, anstatt dieser Summe eine Aufstockung
der Betriebsrente zu bekommen. Außerdem würde ich das Recht
erhalten bis zu meinem sechzigsten Lebensjahr Arbeitslosengeld
und Arbeitslosenhilfe zu bekommen. Deswegen verlangte ich von

der Firma noch Unterstützung falls es bei diesen Zahlungen Probleme geben sollte. Der Betriebsratsvorsitzende sagte mir bei einem Gespräch zu, dass er dem Verantwortlichen in der Firma diese Wünsche weiterleiten würde.

In der Vergangenheit hatten manche Betriebsräte aus verschiedenen Gründen einen schlechten Auftritt hingelegt indem sie sich gegenseitig beschuldigten und ein schlechtes Image hinterließen. Nachdem sie die Firma verließen hatten sie nicht mehr die Möglichkeit bekommen in der Firma ein- und auszugehen. Abgesehen davon, dass ich älter war, erleichterte ich die Arbeit der anderen Betriebsräte indem ich mich im Allgemeinen um die Probleme der ausländischen Arbeiter kümmerte. Obwohl manche dieser Freunde es nicht offen zugaben wollten sie einerseits meinen Ausstieg aus dem Berufsleben, andererseits auch wiederum nicht, da dann die Probleme der ausländischen Belegschaft an ihnen hängenbleiben würden.

Der Betriebsratsvorsitzende nutzte all seine Möglichkeiten, um eine Formel zu finden, die mich zufriedenstellte. Ich wollte ja ohnehin nichts was mir nicht auch durch das Arbeitsrecht zugesichert war. Ich tat mein bestes, um mich von meinen Arbeitskollegen und von meinem Arbeitgeber im Guten zu trennen. Der Betriebsrat arbeitete eine Woche lang an meinem Ausscheiden ohne den deutschen und ausländischen Arbeitern etwas mitzuteilen.

Nachdem ich am Abend zu Hause war, teilte ich meiner Familie die Entwicklungen in der Fabrik mit. Ich teilte ihnen mit, dass ich die Abfindung in der Form nicht akzeptierte und dass schon morgen in der Sache etwas passieren könnte. Wenn meine Wünsche akzeptiert würden, würde ich die Vereinbarung unterschreiben. In dieser Nacht konnte ich nicht schlafen, weil ich ständig darüber nachdachte, ob mein Arbeitgeber meinen Bedingungen zusagen würde. Ich war im Begriff, ein dreiunddreißigjähriges Arbeitsleben in Deutschland zu beenden. Dies war für mich keine einfache Entscheidung. Sich plötzlich von den jahrelangen Arbeitskollegen zu trennen, fiel mir schwer.

Die ausländischen und türkischen Arbeitnehmer, die ich zurücklassen würde, wer würde sich um ihre Probleme kümmern, wer würde sich mit ihren Sorgen auseinandersetzen, wenn ich nicht mehr da wäre? Dies war die eine Seite der Medaille. Und die andere Seite? Die andere Seite war, dass ich früher oder später sowieso eines Tages die Arbeit niederlegen müsste und es keinen Sinn ergab noch mehr darüber zu grübeln. Ich fühlte mich auch zunehmend ausgelaugt und mit der Müdigkeit des Alters fiel es mir immer schwerer früh am Morgen aufzustehen und zur Arbeit zu gehen. Deswegen hatte ich während der ganzen Nacht nachgedacht und meine Entscheidung getroffen. Wenn die Bedingungen, die ich wünschte, eingehalten würden, würde ich noch vor den Betriebsratswahlen die Vereinbarung unterschreiben.

Wie an jedem normalen Arbeitstag wachte ich mit dem Klingeln des Weckers auf. Ohne jemanden zu stören stand ich auf, bereitete mir das Frühstück vor und setzte mich an den Tisch. Während ich meinen Kaffee trank kamen mir Bilder meiner Kindheit, meines Schul- und Arbeitslebens, der Zeit in Deutschland, die dreiunddreißig Jahre meines Arbeitslebens, meiner Einsamkeit, dann meines Familienlebens, meiner Kinder und dem Jetzt und Heute vor Augen. Fast in jeder Etappe meines Lebens war ich gezwungen zu kämpfen. Heute würde ich vielleicht eine der wichtigsten Entscheidungen meines Lebens treffen. Ich betete zu Gott als ich das Haus verließ und begab mich auf den Weg in die Fabrik.

Als ich in der Fabrik ankam hatte ich überhaupt keine Lust aus dem Wagen zu steigen. Ich zwang mich letztendlich dazu und mit einer ganz anderen Stimmung als gewöhnlich ging ich direkt zum Büro des Betriebsratsvorsitzenden. Seit ich angefangen hatte mich mit der Kündigung auseinanderzusetzen, hatte ich die Lust an der Arbeit verloren. Ich fühlte mich so, als hätte ich die Vereinbarung zum Vorruhestand bereits unterschrieben und würde meine letzten Tage in der Fabrik verbringen. Es ähnelte der Situation der Soldaten, die kurz vor der Entlassung standen. Die Entscheidung, die über meine Zukunft gefällt werden sollte hatte sich um einen Tag verschoben!

In einer schlechten Stimmung kam ich von der Arbeit nach Hause. Gerade als ich mich gesetzt hatte klingelte das Telefon. Der Betriebsratsvorsitzende war am Apparat. Er hatte mit dem Arbeitgeber detailliert über meine Wünsche gesprochen und sie hatten alle meine Forderungen akzeptiert. Daraufhin hatte er eine Vereinbarung vorbereiten lassen. Er sagte mir, ich könnte am nächsten Tag zum Personalbüro gehen, diese Vereinbarung durchlesen und – wenn ich einverstanden wäre – unterschreiben. Wenn ich nicht einwilligte schlug er mir vor noch einmal persönlich mit dem Personalchef zu sprechen. Nach diesem Gespräch fühlte ich mich sehr komisch.

Ich war dabei, mein dreiundreißigjähriges Arbeitsleben in dieser Fabrik zu beenden und ein neues Leben zu beginnen. Nach dem morgigen Tag würde all dies Geschichte sein und wenn meine Gesundheit es zuließe, würde ich die restliche Zeit dafür nutzen meine Memoiren zu schreiben. Als ich am nächsten Tag aufwachte spürte ich eine große Last auf mir ruhen. Ich rief bei meinem Abteilungsleiter an und bat ihn um einen Tag Urlaub.

Ich wollte nicht darüber nachdenken was die nächsten Tage mit sich bringen würden. Heute sollte ich die Vereinbarung unterschreiben, die für mich vorbereitet war. Aber ich hatte bis zum Erreichen meines Rentenalters von sechzig Jahren noch vier Jahre und drei Monate. Annähernd die Hälfte dieser Zeit würde ich mit Arbeitslosengeld und die restliche Zeit mit Arbeitslosenhilfe überbrücken. Ich setzte mich mit der Familie hin und wir rechneten detailliert durch wieviel Geld wir bis zum Renteneintritt bekommen würden und wie hoch meine monatliche Rente ausfiel.

Am nächsten Tag ging ich direkt zur Fabrik. In das Personalbüro einzutreten, das ich sonst jederzeit wegen Problemen von Mitarbeitern ganz ungezwungen betrat, fiel mir dieses Mal unglaublich schwer, da es um meine eigene Angelegenheit ging. Im Büro fragte man mich sofort wieso ich mich so abrupt zu kündigen entschieden hätte. Zuerst äußerte ich meinen Wunsch die vorbereitete Vereinbarung zu sehen und zu lesen. Während ich mit einem Angestellten die Vereinbarungspunkte einzeln durchging, sagte er mir nebenbei, dass ich der Erste wäre dem eine solche Vereinbarung angeboten wurde.

Nachdem wir alles durchgeschaut hatten bedankte ich mich bei ihm und setzte meine Unterschrift darunter. Wenn alles so verlief wie wir vereinbart hatten, würde ich nach drei Monaten die Arbeit niederlegen und mein Arbeitsleben in Deutschland würde zu Ende gehen. Die Last, die ich noch am Morgen spürte hatte sich plötzlich aufgelöst. Danach ging ich zum Büro des Betriebsratsvorsitzenden und erzählte ihm, dass ich die Vereinbarung unterschrieben hatte und bedankte mich für seine Hilfe. Er entgegnete mir, dass ich die letzten drei Monate nicht in der Produktion arbeiten brauchte, sondern meinen Aufgaben als Betriebsrat im Büro nachkommen sollte. Dies sollte eine gutgemeinte Geste von ihm sein. Am nächsten Tag bat er mich darum, bis zu der Fertigstellung der Kandidatenlisten für die Betriebsratswahl, niemandem von meiner Kündigung zu erzählen.

Als ich zu Hause war ging ich noch ein weiteres Mal mit den Kindern die Vereinbarung durch und wir planten die Zeit bis zu meinem Renteneintritt. In der Zeit bis zu meinem sechzigsten Lebensjahr würde ich 85 % meines Verdienstes, ohne zu arbeiten, vom

Arbeitsamt bekommen. Falls es bei diesen Zahlungen zu Problemen kommen sollte, hatte mir der Arbeitgeber schriftlich bestätigt dafür aufzukommen. Und ein großer Teil der Abfindung sollte in die Rentenkasse des Betriebes fließen, wodurch meine zukünftige Betriebsrente zu einem gewissen Grad aufgestockt werden würde. Somit würde meine monatliche Rente, die ich ab meinem sechzigsten Lebensjahr bekommen sollte, in dem Maße erhöht, dass sie meine Bedürfnisse decken würde.

Nachdem die vorbereiteten Kandidatenlisten an bestimmten Stellen der Fabrik aufgehängt wurden, konnten die Arbeiter nicht verstehen wieso mein Name nicht auf der Liste zu sehen war. Als sie von meiner Kündigung erfahren hatten, riefen sie mich direkt an und teilten mir mit, wie traurig sie darüber waren. Unter den Beschäftigten in der Fabrik wurde darüber diskutiert, weshalb ich vor den Betriebsratswahlen gekündigt hatte. Auch wenn ich ihnen von meiner Kündigung auf eigenen Wunsch erzählte, glaubte mir niemand. Diejenigen, die mich mochten, fragten nach einem Grund dafür, denn ich leistete doch gute Arbeit. Sie nahmen an, dass ich ihnen etwas verschwieg. Diejenigen, die mich nicht mochten, nahmen an, dass ich aus Gier, wegen der hohen Abfindung, nicht widerstehen konnte!

In der letzten Arbeitswoche erhielt ich von meiner Abteilung während ich im Büro saß einen Anruf. Sie forderten mich auf sofort in die Abteilung zu kommen. Es musste ein Problem aufgetaucht sein, wieso sollten sie mich sonst rufen? Sofort stieg ich auf mein Fahrrad und radelte in die Abteilung. Doch was sah ich da – all meine Kollegen hatten sich inmitten der Abteilung versammelt und warteten auf mich! Sobald sie mich sahen begannen alle zu klatschen. Ich mischte mich unter sie und wir umarmten uns. Zuerst sprach der Abteilungsleiter und lobte in anerkennenden Worten meine Persönlichkeit, meine Arbeit in der Abteilung und mein Wirken als Betriebsratsmitglied. Dann ergriff der Meister das Wort und bestätigte mir, dass ich ein sehr rationaler Mensch sei und bei den bisher in der Abteilung getroffenen Entscheidungen immer eine konstruktive Rolle eingenommen hatte. Er bedankte sich für die Zusammenarbeit und übergab mir ein Modellauto, das er für mich vorbereitet hatte.

Als letztes sprach ein Betriebsratsmitglied der Abteilung, welcher einen Blumenstrauß in der Hand hielt. Seine mit „Freunde" beginnende Rede war voller Lob und Anerkennung für meine Tätigkeit. Seine Rede beendete er mit dem Satz: „Als letztes möchte ich noch hinzufügen, dass wir ihn, sei es in der Abteilung wie auch in der Fabrik und auch bei der gewerkschaftlichen Arbeit vermissen werden!" Mit diesen letzten Worten reichte er mir den Blumenstrauß. Ich bin ohnehin ein sentimentaler Mensch. Bei dieser letzten Rede konnte ich meine Tränen nicht mehr halten. Ich entschuldigte mich bei allen Freunden und sagte, dass ich durch die Ansprachen sehr gerührt sei und dass ich nichts anderes mehr machen könne als mich zu bedanken. Mit Tränen in den Augen umarmte ich einen nach dem anderen. Ich arbeitete nun seit dreiunddreißig Jahren in der Fabrik und hatte noch nie so eine Verabschiedung gesehen. Mit dieser Verabschiedung wurde mir klar, dass ich in der Abteilung tatsächlich sehr gemocht wurde.

Der neue Betriebsrat wurde gewählt. Ich war zwar kein Betriebsrat mehr, aber nahm noch Aufgaben in dem Betriebsratsbüro wahr und wurde zu Versammlungen eingeladen. Die Betriebsräte wollten eine Abschiedsfeier für mich organisieren, doch aufgrund der kurz zuvor durchgeführten Wahlen war dies nicht mehr möglich gewesen. Die in diesem Jahr hart geführten Tarifverhandlungen, die zu Warnstreiks, Versammlungen und verschiedenen Aktivitäten geführt hatten, machten dem einen Strich durch ihre Rechnung. Bevor mein letzter Tag gekommen war lief ich durch alle Abteilungen der Fabrik und verabschiedete mich von den Arbeitern und Angestellten. An meinem allerletzten Tag verabschiedete ich mich still und leise von meinen Freunden und trennte mich endgültig von der Fabrik.

Mein Arbeitsleben war nun zu Ende, aber ich fühlte mich wie im Urlaub. Morgens stand ich früh auf, las meine Tageszeitung nach dem Frühstück und ging spazieren, um ein bisschen frische Luft zu bekommen. Dass ich diese Tage seit der Arbeitsniederlegung in Gesundheit erleben durfte, machte mich glücklich und ich war Gott sehr dankbar. Der Kredit für unser Haus war bereits abbezahlt. Unser Sohn hatte sein Studium beendet und schrieb an seiner Diplomarbeit. Auch deshalb musste ich mir also keine Sorgen machen.

Da ich selber gekündigt hatte, würde ich drei Monate lang kein Arbeitslosengeld bekommen. In dieser Zeit wollte ich zusammen mit meiner Frau den Südosten der Türkei bereisen. Dies hatten wir uns schon lange Zeit gewünscht. Dieses Gebiet machte uns schon immer neugierig. Da es Sommer war, waren auch die Schulen geschlossen. Die Schwester meiner Frau und ihr Ehemann, die beide Lehrer waren, hatten sich uns angeschlossen. Wir verstanden uns sehr gut mit ihnen. Die brennende Hitze des Sommers wurde, je näher wir nach Südosten kamen, immer unerträglicher. Aber koste es was es wolle, wir waren nun einmal aufgebrochen und wollten soviele Orte wie möglich sehen und so viele Menschen wie möglich kennenlernen.

Manche Staaten nutzten aus Eigennutz die Menschen, die in diesen Gebieten lebten, aus. Sie nutzten sogar die Unterentwicklung dieser Region aus und hatten damit die Türkei fast an den Rand einer Teilung gebracht. Einer der Brüder meiner Frau war als Polizist in Adıyaman tätig und ein weiterer Bruder war ein in Diyarbakır stationierter Unteroffizier der Luftwaffe. Sie waren uns bei unserer Reise sehr behilflich. Da wir sie schon länger nicht mehr gesehen hatten, konnten wir nun unsere Sehnsucht nach ihnen stillen. Sie waren sehr fröhliche Menschen, so dass ich mit ihnen, nach so langer Zeit meine Ängste beiseite gelegt hatte und einige schöne Tage erleben konnte.

Durch die Hilfe der beiden erfuhren wir, welche Orte besonders sehenswert waren. Sie hatten uns sogar Orte empfohlen, die in keinem Reiseführer zu finden waren. In der Liste der zu bereisenden Orte befanden sich auch Kirchen. Unsere Besichtigungstour fingen wir am weltberühmten Berg Nemrut an. Am Abend zuvor packten wir warme Kleidung ein, um nicht zu frieren. Am nächsten Tag wollten wir den Sonnenaufgang auf dem 2150 Meter hohen berühmten Berg erleben. Gegen Morgen brachen wir mit drei Autos auf. Auf dem Nemrut wollten wir die Grabstätten und Heiligtümer des vor Jahrtausenden auf dem Berg gegründeten Königreichs von Kommagene besuchen. Viele Touristen aus den verschiedensten Ländern waren ebenfalls, wie wir, in der Dunkelheit des frühen Morgens mit ihren Autos aufgebrochen, um den Sonnenaufgang auf dem Nemrut zu erleben. Die sehr holprige Straße konnte nur bis zu einem bestimmten Punkt befahren werden, den Rest des Berges mussten wir zu Fuß zurücklegen.

Während wir in die Höhen stiegen wurde es tatsächlich sehr kalt. Schließlich waren wir an dem höchsten Punkt des Berges angelangt, wo die kopflosen Statuen imposant auf uns herabblickten. Wir wickelten uns in die mitgebrachten Decken und warteten ungeduldig auf den Sonnenaufgang. Hier nahmen wir mit der Kamera und dem Fotoapparat die Statuen des Königsreichs Kommagene auf, die Zeugnis von ihrer Herrschaft vor Jahrtausenden gaben. Mit Zunahme der Morgendämmerung war von dieser Höhe aus der Atatürk-Staudamm, der sich im Tal ausbreitete zu sehen. Mit der Sonne, die fast jeden Tag in voller Röte aufging, hatten wir wenig Glück, da sie zwischen den Wolken nur zaghaft hervortrat. Die Besucher, die gekommen waren, um einen schönen Sonnenaufgang zu erleben, waren natürlich enttäuscht. Es war für uns aber dennoch ein Erlebnis so hoch gestiegen zu sein und die historischen Ruinen eines sehr alten Königreichs gesehen zu haben.

Die Reportagen, die wir im deutschen Fernsehen gesehen hatten, hatten uns sehr beeindruckt. Deswegen gaben wir uns Mühe, vor allem an den Orten, die wir besuchten, nichts auslassen. Wir besichtigten auch die Kirchen. Bei unserer Besichtigung der Mutter-Gottes-Kirche in Diyarbakır haben wir sogar mit den Geistlichen gesprochen. Wir versäumten auch nicht eine Spende in die Kollekte zu legen (worüber man ja nicht sprechen sollte).

Der Südosten der Türkei kam uns vor wie ein großes Freiluftmuseum vor. Die Menschen, die hier lebten, hatten jedoch immer noch nicht ihr feudalistisches System hinter sich bringen können, was meine Frau sehr traurig stimmte, da die Frauen in dieser Gegend die Leidtragenden waren. Abgesehen von ein bisschen Provinzdenken waren es sehr herzliche Menschen. Sie waren nicht alle, wie von den Deutschen angenommen, schwarzhaarig. Wir haben auch sehr viele blonde, blau- und grünäugige Menschen gesehen. Ich darf auch nicht vergessen, das genussvoll zubereitete Essen in diesem Gebiet zu loben, denn bei uns heißt es: "das Leben geht über den Hals".

Danach brachen wir auf, um den großen Atatürk-Staudamm zu besichtigen, der während seiner Bauphase für internationale Diskussionen gesorgt hatte. Dieses Bauwerk wurde unter schweren Bedingungen, da kein fremdes Land einen Kredit gewährte, und nur durch eigene Mittel des türkischen Staates und einheimischer Ingenieure und Arbeiter erstellt. Nachdem wir durch das von Soldaten bewachte Eingangstor gegangen waren sahen wir das blaue Wasser, das sich im Tal wie ein Meer ausgebreitet hatte. Als wir die riesigen Wasserrohre, durch welche die Turbinen angetrieben wurden und den endlosen Stausee sahen, waren wir wie verzaubert. Der mit seiner Größe zu seinem Namen passende Atatürk-Staudamm war tatsächlich etwas, worauf das türkische Volk stolz sein konnte. Die Energie, die er produzierte, gab der türkischen Wirtschaft Auftrieb und mit der Erde, die er bewässerte, gab er den Menschen in Ostanatolien Leben. Das berühmte Harran-Tal, das zuvor trocken und unfruchtbar war, hatte sich jetzt durch das Wasser des Staudamms in Grün gehüllt und war zu einem fruchtbaren Tal geworden in dem mindestens zweimal im Jahr geerntet wurde.

Wir fuhren wieder nach Diyarbakır. In dieser Nacht waren wir Gäste des Bruders meiner Frau, der Offizier war. Mit seiner Hilfe fanden wir einen einheimischen Reiseführer und besichtigten die Stadt. Uns fiel auf, dass sowohl in der Kirche als auch in der Moschee die Schuhe ausgezogen wurden. Die Stadtmauer von Diyarbakır – nach der chinesischen Mauer die zweitgrößte der Welt – konnten wir aus nächster Nähe besichtigen und spazierten sogar darauf herum. Die Stadtmauer, die an einigen Stellen von geschichtlichen Ereignissen beschädigt wurde, wurde zum Teil neu restauriert und umschloss komplett die alte Stadt. Das Alter der Stadt Diyarbakır war an den engen Straßen und den ineinander liegenden Häusern und Karawansereien zu sehen.

Als wir Diyarbakır besichtigten sprach unser Reiseführer neben türkisch auch kurdisch und arabisch. Meine Frau befragte ihn über Dinge, die sie neugierig machten und versuchte etwas über das tägliche Leben der Bevölkerung herauszufinden. Es war auffällig, dass im Vergleich zu anderen türkischen Gebieten mehr Kinder und Jugendliche auf den Straßen zu sehen waren. Dies zeigte, dass die hiesige Geburtenrate durch Polygamie, was in der Türkei gesetzlich verboten ist, höher war als in den anderen Gebieten der Türkei. Die Stadt stellte – abgesehen von seinen historischen Schauplätzen – auch durch seinem Reichtum an Ackerland und Bevölkerung einen großen Anziehungspunkt für dieses Gebiet dar.

Wir trennten uns von Diyarbakır und begaben uns auf den Weg in die Ebene von Harran. Jungen im Grundschulalter befanden sich im Wettbewerb sich uns Touristen an den besonders schönen Orten als Reiseführer anzubieten. Die dortigen Ruinen besichtigten wir zusammen mit ihnen. Meine Frau fragte einen Jungen, warum sie nur Jungen sah und wo denn die Mädchen seien. Der Junge antwortete ihr, dass die Mädchen die Hausarbeit lernten, um alles zu beherrschen, um dann teuer verkauft zu werden. Dort bestaunten wir auch die Bauweise der für dieses Gebiet typischen bienenstockförmigen Häuser, die seit Jahrhunderten die Bewohner vor Hitze und Kälte schützten.

Zwischen diesen unendlichen Tälern nahmen wir Kurs auf Sanlıurfa. In diesem Gebiet, in dem viele Zivilisationen der Menschheitsgeschichte ihren Ursprung fanden, befanden wir uns wie auf einer langen Reise durch die Geschichte.

Wir besichtigen die Stadt, die Geburtsstätte des Propheten Abrahams war. Hier fanden wir die Möglichkeit den berühmten Teich

Abrahams mit den in ihm schwimmenden heiligen Karpfen zu besichtigen. Die nebenan stehende und den Jahrhunderten trotzende Halil-Rahman-Moschee besichtigten wir ebenfalls. Obwohl das Thermometer 40 Grad anzeigte, stieg ich auf die Stadtmauer und filmte die Stadt.

Unsere Kinder waren jetzt erwachsen und machten nicht mehr wie früher mit uns gemeinsam Urlaub. Es war daher die einfachste Möglichkeit ihnen durch unsere Aufnahmen zu zeigen, was wir gesehen hatten. Denn dies waren sehr bedeutsame Orte. Dieses Gebiet, das als Wiege vieler Zivilisationen gilt, war der Ort für geschichtliche Ereignisse geworden. All das, was im 19. und 20. Jahrhundert hier geschehen war, dann die Gründung der Türkischen Republik, wir sahen ein, dass wir nicht alle Orte auf einmal besichtigen konnten und versuchten unsere Zeit gut auszunutzen.

Nach Sanlıurfa wollten wir jetzt die Stadt Gaziantep besuchen, die als Industriezentrum des Ostens gilt. Die Strecke war von Feldern auf denen links und rechts der Straße Pistazienbäume wuchsen gesäumt. Als wir die Stadt erreichten bemerkten wir an der doppelspurigen Fahrbahn und an dem gesteigerten Verkehrsaufkommen, dass man in eine große Stadt fuhr. Hier besichtigten wir wie empfohlen das Museum, das reich an geschichtsträchtigen Schätzen war. Die aufgrund des Pistazienanbaus berühmt gewordene Stadt sollte man nicht verlassen, ehe man die Pistazienpastete gekostet hatte. Wir setzten uns deshalb in ein Restaurant, ruhten uns ein bisschen aus und ließen uns diese berühmte Pastete schmecken. Danach besichtigten wir die Stadtmauer. Nachdem wir dieses imposante Bauwerk gesehen hatten konnten wir gar nicht verstehen, weshalb sie nicht im Reiseführer gewürdigt wurde. Sie war genauso sehenswert wie die Ruinen von Ephesus. Nachdem wir auch diese schöne Stadt besucht hatten machten wir uns auf den Weg nach Kahrmanmaras.

Die Stadt besaß den ehrenden Namenszusatz „Kahraman", das soviel bedeutet wie heldenhaft, ausgezeichnet. Denn sie hatte sich, obwohl im Nachteil, heldenhaft gegen die imperialistischen Besatzer zur Wehr gesetzt. Auch hier haben wir einige Sehenswürdigkeiten besucht, zum Beispiel den Bazar der Kupferschmiede und wir konnten es natürlich nicht lassen von dem berühmten Maras-Eis zu naschen. Von da aus sind wir nach Kayseri aufgebrochen, das im Zentrum von Anatolien lag.

Nach einer anstrengenden Reise hügelauf- und hügelabwärts und durch gefleckte Täler hindurch kamen wir in der Stadt an. Wie zuvor in Urfa quartierten wir uns in dem vorher reservierten Lehrerhaus ein. Es gibt in allen Städten der Türkei Offiziers-, Unteroffiziers-, Polizei- und natürlich auch Lehrerhäuser, in denen Lehrer zu einem günstigen Preis übernachten können. Da wir zusammen mit zwei Lehrern reisten konnten auch wir davon profitieren.

Früh am nächsten Morgen, noch bevor wir uns der Stadt widmeten, besichtigten wir die feenhaften Schornsteine in Göreme. Hier gab es ein richtiges Naturwunder zu sehen. Durch die aus aller Herren Länder gekommenen Touristen wimmelte es von Menschen. Wir mischten uns unter sie und nahmen die Eindrücke auf. Als wir eine deutsche Touristengruppe sahen, blieben wir bei ihnen stehen und hörten zu, was der Reiseführer erzählte. Somit erfuhren wir wie diese feenhaften Schornsteine entstanden waren.

An Ort und Stelle zu sehen, wie die Menschen vor Epochen gelebt hatten, war etwas ganz überwältigendes. Obwohl es August in Kayseri war konnte man aus der Ferne den ganz in weiß gehüllten Berg Erciyes sehen. In der abendlichen Frische besuchten wir den überdachten historischen Markt, der in der Stadtmitte zu finden war. Er war mit dem Großen Markt in Istanbul zu vergleichen. Nachdem wir auch diese geschichtsträchtige Stadt mit großer Wissbegier besichtigt hatten, fuhren wir weiter nach Sivas.

Sivas hatte eine wichtige Rolle bei der Gründung der Türkischen Republik eingenommen. Aus diesem Grund besuchten wir zuerst das Gebäude, in dem der Kongress von Sivas abgehalten wurde und das jetzt als Museum diente. In der Gründungsphase der Republik trafen sich hier unter der Führung von Atatürk Volksvertreter aus allen Gebieten der Türkei. Die Gründung der heutigen Türkischen Republik wurde hier beschlossen. Im Kongresssaal wurde die Sitzordnung der damaligen Versammlung beibehalten und an den Sitzplätzen waren Maskottchen mit den Namen der Vertreter versehen, um die Atmosphäre dieser Zusammenkunft wiederzugeben. Das Arbeitszimmer und das Schlafzimmer Atatürks wurde erhalten und den Besuchern zur Besichtigung geöffnet.

Atatürk hatte in Samsun mit seiner Tätigkeit begonnen und war dann in unserer Stadt – nach Amasya –gekommen. Nachdem er alle Vorbereitungen getroffen hatte, versammelte er in Sivas den ersten Kongress. In dem Kongresssaal herrschte die Atmosphäre jener Tage. Die aufgestellten Gegenstände betrachteten wir wehmütig und in aller Stille und gingen wieder heraus. Für uns Republikkinder war dies ein besonderer Ort. Wir dachten dass dieser Ort mehr Sorgfalt verdiente. Dass meine Schwägerin und mein Schwager Lehrer waren hatte unsere Reise effizienter gemacht. Wir beendeten unsere Reise hier und kehrten nach Hause zurück.

Die Stadt Sivas hatte für das türkische Volk noch eine Besonderheit. Denn der Volksdichter Asık Veysel war in einem Dorf in der Nähe von Sivas geboren. Der als Staatskünstler ausgezeichnete Veysel hatte sehr große Werke hinterlassen bevor er starb.

Zum ersten Mal waren wir von unseren Kindern für eine so lange Zeit getrennt gewesen. Zurück in Deutschland begannen die Kinder wieder ihr Studium und meine Frau widmete sich ihren vielfältigen sozialen Verpflichtungen. Ungewohnterweise blieb ich alleine im Haus zurück. Da ich momentan keine andere Beschäftigung hatte, begann ich, wie ich mir schon seit Jahren vorgenommen hatte, meine Lebenserinnerungen aufzuschreiben. Außerdem wurde ich, da ich ja Gewerkschaftsmitglied und Delegierter war, nach wie vor zu Versammlungen über Ausländer eingeladen und arbeitete ehrenamtlich weiter.

Die Zeichen für die deutsche Wirtschaft standen nicht gut. Die Diskussionen, die in den Medien über die Wirtschaft geführt wurden, verbreiteten in der Gesellschaft eine pessimistische Stimmung. Wenn ich mir diese Entwicklung ansah, war ich froh aus dem Arbeitsleben ausgeschieden zu sein. Auch wenn unser Sohn, der sein Studium beendet hatte, behauptete er würde keine Schwierigkeiten bei der Arbeitssuche haben, war ich nicht so optimistisch wie er.

In der Weststadt, in der wir wohnten, wollte die Stadt eine großangelegte Sanierung durchführen. Mit den Fachleuten der Stadt und unter Berücksichtigung der Einwohnerwünsche wurden verschieden Projekte dafür in Angriff genommen. Zudem hatte der Dachverband des Viertels, in dem meine Frau im Vorstand war, verschiedene Arbeitsgruppen zusammengestellt. Diese Gruppen wollten den Verantwortlichen bei den durchzuführenden Änderungen hilfreich zur Seite stehen. Die Bedürfnisse der Einwohner berücksichtigend, wollten sie die notwendigen Veränderungen vor Ort erläutern.

Da ich in diesem Viertel zu Hause war und vorher Betriebsrat und Gewerkschafter gewesen bin, wurde auch ich nicht vergessen. Meine Frau hatte bei einer Versammlung des Dachverbandes erwähnt, dass ich aus dem Berufsleben ausgeschieden sei und mich im Vorruhestand befand. Aufgrund meiner vorherigen Aktivitäten und weil ich das Viertel gut kannte, wurde auch mir eine Aufgabe innerhalb eines Projektes übertragen. Auch wenn ich nicht mehr im Berufsleben stand so war ich doch weiterhin gut beschäftigt.

Ich arbeitete bei diesem Projekt mit einer deutschen Dame zusammen. Unsere Aufgabe bestand darin, eine Nachbarschaftshilfe, samt Integration der ausländischen Mitbürger in Ulm, zu einem neuen Verein zu formieren. Damit sollte es möglich werden bedürftigen Menschen mit wenig, egal welcher Herkunft, Einkommen ohne bürokratische Hürden schnell zu helfen. Abgesehen davon war unsere Aufgabe, die Freiwilligen, die in dem Projekt mithelfen wollten, zu organisieren und dafür zu sorgen, dass sie die nötige Ausbildung erhielten. Von der jahrelangen Erfahrung der katholischen Kirche in diesem Gebiet profitierend hatten wir alle notwendigen Vorbereitungen getroffen und den Verein ins Leben gerufen. In Ulm wurde zum ersten Mal eine Hilfsvereinigung gegründet, in die Ausländer integriert waren. Deshalb freut es mich zu berichten, dass ich sehr glücklich darüber war an dieser Gründung mitgewirkt haben zu dürfen. Nach der Gründung dieses Vereins nahm ich als Mitglied ehrenamtlich an den Versammlungen teil.

Unser Sohn hatte erfolgreich seine Diplomarbeit beendet und bewarb sich bei einigen Großunternehmen, die ihm zusagten, um seine Karriere zu starten. Er war sich seiner Sache sehr sicher. Denn abgesehen von seinem guten Abschluss war die Studienrichtung international sehr gefragt. Die erste Absage, die er erhielt, konnte er deshalb gar nicht fassen. In der Absage stand lapidar, dass momentan in dem Berufsfeld kein Bedarf an weiteren Mitarbeitern bestünde und wünschten ihm alles Gute für sein Berufsleben. Sie hatten noch erwähnt, auf ihn zurückzukommen, wenn sich daran etwas ändern sollte.

Diese Antwort hatte ihn betrübt, aber er hielt sich nicht damit auf und schrieb an weitere Firmen seiner Wahl Bewerbungen und wartete ab. Er hatte vor Beendigung seines Studiums an Firmenpräsentationen für baldige Studienabsolventen teilgenommen und bei den Gesprächen damals wurde ihm schon eine Arbeitsstelle für später angeboten. Er hatte aber damals geplant, zuerst seine Diplomarbeit zu schreiben und sich dann zu bewerben. Er konnte nicht verstehen, wieso er jetzt nicht genommen wurde, das belastete ihn sehr. Seine Situation belastete mich als Vater mindestens genauso wie ihn.

Nach einer Weile kam aus zwei verschiedenen Unternehmen die Einladung zum Bewerbungsgespräch. Meine Frau und ich hatten uns sehr darüber gefreut. Mit der Zuversicht, dass beide Gespräche gut verliefen, fingen wir an, auf eine erfreuliche Nachricht zu warten. Ich dachte nur noch an diese Sache. Ich schwelgte in Träumereien. Ich hatte gar keinen Zweifel daran, dass er seinen Erfolg im Studium auch im Berufsleben weiterführen würde. Wie glücklich würden wir sein, wenn diese positive Antwort erst kommen würde! Letztendlich kam die Antwort, aber sie war wieder das Gegenteil von dem was wir erwartet hatten. Es waren wieder Absagen. Das konnte unser Sohn einfach nicht verstehen. Er suchte jetzt nach anderen Alternativen. Während er sich noch weiterhin bewarb, hatte er eine Arbeit gefunden, die nichts mit seinem Beruf zu tun hatte, aber ihm Spaß machte. Aber wir als Eltern waren über diese Arbeit nicht sehr glücklich.

Denn all seine Freunde, die zusammen mit ihm das Studium absolvierten, hatten in kurzer Zeit eine Stelle gefunden und bereits angefangen zu arbeiten. Zusätzlich zu seinem erfolgreichen Studienabschluss hatte unser Sohn noch ein Jahr in Amerika studiert, was ja auch ein Pluspunkt für ihn sein musste. Abgesehen davon hatte er durch sein soziales Engagement Referenzen, die sehr wenige junge Menschen aufzuweisen hatten. Trotz all dieser Punkte war unser Sohn noch damit beschäftigt, eine Stelle zu finden. Es war so, als ob ein Hindernis vorhanden war.

Unter den Referenzen unseres Sohnes war auch ein schön vorbereitetes Zeugnis für seine Arbeit im Dokumentationszentrum Ulm. Konnte dies der Grund für seine Absagen sein? Diesen Verdacht hatten wir nach einer Absage, die von einer Firma aus Bayern kam. Sie schrieben, dass ihre Absage nichts mit der Qualifikation des Bewerbers zu tun hatte, sondern dass er nicht in die Firma passen würde. Wir konnten nicht glauben, was wir gelesen hatten. Das konnte nicht wahr sein. Wir haben die Stellenausschreibung etliche Male durchgelesen, aber es war tatsächlich so, sie hatten auch offen geschrieben, wieso er nicht genommen wurde.

Daraufhin nahm unser Sohn dieses Zeugnis, das er für sorgfältige Arbeit erhalten hatte, aus seinen Bewerbungsunterlagen heraus. Um diese angespannte Atmosphäre loszuwerden entschieden meine Frau und ich in die Türkei zu reisen. Sechs Wochen lang verbrachten wir einen normalen Urlaub mit Besuchen von Verwandten und Freunden. Die Verwandten, die wir sprachen, fragten natürlich auch danach was die Kinder machten. Wir sagten ihnen, dass unser Sohn vorübergehend arbeitete und sich gleichzeitig für eine Arbeitsstelle passend zu seinem Studium bewarb.

Nach der Rückkehr aus dem Urlaub arbeitete ich an einem Projekt, das dem vorherigen ähnelte, aber sich nur auf die türkischen Mitbürger bezog. Diejenigen, die wie ich das Projekt leiten sollten, besuchten für eine gewisse Zeit einen Kurs, der mit einem Zertifikat abgeschlossen wurde. Auch wenn es nicht ständig sein sollte, wurden die Ausgaben dieses Projekts vom sozialen Fonds übernommen. Mit den anderen fünf Kursteilnehmern fingen wir an innerhalb des Projekts bei Bedarf für die Türken in der Stadt zu dolmetschen. Meine Frau machte dies ohnehin seit Jahren für verschiedene Einrichtungen.

Um meine freie Zeit besser zu nutzen, bot ich an, im Dachverband (AG-West) ehrenamtlich Türkischkurse zu geben. Die Verantwortlichen waren über meinen Vorschlag sehr erfreut. Dieser Kurs wurde in den Zeitungen sofort bekannt gemacht. Somit begann ich neben meinen anderen Tätigkeiten, denjenigen aus unserer Region, die gerne türkisch lernen wollten, einen Kurs zu geben.

Während ich mich mit solchen Beschäftigungen gut ablenken konnte, hatte mein Sohn immer noch nicht die gewünschte Arbeitsstelle gefunden. Ich hatte für mich entschieden, ohne meinem Sohn etwas zu sagen, in meine alte Fabrik zu gehen und nach Arbeitsmöglichkeiten für meinen Sohn zu fragen. Ich hatte noch aus meiner Zeit als Betriebsrat gute Bekannte unter den Verantwortlichen. Ich erzählte ihnen von der Situation meines Sohnes und bat sie um Hilfe. Obwohl sie ihre Hilfe zusagten, machten sie mir keine große Hoffnung. Die Situation, in der sich unser Sohn befand, betrübte mich mittlerweile sehr.

Um von dieser Sorge loszukommen nahm ich zusammen mit meiner Frau über ein Reisebüro an einer Reise in die Tschechische Republik teil. Sie hatten eine günstige Zweitagesreise im Angebot. Mitten im März kamen wir nach einer fünf- bis sechsstündigen Busreise in Prag an. Obwohl die Stadt mittlerweile sehr verbaut und zersiedelt war, waren die alten Bauten von einer Schönheit und Pracht, dass wir uns in eine andere Zeit zurückversetzt fühlten.

Am nächsten Tag zeigte uns unser Reiseleiter zuerst die historischen Gebäude, danach hatten wir Gelegenheit das Stadtzentrum zu besichtigen. Inmitten des Stadtzentrums, das beidseitig von Straßen umgeben war, saßen junge Menschen auf den Bänken. Hier wurde uns erzählt, wie das Volk gegen die russischen Besatzer den Aufstand probte, der durch russische Panzer niedergeschlagen wurde. Es wurde uns zwischen den Blumen das Grab der bei dem Aufstand getöteten Studenten gezeigt. Dieses Land hatte nach dem Fall des Eisernen Vorhangs seine Unabhängigkeit wiedererlangt. Die billigen Lebensmittel und die Sauberkeit der Straßen waren sehr auffällig. Diese zweitägige Reise hatte meine Stimmung ein bisschen verbessert.

Während unser Sohn seine Bewerbungsbemühungen gesteigert hatte, versuchte unsere Tochter ihm behilflich zu sein. Ich konnte seine momentane Lage sehr gut verstehen. Vor Jahren hatte ich unter anderen Voraussetzungen, in einer ähnlichen seelischen Verfassung, sehr schlechte Tage erlebt. Jetzt erlebte mein Sohn die gleichen Gefühle und Gedanken, auch wenn es unter anderen Umständen geschah. „Ach, diese Tage...", sagte ich zu mir selbst. Während ich an diese vergangenen Tage dachte, kamen mir die Tränen. Diese schweren und schlechten Erinnerungen liefen wie ein Film wieder und wieder vor meinen Augen ab.

Für mich war es nicht leicht gewesen den jetzigen Lebensstandard zu erreichen. Jetzt war es meine wichtigste Aufgabe meine Kinder in die Positionen zu bringen, die mir zu erreichen leider nicht vergönnt war. Was hatte ich zuerst für meine Frau und dann auch für meine Kinder alles getan! Ich war auf meine eigene Leistung und die meiner Frau und meiner Kinder sehr stolz. Ich hatte immer versucht ein beispielhaftes Familienleben zu führen. Denn dies war mein Verständnis von der Welt und vom Leben.

Es war ein sonnig schöner Aprilmorgen, was selten für Deutschland war. Meine Frau hatte einen Termin. Deswegen verließ ich hektisch nach dem Frühstück die Wohnung. Es war ihr Geburtstag. Ich wollte ihr eine Überraschung vorbereiten. Ich ging zu einem Blumenladen und ließ einen Blumenstrauß mit verschiedenen Blumen zusammenstellen. Ich war nicht die Art Mann, die so etwas öfter machte. Ich wusste nicht, woran es lag, ich war eigentlich ein gefühlsbetonter Mann, aber mir gelang es nicht solche Liebesbekundungen zu zeigen. Aber die Deutschen glauben daran, dass es für einen Menschen ein wichtiges Ereignis ist sein fünfzigstes Lebensjahr zu feiern. Mit einem Rosenstrauß in der Hand kam ich nach Hause. Und noch während ich die Blumen in eine Vase stellte, kam mein Sohn mit einem freudigen Gesicht ins Zimmer. Er hatte von einer Firma in Köln, bei der er zum Vorstellungsgespräch war, eine Nachricht per Telefon erhalten. Diese Firma war eine Beratungsfirma, die Versicherer beriet. Der Arbeitgeber hatte ihm mitgeteilt, dass sie ihm einen Arbeitsvertrag per Post zugeschickt hatten.

Endlich würde unser Sohn durchatmen können. An diesem Tag hatte ich schon eine grundlose Freude in mir gespürt. Wir sollten also so eine erfreuliche Nachricht erhalten. Wir setzten uns und ich rang nach Worten und Formulierungen, um meine große Freude zum Ausdruck zu bringen.

Innerhalb eines Tages hatte sich die betrübliche Atmosphäre im Haus geändert und es herrschte Festtagsstimmung. Unser Sohn hatte in der Nacht vor lauter Freude nicht schlafen können und schon bevor er zu arbeiten angefangen hatte, fing er an zu rechnen wieviel Geld er verdienen würde. Doch man darf nicht mit dem Geld rechnen, dass man sich noch nicht verdient hatte. Ohne ihn zu kränken, machte ich ihn sanft darauf aufmerksam. Ich sagte ihm, er solle diese Rechnung nach ein paar Monaten Arbeit, nachdem er die Arbeitsbedingungen in der Firma kennengelernt hatte, machen. Man sollte kühlen Kopf bewahren und nicht die Hose hochkrempeln bevor man den Bach gesehen hatte.

Der Arbeitsvertrag der Firma kam in einem großen Umschlag per Post. Den Umschlag öffnete unser Sohn natürlich mit großer Aufregung. Wir lasen gemeinsam den Arbeitsvertrag, der die Arbeitsbedingungen, das Aufgabengebiet, das Einkommen und die sozialen Zusatzleistungen beinhaltete. Es war nicht genau das was er erwartet hatte, aber es war ein Angebot das er annehmen konnte. Wenn er mit den Bedingungen einverstanden wäre, sollte er unterschreiben und den Vertrag so schnell wie möglich zurückschicken, er könne bereits in zwei Wochen seine Stelle antreten. Am selben Tag nahm unser Sohn den Arbeitsvertrag und brachte ihn einem Schulfreund, der als Rechtsanwalt mit diesem Spezialgebiet in Ulm arbeitete. Nachdem er auch seine Meinung eingeholt hatte, setzte er seine Unterschrift unter den Vertrag, teilte mit ab wann er die Arbeit aufnehmen könne und gab den Brief bei der Post auf.

Mit dem Hintergedanken, vielleicht noch innerhalb eines Monats ein besseres Angebot von einem anderen Unternehmen zu erhalten, hatte er den Anfangszeitpunkt der Arbeit ein bisschen nach hinten verschoben. Er hatte seit langer Zeit keinen Urlaub mehr gemacht. Bevor er seine Stelle antrat, flog er mit seiner Schwester nach Istanbul. Nach der Rückkehr war das von unserem Sohn Erhoffte eingetroffen und er hatte eine Zusage von Mercedes bekommen. Es wurde aber von ihm verlangt, ein bisschen abzuwarten. Aber unser Sohn hatte sich entschieden, nicht mehr zu warten. Bis er eine Wohnung gefunden hatte, wollte er in Köln bei einem Freund wohnen. Wir waren alle sehr glücklich darüber.

Mit dieser guten Stimmung im Hintergrund haben wir im Mai über ein Reisebüro eine zweitägige Parisreise gebucht. Wir wünschten uns schon seit langem Paris und die geschichtsträchtigen Orte in seiner Umgebung zu sehen. Wir besichtigten das außerhalb von Paris liegende Schloss Versailles mit seinem schönen Garten. Alles war wunderschön. Sorgfältig machte ich wieder mit meiner Kamera Aufnahmen. Ich stand jetzt vor den historischen Orten, von denen ich vor Jahren gelesen und in meiner Vorstellung zum Leben erweckt hatte. Es kam mir vor, als könnte ich an diesen Orten die historischen Ereignisse vor Jahrhunderten hautnah nacherleben. Somit hatten wir die Möglichkeit erhalten Paris, die Geburtsstätte der Demokratie, und seine Sehenswürdigkeiten kennenzulernen.

Es war für die Reise, die wir uns zum fünfzigsten Geburtstag meiner Frau gewünscht hatten, der richtige Zeitpunkt. Unser Sohn war mit seiner Arbeit zufrieden, unsere Tochter studierte weiter und uns blieb nur noch übrig die freie Zeit zu nutzen. Es waren die letzten Tage im Mai, als wir für eine Woche nach Tunesien flogen. Es gab verschiedene Gründe Tunesien zu besuchen. Wir wollten sehen was die Osmanen zurückgelassen hatten und wollten gleichzeitig eine andere Kultur kennenlernen. Es war eines der muslimischen Länder, das der Türkei nahe stand. Die Erzählungen unserer deutschen Freunde hatten uns ein bisschen neugierig gemacht.

Mit der Landschaft, der Architektur und mit den Kleidern der Menschen war dies eine komplett andere Welt. Die Milde des Wetters ausnutzend stiegen wir in den Zug und besuchten die Stadt Sausen, die in der Nähe unseres Hotels lag. Im Allgemeinen sprach die Jugend arabisch und französisch. Aber mit dem Englisch meiner Frau kamen wir wie in Amerika auch in Tunesien zurecht. Nach einer einstündigen Fahrt in der wir durch Olivenhaine, durch Dörfer und Kleinstädte mit planlos hingestellten und äußerst verschmutzten Gebäuden fuhren, kamen wir in Tunis an.

Unter der Führung eines Jugendlichen besichtigten wir den Palast des letzten osmanischen Gouverneurs in Tunis. Der Palast wurde gerade originalgetreu restauriert. Obwohl wir zu verstehen gaben, dass wir Türken waren, wollte man uns nicht einlassen, weil es außerhalb der Öffnungszeiten war. Aber es gibt wenig, was Geld nicht lösen kann. So kamen wir tatsächlich in den Palast. Ich hatte dem Jugendlichen, der uns geholfen hatte, ein bisschen Geld angeboten. Er lief gleich vorne weg, um uns andere Sehenswürdigkeiten zu zeigen. Wir kamen von einer engen Straße zur nächsten und zweifelten so langsam an seinen Absichten, so dass wir umkehren wollten, was jedoch nicht so einfach war. Der Jugendliche wollte uns an eine Stelle bringen, die wir nach seiner Auffassung unbedingt sehen sollten. Schließlich zeigte er uns einen Ort an dem sich angeblich eine sehr alte Koranschule befinden sollte. Danach führte er uns durch Teppichläden zu einer hohen Terrasse.

Dann kehrten wir der Stadt den Rücken und machten noch gemeinsam mit ihm Erinnerungsfotos. Danach habe ich versucht dem Jugendlichen ein bisschen Geld zu geben, da wir uns verabschieden wollten. Diesmal aber fand er das Geld zu wenig und versuchte, vergoldete Kettchen und anderen Schmuck zu verkaufen, das er aus der Tasche geholt hatte. Wir hatten ohnehin schon von seiner Absicht geahnt. Aber wir wussten nicht wie wir von ihm loskommen sollten. Der Junge wusste genau was zu tun war. Nach längerem Palaver konnten wir ihn schließlich mit Geld überzeugen und entfernten uns sofort von dort.

Gegen Abend gelangten wir zum Busterminal. Bereits aus 500 Metern Entfernung sahen die Vermittler der Busunternehmen, dass wir Ausländer waren. Zu dritt und zu viert umzingelten sie uns plötzlich. Bevor wir am Terminal ankamen sagten wir nicht wohin wir hin wollten, aber sie ließen auch nicht los. Nachdem wir gesagt hatten wohin wir wollten, fing ein großes Geschrei an. Dies erinnerte mich an die Türkei wie sie vor vierzig, fünfzig Jahren war. Die Vermittler, die uns zwangen an den Ticketverkauf zu gehen, Busterminals, Istanbul.

Wir wurden regelrecht gezwungen Tickets für einen Bus zu kaufen, der in einer halben Stunde dorthin fahren sollte, wohin wir hin wollten. Wir warteten. Nach einer halben Stunde bemerkten wir, dass es keine weiteren Passagiere für den Bus geben würde und wir überlegten uns wie wir am besten zum Bahnhof flüchten konnten. Der Mann, der uns die Tickets verkaufen wollte beobachtete uns ständig. In einem Moment, als wir sahen, dass der Mann sich von dort entfernte, liefen wir halb rennend in die Richtung aus der wir hergekommen waren. Wir drehten uns überhaupt nicht um. Wir wollten den letzten Zug erwischen, der in die gewünschte Richtung fuhr. Unsere unendliche Neugier hatte uns wieder einmal Augenblicke beschert, die wir nicht so leicht vergessen sollten. Danach haben wir uns geschworen, in Zukunft nicht in solche Abenteuer zu geraten.

Unser Sohn hatte eine Wohnung in Köln gefunden und sich auch auf seiner neuen Stelle eingearbeitet. Seine Zufriedenheit mit der Arbeit machte uns alle glücklich. Manche notwendigen Sachen für seinen Haushalt kauften wir in Köln, manche in Ulm. Es blieb nur noch übrig all seine Sachen in Ulm vorzubereiten und mit einem Transporter nach Köln zu bringen. An einem Wochenende fuhren wir alle zusammen nach Köln. Drei Tage lang richteten wir seine Wohnung ein. Danach sahen wir uns die Stadt Köln an.

Unsere Tochter arbeitete auf Hochtouren, um so schnell wie möglich ihr Studium zu beenden. Dabei hatte sie gleichfalls wie ihre Kommilitonen ihre Bewerbungen schon vorab an die großen Wirtschaftsprüfungsunternehmen verschickt. Ihre erste Absage erhielt sie von der weltweit zweitgrößten Wirtschaftsprüfungsgesellschaft, die in München ansässig war und in der sie ein sechsmonatiges Praktikum absolviert hatte. Meine größte Befürchtung war, dass sich auch unsere Tochter bei der Arbeitssuche schwertun würde.

Aber Gott sei Dank traf das erwartete nicht ein. Sie bekam auch positive Antworten auf ihre Bewerbungen. Zuerst stellte sie sich in Frankfurt, dann in Düsseldorf bei Beratungs- und Wirtschaftsprüfungsgesellschaften vor. Beide Vorstellungsgespräche verliefen gut und man hatte ihr Hoffnungen gemacht. Eines Tages kam die mit Spannung erwartete Nachricht von einer Firma, sie hatten sie angerufen und ihr zugesagt, dass sie ihren Arbeitsvertrag per Post erhalten würde. Den Arbeitsvertrag einer in München ansässigen Beraterfirma hatte sie unterschrieben und umgehend zurückgeschickt. Das hatte uns alle ziemlich erleichtert. Vor Freude trübte sich langsam mein Blick und ich verließ das Zimmer meiner Tochter, damit sie meine Freudentränen nicht sehen konnte. Unsere einzige Sorge war nun, dass die Diplomarbeit unserer Tochter von den Professoren gelesen und gut angenommen wurde.

In dieser Zeit bekam ich einen mit einem Stempel des Landgerichts versehenen Brief des Ulmer Strafgerichts. Wir bekamen Angst, aber als wir den Umschlag öffneten, lasen wir, dass sie mir gratulierten. Sie schrieben mir, dass ich ins Gericht gewählt wurde und dass sie mich in kurzer Zeit zu einer Informationsveranstaltung einladen würden. Das Wort, das beschrieb, wozu ich gewählt wurde, hatte ich zuvor noch nie gehört. Sofort schaute ich im Wörterbuch nach. Ich war als Schöffenrichter bestellt. Ich sollte bei Verhandlungen als Vertreter des Volkes neben dem Richter sitzen. Die Berufung dafür wurde in der Stadt alle vier Jahre gemacht. Als ich meinen deutschen Freunden davon erzählte, sagten sie mir, dass dies eine große Ehre für mich sei. Nach einer Woche erhielt meine Frau den gleichen Brief. Ich wurde zum Strafgericht und meine Frau zum Jugendgericht berufen.

Zwar hatte unsere Tochter ihre Schulfreunde in München kontaktiert, um ihr Wohnungsproblem zu lösen, aber noch schrieb sie an ihrer Diplomarbeit. Doch schon vor dem Abgabetermin wurde sie damit fertig und gab die Arbeit bei ihrem Professor ab. Jetzt blieb ihr nur noch das Warten. Bevor die Antwort zu ihrer Diplomarbeit kam, hatte sie ihre Stelle angetreten. Sie war es überhaupt nicht gewohnt, Geschäftskleidung zu tragen, aber im Arbeitsleben hatte sie nicht den Luxus sich anzuziehen wie sie wollte. Deshalb haben wir ihr sofort ein paar passende Kleidungsstücke gekauft. In München fanden wir mit Hilfe ihrer Freunde eine 30 Quadratmeter große Miniwohnung. Ihre Sachen packten wir in zwei Autos und begaben uns vergnügt auf den Weg nach München.

Obwohl unsere Tochter formell das Studium beendet hatte, war für den Arbeitgeber die Note der Diplomarbeit ausschlaggebend. Als sie lange Zeit nichts von ihrem Professor hörte, fragte sie ängstlich bei ihm nach. Bevor sie ihre Frage zu Ende stellen konnte, hatte die Antwort des Professors bei unserer Tochter einen Freudentaumel ausgelöst. Er hatte ihr einfach gratuliert. Sie hatte uns sofort angerufen und diese freudige Nachricht mitgeteilt. Plötzlich fühlte ich mich so leicht, als ob ich fliegen würde. Ich spürte das Glück, der Welt zwei verantwortungsbewusste Akademiker geschenkt zu haben. Ich sah mich zum ersten Mal an das glückliche Ziel angekommen und war sehr stolz. Mit meiner Frau zusammen wollten wir ab jetzt Dinge unternehmen, die uns Freude bereiteten und bei denen wir ganz ungezwungen sein konnten. In der Gesellschaft in der wir lebten hatten wir außer der Verantwortung menschlich zu sein, keine weitere Verantwortung mehr zu tragen, die uns zu irgendetwas zwang.

Das Jahr 2005 stand vor der Tür. Während wir im Begriff waren in das neue Jahr einzutreten nahmen wir an den Informationsveranstaltungen im Gericht teil, um unserer neuen Aufgabe nachzukommen. Danach hatten wir die ersten Gerichtstermine. Wir waren dazu verpflichtet der Gerichtsverhandlung bis zum Schluss beizuwohnen, zu der wir als Schöffenrichter gerufen wurden. Zu dieser Aufgabe wurden wir für vier Jahre berufen. Mit ein paar Tagen Unterschied legten wir beide unseren Eid vor der ersten Gerichtsverhandlung ab und widmeten uns unserer neuen Aufgabe.

Es waren jetzt fast zwei Jahre vergangen, seit ich im Vorruhestand war, aber annähernd jeder Tag war angefüllt mit Aktivitäten. Ich war fast genauso sehr in Bewegung wie zu der Zeit als ich noch in einem Beschäftigungsverhältnis stand. Deswegen lernte ich überall wohin ich kam neue Dinge hinzu.

Unsere Tochter war mit ihrer Arbeit zufrieden. Im Allgemeinen verbrachte sie die Arbeitstage in München und an den Wochenenden kam sie nach Ulm und verbrachte ihre Zeit mit uns und ihren Freunden. Es schien so, dass die Trennung von Ulm für sie nicht so einfach von statten ging. Beide Kinder hatten ihr bisheriges Leben in Ulm verbracht. Da unser Sohn in Köln arbeitete, hatte er nicht die Möglichkeit, so oft wie unsere Tochter nach Ulm zu kommen.

IM RUHESTAND

In der Zeit von meiner Kündigung bis zu meinem Renteneintritt galt ich beim Arbeitsamt als arbeitslos. Obwohl aber fast dreieinhalb Jahre vergangen waren, wurde mir bis dahin kein Arbeitsvorschlag unterbreitet. Bei der Vereinbarung, die ich vor meiner Kündigung mit dem Arbeitgeber getroffen hatte, war alles sehr offen geregelt. Wenn es bis zu meinem Renteneintritt irgendein Problem geben sollte, würde die Firma dafür aufkommen. Aber mit den Änderungen des Arbeitsrechts in den vergangenen Jahren erlebten einige, die wie ich vorzeitig aus dem Arbeitsleben ausgeschieden waren,

Probleme. Drei Monate bevor ich meinen Rentenantrag stellen wollte, bekam ich vom Arbeitsamt einen Jobvorschlag und man verlangte von mir, mich dort zu bewerben.

Diesen Brief nahm ich sofort und ging zu meinem früheren Arbeitgeber, um zu fragen, wie ich mich verhalten sollte. Sie sagten mir, ich solle mich bei der vorgeschlagenen Firma melden und ihnen erklären, in welcher Situation ich mich befand. Das machte ich auch. Ich kopierte all meine Unterlagen und schickte sie per Einschreiben weg. Zwei Wochen vor meinem Renteneintritt kam ein weiterer Stellenvorschlag. Ich konnte es einfach nicht glauben. Ich meldete mich beim Arbeitsamt und sagte ihnen, dass ich dem keinen Sinn abgewinnen konnte, da ich in zwei Wochen in Rente gehen würde. Sie sagten mir, dass ich mich laut Arbeitsrecht trotzdem bei der Firma bewerben müsse.

Laut der Vereinbarung, die ich mit der Firma getroffen hatte, musste ich drei Monate vor meinem Geburtstag, also dem 15. Juni, einen Rentenantrag stellen, um in Rente gehen zu können. Deswegen habe ich mich an diesem Datum zur Rentenkasse in Ulm begeben, um meinen Rentenantrag zu stellen. Aber da für die Rentenkasse das Monatsende ausschlaggebend war, sagte man mir, dass man erst in zwei Wochen meinen Rentenantrag entgegennehmen könnte.

Am 3. April 2006 war das erste, was ich tat, meinen Rentenantrag zu stellen. Mit meinen Unterlagen ging ich zu dem Beamten, der für mich zuständig war. Wegen der Fülle seiner Arbeit gab er mir für zwei Tage später einen Termin. Ich musste also noch weitere zwei Tage warten. Ich wurde immer ungeduldiger. Doch ich stand ja kurz vor dem Ziel, also ging ich wieder still nach Hause. Ich hatte ja alle Voraussetzungen erfüllt. Aber ich befürchtete immer noch, es könnten unvorhergesehene Probleme auftauchen. Nach zwei Tagen ging ich wieder hin und stellte meinen Rentenantrag wie es laut Gesetz erforderlich war. Danach blieb mir nur das Warten auf die monatliche Rentenzahlung.

Nach all den Mühen der vergangenen Jahre wartete ich nun darauf in die Masse der Rentner einzutreten. Nach meiner Kündigung waren annähernd vier Jahre vergangen. Aber in dieser Zeit hatte sich viel geändert und es hatten sich, um den sich ändernden wirtschaftlichen Anzeichen entgegenzusteuern, einige Gesetze geändert. Ich fürchtete mich davor, dass meine Rente von diesen Entwicklungen betroffen sein würde. Zwei Wochen nach meinem Rentenantrag kam ein Brief von der Rentenkasse an. Gespannt öffnete ich den Umschlag. Es stand weder das Datum meines Renteneintritts noch die Höhe der monatlichen Rente in dem Schreiben. Mein Rentenantrag wurde angenommen und nach Kontrolle meiner Unterlagen würde man mir mitteilen, wieviel Rente ich bekommen sollte. Diese Nachricht beruhigte mich trotzdem ein bisschen.

Während dies passierte bekamen wir einen Anruf von unserem Sohn. Er teilte uns mit, dass ihm von einer anderen Firma ein besseres Angebot vorlag und er sich von seiner bisherigen Arbeitsstelle trennen wollte. Ich empfahl ihm aber noch für eine gewisse Zeit bei seiner Firma zu bleiben. Denn eine neue Arbeitsstelle könne auch neue Probleme mit sich bringen, mahnte ich ihn. Aber ich sagte ihm auch, dass er selbst entscheiden müsse. Ich würde mich so lange unsicher fühlen bis er uns mitteilen würde, dass er sich an seine neue Arbeitsstelle gewöhnt hat.

Bis zu meinem Renteneintritt blieben noch zwei Tage. Aber von der Rentenkasse hatte ich noch keine schriftliche Nachricht bekommen. Damit nervte ich auch meine Kinder, bis mein Sohn, den es wahrscheinlich ziemlich belastet haben musste, mir sagte, dass er mal bitte die Papiere sehen möchte. Er rief bei der Rentenkasse an und diskutierte mit dem Beamten herum. Schließlich hatte sich der Beamte entschuldigt und ihm mitgeteilt, dass meine Unterlagen heute in der Post lagen. Tatsächlich trafen die Unterlagen am Tag des Renteneintritts ein.

Ich war mit 23 Jahren nach Deutschland gekommen und wurde nach 37 Jahren Rentner. Ab jetzt würde ich nicht mehr als aktiver Arbeiter, sondern als Rentner in die Heimat reisen. Manchmal, wenn ich alleine in der Natur war, dachte ich über die vergangenen Jahre meines Lebens nach, über die vielen kleinen Geschichten, die ich erlebt hatte und die mein Leben zu einem Roman geformt hatten, und ich sinnierte darüber.

Manchmal konnte ich vieles einfach nicht glauben. Aber alles war tatsächlich passiert. Noch gestern holte ich vom Wald nahe des Dorfs Holz mit dem Esel oder reihte Tabakblätter auf. Sobald ich meine Augen schloss, war ich wieder ein kleiner Junge und mein Hund Alas lief neben mir. Das Zicklein, das von mir genommen wurde, war meine erste große Enttäuschung im Leben. Meine Nervosität in der Schule, das gespannte Warten auf Prüfungsergebnisse, diese Häuser, deren Erdböden nach Schimmel rochen, die in der Kälte des Winters frierend verbrachten Nächte, die Reisen in die Fremde, Busse, die laufend zurückgelegten Wegstrecken im Dorf, die Reise, die ich in der Nacht bei Schnee und Wind begann. In jener Nacht, als ich mein Geburtshaus verließ, lag alles im Dunkeln. Es war unerbittlich kalt. Ich war weite Strecken gelaufen und auf dem Hügel, den ich endlich erklommen hatte, wollte ich mich umdrehen und noch einmal auf das Dorf schauen. Das war der Moment, als ich ausgerutscht und im Wasser gelandet war. Seit dieser Nacht blieb ich in der Kälte und in der Dunkelheit nie mehr stehen und schaute niemals mehr zurück.

Immer nach vorne, nach vorne, ständig nach vorne, das war meine Devise.

NACHTRAG

Nach der Veröffentlichung meines Buches in der Türkei und vor der Übersetzung ins Deutsche wurde meiner Frau aufgrund ihrer Verdienste um die Integration der türkischstämmigen Mitbürgerinnen und Mitbürger die Verdienstmedaille des Landes Baden-Württemberg vom damaligen Ministerpräsidenten Herrn Öttinger verliehen.

Am 26. April 2008 wurden wir hierzu als Familie nach Ludwigsburg ins Residenzschloss eingeladen. Durch diese Auszeichnung wurde das jahrelange Engagement meiner Frau und unserer Familie auf eine unerwartete Art und Weise gewürdigt. Nach der Verleihungszeremonie kam Herr Öttinger noch einmal zu uns und betonte, dass er über die Auszeichnung meiner Frau besonders glücklich sei, ihr weiterhin viel Erfolg wünsche und hoffe, dass sie weiterhin von ihrer Familie unterstützt werde.

Im Schloss kamen wir mit vielen weiteren interessanten Persönlichkeiten ins Gespräch. Den Rest des Nachmittags genossen wir die Anerkennung und die interessanten Gespräche mit den anderen Gästen.

Anmerkungen zu den Bildern:

Seite 9:   Vor meinem Geburtshaus im Dorf

Seite 11:   Grundschulfoto aus der 5. Klasse aus dem Jahre 1958. Zu sehen bin ich in der hintersten Reihe ganz rechts.

Seite 23:   In der Mittelschule: Gemeinsames Lernen mit Freunden im Jahre 1961

Seite 29:   Vor dem Berufsschulgebäude im Jahre 1963 in der Schuluniform

Seite 39:   Im Zentrum von Samsun im Jahre 1965

Seite 55:   Erstes gemeinsames Foto in Deutschland im Herbst 1972

Seite 134:   Foto unseres Sohnes1975

Seite 154:   Foto unserer Tochter 1978

Seite 231:   Verleihung des Ulmer Bandes an meine Frau durch den Oberbürgermeister, Herrn Ivo Gönner

Seite 235:   Neujahrsempfang vom Bundespräsidenten Herrn Rau in Berlin im Schloss Bellevue im Januar 2002

Seite 239:   Meine Frau und ich bei unserer ersten Kulturreise im Südosten der Türkei in 2002. Hier auf dem Nemrut Berg in 2.150 Metern Höhe.

Seite 261:   Beim Empfang des Ministerpräsidenten Herrn Teufel zum 50jährigen Jubiläum des Landes Baden-Württemberg im Schloß Stuttgart im Jahre 2002

Seite 265:   Verleihung der Verdienstmedaille des Landes Baden-Württemberg an meine Frau im Jahre 2008

Seite 266:   Von der Ehrung ein Blick zurück zu den Anfängen: Ein Bild aus den Grundschultagen meiner Frau: Sie ist in der ersten Reihe ganz rechts zu sehen.

Kontakt zum Autor:

Der Autor freut sich über Rückmeldungen, Kritik und eigene Erfahrungen - Kontakt können Sie aufnehmen telefonisch (0731 / 32229) oder per Email (hik1@gmx.de).